"十三五"职业教育国家规划教材

高等职业教育药学类与食品药品类专业第四轮教材

临床药物治疗学 第②版

（供药学类、药品经营与管理等专业用）

主　编　苏滠淇　刘文艳

副主编　甄会贤　邹艳萍　袁　超　黄泓轲

编　者　（以姓氏笔画为序）

王建美（金华职业技术学院）　　　　刘　秀（辽宁医药职业学院）

刘文艳（辽宁医药职业学院）　　　　刘红霞（江苏医药职业学院）

严其高（安庆医药高等专科学校）　　苏滠淇（重庆医药高等专科学校）

杨春燕（楚雄医药高等专科学校）　　邹艳萍（四川中医药高等专科学校）

张　蕾（黑龙江护理高等专科学校）　林　鑫（山东药品食品职业学院）

袁　超（山东医学高等专科学校）　　黄泓轲（乐山职业技术学院）

曹光秀（重庆医药高等专科学校）　　甄会贤（山西药科职业学院）

熊晶晶（赣南卫生健康职业学院）

中国健康传媒集团

中国医药科技出版社

内 容 提 要

本教材为"高等职业教育药学类与食品药品类专业第四轮教材"之一，是根据本套教材的编写指导思想和原则要求，结合专业培养目标和本课程的教学目标、内容与任务要求编写而成。本教材具有专业针对性强、紧密结合新时代行业要求和社会用人需求、与职业技能对接的特点。本教材分为理论和实训两大模块。模块一为理论篇，包括19个项目，主要介绍与药物治疗相关的基本概念和共性规律，以及在各种疾病状态下，该如何选择、使用药物，包括疗效评价及用药注意事项。模块二为实训篇，包括12个实训任务，分别为处方调剂与点评、八种常见疾病的药物治疗方案制定、抗菌药物合理应用及用药咨询和指导。本教材为书网融合教材，即纸质教材有机融合电子教材、教学配套资源（PPT、微课、视频、图片等）、题库系统、数字化教学服务（在线教学、在线作业、在线考试）。

本教材主要供全国高职高专院校药学类、药品经营与管理等专业用，以及作为参加国家执业药师职业资格考试、临床医生的参考用书。

图书在版编目（CIP）数据

临床药物治疗学/苏渌淇，刘文艳主编. — 2版. —北京：中国医药科技出版社，2021.8

高等职业教育药学类与食品药品类专业第四轮教材

ISBN 978 - 7 - 5214 - 2547 - 5

Ⅰ.①临…　Ⅱ.①苏…　②刘…　Ⅲ.①药物疗法 - 高等职业教育 - 教材　Ⅳ.①R453

中国版本图书馆 CIP 数据核字（2021）第 146612 号

美术编辑　陈君杞

版式设计　友全图文

出版　**中国健康传媒集团** | 中国医药科技出版社

地址　北京市海淀区文慧园北路甲 22 号

邮编　100082

电话　发行：010 - 62227427　邮购：010 - 62236938

网址　www.cmstp.com

规格　889 × 1194mm $\frac{1}{16}$

印张　18 $\frac{1}{4}$

字数　504 千字

初版　2017 年 1 月第 1 版

版次　2021 年 8 月第 2 版

印次　2024 年 1 月第 5 次印刷

印刷　三河市万龙印装有限公司

经销　全国各地新华书店

书号　ISBN 978 - 7 - 5214 - 2547 - 5

定价　**58.00 元**

获取新书信息、投稿、为图书纠错，请扫码联系我们。

出版说明

　　"全国高职高专院校药学类与食品药品类专业'十三五'规划教材"于2017年初由中国医药科技出版社出版，是针对全国高等职业教育药学类、食品药品类专业教学需求和人才培养目标要求而编写的第三轮教材，自出版以来得到了广大教师和学生的好评。为了贯彻党的十九大精神，落实国务院《国家职业教育改革实施方案》，将"落实立德树人根本任务，发展素质教育"的战略部署要求贯穿教材编写全过程，中国医药科技出版社在院校调研的基础上，广泛征求各有关院校及专家的意见，于2020年9月正式启动第四轮教材的修订编写工作。

　　党的二十大报告指出，要办好人民满意的教育，全面贯彻党的教育方针，落实立德树人根本任务，培养德智体美劳全面发展的社会主义建设者和接班人。教材是教学的载体，高质量教材在传播知识和技能的同时，对于践行社会主义核心价值观，深化爱国主义、集体主义、社会主义教育，着力培养担当民族复兴大任的时代新人发挥巨大作用。在教育部、国家药品监督管理局的领导和指导下，在本套教材建设指导委员会专家的指导和顶层设计下，依据教育部《职业教育专业目录（2021年）》要求，中国医药科技出版社组织全国高职高专院校及相关单位和企业具有丰富教学与实践经验的专家、教师进行了精心编撰。

　　本套教材共计66种，全部配套"医药大学堂"在线学习平台，主要供高职高专院校药学类、药品与医疗器械类、食品类及相关专业（即药学、中药学、中药制药、中药材生产与加工、制药设备应用技术、药品生产技术、化学制药、药品质量与安全、药品经营与管理、生物制药专业等）师生教学使用，也可供医药卫生行业从业人员继续教育和培训使用。

　　本套教材定位清晰，特点鲜明，主要体现在如下几个方面。

1. 落实立德树人，体现课程思政

　　教材内容将价值塑造、知识传授和能力培养三者融为一体，在教材专业内容中渗透我国药学事业人才必备的职业素养要求，潜移默化，让学生能够在学习知识同时养成优秀的职业素养。进一步优化"实例分析/岗位情景模拟"内容，同时保持"学习引导""知识链接""目标检测"或"思考题"模块的先进性，体现课程思政。

2. 坚持职教精神，明确教材定位

　　坚持现代职教改革方向，体现高职教育特点，根据《高等职业学校专业教学标准》要求，以岗位需求为目标，以就业为导向，以能力培养为核心，培养满足岗位需求、教学需求和社会需求的高素质技能型人才，做到科学规划、有序衔接、准确定位。

3. 体现行业发展，更新教材内容

　　紧密结合《中国药典》（2020年版）和我国《药品管理法》（2019年修订）、《疫苗管理法》（2019

年）、《药品生产监督管理办法》（2020年版）、《药品注册管理办法》（2020年版）以及现行相关法规与标准，根据行业发展要求调整结构、更新内容。构建教材内容紧密结合当前国家药品监督管理法规、标准要求，体现全国卫生类（药学）专业技术资格考试、国家执业药师职业资格考试的有关新精神、新动向和新要求，保证教育教学适应医药卫生事业发展要求。

4.体现工学结合，强化技能培养

专业核心课程吸纳具有丰富经验的医疗机构、药品监管部门、药品生产企业、经营企业人员参与编写，保证教材内容能体现行业的新技术、新方法，体现岗位用人的素质要求，与岗位紧密衔接。

5. 建设立体教材，丰富教学资源

搭建与教材配套的"医药大学堂"（包括数字教材、教学课件、图片、视频、动画及习题库等），丰富多样化、立体化教学资源，并提升教学手段，促进师生互动，满足教学管理需要，为提高教育教学水平和质量提供支撑。

6.体现教材创新，鼓励活页教材

新型活页式、工作手册式教材全流程体现产教融合、校企合作，实现理论知识与企业岗位标准、技能要求的高度融合，为培养技术技能型人才提供支撑。本套教材部分建设为活页式、工作手册式教材。

编写出版本套高质量教材，得到了全国药品职业教育教学指导委员会和全国卫生职业教育教学指导委员会有关专家以及全国各相关院校领导与编者的大力支持，在此一并表示衷心感谢。出版发行本套教材，希望得到广大师生的欢迎，对促进我国高等职业教育药学类与食品药品类相关专业教学改革和人才培养作出积极贡献。希望广大师生在教学中积极使用本套教材并提出宝贵意见，以便修订完善，共同打造精品教材。

数字化教材编委会

主　编　刘　秀　苏湲淇　刘文艳
副主编　甄会贤　邹艳萍　袁　超　黄泓轲
编　者　（以姓氏笔画为序）
　　　　王　珂（山东第一医科大学第一附属医院）
　　　　王建美（金华职业技术学院）
　　　　王嘉毅（四川中医药高等专科学校）
　　　　刘　秀（辽宁医药职业学院）
　　　　刘文艳（辽宁医药职业学院）
　　　　刘红霞（江苏医药职业学院）
　　　　严其高（安庆医药高等专科学校）
　　　　苏湲淇（重庆医药高等专科学校）
　　　　杨春燕（楚雄医药高等专科学校）
　　　　邹艳萍（四川中医药高等专科学校）
　　　　张　蕾（黑龙江护理高等专科学校）
　　　　林　鑫（山东药品食品职业学院）
　　　　袁　超（山东医学高等专科学校）
　　　　曹光秀（重庆医药高等专科学校）
　　　　黄泓轲（乐山职业技术学院）
　　　　蒋红艳（重庆医药高等专科学校）
　　　　甄会贤（山西药科职业学院）
　　　　熊晶晶（赣南卫生健康职业学院）
　　　　薛　强（重庆医药高等专科学校）

前言

为了更好地适应新形势下药学服务工作的需要，以及医药卫生类高职高专相关专业改革的要求，我们通过广泛的行企业调研，并与校外的行企业专家合作，共同编写了这本《临床药物治疗学》教材，可供药学类、药品经营与管理、临床医学及相关专业教师与学生使用，同时也为临床医药工作者提供参考。本教材结合执业资格考试要求及临床实际，系统地阐述药物治疗的基本理论和方法，使学生初步了解合理用药的基本知识和重要原则。

本教材分为理论和实训两大模块，共 19 个项目、12 个实训任务。模块一为理论篇，前 5 个项目，主要介绍与药物治疗相关的基本概念和共性规律，包括临床药物治疗学的内容与任务、药物治疗的基本过程及其原则、用药安全与药物不良反应监测、用药咨询与健康教育、特殊人群对临床用药的影响等内容。后 14 个项目，以常见病为纲，对每一种疾病，依据其病因和发病机制，再对应药物的作用机制，阐述药物治疗疾病的目标和切入点。重点讨论了在各种疾病状态下，该如何选择药物，如何使用药物，包括疗效评价及用药注意事项。模块二为实训篇，包括处方调剂与点评、八种常见疾病的药物治疗方案制定、抗菌药物合理应用及用药咨询和指导。

各章节设置了"学习引导""岗位情景模拟""知识链接""即学即练"等栏目，并利用信息化资源与纸质教材有效融合，通过手机扫描二维码获取富媒体资源，通过微课、动画、PPT、习题库等信息化资源，促进学生学习的时效性。

本教材凝聚了每一位编者的辛勤劳动和智慧，也得到了各参编单位的大力支持，在此一并表示崇高的敬意和衷心的感谢。本教材编写分工如下：苏湲淇编写项目一及实训任务一、五、九；袁超编写项目二及实训任务二；严其高编写项目三、五；林鑫编写项目四、十六及实训任务十二；黄泓轲编写项目六；邹艳萍编写项目七及实训任务三；刘文艳、刘秀负责编写项目八；熊晶晶编写项目九及实训任务六；王建美编写项目十及实训任务七，张蕾编写项目十一、十七及实训任务四；杨春燕编写项目十二；刘红霞编写项目十三、十五及实训任务八；甄会贤编写项目十四及实训任务十；曹光秀编写项目十八及实训任务十一；刘秀编写项目十九。苏湲淇、刘文艳负责全书的统稿和修改工作。

由于编者水平所限，书中难免有疏漏或不当之处，恳请广大师生在使用过程中提出宝贵意见，以利再次修订和进一步完善。

编　者
2021 年 5 月

目录
CONTENTS

模块一
理论篇

目前随着医疗科技的发展，药物的种类飞速增加，给临床药物治疗提供了更多的选择，但同时也给医药工作者带来了新的挑战。临床药物治疗的核心是合理用药，是临床药师实施药学服务、参与临床药物治疗活动的理论基础。那么，什么是临床药物治疗学？它研究的内容有哪些？合理用药的含义又是什么？希望通过临床药物治疗学的学习，能够为大家打开一扇窗，大家能一起去欣赏窗外美丽的风景。

本项目主要介绍临床药物治疗学的研究内容与主要任务、发展简史以及与药学服务的关系。

学习目标

1. **掌握** 临床药物治疗学和药学服务的概念。
2. **熟悉** 临床药物治疗学的研究内容与主要任务、药学服务的新进展。
3. **了解** 临床药物治疗学的进展。

任务一 临床药物治疗学的研究内容与主要任务

药物（drug）是用以预防、治疗及诊断疾病的物质，能影响机体器官生理功能及细胞代谢活动的化学物质都属于药物。药物治疗是指将一切有治疗或预防作用的物质用于机体，使疾病好转或痊愈，保持身体健康，是临床治疗中应用最广泛的基本手段。药物治疗学是运用药学专业（包括药理学、临床药理学、生物药剂学等）基础知识，针对疾病的发病机制和临床发展过程，依据患者的病理、生理、心理和遗传特征，制订合理的个体化给药方案，以获得最佳治疗效果的学科。

临床药物治疗学（clinical pharmacotherapeutics）是一门集药理学、诊断学、内科学为一体的科学，主要研究临床合理选择药物用于预防、治疗疾病的理论和方法。它的主要任务是应用基础医学、临床医学与药学的基本理论与知识，利用患者疾病的临床资料，研究临床药物治疗实践中合理选用药物进行药物治疗策略，目的是指导临床药学工作者制订和实施合理的个体化药物治疗方案，以获得最佳疗效和最低治疗风险。临床药物治疗学是为药学学生提供合理药物治疗基本知识，帮助学生了解如何合理用药，为进行临床药学服务打基础的一门实践性课程，是医学与药学之间的桥梁。

临床药物治疗学核心是合理用药，是临床药师实施药学服务、参与临床药物治疗活动的理论基础。合理用药的涵义是以药物、疾病的理论知识为基础，安全、有效、经济、适当地使用药物。

即学即练

合理用药的涵义包括（　　　）。

A. 安全　　　　B. 有效　　　　C. 经济　　　　D. 适当　　　　E. 无毒

答案解析

任务二　临床药物治疗学的发展

医药，从萌芽开始，它就和药物治疗紧密联系在一起。最早的药物，是从天然的植物和矿物中取得的，神农尝百草的传说，某种程度上就是人类祖先以原始的方式，在万千植物中寻找治病良药的历史。但这种寻找药物的方式无疑是危险和低效的，植物生来不是为了给人吃的，事实上，植物在进化过程中，会产生各种各样的毒素以免自己被吃掉。人类用了千万年的时间，也不过从万千植物中筛选了极其有限的种类，再经过艰苦地努力改造成农作物予以种植，但在这个过程中，人类从生产实践中获得了丰富的药物治疗的知识以及防治疾病的经验。

19世纪初，药理学成为一门现代科学，人们开始采用实验方法去研究药物对机体生理生化功能的影响，随着传统药物的药理作用及其作用机制被陆续发现和证实，药物治疗开始逐步向科学化方向发展和演变。20世纪，人们开始通过人工合成化合物去探索新的药物来源。随着科学技术水平的提高和发展，人们对药物的认识开始从宏观到微观，从经验用药到科学认识。而临床药物治疗学是为了适应临床用药的需求而产生的，一方面随着医药技术的发展，药物的种类飞速增加，在给人们提供更多药物选择的同时，也使正确选择合理药物成为日益突出的问题，另一方面，临床用药也缺乏科学的指导，不合理用药成为危害人类健康的主要矛盾。因此，合理使用药物成为临床用药的核心问题，而临床药物治疗学通过科学系统地阐述药物治疗的原则和方法，有助于医药工作者临床药物治疗能力的提高，也有利于患者治疗效果的保证。

知识链接

临床药物治疗学与各学科的关系

临床药物治疗学与药理学：药理学主要是研究药物与机体之间相互作用机制与规律的科学，重点介绍药物的理化性质、药理作用、作用机制、用途和不良反应等内容。而临床药物治疗学更加强调针对疾病如何选用药物，制订和实施合理的个体化药物治疗方案。

临床药物治疗学与循证医学：两者关系密切，循证医学是强调在临床医疗实施过程中，通过寻求客观的科学证据，制订合理的治疗方案，将其应用于临床药物治疗中，以获得最佳的治疗效果。

药物基因组学：药物基因组学是临床药物治疗学的基础，它将人类功能基因的信息应用于合理用药，通过药物基因组学的技术增加药物治疗的有效性和安全性，实现个体化用药。

任务三　临床药物治疗学与药学服务

一、药学服务的概念

药学服务（Pharmaceutical care，PC）是指药师应用药学专业知识向公众（包括医药护人员、患者及家属）提供直接的、负责任的、与药物应用有关的服务（包括药物选择、药物使用知识和药物信息），以期提高药物治疗的安全性、有效性、经济性和适宜性，改善和提高人类生活质量。自从该理念被提出以来，得到了药学界广泛认同，开展药学服务已成为医院药学发展的方向。药学服务是以患者为中心的主动服务，注重人文关怀。由于致病因素的复杂性，要求在药物治疗的过程中，关心患者的心理、行为、环境、经济、生活方式、职业等影响药物治疗的各种社会因素，使药学服务的结果促进患者合理、安全使用药物，达到身心全面康复的目的。

药学服务的对象包括患者及其家属、医护人员、卫生工作者及健康人群，而不仅是局限于住院或门诊患者。

二、药学服务的目的

药学服务的目的是使患者得到安全、有效、经济、适宜的治疗药物，改善和提高患者身心健康，实现改善患者生活质量的既定结果。这些结果包括：①治愈疾病；②消除或减轻症状；③防止疾病或症状发生；④阻止或延缓疾病进程。

药学服务还促进药师工作职能的转变，药师的传统职能是配制和发放药品，药师的工作以"药品为中心"，在药学发展的今天，要求药师的工作"以患者为中心"。由于现代技术逐步取代了药师的传统工作，比如自动发药机的出现，迫使药师为自己寻找新的发展前途，药学服务应运而生。药学服务这一新的工作模式要求药师直接面向患者，对患者的药物治疗承担专业责任，提供专业的用药指导。药学服务将大大发挥药师的专业特长，为安全有效的药物治疗把关，从而促进药物安全性的提高，减少药物不良反应的发生率和致死率。药学服务有助于促进合理用药的广泛开展，减少医药资源的浪费，减轻患者的经济负担。

三、药学服务的内容

在药物治疗过程中，药物的使用需要通过不同人员的参与和协作才能完成。医生正确地诊断和下达医嘱，药师及时准确地调配药品，护士正确地执行医嘱，患者依从医嘱正确地用药。药学服务贯穿于整个用药过程，包含与患者用药相关的全部需求，除了传统的药品调剂工作外，还包括处方点评、静脉药物调配、提供药学信息服务、药物咨询服务、参与临床药物治疗、开展治疗药物监测、药物不良反应监测、药物警戒、宣传合理用药知识以及健康教育等。药学服务工作具体内容见表1-1。

表1-1　药学服务工作的具体内容

项目	工作内容
处方审核	审核处方的规范性和完整性，用药的适宜性与合理性
处方调剂	自接受处方到交付药品的全过程

续表

项目	工作内容
处方点评	对处方书写的规范性及处方用药的适宜性进行评价
静脉药物调配	将肠外营养、细胞毒性药和抗菌药等静脉药物集中调配
药学信息服务	收集药物安全性和疗效等信息，建立药学信息系统
提供药物咨询	药师应用所掌握的知识提供合理使用药物的个性化专业建议的过程
参与临床药物治疗	和临床医师一起参与制订和实施合理的个体化药物治疗方案
治疗药物监测	测定血液中药物浓度，利用药代动力学的原理使给药方案个体化
药物不良反应监测和报告	及时发现、采取相应的防治措施，减少药源性疾病的发生
参与健康教育	开展健康知识讲座、提供科普教育材料以及提供药学咨询等

▶▶ 岗位情景模拟

情景描述 陈女士，46岁，执业药师，市级某医院药学部副主任药师，主要承担临床药学及药学服务工作，因为工作特别突出被评为医院的优秀工作者。作为一名药学生，请你思考以下问题。

讨　论 1. 药学服务的目的是什么？
2. 药学服务工作的内容有哪些？
3. 请思考在临床用药中，药师应具备的职业素养有哪些？

答案解析

四、药学服务的进展

（一）药物治疗监护

药物治疗监护是指通过药师提供的药学服务，达到优化药物治疗和提高患者治疗结局的效果。2004年，由美国多家药师协会/学会共同定义了药物治疗管理的概念：通过重整患者的医嘱或药疗方案，评估药物治疗的有效性、安全性和经济性，核查患者的用药依从性。药物治疗管理是范围广泛的专业活动，包括但不仅限于执行患者的评估和（或）一个全面的药物审查、制订治疗计划、监测药物治疗的有效性和安全性、提高患者的用药依从性，并记录和沟通与医生的联系。以确保药师逐个评估每位患者使用的药物（处方药、非处方药、替代药物、传统植物药、维生素或营养补充剂），来确认每种药物是否适用于病情，是否有效并达到治疗目标，存在合并症及患者正在服用其他药物的情况下是否安全，患者是否有能力或愿意按医嘱服药。近年来药师利用他们丰富的药物知识来改善患者的意愿，而使服务目标人群受益，特别是患有多种慢性疾病如糖尿病、哮喘、高血压、高脂血症和充血性心力衰竭患者。

（二）药学干预

药学干预（pharmacists Intervention）即对医师处方的规范性和适宜性进行监测，其一是依据《处方管理办法》对处方的规范性（前记、正文、后记的完整性）逐项检查；同时对处方用药的适宜性进行审查和抽样评价。其二是依据《中国国家处方集》《中华人民共和国药典临床用药须知》《临床诊疗指南》和临床路径等，对长期药物治疗方案的合理性进行干预，对处方的适宜性（诊断与用药）、安全性、经济性进行干预，对药品的用量、用法、疗程、不良反应、禁忌证、有害的药物相互作用和配伍禁忌等进行监控。对发现的问题与医师沟通，及时调整用药方案。干预手段涉及开始新的药物治疗、增加剂量、减少剂量、终止药物治疗、为患者提供具体的药物信息或信息解释等措施。

　　总之，药学服务的宗旨是提高患者的生命质量和生活质量，不能单纯针对疾病症状对症用药，而需综合考虑患者年龄、职业、既往病史、遗传和基因组学、家族病史、经济状况等，既治疗病症，同时又从预防疾病发展和避免用药不良后果等多方面来选择综合的治疗方案。

目标检测

答案解析

一、选择题

（一）最佳选择题

1. 临床药物治疗学的核心是（　　）。
   A. 合理用药　　　　　　　B. 用药指导　　　　　　　C. 问病荐药
   D. 安全用药　　　　　　　E. 正确用药

2. 药师的职能已转变为（　　）。
   A. 以药品为中心　　　　　B. 以患者为中心　　　　　C. 保障药品供应
   D. 减少药物不良反应　　　E. 减少医药资源的浪费

3. 药学服务的宗旨是（　　）。
   A. 对症用药　　　　　　　B. 避免不良反应　　　　　C. 提高患者的生命质量和生活质量
   D. 治愈疾病　　　　　　　E. 减轻症状

（二）配伍选择题

（4~7题共用备选答案）
   A. 安全　　　　　　　　　B. 有效　　　　　　　　　C. 经济
   D. 适当　　　　　　　　　E. 无毒

4. 药物的疗效确切属于（　　）。

5. 达到合理的效价比属于（　　）。

6. 在正常剂量下药物不会对机体造成损害属于（　　）。

7. 剂量、用药的时间和途径、疗程等符合达到治疗目标要求属于（　　）。

（三）多项选择题

8. 药学服务人员的具体工作包括（　　）。
   A. 处方点评　　　　　　　B. 处方统计　　　　　　　C. 处方审核
   D. 处方调剂　　　　　　　E. ADR监测和报告

9. 合理用药的内涵包括（　　）。
   A. 安全　　　　　　　　　B. 有效　　　　　　　　　C. 经济
   D. 适当　　　　　　　　　E. 无毒

10. 药物的来源包括（　　）。
    A. 基因工程药物　　　　　B. 天然药物　　　　　　　C. 人工合成药物
    D. 化学合成药物　　　　　E. 偏方

11. 药学服务的目的是（　　）。
    A. 治愈疾病　　　　　　　B. 消除或减轻症状　　　　C. 防止疾病或症状发生

D. 阻止或延缓疾病进程　　　E. 杜绝不良反应发生

二、简答题

1. 什么是临床药物治疗学？它的核心是什么？

2. 什么是药学服务？药学服务的对象包括哪些？

三、实例解析题

患者，男，68 岁。多尿、多饮、乏力 2 年。2 年前无明显诱因出现多尿、多饮、口干、全身乏力，无多食及体重降低。在当地医院查尿糖阳性，诊断为糖尿病。给予二甲双胍，治疗 1 个月后症状缓解，即停药。以后症状反复出现，间断服药，三天前上述症状加重，查空腹血糖 9.6mmol/L，餐后 2 小时血糖 14mmol/L。

问题　1. 该患者能确定为糖尿病吗？

　　　2. 过去在诊断和药物治疗方面存在什么问题？

　　　3. 请谈谈你对合理用药的理解。

书网融合……

知识回顾　　习题

（苏澹淇）

项目二　药物治疗的基本过程及其原则

学习引导

"用药如用兵，医之有方法，如兵之有军法也。医用药而无准绳，犹将之用兵而无纪律也。"明代医学家周慎斋将用药比作用兵，这对我们的药物治疗有指导意义。进行药物治疗时，犹如排兵布阵，需有程序、有谋划，依次进行明确诊断、确定目标、制订方案、实施治疗、评估干预等过程。在此期间制订给药方案、实施治疗时关注患者依从性、掌握处方的相关知识也是达成良好治疗效果的重要因素。

本项目主要介绍药物治疗基本过程、制订药物治疗方案、处方等相关知识。

学习目标

1. **掌握**　药物治疗基本过程、药物选择的基本原则，处方的概念。
2. **熟悉**　处方的结构和颜色。
3. **了解**　处方书写规则。

药物治疗是目前临床上最常用、最基本的治疗手段，它与手术治疗、康复治疗等非药物治疗密切配合、优势互补、合理应用，为预防和治疗疾病发挥着重要作用。药物都有严格的适应证和一定的不良反应，只有在确有必要的情况下才考虑使用药物，应尽可能不使用药物。如高血压早期或糖尿病早期，应考虑调整饮食、适量运动、减轻体重等，以控制疾病。当上述手段达不到目的，药物治疗又确实对患者有益时，才考虑使用药物治疗。

任务一　药物治疗的基本过程

药物治疗能否达到安全、有效的目的，与药物－机体－疾病三者相互作用的结果有关。对每一位患者的药物治疗，首先需要明确患者存在的问题，即根据患者的症状、体征和辅助检查（包括实验室检查和影像学检查等）结果做出正确诊断，然后拟定治疗目标，选择适当的药物、剂量和疗程（治疗方案），开具处方并指导用药。在治疗过程中或治疗结束时，要对疗效进行评价，如患者问题得到解决，则达到了治疗目标，可停止药物治疗，否则需要重新评估上述步骤，并进行相应调整。

>> **岗位情景模拟**

　　情景描述 许女士，35岁，近2周来因出现咳嗽、乏力、食欲缺乏和低热而就医。经查体、化验检查、胃镜检查和 ^{14}C 呼气试验后，医生明确诊断为十二指肠溃疡。医生告诉患者不要紧张，如严格按医嘱用药可彻底治愈，医生采用奥美拉唑、阿莫西林和呋喃唑酮三联治疗方案，并嘱咐立即开始治疗。患者按照医嘱用药后，症状明显减轻，一月后来复查。

　　讨　　论 1. 分析此案例患者从就诊到药物治疗分为哪些步骤？
　　　　　　　 2. 此病例为什么要随访一次？

答案解析

一、明确疾病诊断

　　做出正确诊断是开始正确治疗的决定性步骤。正确的诊断需要在综合分析各种临床信息的基础上才能做出，如患者主诉、详细病史、体格检查、实验室检查和影像学检查等。

　　在临床实际工作中，有时确定诊断的依据可能并不充分，治疗又是必需的，此时仍需要拟定一个初步诊断，才能进入下一步的治疗。如一位中年女性，出现对称性的关节僵硬和红、肿、疼痛等症状，晨起加重，无感染病史，初步诊断为类风湿关节炎。在无其他禁忌证的情况下，可选用阿司匹林片口服治疗，如在24小时内症状得到明显改善，则有助于确定上述诊断，临床上这属于诊断性治疗。

　　然而，当诊断完全不明时就对患者进行盲目治疗，有时会造成严重后果。如急性腹痛的患者，在诊断不明的情况下，盲目使用镇痛药缓解疼痛，则可能掩盖病情，延误诊断，甚至导致弥散性腹膜炎等严重后果。

　　任何疾病都有一个动态的发展过程，在疾病的不同阶段其症状、预后等可能不同，需要及时处理特殊问题。因此，明确诊断才能使药物等治疗措施有针对性地对疾病发生的关键环节发挥作用，达到治疗目标。

二、确定治疗目标

　　治疗目标是疾病治疗预期达到的最终结果。目标的确定是一个决策过程，不仅要从疾病本身出发，更应从患者整体综合情况进行考虑。如对高血压的治疗，普通患者血压应降至 <140/90mmHg，糖尿病和肾病患者血压则需要降至 <130/80mmHg，老年人收缩压可放宽降至 <150mmHg。

　　治疗目标越明确、治疗方案越简单，选择药物就越容易，如镇痛、镇咳、催眠、控制糖尿病患者的血糖至正常范围等。但临床上在确定治疗目标时，既要力求改善患者目前的病理生理状态，又要改善患者生活质量，还要考虑疾病治疗的远期目标，这决定了药物治疗方案的复杂性，也决定了患者可能获得的最大疗效。如控制血压是治疗高血压的首要目标，同时要更有效地减少心、脑、肾等靶器官损害并降低死亡率。对妊娠期高血压疾病患者，不但要积极降低血压，更应考虑降压药物对胎儿的潜在危险。

　　治疗目标的确定建立了医患双方对最终治疗结果的评估标准，也是双方对治疗结果的期望。值得注意的是，有时患者对治疗结果的期待与医药工作者确定的治疗目标有所不同，这可能导致患者产生不信任，降低患者依从性，或可能产生医疗纠纷。因此，要加强医患有效交流，使患者及其家属理解治疗目标确定的缘由，产生正确预期，接受正确治疗。

三、确定治疗方案

治疗目标决定治疗方案，一个治疗目标往往有多个治疗方案和多种治疗药物，因此，在确定治疗方案时，需要综合考虑患者的情况和药物的药理学特征，根据安全、有效、经济、适当的原则，确定药物品种、剂量和疗程。如类风湿关节炎的治疗，患者如有消化性溃疡病史，则慎用或不用阿司匹林；如没有溃疡病史，但不能耐受阿司匹林，则可考虑选用布洛芬治疗。

确定治疗方案时还应考虑药物在患者体内的药物代谢动力学，如患者与药物消除有关的主要器官患有疾病，会使药物的消除减慢，则用药剂量和用药间隔时间要进行调整。例如布洛芬主要经肾消除，如患者肾功能正常，则根据其半衰期（约 2 小时），应用其抗风湿时推荐剂量 400 ~ 600mg，每日 3 次；如患者肾功能减退，则应适当减少用药剂量，或选用缓释制剂以减少给药次数。

四、开始药物治疗

治疗方案确定以后，要为患者开具书写清楚、格式规范的处方，标志着药物治疗的开始。要想药物治疗达到治疗目标，不仅要重视治疗方案，也不能忽视患者因素，临床医药工作者要与患者有效沟通，为其提供必要信息，使其成为知情的合作者，提高患者的依从性。如向患者解释为什么抗结核病药需要在每日清晨一次性服用；长期服用糖皮质激素为什么不能突然停药；用药过程中出现哪些毒副反应需要立即停药就诊等。

五、评估和干预

药物治疗是否达到预期的治疗目标是决定继续、调整或是终止治疗方案的关键因素。因此，在治疗过程中对观测指标和终点进行监测，以评估治疗效果，进行适度干预、继续或调整治疗方案。目前，优化药物治疗的最实用方法是治疗 - 监测 - 治疗的反复尝试。

对治疗的监测有两种方式。①被动监测：即由患者自己监测，医药工作人员向患者解释出现治疗效果的表现，告知患者如果无效或出现不良反应时要做什么等。②主动监测：即由医生评估治疗效果，依据疾病类型、疗程、处方药量等确定复诊时间，进行必要的指标检测，然后医生评估治疗效果。对治疗效果的监测可以得出治疗有效或治疗无效的结论。

治疗有效：患者依从性好，按治疗方案完成治疗，疾病已治愈，可停止治疗；如疾病未治愈，治疗有效且无不良反应或不良反应不影响治疗，可继续治疗，直到病愈。若出现严重的不良反应，则应对方案进行适当调整，评估疗效和患者受益的关系，决定是否继续用药治疗。

治疗无效：按治疗方案用药后没有达到预期效果，此时，应对治疗过程重新评估，内容包括诊断是否正确、治疗目标和治疗方案是否合理、药物剂量和疗程是否恰当、患者的依从性及对治疗的监测是否正确等。如能找到治疗失败的原因，则可提出相应的解决办法，否则应考虑停药，以免对机体造成不必要的损害，同时延误治疗时机且浪费医疗资源。

无论何种原因需要停止药物治疗，应切记有些药物不能立刻停药（如精神疾病用药、糖皮质激素、β 受体阻断剂等），应逐渐减量后才能停药，以免出现停药反跳。

任务二　药物治疗方案的制订

为达到药物治疗目标，需要使药物在靶部位达到最佳治疗浓度。然而由于药物的治疗作用受多种因素影响，单凭经验用药难以获得满意效果。因此应根据患者的具体情况及药物的药效学和药动学特点，制订给药方案，其包括药物品种、给药剂量、给药间隔等。除此之外，用药后还应对用药进行监测和调整。

一、治疗药物选择

治疗目标确定以后，应根据病情的轻重缓急和患者的实际情况，选择合适的治疗药物。选择药物的基本原则是药物的有效性、安全性、经济性和方便性。

1. 有效性　是药物选择的首要目标，是药物用于临床、达到预期疗效的唯一保障，无效的药物没有临床应用价值。药物能否发挥应有的效应，取决于药物浓度是否达到最低有效浓度。血药浓度的高低与用药剂量、药物剂型、给药途径、给药时间和间隔时间、联合用药以及患者年龄、性别、个体差异、病理状态等因素有关。理想的治疗药物应具有良好的药动学特性，采用简便的给药方案即可达到所需的药物浓度。

2. 安全性　是药物治疗的前提，使用的药物应是经过临床前和毒理学评价及临床试验，能够满足基本安全允许进入临床使用的药物。然而，安全是相对的，绝对安全是不可能的。患者从药物治疗中获益的同时，也必然要承担一定的风险。医药工作者在为患者选择治疗药物时，应权衡利弊，使患者获得最大的治疗效果，而承担最小的风险。

不同的疾病对药物的安全性要求是不同的，取决于患者的获益程度。如普通感冒的治疗目的是减轻不适，或缩短自然病程，但如果药物有导致脱发风险，患者是不可能接受的；而肿瘤患者的治疗目标是延长患者的生存期，抗肿瘤药物引起的脱发甚至骨髓抑制等重大风险，也可被患者接受。

3. 经济性　是合理用药的基本要素，是指消耗最小的成本，获得最大的治疗效果，并非指用药越少、越便宜越好。根据有效性和安全性的原则，选择药物如超出患者的支付能力，会影响患者的依从性。所以，选择药物时要考虑到治疗成本、患者的经济状况、医疗保险情况等。

另一方面，考虑药物治疗成本时，还应考虑治疗的总支出即治疗总成本，而不是单一的药费。有可能较高的药费支出（与低费用药物相比）可以缩短住院天数、避免或减轻不良反应、早日恢复工作，从而使治疗总成本降低。

医保目录调整，减轻治疗负担，惠及更多患者

《国家基本医疗保险、工伤保险和生育保险药品目录（2020 年）》于 2021 年 3 月 1 日起正式启用，其纳入 119 种新药，价格平均下降 50.64%，药品惠及的治疗领域广泛，包括慢阻肺用药、红斑狼疮用药、抗抑郁症用药等。国家医保药品目录新增 17 种抗癌药，包括 PD−1、仑伐替尼等。值得注意的是，最新版国家新冠肺炎治疗方案所列药品已全部纳入国家医保药品目录，如利巴韦林注射液、阿比多尔颗粒等。

目前，我国治疗重特大疾病的独家药品，纳入目录主要采取谈判的方式。国家医保目录谈判于 2018、2019、2020 年共谈判纳入 183 个药品，价格降幅平均达到一半以上。多轮调整后，医保目录结构更加优化、用药层次更加丰富，大量创新靶向药物、肿瘤免疫药物纳入医保，包括靶向药物奥希替尼、厄洛替尼、卡瑞利珠单抗等。

4. 方便性　是影响患者依从性的另一个重要因素，在保证治疗效果的前提下，选择一种药物的剂型和给药方案，应尽量方便患者。如婴幼儿不会吞咽药片，宜选择颗粒剂、滴剂或栓剂等。

二、给药方案制订

给药方案就是为治疗确定药物剂型、给药途径、给药剂量、给药时间、给药间隔、疗程等的一种计划表，以达到合理用药的目的。

制订给药方案时，首先必须明确目标血药浓度范围。目标血药浓度范围一般为文献报道的安全有效范围，特殊患者可根据临床观察的药物有效性或毒性反应来确定。药物手册和药品说明书中推荐的标准剂量方案中的药物剂量大多数是能够保持有效血药浓度的平均剂量，一般是基于药物临床试验的研究结果制订的，属于群体模式化方案。由于多数情况下患者间的个体差异是有限的，故在初始治疗时，对安全、低毒的药物采用标准剂量方案获得预期疗效的概率是最大的。

1. 依据半衰期制订给药间隔

（1）半衰期小于 30 分钟的药物　维持药物有效治疗浓度有较大的困难。治疗指数低的药物一般要静脉滴注给药；具有高治疗指数的药物也可分次给药，但维持量要随给药间隔时间的延长而增大，这样才能保证血药浓度始终高于最低有效浓度。

（2）半衰期在 30 分钟~8 小时的药物　主要考虑的是治疗指数和用药的方便性。治疗指数低的药物，每个半衰期给药 1 次，也可静脉滴注给药；治疗指数高的药物可每 1~3 个半衰期给药 1 次。

（3）半衰期在 8~24 小时的药物　最方便和最理想的给药方案是每个半衰期给药 1 次，如果需要立即达到稳态，可首剂加倍。

（4）半衰期大于 24 小时的药物　每天给药 1 次较为方便，可提高患者对医嘱的依从性。如果需要立即达到稳态，可首剂加倍。

2. 根据平均稳态血药浓度设计给药方案　以平均稳态血药浓度（$\bar{C}_{ss}$）作为设计给药方案的指标，通过调整给药剂量或给药间隔时间达到所需平均稳态血药浓度。通常是根据平均稳态血药浓度和给药间隔确定给药剂量。

此外，还可根据稳态血药浓度范围或者制订给药方案。有些药物只要求稳态最大浓度不超过某一浓

度,而有些药物因治疗指数大,上限浓度安全范围大,只要确定稳态最小浓度不低于某浓度即可。

以上给药方案的结果为按标准剂量方案计算所得,然而有些药物如强心苷,治疗剂量与中毒量之间差距很小,每个人对其耐受性和体内消除速率又有所不同,故临床用药稍有不慎即容易产生中毒。此外,有时由于患者肝肾功能的变化,可影响到药物的血药浓度,常规用药可能无效或产生中毒。因此,在制订给药方案时应注意个体化给药,要充分考虑到药物方面和机体方面因素对药物作用的影响。当不能完全确定患者的个体化因素时,先按常规剂量开始治疗,再对患者用药后的疗效、不良反应和血药浓度等指标进行评估,获得精确的个体数据,若评估结果明显偏离预期值,则提示需要对原方案进行调整,进行新一轮的治疗,有时要反复调整,直到获得满意的个体化给药方案。

三、给药方案调整

在患者用药过程中,还需要针对药物产生的疗效、患者的耐受程度、出现的不良反应等对方案进行适当的调整,以期达到最佳治疗效果。

多数药物的血药浓度与药理效应具有良好的相关性。对大部分患者而言,在有效血药浓度范围内用药有效,且产生的不良反应也较轻。制订和调整给药方案的目标是将血药浓度水平维持在有效血药浓度范围内,达到这一目标需要考虑药效学和药动学对血药浓度的影响。

在药物治疗过程中,若采用标准剂量方案没有获得预期的效果,且临床诊断正确,药物的选择、患者依从性等方面没有问题,则可考虑该患者的药效学、药动学特征与群体参数存在明显偏离,治疗的安全范围和血药浓度 – 时间曲线发生改变,这时应调整标准剂量方案,实行个体化给药。

下面介绍一种简单的给药方案调整的方法——稳态一点法。按标准剂量给药,当血药浓度达到稳态时,采血测定血药浓度,若此浓度与目标浓度相差较大,可根据下式调整给药方案。

$$D' = D \times \frac{C'}{C}$$

其中 D 为原剂量,D' 为校正剂量;C 为测得浓度,C' 为目标浓度。

使用该公式时注意:①该公式适用于血药浓度与剂量成线性关系的药物;②必须在血药浓度达到稳态后才可采血。此方法虽简单易行,但对于半衰期长的药物耗费时间较长。

例:某药 $t_{1/2}$ 为 8 小时,每 8 小时用药一次,每次 100mg,2 日后测该药血药浓度为 4μg/ml(该药最低有效浓度为 6μg/ml,最高血药浓度为 9μg/ml),试调整用药剂量。

解:该药 $t_{1/2}$ 为 8 小时,故 2 日后血药浓度可达稳态。

该药治疗浓度范围为 6 ~ 9μg/ml,设目标浓度 $C' = 8$μg/ml,原剂量 $D = 100$mg × 3,测得浓度 $C = 8$μg/ml,则:

$$D' = D \times \frac{C'}{C} = 100 \times 3 \times 8/4 = 600\text{mg}$$

若按每日 3 次给药,则每次剂量为:600/3 = 200mg

该患者可改为每 8 小时服药一次,每次 200mg。

四、治疗药物监测

治疗药物监测(therapeutic drug monitoring,TDM)是通过测定血药浓度,结合临床药物治疗效果,探讨患者血药浓度与临床疗效及毒性反应之间的关系,从而对给药方案进行调整,达到理想药物治疗效果的一种方法。

TDM 的前提是药物的血药浓度与药理效应或毒性反应具有良好的相关性。临床上 TDM 主要适用于以下情况：①安全范围窄、毒性大且不易鉴别的药物，如地高辛、茶碱等；②呈非线性动力学特征的药物，如苯妥英钠、阿司匹林等；③肝肾功能障碍的患者使用主要经肝代谢、肾排泄的药物，如氨基糖苷类抗生素、利多卡因等；④新生儿及婴幼儿、老年人的药物排泄较慢，药动学参数易发生改变；⑤常规剂量下易出现毒性反应的药物；⑥联合应用时因相互作用而影响疗效的药物。

临床上进行 TDM 的药物主要有免疫抑制剂（如环孢素、他克莫司）、抗肿瘤药（如甲氨蝶呤、氟尿嘧啶）、神经系统药物（如苯妥英钠、丙戊酸钠、拉莫三嗪、碳酸锂）、抗生素（如万古霉素、妥布霉素等）、抗真菌药（如伏立康唑）、心血管系统药物（如地高辛、胺碘酮）、平喘药（如氨茶碱）、抗病毒药（如依非韦伦）等。

即学即练 2-2

选择药物的基本原则包括（　　　　）。

A. 有效性　　　　B. 安全性　　　　C. 经济性　　　　D. 方便性　　　　E. 合理性

答案解析

任务三　药物处方

处方（prescription）是指由注册的执业医师和执业助理医师在诊疗活动中为患者开具的、由取得药学专业技术职务任职资格的药学专业技术人员审核、调配、核对，并作为患者用药凭证的医疗文书。病区用药医嘱单也属于处方。作为医疗文书，处方具有法律性、技术性和经济性等意义。

一、处方结构

1. 前记　包括医疗机构的名称、处方编号、费别以及医生需填写的患者姓名、性别、年龄、门诊或住院病历号、科别或床位号、处方日期、临床诊断等，可添列特殊要求的项目。麻醉药品和第一类精神药品处方还应当包括患者身份证明编号，代办人姓名、身份证明编号。

2. 正文　以 Rp 或 R（拉丁文 Recipe "请取"的缩写）开头，医生需清楚地书写药物的名称、剂型、规格、数量、用量和用法等。

3. 后记　包括医师签名和（或）加盖专用签章，药物金额和调配、核对、发药药师的签名或加盖专用签章。处方的结构见图 2-1。

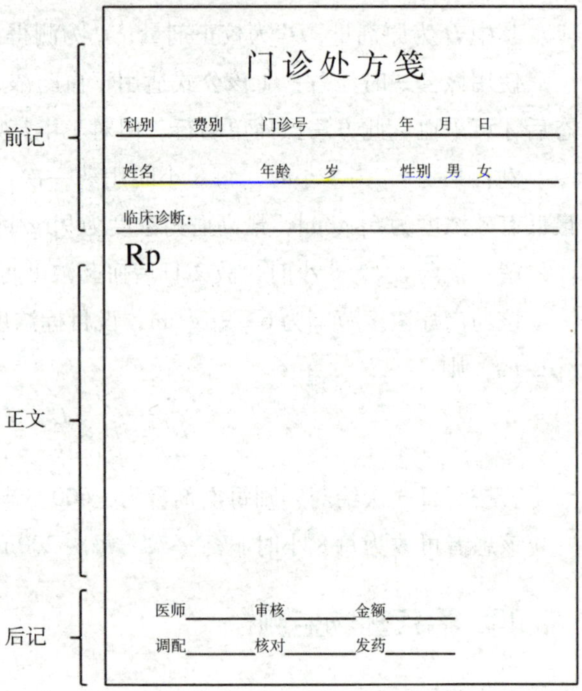

二、处方分类

按性质分类，处方分为医师处方、法定处方和

图 2-1　处方结构示意图

协定处方。

1. 医师处方　执业（助理）医师为患者开具的处方。

2. 法定处方　指《中国药典》、国家药品监督管理局颁布的药品标准收载的处方，具有法律约束力。

3. 协定处方　根据日常医疗用药的需要，医院药剂科与临床医师协商制订的处方。用于大量配制和储备，便于控制药品的品种和质量，减少患者取药等候时间。每个医院的协定处方仅限于在本单位使用。

三、处方颜色

1. 普通处方的印刷用纸为白色。

2. 急诊处方印刷用纸为淡黄色，右上角标注"急诊"。

3. 儿科处方印刷用纸为淡绿色，右上角标注"儿科"。

4. 麻醉药品和第一类精神药品处方印刷用纸为淡红色，右上角标注"麻、精一"。

5. 第二类精神药品处方印刷用纸为白色，右上角标注"精二"。

四、处方书写

根据《处方管理办法》和《处方管理实施细则》等要求，处方书写规则主要如下：

1. 每张处方只限于一名患者的用药。

2. 书写处方时要字迹清楚，不得涂改，如需修改，医师应在修改处签名并注明修改日期。

3. 填写患者实足年龄，新生儿、婴幼儿填写日、月龄，必要时要注明体重，除特殊情况外，必须注明临床诊断。

4. 药品名称应为规范的中文或英文名称，不得擅自编制缩写名称或使用代号。

5. 药品剂量按药品说明书中的常规用法用量，需要超剂量使用医师需注明原因并再次签名，剂量与数量均应用阿拉伯数字书写。

6. 药品用法使用规范的中、英、拉丁文或缩写体书写，不得使用"遵医嘱""自用"等。

7. 中药饮片需单独开方，一般按"君、臣、佐、使"的顺序排列，西药和中成药可单独开具，也可开具一张处方，每张处方不超过 5 种药物，特殊管理药品使用专用处方。

8. 利用计算机开具传递普通处方时，应当同时打印出纸质处方，其格式与手写处方一致；打印的纸质处方经签名或者加盖签章后有效。

9. 开具处方后的空白处划一斜线，以示结束。

五、处方调配、核查及发药 🄴微课

处方调配程序为：收方→审方→计价→调配→包装、标示→核对→发药。

调配处方过程必须做到"四查十对"：查处方，对科别、姓名、年龄；查药品，对药名、剂型、规格、数量；查配伍禁忌，对药品性状、用法用量；查用药合理性，对临床诊断。

1. 收方　从患者处接收处方。

2. 审方 审方包括"处方规范性审核"和"处方用药适宜性审核"。

（1）处方规范性审核 开方医师的资质是否符合；不同的药品是否用规定的处方笺开具；处方内容是否完整；书写是否规范；字迹是否清晰。

（2）处方用药适宜性审核 ①对规定必须做皮试的药物，处方医师是否注明过敏试验及结果判定。②处方用药与临床诊断的相符性。③药品剂量用法的正确性。④选用的剂型与给药途径的合理性。⑤是否有重复给药现象。⑥是否有潜在的临床意义的药物相互作用和配伍禁忌。⑦其他用药不适宜情况。

审方后如认为存在用药不适宜时，应拒绝调配，并及时告知处方医师，但不得擅自更改或配发代用药品。

3. 计价 自费药品先经患者同意，处方上注明"自费"字样。

4. 调配 ①仔细阅读处方，按处方药品顺序自上而下逐一调配。②取药完毕后应及时将储放药品的容器或包装归原位。③药品配齐后，与处方逐条自下而上核对药名剂型、规格、数量和用法。调配的药品必须完全与处方相符。④调配好一张处方上的所有药品后再调配下一张处方，以免发生差错。⑤严禁用手直接接触药品。⑥配方人签名。

5. 包装、标示 于分装袋或分装容器上贴上或写上患者姓名和药品名称、规格、用法、用量、用药注意事项、有效期限。对需特殊贮存条件的药品应加贴醒目标签，以提示患者注意。标注用法、用量及用药注意事项要明确易懂。

6. 核对 药品调配后由另一药师进行核查，全面审核一遍处方内容，逐一核对处方与调配的药品、规格剂量、用法、用量是否一致，逐一检查药品的外观质量是否合格，有效期应确认无误。在核对剂量时，对老年人和婴幼儿患者尤应仔细。核对完成后核对人要签名。

7. 发药 ①核对患者姓名，最好询问患者就诊科室。②逐一核对药品与处方的相符性，检查剂型、规格、剂量、数量并签名；若发现处方调配错误，应将处方和药品退回调配者，并更正。③详细交代每种药品的用法、用量、不良反应和用药注意事项，耐心回答患者的询问。

六、处方的管理

处方由调剂、出售处方药品的医疗、预防、保健机构或药品零售企业妥善保存。普通处方、急诊处方、儿科处方保存1年；医疗用毒性药品、第二类精神药品处方保存期限为2年；麻醉药品和第一类精神药品处方保存期限为3年。处方保存期满后，经医疗预防、保健机构或药品零售企业主管领导批准、登记备案，方可销毁。

即学即练 2-3

答案解析

关于处方书写，下列正确的是（   ）。

A. 药物名称应使用通用名　　　　B. 药物剂量和数量用阿拉伯数字

C. 多名患者可共用一张处方　　　　D. 麻醉药品可使用白色处方

E. 药品用法不得使用"遵医嘱""自用"等

目标检测

答案解析

一、选择题

（一）最佳选择题

1. 对疾病进行正确治疗的决定性步骤是（　　）。
   A. 选择正确药物　　　　B. 明确疾病诊断　　　　C. 确定明确治疗目标
   D. 确定正确治疗方案　　E. 选择正确的给药途径

2. 治疗药物选择的首要目标是（　　）。
   A. 有效性　　　　B. 安全性　　　　C. 经济性
   D. 方便性　　　　E. 适当性

3. 药物治疗的经济性是指（　　）。
   A. 药品价格越高越好
   B. 药品价格越低越好
   C. 消耗最小成本而获得最大治疗效果
   D. 使用药品品种越少越好
   E. 报销的费用越高越好

4. 关于处方的叙述错误的是（　　）。
   A. 是患者用药凭证　　　　B. 属于医疗文件　　　　C. 必须由执业医师开具
   D. 由药学专业技术人员调配　　E. 具有法律性、技术性和经济性

5. 下列临床常用药物，不需要监测血药浓度的是（　　）。
   A. 环孢素　　　　B. 丙戊酸钠　　　　C. 奥美拉唑
   D. 甲氨蝶呤　　　E. 他克莫司

（二）配伍选择题

（6～10题共用备选答案）
   A. 淡黄色　　　　B. 淡绿色　　　　C. 淡红色
   D. 淡蓝色　　　　E. 白色

6. 儿科处方为（　　）。
7. 急诊处方为（　　）。
8. 麻醉药品处方为（　　）。
9. 第一类精神药品处方为（　　）。
10. 第二类精神药品处方为（　　）。

（11～14题共用备选答案）
   A. 安全性　　　　B. 无毒性　　　　C. 有效性
   D. 经济性　　　　E. 方便性

11. 影响依从性的重要因素为（　　）。

12. 药物治疗的前提为（　　　）。

13. 合理用药的基本要素为（　　　）。

14. 选择药物的首要目标为（　　　）。

（三）多项选择题

15. 处方的结构包括（　　　）。

    A. 处方前记   B. 医师签名   C. 处方正文

    D. 处方后记   E. 医院名称

16. 导致患者产生不依从的主要原因包括（　　　）。

    A. 对患者用药指导不清楚   B. 药品制剂带有不良的气味或颜色

    C. 用药次数过多或用药时间过长   D. 出差在外无法服药

    E. 治疗方案复杂

17. 患者产生不依从导致的主要后果包括（　　　）。

    A. 疾病迅速恶化   B. 治疗无效   C. 重复检查

    D. 对医生缺乏信任   E. 出现中毒反应

18. 关于处方书写规则的叙述正确的有（　　　）。

    A. 每张处方只限用于一名患者的用药

    B. 书写处方如出现错误需涂改时，医师应在修改处签名并注明修改日期

    C. 药品名称应为规范的中文或英文名称

    D. 特殊管理药品使用专用处方

    E. 开具中药饮片按"君、臣、佐、使"顺序排列

二、简答题

1. 简述药物选择的基本原则。

2. 处方按性质分类有哪几类？请简要说明。

3. 将任务三的"岗位情景模拟"治疗方案开具处方。

书网融合……

          知识回顾   微课   习题

（袁 超）

项目三　用药安全

学习引导

安全性是指在按规定的适应证、用法用量使用药品后，人体产生不良反应的程度，它是药品质量特性之一，也是药物治疗的前提。虽然临床使用的药物都必须经过临床前药理、毒理学评价和临床试验，确定能够满足基本安全性要求后才进入临床，但在使用过程中，仍然存在诸多不安全性。那我们在使用药品时会遇到哪些安全问题？我们该怎样避免问题出现呢？对于问题的解决方法又有哪些呢？

学习目标

1. **掌握**　药品不良反应的分类和用药错误防范。
2. **熟悉**　药品不良反应监测。
3. **了解**　药源性疾病诊断与治疗。

任务一　药物不良反应

世界卫生组织（WHO）对药品不良反应（adverse drug reaction，ADR）定义为在正常用量用法情况下，药物在预防、诊断、治疗疾病或调节生理功能时所发生意外的与防治目的无关的不利或有害的反应。美国药师协会（ASHP）对 ADR 的定义为不在预期范围内发生的药物反应，如：用药后必须住院治疗；延长留院的时间；需要支持治疗；预后差；造成暂时或永久性伤害，丧失能力或死亡；有变态反应和特异性反应。我国药品不良反应定义为合格药品在正确用法用量下出现的与用药目的无关的有害反应。

知识链接

药品不良反应的分类及报告程序

《药品不良反应监测与报告办法》中将药品不良反应分为三大类："一般药品不良反应""新的药品不良反应"和"药品严重不良反应"。"新的药品不良反应"是指药品说明书中未载明的不良反应。"药品重大不良反应"是指因服用药品引起以下损害情形之一的反应：①引起死亡；②致癌、致畸胎、致出生缺陷；③对生命有危险并能够导致人体永久的或显著的伤残；④对器官功能产生永久损伤；⑤导致住院或住院时间延长。

ADR 的报告原则是：可疑即报。我国《药品不良反应报告和监测管理办法》规定，药品不良反应实行逐级、定期报告制度，必要时可以越级报告。

一、药品不良反应的分类 [e]微课

药品不良反应常见的分类法为：①按照发生原因分为 A、B、C 型（表 3-1）；②根据药物不良反应性质的分类法分为副作用、毒性作用、后遗效应、继发反应、首剂效应、停药反应、药物依赖性、过敏反应、特异性反应、致癌作用、致畸作用、致突变作用；③按严重程度可分为 Ⅰ、Ⅱ、Ⅲ、Ⅴ级（表 3-2）。

表 3-1 ADR 的 ABC 分类法

类型	主要特点
A 型	主要是由药物本身或由其代谢产物所引起的，是药物固有药理作用的增强和延续，有明显的量效关系，停药或减量后症状很快减轻或消失，发生率高，但死亡率低。如：副作用、毒性作用、继发反应、后遗效应、首剂效应和停药反应
B 型	与正常药理作用完全无关的一种异常反应，主要与药物变态反应或患者的高敏体质有关，一般很难预测，因而难以在首次用药时预防这类 ADR 的发生，其发生率低，但死亡率高。如：过敏反应、特异性反应
C 型	一般在长期用药后出现，潜伏期较长，没有明确的时间关系，难以预测。如：致癌、致畸、致突变

表 3-2 ADR 按严重程度分类法

类型	主要特点
Ⅰ级	致命或有生命威胁的，需立即撤药并做紧急处理者，或不良反应持续一个月以上者
Ⅱ级	患者不良反应症状明显，有各器官病理生理改变或检验异常，被迫撤药并做特殊处理，对患者康复已产生直接影响，或不良反应持续 7 天以上者
Ⅲ级	患者难以忍受，被迫停药或减药，经一般对症处理后好转，对患者康复无直接影响
Ⅳ级	患者可忍受，不需停药或减量，经一般对症处理或不需处理即较快恢复，对患者康复无直接影响

二、药物不良反应监测

药物不良反应监测分为自愿报告系统、医院集中监测系统、处方事件监测、药物流行病学研究、计算机监测（表 3-3）。

表 3-3 药品不良反应监测方法比较

检测方法	说明	数据来源	优点	缺点
自愿报告系统	自愿有组织的报告	患者、病例、医疗记录	数据充分，可识别用药错误和 ADR 发展趋势	存在资料偏差和漏报现象
医院集中监测系统	一定时间、范围内对某一医院或地区所发生的药品不良反应详细记录，探讨发生规律	患有某种疾病的患者	资料详尽，数据准确可靠	数据代表性、缺乏连续性
处方事件监测	通过开具过的处方，储存调研	病历（包括电子记录）	可发现低发生率和潜伏期较长的 ADR	可信性取决于医生处方的回收率
药物流行病学研究	运用流行病学的知识、理论和方法研究药品在人群中的效应	临床、实验室检查信息	可判断出药品和 ADR 之间的关联强度	费用较高，需要有大型数据库支持
计算机监测	计算机扫描医嘱寻找不良反应可能发生的信号；之后追踪结果	实验室结果、医嘱等	充分利用计算机技术和有的医疗活动，高效率获取不良反应监测数据	受医疗计算机文化程度影响，前期工作量大，需多部门协作，实施复杂

任务二　药源性疾病

药源性疾病（drug - induced diseases）指在预防、诊断、治疗或调节生理功能过程中，出现与用药有关的人体功能异常或组织损伤所引起的一系列临床症状。这类不良反应发生的持续时间比较长，反应程度较严重，造成某种疾病状态或者器官局部组织发生功能性、器质性损害。

> ▶▶ 岗位情景模拟 3 - 1
>
> **情景描述**　患者，男性，50 岁。因口吐大量鲜血，被紧急送到医院救治。经检查、询问后得知，刘某长期服用阿司匹林。刘某自述患有冠心病，三年前看到一篇阿司匹林能治冠心病的报道后，便开始每天服用。
>
> **讨　　论**　1. 判断用药是否安全？
>
> 　　　　　　2. 此案例诱发了哪一类药源性疾病？
>
> 答案解析

药源性疾病与不合理用药相关。据 WHO 统计，全球死亡的患者中有 1/3 是死于不合理用药。据国家卫生和计划生育委员会报道，中国每年约有 19.2 万人死于药源性疾病。中国大约有 2000 万聋哑人，其中 60% ~ 80% 与不合理使用抗生素有关，如链霉素、卡那霉素、庆大霉素，尤以儿童使用者居多。

药源性疾病发现得早、治疗及时，绝大多数可以减轻症状或者痊愈，但若不能及早发现，耽误了治疗和抢救，则可能引起不可逆性损害，甚至终生致残、死亡，造成难以设想的后果。随着新药品种的增多，新型中药制剂的涌现，非处方药物（OTC）的执行以及经济利益的驱动，药源性疾病发生率逐年增多，对人民的健康带来了很大的危害，应引起全社会的关注。

一、药源性疾病诱发因素

1. 患者因素　年龄、性别、遗传、基础疾病、过敏反应、不良生活方式。

2. 药物因素　与药理作用相关的因素如副作用、药物本身作用、毒性反应、继发反应、后遗效应等因素有关，药物的联合使用带来的相互作用，药物制剂本身的因素，药物的使用方法等。

二、常见药源性疾病

1. 药源性胃肠道疾病

（1）可以导致胃出血、胃穿孔、十二指肠溃疡穿孔和便隐血的药物　如非甾体抗炎药（布洛芬、吲哚美辛、阿司匹林）等。

（2）可引起恶心呕吐的药物　如硫酸亚铁、抗酸药、吡喹酮、丙戊酸钠、氨茶碱、抗肿瘤药（氮芥、氟尿嘧啶、甲氨蝶呤）等。

（3）可引起肠蠕动减慢的药物　如抗精神疾病药（氯丙嗪、丙米嗪、阿米替林）等。

（4）可引起缺血性结肠炎的药物　如阿洛司琼。

（5）可引起腹泻的药物　如二甲双胍、利血平、普萘洛尔、依他尼酸、新斯的明。

2. 药源性肝脏疾病

（1）咪唑类抗真菌药（酮康唑、氟康唑、伊曲康唑）可致肝功能异常、中毒性肝炎。

（2）灰黄霉素可致肝衰竭，抗结核药（异烟肼、利福平）可引起黄疸，吡嗪酰胺可引起肝坏死。

（3）羟甲戊二酰辅酶 A 还原酶抑制药（洛伐他汀、辛伐他汀、氟伐他汀）能导致肝药酶升高或肝炎。

（4）沙坦类抗高血压药具有肝毒性；对乙酰氨基酚、乙醇、奎尼丁、甲基多巴等有可能引起肝损伤。

3. 药源性肾脏疾病 磺胺类药物如磺胺嘧啶的结晶沉积会导致肾功能损害；氨基糖苷类药物有肾毒性；阿昔洛韦可引起肾小管阻塞，从而引起急性肾衰竭。

4. 药源性血液系统损害

（1）可引起再生障碍性贫血的药物 如氯霉素、保泰松、吲哚美辛、阿司匹林、对乙酰氨基酚、氮芥、环磷酰胺、甲氨蝶呤、氯喹、米帕林、苯妥英钠、甲硫氧嘧啶、氯氮平。

（2）可引起溶血性贫血的药物 如苯妥英钠、氯丙嗪、吲哚美辛、保泰松、奎尼丁、甲基多巴、维生素 K、异烟肼。

（3）可引起血小板减少的药物 如阿糖胞苷、环磷酰胺、甲氨蝶呤、巯嘌呤、复方阿司匹林、氯氮平。

（4）可引起粒细胞减少的药物 如氯霉素、磺胺类、甲硫氧嘧啶、吲哚美辛、异烟肼。

5. 药源性神经系统损害 可引起听神经障碍的药物如氨基糖苷类、奎宁、氯喹、依他尼酸等。

三、药源性疾病诊断与治疗

1. 药源性疾病诊断方法 ①追溯用药史；②确定用药时间、用药剂量和临床症状发生的关系；③询问用药过敏史和家族史；④排除药物以外的因素；⑤致病药物的确定；⑥必要的实验室检查；⑦流行病学的调查。

2. 药源性疾病的治疗 ①停用致病药物；②排除致病药物；③拮抗致病药物；④调整治疗方案；⑤对症治疗。

即学即练

药源性疾病的诱发因素中患者因素不包括（　　　）。

A. 年龄　　　　　　　B. 性别　　　　　　　C. 遗传

答案解析

D. 药物副作用　　　　E. 种族

任务三　用药错误

用药错误是一个全球性的问题，并不局限在某家医疗机构或某个国家和地区。美国、加拿大、澳大利亚、英国等多个国家的大规模研究已经表明，用药错误在医疗服务过程中始终存在，且有可能给患者带来伤害与负担。

岗位情景模拟 3-2

情景模拟 某医院药房收到处方，处方上注明诊断为"颅内压增高"，开具20%甘露醇注射液250ml＋地塞米松磷酸钠注射液5mg，混合后静脉滴注。

讨 论 1. 判断该处方用药是否安全。

2. 药师应如何指导合理用药？

答案解析

药物使用的六个环节（开具处方或医嘱、转录医嘱、调剂药物、给药、用药后观察与患者教育）中，任一环节出现用药错误并非只是某个部门或个人的责任，多数情况下是由系统缺陷、标准化流程和通信及环境状况不佳造成的。

一、用药错误的基本知识

1. 用药错误的原因

（1）管理缺失 工作流程和环境的缺陷；培训缺失；患者用药教育缺失。

（2）认知缺失或障碍 医生非主观意愿的诊断错误；患者记忆力缺失或有精神障碍。

（3）操作失误 处方或医嘱书写字迹潦草导致辨认错误，剂量计算错误，给药时间、途径或剂型错误。

（4）患者因素 有的患者会因为经济拮据自行停药；患者依从性差。

（5）药品质量因素 产品缺陷。

（6）其他因素 检测错误；其他用药错误。

2. 用药错误的类型
处方错误；转抄差错；调剂错误；给药错误；患者依从性差；检测错误；其他用药错误。

二、用药错误的防范

1. 发现用药错误的方法
①直接观察；②病历审查；③计算机检测方法；④用药差错和不良反应监测系统。

2. 不同环节用药错误的防范措施

（1）开具处方 学习与沟通，掌握选择正确药物的知识与信息；观察与思考，实现个体化治疗；修订医嘱后及时沟通，提醒护士和其他人员。

（2）药品调配 ①保持清新、整齐、干净和安静的环境；②坚持核对，规范操作；③保证足够的人力配备。

（3）发药 ①管理层面的防范措施：保证足够的人力配备。建立符合工作实际的管理制度。②技术层面的防范措施：良好的服务态度和服务语言标准化；交代药物的用量；交代用药时间；多药合用，交代服药间隔时间等。

目标检测

答案解析

一、选择题

（一）最佳选择题

1. 监测范围广、参与人员多、不受时间与空间的限制，是药物不良反应监测的主要信息来源的是（   ）。

    A. 自愿报告系统   B. 集中监测系统   C. 记录联接系统

    D. 队列研究   E. 病例对照研究

2. 为避免调配工作繁忙而出现差错，通常把调配率高的药品摆在（   ）。

    A. 最近的地方   B. 最外边的地方   C. 最显眼的地方

    D. 最前面的地方   E. 最容易拿到的地方

3. 如果患者在取药窗口发现差错，正确的应对措施是（   ）。

    A. 立即更换，并真诚道歉   B. 问责调剂人员后处理   C. 另发一份药品

    D. 收回发出药品   E. 真诚道歉

4. 依据处方差错应对措施，一有药品差错立即（   ）。

    A. 报告上级部门   B. 问责调剂人员   C. 道歉、予以更换

    D. 另发一份药品   E. 核对相关的处方和药品

5. 为避免调配差错，调剂室摆放易发生差错的药品最有效的措施是（   ）。

    A. 单独摆放   B. 分开摆放   C. 摆在前方

    D. 摆在方便拿取处   E. 分开摆放并有明显标记

（二）配伍选择题

（6～11题共用备选答案）

    A. 氯霉素   B. 雌激素类   C. 奎尼丁

    D. 氯丙嗪   E. 阿司匹林

6. 可引起药源性神经系统疾病的药物是（   ）。

7. 可引起药源性心律失常的药物是（   ）。

8. 可引起药源性血液病的药物是（   ）。

9. 有致畸作用的药物是（   ）。

10. 可引起药源性哮喘的药物是（   ）。

11. 可引起消化道溃疡和出血的药物是（   ）。

（三）多项选择题

12. 用药错误的防范措施的环节包括（   ）。

    A. 开具处方   B. 患者服药   C. 药品调配

    D. 药师发药   E. 家属叮嘱服药

13. 用药错误的原因（   ）。

    A. 管理缺失   B. 认知缺失或障碍   C. 操作失误

    D. 产品缺陷   E. 患者依从性差

14. 药品不良反应按照发生原因分为（　　　）。

    A. A 型   B. B 型   C. C 型

    D. D 型   E. E 型

15. 药品不良反应监测的分类（　　　）。

    A. 自发呈报监测   B. 处方事件监测   C. 医院集中监测系统

    D. 药物流行病学研究   E. ADR 计算机监测

16. 引起再生障碍性贫血的药物是（　　　）。

    A. 氯霉素   B. 保泰松   C. 阿司匹林

    D. 吲哚美辛   E. 对乙酰氨基酚

二、简答题

阐述药品不良反应的分类及监测方法。

书网融合……

知识回顾　　　　微课　　　　习题

（严其高）

项目四　用药咨询与健康教育

学习引导

过去药学信息只与药学专业人员有关，如今药学信息已经成为各方面人员的需求，这就要求药学人员利用自己的专业知识为公众提供药学信息服务。最终目的是促进合理用药，提升患者的依从性，确保药物治疗获得预期的、令人满意的结果，而提供药学信息服务的具体方式包括用药咨询、健康教育、用药指导。那么，什么是用药咨询、健康教育、用药指导？它们的具体内容有哪些？提高患者依从性的措施又是什么？

本项目主要介绍用药咨询、健康教育、用药指导与患者的依从性。

学习目标

1. **掌握**　用药咨询、健康教育、用药指导与患者依从性的概念，药品服用的适宜时间、常用剂型的正确使用。
2. **熟悉**　饮水及饮食对药物的影响、提高患者依从性的措施。
3. **了解**　用药咨询的内容。

任务一　用药咨询

用药咨询是药师应用所掌握的药学知识和药品信息，包括药理学、毒理学、药品不良反应、药物经济学等，承接公众对药物治疗和合理用药的咨询服务。用药咨询是药师参与全程化药学服务的重要环节，也是药学服务的突破口，对临床合理用药起到关键性作用，对保证公众合理用药有重要意义。

用药咨询的意义：①提高患者用药的安全性、有效性和依从性，从而最大限度地提高患者的药物治疗效果；②指导合理用药，优化药物治疗方案；③降低药品不良反应的发生概率；④与临床医师、护士合作，不仅为患者提供最适合的个体化用药方案，而且使之得以正确实施，促使病情好转或痊愈；⑤节约医药资源，降低医疗成本。

一、用药咨询的服务方法

（一）咨询环境

1. 咨询处应选择在紧邻门诊药房或位于药店大堂的明显处，或在专科门诊中与医生联合提供咨询服务。

2. 药师咨询处标志要清楚，位置明确、易见，使患者可清晰看到咨询药师。

3. 咨询环境应舒适，并相对安静，较少受外界干扰，适当隐秘，使患者放心、大胆地提出问题。

4. 咨询处应准备方便药师查询的医药学参考资料，以及向患者发放的医药科普宣传单等资料。

（二）咨询方式与途径

咨询方式分主动方式和被动方式，药师日常承接的咨询内容以被动咨询居多。

咨询途径包括面对面咨询、网络咨询、电话咨询、开展专题讲座、发放合理用药宣传材料。

1. 面对面咨询　这是最常见的咨询途径，药师通过认真倾听、全面了解信息、仔细分析，有针对性地解答患者的疑问。

2. 网络咨询　无论医院药房还是社会药房都可以建立网络咨询平台，通过开放式提问，全面清晰了解患者希望咨询与指导的问题，以提供高效便利的网络咨询服务。

3. 电话咨询　在电话咨询过程中要注意用标准的问候语，在完整、全面、准确的药物信息基础上准确回答患者的用药问题。

4. 开展专题讲座　药师利用自己的专业知识开展专题讲座，对患者和公众进行药学知识的普及，提高患者的用药依从性，提高公众对合理用药的认知度。

5. 发放合理用药宣传材料　药师可以通过药讯以及制作合理用药图片、宣传手册、简报等方式进行用药教育。

二、用药咨询的对象和内容

根据用药咨询对象的不同，可以将其分为患者、医师、护士和公众的用药咨询。

（一）患者的用药咨询

1. 药品名称　包括通用名、商品名、别名。

2. 适应证　药品适应证是否与患者病情相对应。

3. 用药剂量　包括首次剂量、维持剂量，每日用药次数、给药时间间隔，用药疗程。

4. 用药方法　包括正确服用方法、服用时间和用药前的特殊提示、特殊剂型的正确使用方法、漏服药物后的补救方法等。

5. 用药疗效　包括服药后预计起效时间、维持时间。

6. 不良反应　包括药物不良反应与药物相互作用。

7. 用药禁忌　包括饮食禁忌、配伍禁忌。

8. 替代药物　是否有替代的药物和其他疗法。

9. 特殊人群　特殊人群的用药问题。

10. 药品贮藏　包括药品的有效期、贮存和鉴定辨识。

11. 药品价格　包括药品价格、药品的报销方式、是否进入医疗保险报销目录。

（二）医师的用药咨询

1. 新药信息　新药的不断涌现给医师带来更多的治疗选择，同时也带来了很多困惑，仿制药和"一药多名"等现象会干扰医师正确选药。因此药师应及时更新药品信息，给予医师新药信息支持，为临床合理用药提供依据。

2. 合理用药信息　抗菌药物种类多，特征差异化不明显，因此合理用药信息主要集中在合理使用抗菌药物方面。

3. 治疗药物监测　通过监测，及时了解患者的个体血药浓度水平，根据药物有效治疗浓度范围调整用药剂量，以避免药物毒副反应，提高药物疗效。目前治疗药物监测的药物种类包括免疫抑制剂（如他克莫司）、抗肿瘤药（如甲氨蝶呤）、精神药物（如苯妥英钠）、抗生素（如万古霉素）、抗真菌药（如伏立康唑）、心血管系统药物（如地高辛）、平喘药（如氨茶碱）等。

4. 药品不良反应　药师要搜寻国内外有关药品不良反应的最新进展和报道，并将相关信息及时提供给医师参考。

5. 禁忌证　药师有责任提醒处方医师防范有用药禁忌证的患者，尤其是医师在使用本专业以外的药物时。

6. 药物相互作用　药师要熟悉各类药品说明书，积累大量文献，总结实践经验，掌握药物相互作用的规律，给医师提供正确参考。

（三）护士的用药咨询

1. 药物的适宜溶剂

（1）不宜用氯化钠注射液溶解的药品包括普拉睾酮、洛铂、两性霉素 B、红霉素、哌库溴铵等。

（2）不宜用葡萄糖注射液溶解的药品包括青霉素、头孢菌素、苯妥英钠、阿昔洛韦、瑞替普酶、依托泊苷等。

2. 药物的稀释容积　药物的稀释容积不仅直接关系到药品的稳定性，且与疗效和不良反应密切相关。如氯化钾注射液切忌直接静脉注射，应于临用前稀释，否则不仅引起剧痛，且有可能导致心脏停搏。

3. 药物的滴注速度　滴注速度关系到药物的疗效和稳定性，要根据适应证和药物理化性质来确定。如地诺前列腺素中期引产滴速为 $4 \sim 8\mu g/min$，足月引产滴速 $1\mu g/min$。部分药品滴注速度过快会加重患者心脏负荷，还可致过敏反应和毒性反应（死亡），如两性霉素 B 静滴速度过快有引起心室颤动和心脏骤停的可能，万古霉素滴注速度过快可致红人综合征。

4. 药物的配伍禁忌　头孢曲松钠不宜与含钙注射液（葡萄糖酸钙注射液、乳酸钠林格注射液、含钙的静脉营养液）直接混合，否则会导致头孢曲松钙的白色细微浑浊或沉淀形成。

（四）公众的用药咨询

随着公众的自我保健意识不断加强，人们更加注重日常保健和疾病预防，对于感冒、发热等常见病会进行自我药疗。因此，药师需要承担起新的责任，接受公众用药咨询，尤其是在常见病治疗、减肥、补钙、补充营养素等方面给予科学的用药指导，指导公众读懂药品说明书，提升公众的合理用药水平。

即学即练

医师的用药咨询包括（　　　）。

A. 新药信息　　　　　B. 合理用药信息　　　　　C. 治疗药物监测

D. 药品不良反应　　　E. 药物相互作用

答案解析

任务二　健康教育

健康教育是通过有计划、有组织、有系统的社会教育活动，使人们自觉地采纳有益于健康的行为和生活方式，消除或减轻影响健康的危险因素，从而预防疾病，促进健康，提高生活质量。健康教育的核心是教育人们树立健康意识，养成良好的行为生活方式，以减少或消除影响健康的危险因素。它追求的是"知－信－行"的统一，知识是基础，信念是动力，行为是目标。

一、人体健康常用指数

1. 体重指数　体重指数（BMI）＝体重（kg）/身高（m）^{2}。BMI＜18.5 为体重过低，BMI 18.5～23.9 为体重正常，BMI 24～27.9 为超重，BMI≥28 为肥胖。

2. 肥胖的腰围标准　男性＞90cm，女性＞85cm。

3. 血脂水平　胆固醇 LDL－C＜3.1mmol/L，甘油三酯＜1.7mmol/L。

4. 血压　正常成人收缩压为 90～140mmHg，舒张压为 60～90mmHg。

5. 体温　正常体温在 36～37℃。

6. 呼吸　呼吸节律均匀，深浅适宜，成人 16～20 次/分。

7. 脉搏　正常成人脉搏 60～100 次/分。

二、合理膳食

1. 人均每日食盐摄入量　≤5g。

2. 成人每日食用油摄入量　≤25g。

3. 人均每日添加糖摄入量　≤25g。

4. 蔬菜和水果每日摄入量　餐餐有蔬菜，保证每天摄入 300～500g 蔬菜，深色蔬菜应占 1/2；天天吃水果，保证每天摄入 200～350g 新鲜水果，果汁不能代替鲜果。

5. 每日摄入食物种类（种）　每天的膳食包括谷薯类、蔬菜水果类、畜禽鱼蛋奶类、大豆坚果类等食物，平均每天摄入 12 种及以上食物，每周 25 种以上。

三、适量运动

适量运动是指每周参加体育锻炼频度 3 次及以上，每次体育锻炼持续时间 30 分钟及以上，每次体育锻炼的运动强度达到中等及以上。中等运动强度是指在运动时心率达到最大心率的 64%～76% 的运动强度（最大心率等于 220 减去年龄）。

四、控烟限酒

提倡吸烟者尽可能戒烟，戒烟越早越好，药物治疗和尼古丁替代疗法可以提高长期戒烟率。不在禁止吸烟场所吸烟。不吸烟者不去尝试吸烟。创建无烟家庭，保护家人免受二手烟危害。

限制饮酒量，成年男性一天饮用酒的酒精量不超过25g，相当于啤酒750ml，或葡萄酒250ml，或38度的白酒75g，或高度白酒50g；成年女性一天饮用酒的酒精量不超过15g，相当于啤酒450ml，或葡萄酒150ml，或38度的白酒50g。

五、心理健康

心理健康是健康的重要组成部分。目前，公众对常见精神障碍和心理行为问题的认知率仍比较低，更缺乏防治知识和主动就医意识。公众应重视睡眠健康，提倡成人每日平均睡眠时间为7~8小时，鼓励个人正确认识抑郁和焦虑症状，掌握基本的情绪管理、压力管理等自我心理调适方法。当自我调适不能缓解时，应选择寻求心理咨询与心理治疗，及时疏导情绪，预防心理行为问题和精神障碍发生。

六、合理用药

1. 遵医嘱按时、按量使用药物，用药过程中如有不适及时咨询医生或药师。

2. 每次就诊时向医生或药师主动出示正在使用的药物记录和药物过敏史，避免重复用药或者有害的相互作用等不良事件的发生。

3. 服药前检查药品有效期，不使用过期药品，及时清理家庭中的过期药品。

4. 防止药物滥用与成瘾，常见易成瘾药物大多是处方药，须凭医生处方购买，在医生、药师的指导下使用，不可滥用。患者在服用含有可待因、罂粟类、麻黄碱等致瘾成分的药物时需谨慎，必须按时按量、谨遵医嘱用药，避免成瘾。

任务三 用药指导与患者的依从性

一、用药指导

用药指导是指药师综合运用医药学知识，用简洁、通俗、形象的语言向患者说明按时、足量、全疗程用药对治愈疾病的重要性，解释用药过程可能出现的不良反应以及应对措施，科学指导患者正确合理使用药品。

（一）药品服用的适宜时间

现代医学研究证实，很多药物的作用、不良反应与人体的生物节律（生物钟）有着极其密切的关系。人体的生物钟规律，指在人体内调控某些生化生理和行为现象，有节律地出现的生理机制，如肝脏多在夜间合成胆固醇，胃酸的分泌有昼夜规律（在清晨5时至中午11时最低，下午2时至次日凌晨1时最高）。

同一种药物在同等剂量可因给药时间不同，而产生不同疗效。运用时辰药理学知识来制订合理的给药方案，按时辰规律给药能准确、及时地将药物送达病灶，使给药时间与人体生理节律同步，使用药更加科学、有效、安全、经济。因此服药应结合人体生物钟的规律，有助于提高疗效。部分药品服用适宜时间见表4-1。

表4-1　部分药品服用适宜时间

服用时间	药品类别	药品名称	注释
清晨（一般指早上7~8点）	糖皮质激素	泼尼松、泼尼松龙、地塞米松	减少对下丘脑-垂体-肾上腺皮质系统的反馈抑制，防止发生肾上腺皮质功能不全
	抗高血压药	氨氯地平、依那普利、贝那普利、氯沙坦	有效控制杓型血压
	抗抑郁药	氟西汀、帕罗西汀、瑞波西汀	抑郁、焦虑等症状常表现为晨重暮轻
餐前（一般指餐前30分钟）	胃黏膜保护药	氢氧化铝、复方三硅酸镁、复方铝酸铋	可充分附着在胃壁，形成一层保护屏障
	收敛药	鞣酸蛋白	可迅速通过胃到达小肠，遇碱性小肠液而分解出鞣酸，起到止泻作用
	促胃动力药	甲氧氯普胺、多潘立酮、西沙必利	以利于促进胃蠕动和食物向下排空，帮助消化
	降糖药	格列苯脲、格列齐特、格列吡嗪	餐前服用疗效好，血浆达峰浓度时间比餐中服用提早
餐中（一般指用餐时）	降糖药	二甲双胍、阿卡波糖	减少对胃肠道的刺激及不良反应
	助消化药	酵母、胰酶	发挥酶的助消化作用，并避免被胃酸分解
餐后（一般指餐后30分钟）	非甾体抗炎药	阿司匹林、对乙酰氨基酚、吲哚美辛、尼美舒利	减少对胃肠道的刺激；因食物可延缓其吸收速度，延长作用时间
	维生素	维生素 B_1、B_2	缓慢进入小肠利于吸收
	组胺 H_2 受体阻断剂	西咪替丁、雷尼替丁、法莫替丁	餐后胃排空延迟，有更多的抗酸和缓冲作用时间
睡前（一般指睡前30分钟）	催眠药	地西泮、唑吡坦、艾司唑仑	服用后容易安然入睡
	平喘药	沙丁胺醇、二羟丙茶碱	哮喘多在凌晨发作，睡前服用可有效止喘
	调血脂药	洛伐他汀、辛伐他汀	肝脏合成胆固醇多在夜间，晚餐后服药有助于提高疗效
	抗过敏药	苯海拉明、异丙嗪、氯苯那敏、特非那定	服药后易出现嗜睡、困乏，睡前服用安全并有助于睡眠

（二）剂型的正确使用 🅴微课

为保证药物达到预期疗效，并减少对患者的伤害，应当掌握每种剂型的正确使用方法。常用剂型的正常使用见表4-2。

表4-2　常用剂型的正确使用

剂型	使用方法
滴丸	供口服、外用或局部使用。服用滴丸时，用少量温开水送服，也可直接含于舌下，在保存中不宜受热
泡腾片	供口服的泡腾片，应用100~150ml凉开水或温水浸泡，可迅速崩解释放药物，待完全溶解或气泡消除后再饮用。严禁直接服用或口含
舌下片	含服时把药片放于舌下，含服时间5分钟左右，不要咀嚼或吞咽，含服后30分钟内不要进食或饮水
咀嚼片	常用于维生素类药，在口腔的咀嚼时间要充分，咀嚼后用少量温开水送服
软膏剂、乳膏剂	涂敷前将皮肤清洗干净，涂敷后轻轻按摩可提高疗效，对有破损、溃烂的部位一般不要涂敷
含漱剂	多为水溶液，含漱剂中的成分多为消毒防腐药，不宜吞咽，对幼儿及恶心、呕吐者暂时不宜含漱，含漱后不宜马上饮水和进食，以保持口腔内药物浓度

续表

剂型	使用方法
滴眼剂	使用滴眼剂时应注意,清洁双手,将头部后仰,将药液从眼角内侧滴入眼内,每次1~2滴,滴完后用手指轻轻按压眼内眦
滴耳剂	主要用于耳道感染,但耳膜穿孔者不宜使用
滴鼻剂	滴鼻时应头往后仰,适当吸气,使药液尽量达到较深处,如果滴鼻液进入口腔,应将其吐出,滴鼻后保持仰位1分钟后坐直
栓剂	使用时应洗净双手,给药后应合拢双腿,保持仰卧或者侧卧姿势
透皮贴剂	贴敷部位清洗干净,不宜贴在破损、溃烂、渗出、红肿部位
气雾剂	缓缓呼气尽量让肺部气体排尽,深呼吸时按压气雾剂阀门,吸完应屏息10秒后用鼻呼吸,用温水清洗口腔或用0.9%氯化钠溶液漱口
缓控释制剂	除另有规定外,一般应整片或整丸吞服,严禁嚼碎或掰开服用

(三)服用药物的特殊提示

饮水、饮酒、饮茶等因素会影响药物的血药浓度、体内过程,从而影响药物的作用发挥,甚至会产生负面效应。服用药物的特殊提示见表4-3。

表4-3　服用药物的特殊提示

因素	对药物的影响
饮水	宜多喝水的药物:平喘药茶碱,利胆药去氧胆酸,治疗高钙血症药阿仑膦酸钠,抗痛风药丙磺舒 不宜饮水的药物:胃黏膜保护药、止咳药、预防心绞痛发作药、抗利尿药 不宜用热水送服的药物:助消化药、维生素类、活疫苗、含活菌制剂
饮酒	降低药效:抗痛风药别嘌醇、抗癫痫药苯妥英钠 增加不良反应发生率:头孢类抗生素、非甾体抗炎药
饮茶	茶叶中含有鞣酸,能与药物中多种金属离子、胃蛋白酶、胰酶、生物碱等结合,影响药物的吸收
喝咖啡	咖啡因可导致人体兴奋、刺激胃酸分泌、胃溃疡、失眠、高血压患者不宜服用
食用食醋	不能与碱性药物(碳酸氢钠、氢氧化铝、红霉素、胰酶)同服,易使药物失效
摄入脂肪或蛋白质	缺铁性贫血患者服用硫酸亚铁时,大量进食脂肪性食物会减少铁的吸收;高蛋白饮食会降低华法林的抗凝效果
喝葡萄柚汁	辛伐他汀、洛伐他汀与葡萄柚汁同服,可引起肌痛、肌炎及平滑肌溶解等严重不良反应

▶▶ **岗位情景模拟**

情景描述　患者,男,55岁,患高血压4年,医生近日给其换用硝苯地平控释片治疗。患者服用一周后找药师询问:"张药师,医生新开的这个降压药是不是不起效啊?我发现吃了之后,第二天大便会排出完整的药片,是我消化不好,还是这个药质量有问题吗?把药片掰开服用能解决这个问题吗?"

讨　论　如果你是张药师,如何针对该患者进行合理的用药指导?

答案解析

二、患者的依从性

依从性也称顺从性、顺应性,是指患者按医生规定进行治疗,与医嘱一致的行为,反映了患者对其医疗行为的配合程度。依从性是药物治疗有效性的基础。患者如果不服从治疗,不能按规定用药,则不能达到预期目的和效果,轻者贻误病情,不良反应增加,耐药性增强,导致防治失败;重者将会发生严重毒性反应，甚至危及生命。提高患者依从性的措施如下：

1. 简化用药方案，做到选用药物品种少、起效迅速、不良反应低，剂型、剂量方案简单、疗程短、用药次数少。慢性病或出院后治疗尽量选用半衰期长的药物或缓控释制剂，提倡每日一次给药。

2. 用通俗、简洁的言语向患者说明各个药物的用法用量、注意事项，以及可能产生的不良反应，对老年或听力、智力障碍的患者更要有耐心，在药袋或药盒上写清楚或使用提示标签，防止错服或误服，应同时建议家属、照料者监督其服药。

3. 加强用药指导，使患者了解药物的重要性，对于效果不易察觉或起效慢的药物应特别提示患者，告知应坚持服药。

4. 改善服务态度，坚持"以患者为中心"的服务理念，视患者如亲人，从内心深处流露出仁爱、平和、关怀、体恤的情绪，可以给患者带来极大的安慰，可以成为患者对医护人员产生信赖、尊重和依从的因素。

目标检测

答案解析

一、选择题

（一）最佳选择题

1. 体重指数（BMI）判断为肥胖的标准是（　　）。

　　A. BMI ≤ 18.5　　　　　　B. BMI > 28.0　　　　　　C. BMI < 21.5

　　D. BMI > 24.0　　　　　　E. BMI ≥ 25.0

2. 使用时应用 100 ~ 150ml 凉开水或温水浸泡，待完全溶解或气泡消除后再饮用的剂型是（　　）。

　　A. 分散片　　　　　　　　B. 滴丸剂　　　　　　　　C. 肠溶片

　　D. 舌下片　　　　　　　　E. 泡腾片

3. 不宜用葡萄糖注射液溶解的药品是（　　）。

　　A. 普拉睾酮　　　　　　　B. 洛铂　　　　　　　　　C. 青霉素

　　D. 红霉素　　　　　　　　E. 哌库溴铵

（二）配伍选择题

（4 ~ 7 题共用备选答案）

　　A. 清晨服用　　　　　　　B. 餐前服用　　　　　　　C. 餐后服用

　　D. 睡前服用　　　　　　　E. 餐中服用

4. 泼尼松龙应（　　）。

5. 复方铝酸铋应（　　）。

6. 阿司匹林应（　　）。

7. 地西泮应（　　）。

（三）多项选择题

8. 药师面向护士的用药咨询内容包括（　　）。

　　A. 药物的适宜溶剂　　　　B. 药物的稀释容积　　　　C. 药物滴注速度

　　D. 药物的配伍禁忌　　　　E. 替代治疗的方案

9. 用药后不能立即饮水的情形有 （　　　）。

    A. 高血压患者服用硝苯地平控释片

    B. 心绞痛发作患者舌下含服硝酸甘油片

    C. 口腔炎患者使用复方氯己定含漱液

    D. 中暑患者用藿香正气软胶囊

    E. 发热患者使用阿司匹林泡腾片

10. 透皮贴剂的用药指导内容包括 （　　　）。

    A. 用药前清洁贴敷部位的皮肤，并晾干

    B. 打开透皮贴剂外包装，揭去附着的薄膜，贴于清洁的皮肤上

    C. 不宜热敷

    D. 不宜贴到破损、溃烂、渗出、红肿的皮肤上

    E. 定期更换部位或遵医嘱

二、简答题

1. 阐述患者的用药咨询内容。

2. 提高患者依从性的措施包括哪些？

三、实例解析题

    患儿，男，8 个月，因感冒发热就诊，医生开具娃娃宁泡腾片，妈妈给孩子直接吞服了一粒，服药十几秒后，患儿的手脚突然抖动起来，紧接着开始剧烈咳嗽，嘴唇变成青紫色。

    问题　1. 该患儿出现以上症状的原因是什么？

           2. 如何针对该患者进行合理的用药指导？

书网融合……

知识回顾　　微课　　习题

（林　鑫）

项目五　特殊人群用药

学习引导

特殊人群是指妊娠期和哺乳期妇女、新生儿、婴幼儿、儿童和老年人；肝肾等功能不全以及特殊职业或特种岗位人员。特殊人群的生理、生化功能以及对工作状态的特殊要求与一般人群相比存在着明显差异，这些差异的存在影响着特殊人群的药动学和药效学。高度重视特殊人群的生理、生化功能特点与工作状态特殊性，有针对性地合理用药，对保护特殊人群的健康尤为重要。那么在对特殊人群进行治疗时我们应当注意什么？

学习目标

1. **掌握**　妊娠期药动学特点；小儿及老人的生理特点对药动学、药效学的影响；妊娠期、哺乳期妇女，小儿及老人用药的基本原则；肝肾功能不全患者用药原则。

2. **熟悉**　妊娠期妇女、小儿及老人的慎用药物；驾驶员用药原则；运动员药物选择注意事项。

3. **了解**　胎儿的药物代谢动力学特点、用药注意事项；小儿用药剂量的计算方法。

任务一　妊娠期和哺乳期妇女用药

妊娠期与哺乳期母体用药，药物可通过胎盘和乳汁，进入胎儿及新生儿体内，对其产生特殊影响，有时甚至会带来严重的危害。因此，准确了解相关治疗药物在妊娠期母体，胎儿及新生儿体内药动学过程及药效学特点，适时适量地用药，具有至关重要的临床意义。

岗位情景模拟 5-1

情景模拟　刘某，女，32岁。妊娠20周，因咳嗽伴咽痛3天，体温38.5℃，心率79次/分，呼吸25次/分，WBC 6.2×10^9/L，诊断为上呼吸道病毒感染。医生给予利巴韦林注射剂5g，维生素C注射剂2g，加入5%葡萄糖氯化钠注射液500ml中静脉滴注 qd×3天。口服抗感冒药。

讨论　1. 用药是否合理？
　　　　2. 药师应给予何种用药指导？

答案解析

一、妊娠期妇女药动学特点

由于母体在妊娠期生理、生化功能的变化以及激素水平的影响，药物在孕妇体内的吸收、分布、消除过程，都与非妊娠时有很大不同。

1. 药物的吸收　妊娠期间雌、孕激素分泌增多，孕妇胃酸、胃蛋白酶分泌减少；同时胃肠道平滑肌张力减退、蠕动减弱，使胃肠排空时间延长。以上变化使经胃吸收的弱酸性药物（如水杨酸钠等）经口服吸收延缓、减少，血药达峰时间后推，峰浓度及生物利用度下降；而弱碱性药物（如镇痛药、催眠药等）的吸收较非孕妇增多。同时由于妊娠反应恶心、呕吐，口服药物的吸收往往较少。

2. 药物的分布　妊娠妇女的血容量较非妊娠状态可增加30%~50%，体液总量平均增加8000ml，致使水溶性药物分布容积增加，药物浓度下降，因此仅就此因素考虑，孕妇的药物剂量应高于非妊娠期。由于血容量的增加孕妇血浆蛋白浓度逐步降低，且妊娠期很多蛋白结合部位被血浆中内分泌激素等占据，药物与血浆蛋白结合减少，游离型药物量增多，药物作用可能增强，尤其是血浆蛋白结合率较高的药物，如水杨酸、地塞米松、地西泮、哌替啶、普萘洛尔等。

3. 药物的代谢　妊娠期间雌、孕激素水平明显增高，可刺激肝微粒体酶，使其活性增强，因此，一些药物如苯妥英钠、苯巴比妥等肝清除率增加。此外，高雌激素水平可使胆汁淤积，胆囊排空能力降低，一些经胆汁排泄的药物如利福平的排出减慢，因而肝清除速率减慢。

4. 药物的排泄　妊娠期心搏出量增加，肾血流量增加约35%，肾小球滤过率增加约50%，因此，许多经肾脏排泄的药物如氨苄西林、庆大霉素、地高辛等的清除率明显增加。妊娠期高血压疾病的孕妇肾血流量减少，肾小球的滤过率减低，药物的排泄反而减少、减慢，容易导致药物蓄积。另外，在妊娠晚期，由于孕妇长时间处于仰卧位，肾血流量减少，药物的清除率可能会降低。

📱 知识链接

药物对不同妊娠时期的影响

着床前期——此期的受精卵与母体组织尚未直接接触，还在输卵管腔或宫腔分泌液中，故着床前期用药对其影响不大，药物影响囊胚的必备条件是药物必须进入分泌液中一定数量才能起作用，若药物对囊胚的毒性极强，可以造成极早期流产。

晚期囊胚着床后至12周——是药物的致畸期，是胚胎、胎儿各器官处于高度分化、迅速发育、不断形成的阶段，首先是心脏、脑开始分化发育，随后是眼、四肢等。此时孕妇用药，其毒性能干扰胚胎、胎儿组织细胞的正常分化，任何部位的细胞受到药物毒性的影响，均可能造成某一部位的组织或器官发生畸形。药物毒性作用出现越早，发生畸形可能越严重。

妊娠12周至分娩——胎儿各器官已形成，药物致畸作用明显减弱。但对于尚未分化完全的器官，如生殖系统，某些药物还可能对其产生影响，而神经系统因在整个妊娠期间持续分化发育，故药物对神经系统的影响可以一直存在。

分娩期——用药应考虑到对即将出生的新生儿有无影响。

二、药物在胎盘的转运

胎盘是妊娠期间由胚膜和母体子宫内膜联合形成的母胎间交换物质的器官。胎盘不但具有气体交换、营养物质供应、排出胎儿代谢产物等功能，还具有一定的防御及合成功能。孕妇用药时，一方面，药物可以通过胎盘，进入到胎儿体内起直接毒性作用；另一方面，药物作用于母体，通过影响胎盘的功能而间接影响胎儿的生长发育。

胎盘对药物的转运方式有被动转运（主要的转运方式）、主动转运、易化扩散、胞饮作用和膜孔转运；此外，还存在一些比较特殊的方式，即转运底物通过胎盘的转化代谢后再进入胎儿体内，如维生素 B_2。

胎盘为生物膜，影响药物通过胎盘的因素与影响药物通过其他生物膜的因素具有相似之处，其主要有：药物分子的大小、脂溶性、解离程度、蛋白结合率及胎盘血流量等。随着妊娠的进展，胎盘绒毛膜会逐渐变薄，表面积逐渐增加，使药物更容易通过。妊娠 28 周后，几乎所有药物均能通过胎盘。

三、胎儿药动学特点

虽然母体及胎儿之间存在胎盘屏障，但该屏障功能较弱，大多数药物可通过胎盘进入胎儿体内，而胎儿各器官功能处于发育阶段，其药物在胎儿体内过程与成人差异较大，具有自身的特点。

1. 药物吸收　药物可经胎盘进入胎儿体内，还可经羊膜进入羊水中，而羊水中蛋白含量较低，为母体的 $1/20 \sim 1/10$，因此大多数药物以游离型存在。妊娠 12 周后，药物可被胎儿吞咽进入胃肠道，并吸收进入胎儿的血液循环，其代谢后随胎尿排出进入羊水，排出的部分代谢物又被胎儿重吸收进入胎儿血液循环，形成"羊水肠道循环"。

2. 药物分布　药物在胎儿的分布主要受器官血流量、胎儿体液和脂肪含量的影响。胎儿的肝、脑等器官占身体的比例较大，再加上肝脏血流量非常丰富，经脐静脉转运的药物中有60% ~ 80%进入到胎儿肝脏，使得肝脏药物浓度相对较高；同时胎儿血 – 脑屏障尚未发育完善，药物易进入中枢神经系统。另外妊娠 12 周前，胎儿体内脂肪含量较少，脂溶性药物分布容积较小，可影响某些脂溶性药物的分布，如硫喷妥钠。

3. 药物代谢　虽然胎儿肝脏功能还未发育完善，但肝脏仍然是代谢的主要器官。妊娠早期，胎儿肝内缺乏多种酶，特别是葡萄糖醛酸转移酶，故对某些药物的解毒能力差；由于肝代谢能力较低，某些药物胎儿的血浓度高于母体。

4. 药物排泄　胎儿肾小球的滤过率较低，药物的排泄较慢，即使药物被排泄至羊膜腔中，还可被胎儿吞咽形成"羊水肠道循环"再进入体内，因此通过胎盘向母体转运是胎儿体内代谢物排泄的最终途径。体内药物被代谢后其极性增强，较难通过胎盘屏障向母体转运，因而易在胎儿体内蓄积造成损害。如沙利度胺在胎儿体内形成水溶性代谢物无法排除，进而在胎儿体内蓄积，干扰胎儿的肢体发育而导致畸形。

四、妊娠期妇女用药的基本原则

妊娠期时，母体与胎儿是处于同一环境中的两个紧密相连的独立个体，母体用药治疗必然影响到胎儿。因此，对尚不清楚某药是否有致畸胎危险时，孕妇要慎重选用，尤其是妊娠前 3 个月。

五、妊娠期妇女慎用的药物

（一）抗微生物药物

1. 抗菌药　有些抗菌药对胎儿的不良影响严重，不宜应用，如链霉素、庆大霉素对听神经有损害；

氯霉素可导致灰婴综合征；四环素可致乳牙色素沉着和骨骼发育迟缓。

2. 抗真菌药 妊娠期易感染真菌引起真菌性阴道炎，可用克霉唑、制霉菌素治疗，未见其对胎儿有明显不良影响。灰黄霉素、酮康唑可对动物致畸，虽无人类证据，如孕妇确有应用指征（如真菌性败血症危及孕妇生命），需衡量利弊做出决定，并且酮康唑可自乳汁分泌，增加新生儿核黄疸的概率，应慎用。

3. 抗病毒药 病毒感染目前还没有特效的治疗药物。一些病毒感染如果发展到全身性的重症病毒感染，可以使用利巴韦林、阿昔洛韦、更昔洛韦等抗病毒药物，但这些药物在妊娠期使用的临床经验不多，应考虑其安全性。如果病情严重，对胎儿的影响较大时，需终止妊娠。

（二）抗高血压药

一线抗高血压药中，β受体阻断药（如普萘洛尔）常用于治疗妊娠期心动过速，至今未见致畸报道。钙通道阻滞剂（如硝苯地平）及血管舒张剂（如肼屈嗪）治疗妊娠期高血压有较好的疗效。血管紧张素转化酶抑制药（ACEI）（如卡托普利）在动物中有杀胚胎作用，孕期应用可致畸或致胎儿生长受限，同时可能影响胎儿的肾功能，应禁用。妊娠期一般不主张使用利尿药，一方面有致畸可能，另一方面会引起水电解质平衡紊乱，给孕妇带来更大的负担。

（三）抗惊厥、抗癫痫药

患有癫痫的妊娠期妇女，服用抗癫痫药后所生婴儿患有腭裂或视觉异常、指甲和手指增生、智力障碍的概率明显增加。胎儿畸形的危险因素既与癫痫发作频率和严重程度有关，也与应用抗癫痫药物相关。临床最常用的抗癫痫药苯妥英钠长期用药可致畸，分娩过程对新生儿有不同程度的抑制作用；因此要权衡利弊决定用否。

（四）降血糖药

大多数口服降糖药有致畸作用，或对胎儿有其他不良影响，或缺乏药物安全性的临床资料。妊娠糖尿病患者一般不用口服降糖药，除了饮食控制外，药物治疗首选胰岛素。

（五）止吐药

有些孕妇妊娠期呕吐剧烈，导致脱水、电解质紊乱等，需要治疗。止吐药偶尔短期应用危害不大，但要选择合适的药物，如氯丙嗪、异丙嗪等应慎用；美克洛嗪和赛克利嗪为哌嗪衍生物，流行病学调查及动物实验均未发现致畸作用。

（六）抗甲状腺药

病情轻者，一般不用抗甲状腺药物治疗；病情重者，需继续应用抗甲状腺药物治疗。抗甲状腺药物能通过胎盘，如用药剂量过大，可引起胎儿甲状腺激素生成和分泌不足，导致甲状腺功能减退和甲状腺肿。丙硫氧嘧啶每天保持在 200mg 以下，甲巯咪唑在 20mg 以下，比较安全。孕期禁用放射性同位素碘。

（七）性激素药

妊娠期间雄性激素和女性激素均应不用，因可引起女婴男性化或男婴女性化，孕早期用己烯雌酚可致女孩青春期后阴道腺癌、透明细胞癌发生。口服避孕药常用的是雌激素与孕激素的复方制剂，对胎儿性器官的发育会产生不利影响，导致畸形。

六、哺乳期妇女用药

母乳为婴儿最理想的食物，它除能提供营养外，还可提供多种抗病物质，从而提高婴儿的免疫力，并促进其生长发育。但哺乳期用药，药物会或多或少地分布到乳汁中，被乳儿吸收，有些药物还可能影响乳汁的分泌和排泄，故哺乳期临床合理用药对母体和乳儿十分重要。

药物通过母乳进入新生儿体内的量主要与两方面因素有关：①药物分布到乳汁中的量。虽然大多数药物均可进入乳汁，但母乳中的药物浓度并不高，仅为母体摄入药量的1%～2%，不至于对乳儿产生不良影响。但有些药物自乳汁分泌较多，对乳儿影响较大。影响药物自乳汁排泄的因素有母体的血药浓度、药物的分子大小、脂溶性、解离度、血浆蛋白结合率等。脂溶性高、蛋白结合率低、分子量小的药物更易进入乳汁中。②新生儿从母乳中摄入的药物量。因为乳儿一般每天能吸吮800～1000ml的乳汁，对于已被胃肠道吸收的药物，即使乳汁中药物浓度不高，也可能会使乳儿吸收相当多的药物。乳儿体内血浆清蛋白含量少，造成被乳儿吸收的具有药理活性的游离型药物增多；加之乳儿肝功能尚未完善，葡萄糖醛酸转移酶的活性较低，影响了对多种药物的代谢；乳儿肾小球滤过率低，对药物及其代谢产物的清除率也较低，因此易导致药物在体内的蓄积。

任务二 小儿用药

小儿时期包括新生儿期、婴幼儿期及儿童期等生长发育阶段，从解剖结构到生理、生化功能都处于不断发育期，因此，小儿的药动学和药效学特征与成人有显著差异。为保证小儿的合理安全用药，应依据小儿的生理特征及药动学和药效学特点选择用药。

▶▶ 岗位情景模拟 5-2

情景模拟 男，3岁7个月，体重19.5kg，发热39.0℃，流涕伴咳嗽1天。给予布洛芬混悬液7.5ml/次（混悬液：20mg/ml，100ml/瓶）口服。

讨 论 1. 用药是否正确？

2. 给药剂量是否合适？

答案解析

一、小儿的生理特点及其对药动学和药效学的影响

1. 药物的吸收 口服药物的吸收主要与小儿的胃肠道生理特点有关。新生儿胃黏膜尚未发育成熟，宜口服液体制剂；婴幼儿胃内酸度仍低于成年人，因此弱酸性药物口服吸收少，如苯巴比妥、苯妥英钠等，而弱碱性药物如氨茶碱等则胃内吸收较好；新生儿胃肠蠕动慢，使得口服药物达到血药浓度峰值时间延长，但对生物利用度的影响不一，地高辛、地西泮等主要在胃内吸收的药物生物利用度大于成人，而苯巴比妥、苯妥英钠等由于在胃内解离增加则吸收减少。

新生儿角质层薄，黏膜血管丰富，药物易于吸收，某些药物可通过皮肤或黏膜给药。新生儿肌肉组织和皮下脂肪少，局部血流少，故不宜采用皮下或肌内注射给药，对危重病例，宜采用静脉注射给药。

2. 药物的分布 小儿，尤其是新生儿和婴幼儿，体液及细胞外液容量大，导致水溶性药物分布容

积增大、血药浓度降低，药物最大效应减弱，而且使药物的消除减慢。新生儿脂肪含量低，以后随年龄增长脂肪含量逐渐增长直到青春期，体内脂肪含量的多少影响脂溶性药物的分布与再分布。脂肪含量少，导致脂溶性药物分布容积降低，血浆药物浓度升高而易中毒，而且新生儿脑组织富含脂肪，血-脑屏障发育不完善，使脂溶性药物易分布入脑，导致中枢神经系统不良反应。

3. 药物的代谢 新生儿肝功能尚未完善，肝微粒体酶系发育不全，有些酶完全缺乏。催化 I 相反应的细胞色素 P450 酶系活性较低，葡萄糖醛酸转移酶的活性也仅为成人的 1%～2%，因此，很多药物如氯霉素、水杨酸盐等在新生儿体内代谢率降低，半衰期延长易造成药物蓄积中毒。

4. 药物的排泄 新生儿肾功能不完善，肾小球滤过率及肾小管分泌功能均较低。因此，经肾小球滤过排泄的药物如庆大霉素等，及经肾小管分泌排泄的药物如青霉素等排泄明显减少，血浆半衰期延长。幼儿期肾小球的排泄能力迅速增加，在 7～12 个月时即接近成人水平。但是，小儿对水、电解质的调节能力差，应用利尿药时易引起水及电解质平衡紊乱，应注意给药剂量。

📖 知识链接

不同年龄段儿童的分期

根据解剖和生理特点，将不同年龄段儿童分为六期：①新生儿期，出生后 28 天内；②婴儿期，出生后 1 个月至 1 周岁；③幼儿期，1 周岁至 3 周岁；④学龄前期，3 周岁至 6～7 周岁；⑤学龄期，女孩 6～7 周岁至 11～12 周岁，男孩 6～7 周岁至 13～14 周岁；⑥青春期或少年期，女孩 11～12 周岁至 17～18 周岁，男孩 13～14 周岁至 18～20 周岁。

二、小儿用药的基本原则

小儿正处于生长发育期，多数药物的药动学、药效学特点与成人不同。为进一步保证用药的安全、有效，应明确小儿用药的基本原则，做到合理用药。

1. 明确诊断，合理选药 根据病情明确诊断，对因施治，对症下药。药物的选用依据，不仅要看其疗效，还要考虑其毒副作用。阿司匹林退热作用强，但儿童用药可引起瑞夷综合征；对乙酰氨基酚、布洛芬副作用较少，常作为儿童退热的首选药物。如痢疾杆菌感染，虽然氟喹诺酮类药物有良好的抗菌作用，但其影响软骨发育，儿童禁用。

2. 选择合适的给药途径和药物剂型 药物的剂型和给药途径对药物的生物利用度及效应的发挥至关重要。给药途径的选择可根据病情缓急、患儿年龄、用药目的和药物的作用特点等来制订。急症、重症患儿多选择注射给药，特别是静脉注射，轻症多采用口服给药。同时，口服药物尽量选择小儿剂型的药物，以避免药物剂量分割不准确造成药物过量中毒；而且尽量选择小而易于接受的剂型，如糖浆剂、含糖颗粒剂等。新生儿一般不采用口服给药。小儿皮肤角质层薄，皮肤黏膜给药易导致经皮吸收过多而引起中毒，用药时应注意。

3. 选择合适的剂量 由于小儿的年龄、体重逐年增加，体质也在改变，用药的适宜剂量存在较大的差别。因此根据儿童体重、体表面积或年龄计算合适的儿童给药剂量至关重要。具体参见本章本节中"小儿用药剂量的计算方法"部分。

4. 血药浓度监测及个体化给药 小儿生长发育迅速，药物代谢及药物反应差异较大，即使同龄儿用药个体差异也很大，因此，对于一些安全范围较小的药物如氨茶碱、地高辛等需要进行血药浓度监测，做到个体化给药。

三、小儿慎用的药物

1. 抗菌药物　小儿使用抗菌药物的基本原则与成人相同。广谱抗生素长期大量应用易引起消化功能紊乱，应避免用药过久；喹诺酮类药物易引起幼龄动物软骨损害，儿童及青少年不宜选用；氯霉素、四环素、氨基糖苷类可分别造成新生儿出现灰婴综合征、骨骼牙齿损害、听神经损害，故新生儿禁用。

2. 镇痛药与解热镇痛药　小儿中枢神经系统对药物敏感，因此要防止阿片类镇痛药对中枢神经系统的过度抑制；小儿应用解热镇痛药后，可因出汗、体温骤降，引起虚脱，应注意掌握剂量，避免大剂量应用导致过度出汗。

3. 糖皮质激素　糖皮质激素广泛用于儿童哮喘、肾病综合征、特异性湿疹等多种病症，使用时应根据疾病需控制的程度及药物副作用等考虑用药方法与剂量，谨慎使用。成人使用糖皮质激素的不良反应儿童均有表现，其中发育迟缓是儿童长期使用皮质激素最严重的不良反应，因此用药剂量要尽可能小、时间尽可能短。为减少全身副作用，有些疾病如哮喘，尽可能采取局部用药。

4. 抗癫痫药　儿童使用苯妥英钠可引起牙龈增生、多毛及癫痫发作频率增加等不良反应，因此，该药儿童使用较少。不良反应发生率较低的丙戊酸钠较常用，但其肝毒性明显，2 岁以下儿童联合用其他抗癫痫药物时较易发生，使用期间注意监测肝功能。抗癫痫药物不良反应较多，而儿童处于生长发育阶段，药物代谢情况变化较大，因此需要根据血浆药物浓度监测进行药物剂量调整。

四、小儿用药剂量的计算方法

小儿药物剂量计算方法很多，但常用的是以成人剂量为基准，根据小儿的体重、体表面积等进行折算。

1. 根据小儿体重计算　小儿药物用量（每次）＝体重（kg）×药量/每日（次）所需药量/体重（kg）

如果患儿没有实测体重，可按下列公式推算：

1~3 个月小儿体重（kg）＝3＋月龄×0.7

4~6 个月小儿体重（kg）＝3＋月龄×0.6

7~12 个月小儿体重（kg）＝3＋月龄×0.5

1 岁以上儿童体重（kg）＝年龄×2＋8

这种计算方法对年幼儿量偏小、年长儿量偏大，应根据临床经验进行适当调整。同时，还可视儿童营养状态适当调整。如 Ⅰ 度营养不良减少15%~25%，Ⅱ 度营养不良减少25%~40%，Ⅲ 度营养不良减少40%以上。

2. 根据体表面积计算　由于人体生理现象与体表面积的关系更为密切，因此按体表面积计算用药剂量更加科学，既适用于成人，也适用于各年龄儿童。

$$体表面积（m^2）＝0.035（m^2/kg）×体重（kg）＋0.1（m^2）$$

此公式一般用于计算体重在 30kg 以下的儿童；对 30kg 以上者，体重每增加 5kg，体表面积增加 0.1m^2。

3. 根据成人剂量折算用药剂量　根据儿童各年龄的体重、体表面积与成人的体重、体表面积等的比例进行折算，见表 5－1。

表 5-1 根据成人剂量计算小儿用药剂量

年龄	成人用药量比例	年龄	成人用药量比例
新生儿~1月龄	1/18~1/14	2~4岁	1/4~1/3
1~6月龄	1/14~1/7	4~6岁	1/3~2/5
6月龄~1岁	1/7~1/5	6~9岁	2/5~1/2
1~2岁	1/5~1/4	9~14岁	1/2~2/3

任务三 老年人用药

随着年龄的增长，老年人的生理、生化功能减退，对药物的处置及药物的反应性等均发生了一定变化，再加上老年人常患多种疾病，多个脏器同时存在病变，而且用药机会和种类明显增多，使得老年人用药的不良反应发生率明显增加。因此，充分了解老年人的生理、生化功能的变化，了解衰老和疾病对药物处置的影响，合理指导老年人的临床用药至关重要。

岗位情景模拟 5-3

情景模拟 刘某，男，70岁。因高血压服用普萘洛尔，近几日呼吸道感染引起哮喘，使用克伦特罗等药后，致使血压升高；又因胃肠疾病使用组胺受体阻滞剂，导致心率增快。

讨　　论 1. 如何合理确定老年人的用药原则？

2. 老年人慎用的药物有哪些？

答案解析

一、老年人的生理特点及其对药动学和药效学的影响

1. 药物的吸收 老年人胃酸分泌减少，胃内酸度降低，使得一些弱酸性药物如苯巴比妥，因解离度增加而吸收减少，而弱碱性药物则吸收增多。胃排空减慢，使药物进入小肠时间延迟，而肠蠕动减慢，使一些药物停留在肠道，有利于药物的吸收。胃肠血流减少，使药物经胃肠吸收减少，而肝血流减少使得一些药物首关效应减轻，血药浓度升高，易发生不良反应，如普萘洛尔。老年人局部血液循环差，皮下或肌内注射时，药物的吸收速率下降，因此急症患者宜采用静脉给药。

2. 药物的分布 由于老年人体液量减少，脂肪含量增加、血浆白蛋白含量降低、与药物的结合力减弱，因此，老年人药物分布表现出水溶性药物分布容积减小、血药浓度升高；脂溶性药物分布容积增大、作用时间延长；血浆蛋白结合率高的药物，其游离型增多，药效增强，甚至出现不良反应。

3. 药物的代谢 老年人肝血流量减少、肝微粒体酶活性降低。因此，首关效应明显的药物生物利用度明显提高，如普萘洛尔；而经肝药酶灭活的药物半衰期一般会延长，血药浓度升高，如苯巴比妥、氨茶碱等。

4. 药物的排泄 老年人肾血流量及肾小球滤过率降低，肾对药物的排泄能力下降，半衰期延长，易出现蓄积中毒。因此老年人应用地高辛、普萘洛尔、阿司匹林、头孢菌素类等药物时应相应减少剂量。

老年人用药谨防多重用药

老年人往往同时患有多种慢性疾病。多数的老年人同时患有两种以上疾病，以高血压、糖尿病、冠心病、脑卒中、慢性呼吸系统疾病等组合最为常见，且患病率逐年增长。因此，多病共存的老年人多重用药情况不可避免且非常普遍。多种药物联合使用可能增加药物相互作用的机会，有些会导致严重的后果。因此要谨慎多重用药。当用药种类一定数量时（一般不超过5种），潜在的药物不良作用发生率将增加。

二、老年人用药的基本原则

1. 合理选择药物 明确用药适应证，避免使用老人禁用或慎用的药物。对于多种疾病需要多种药物配合治疗时，尽量减少药物种类，并注意药物间的相互影响。慎用滋补药或抗衰老药。

2. 确定合适的给药剂量 遵循从小剂量开始、个体化用药的原则。根据患者肝、肾功能情况，决定及调整给药剂量；必要时对安全范围小的药物或有肝、肾疾病的患者进行治疗药物监测。

3. 选择适宜的剂型和给药途径 老年人多患慢性病而需要长时间用药，因此口服给药更加适宜，对部分吞咽片剂或胶囊困难的，可采用颗粒剂或液体制剂。由于老年人胃肠功能减退和不稳定，将影响缓、控释制剂的释放，所以老年人不宜使用缓、控释制剂。因老年人肌肉对药物的吸收能力较差，尽量少用肌内或皮下注射，急性患者可选用静脉给药。

4. 提高用药的依从性 老年患者良好的依从性是治疗成功的关键。对老年患者应尽量简化治疗方案，必要时在社区医疗保健监控下用药，尽可能让老年人的用药做到准确、合理。

三、老年人慎用的药物

（一）心血管疾病用药

1. 动脉粥样硬化 高脂血症的老年人应尽可能食用低脂肪、低胆固醇食物。对于调血脂药物，考来烯胺、烟酸等不良反应较重，老年患者应慎用；而辛伐他汀、普伐他汀较适合老年人。

2. 高血压 老年人血压调节功能下降，易出现直立性低血压。利尿药和β受体阻断药能有效减少老年人高血压并发症，但是由于不良反应（如利尿剂氢氯噻嗪久用易致糖耐量降低、血脂异常）或自身病理状态（支气管哮喘不能应用β受体阻断药），许多患者不能应用。因此老年患者降压药物应根据自身特点而定。

3. 充血性心力衰竭 地高辛是老年人发生药物不良反应最常见的药物之一，原因是地高辛安全范围小，而老年人肝、肾功能减退，消除减慢，半衰期延长，因此应减小其治疗量。由于老年人自稳机制减退，应注意调整利尿药的剂量，防止电解质紊乱。大多数ACEI类药物经肾排泄，故老年患者用药剂量应减小。

4. 脑血管病 阿司匹林常作为抗血小板聚集的药物用于预防脑卒中，老年患者应从低剂量开始，防止出血。噻氯匹定可用于阿司匹林无效或不能耐受的患者，主要不良反应有可逆性白细胞减少、腹泻等。口服抗凝血药常用于预防全身性血栓栓塞，但华法林有引起颅内出血的危险。

（二）内分泌及代谢性疾病用药

1. 2型糖尿病 口服降糖药是老年2型糖尿病患者饮食控制无效时的主要治疗手段。但是老年人对糖代谢调节功能减退，口服降糖药易引起低血糖，因此应从小剂量开始，防止产生严重低血糖反应。

2. 甲状腺疾病 老年甲状腺功能亢进（简称甲亢）患者可选择放射性治疗，但存在加重老年人甲亢症状的危险，也可选用丙硫氧嘧啶或 β 受体阻断药普萘洛尔来治疗，但应注意加强对老年患者的观察。老年甲状腺功能减退（简称甲减）患者应使用较小剂量的甲状腺素替代治疗，以防止心肌缺血和心律失常加重。

（三）哮喘治疗用药

老年哮喘患者常并发心脏病，β 受体激动药易增加心肌耗氧量、加重心动过速，因此应采用吸入给药方式，避免全身给药产生较重的心脏不良反应。老年人服用茶碱易出现中毒，因此，应适当减少茶碱给药剂量，监测血药浓度，避免血药浓度过高导致毒性作用。

即学即练 5 – 1

老年人用药原则（　　　）。

A. 合理选择药物　　B. 确定合适的给药剂量　　C. 选择适宜的剂型和给药途径
D. 提高用药的依从性　　E. 简化治疗方案

答案解析

任务四　肝肾功能不全患者用药

肝脏是人体最重要的解毒器官，具有生物转化等多种生理功能，并与免疫、凝血/抗凝血有关。若肝脏受损，上述功能改变，就出现肝功能不全。肾功能不全则是由多种原因导致肾脏细胞损伤、肾小球严重破坏、肾功能进行性下降的肾病综合征。肾功能不全时，人体排泄将出现紊乱，患者全身各大系统出现并发症状，如贫血、乏力、无食欲、血压高等。

一、肝肾功能不全患者的生理特点及其对药动学和药效学的影响

1. 药物的吸收 肝功能不全时，可出现肝内血流阻力增加，门静脉高压，肝内外的门体分流以及肝实质损害，肝脏内在清除率下降。肾功能不全时许多因素可导致药物吸收减少、生物利用度降低。

2. 药物的分布 在肝功能不全时，肝脏的蛋白合成功能减退，血浆中白蛋白浓度下降，使药物的血浆蛋白结合率下降，血中结合型药物减少，而游离型药物增加，使该药物的作用加强，同时不良反应也可能相应增加。肾功能不全时，使许多药物的血浆蛋白结合率产生变化，肾小球滤过率降低造成水钠潴留出现的水肿、体腔积液可增加。

3. 药物的代谢 在肝功能不全时，某些需要在体内代谢后活化的前体药或灭活的药物则难以实现活化或灭活过程，从而影响药物药效学或药动学特性。肾功能不全易出现药物毒性反应，肾小球滤过率下降引起药物及其代谢产物排泄减少导致蓄积，尿毒症毒素以及继发的各种内环境紊乱也可干扰肝脏代谢酶功能。

4. 药物的排泄 肝脏对一些内源性或外源性有毒物质的排泄，必须经过肝细胞的摄取、生物转化、输送及排出等一系列过程。肝脏排泄功能降低时，由肝细胞排泄的药物或毒物在体内蓄积，导致机体中毒。肾功能不全时，药物的肾脏排泄速度减慢或清除量降低，主要经肾脏排泄的药物及其活性代谢产物

易在体内蓄积，使药物的血浆半衰期延长，导致药物的毒副作用发生率明显增高。

二、肝肾功能不全患者用药的基本原则　🅔微课

肝肾功能不全时患者使用药物是否会增加肝肾损害，发生药物相互作用而增加药物毒性。

1. 明确疾病诊断和治疗目标　对疾病的病理生理过程及现状做出准确的分析，合理选择药物，既要针对适应证，又要排除禁忌证，避免盲目用药。避免药物性肝肾损害。

2. 慎用或忌用经肝、肾代谢的药物　对于经肝代谢时会出现不良反应的药物，肝功能减退或肝病患者宜避免使用或慎用。肾功能不全者用药应谨慎，对可能致肾损害的药物应尽量不用；凡必须用者，应尽量采用肾损害较小的药物来替代，可短期或交替使用，切不可滥用。

3. 注意药物相互作用　避免产生新的肝肾损害，凡同时服用多种药物者，要注意药物间的相互作用，警惕药物间的代谢产物形成新损害。

4. 定期检查　在治疗中必须严密观察病程发展、肝肾功能变化及药物不良反应的出现，及时调整剂量或更换治疗药物。

三、肝肾功能不全患者慎用的药物

1. 抗菌药物　患者选择抗菌药物时，除应考虑抗感染治疗的一般原则外，还应考虑肝肾功能不全患者使用此类抗菌药物是否会增加肝肾损害程度、是否会发生药物相互作用增加毒性或对药物动力学等体内过程的影响等。

2. 降压药　有些降压药主要经肝代谢、肾排泄，严重肝肾功能不全的患者要慎用、禁用。

3. 降脂药　他汀类对肝功能的影响主要表现为转氨酶增高，贝特类可促进胆固醇排泄增多，使原已较高的胆固醇水平增加，故原发性胆汁性肝硬化的患者禁用。

4. 降糖药　磺脲类降糖药如格列本脲、格列齐特，主要是在肝脏代谢，因此严重肝功能不全者要禁用，轻中度肝功能不全者要慎用。

即学即练 5 - 2

肝肾功能不全的患者，用药时应该注意（　　　）。

A. 适当增加给药次数　　　　　　　B. 适当增加给药剂量

C. 适当减少给药剂量　　　　　　　D. 同时使用保肝保肾的中药

答案解析

E. 拒绝使用损伤肝肾的药物

任务五　驾驶人员用药指导

随着经济文化的发展，驾驶公、私家车辆的人员与日俱增。据统计，持有驾照的驾驶人员约计1亿。驾驶人员生病服药是否会影响驾驶？答案是肯定的。事实证明，服药后驾驶已成为当今引发交通事故的重要因素之一，然而，许多人并不知道服药后驾驶也会酿成交通事故。因此，要尽量避免服药后驾车。

一、驾驶员慎用药物

1. 可引起驾驶员嗜睡的药物　如抗感冒药、抗过敏药、镇静催眠药等。

2. 可使驾驶员出现眩晕或幻觉的药物　如镇咳药、解热镇痛药、抗病毒药。

3. 可使驾驶员视物模糊或辨色困难的药物　如解热镇痛药、解除胃肠痉挛药、抗心绞痛药、抗癫痫药等。

4. 可使驾驶员出现定向力障碍的药物　如镇痛药、抗消化性溃疡药等。

5. 可导致驾驶员多尿或多汗的药物　如利尿药等。

二、驾驶员用药防范指导

1. 开车前 4 小时慎用上述药物，或服后休息 6 小时再开车。
2. 注意复方制剂中有无对驾驶能力有影响的成分。
3. 对易产生嗜睡的药物，驾驶车辆前不得服用，若已服用至少休息 6 个小时以上再驾驶车辆。
4. 感冒时选用不含镇静药和抗过敏药。
5. 如患糖尿病，在注射胰岛素和服用降糖药后稍事休息再驾驶车辆。

任务六　运动员用药指导

　　某些药物中含有一些成分，可明显增加运动员的兴奋程度，使运动员在不感疲倦的情况下超水平发挥。因此运动员之所以要慎用或禁用此类药物，主要和维护比赛的公正性有关，无关药物安全性。按照有关规定，国家食品药品监督管理局公布了含有兴奋剂目录所列物质药品名单，包括了 760 余种化学药品及生物制品和 1200 余种中药。这些药品在其标签或者说明书上用中文注明了"运动员慎用"字样。

一、兴奋剂的概念和分类

　　1. 兴奋剂是为提高竞技能力而使用的能暂时性改变身体条件和精神状态的药物和技术。使用兴奋剂不仅破坏运动竞赛的公平原则，而且严重危害运动员身体健康。目前禁用的药物和技术有七大类：刺激剂、麻醉镇痛剂、合成代谢类固醇、β 受体阻滞剂、利尿剂、肽激素及类似物、血液兴奋剂等。见表 5-2。

表 5-2　兴奋剂的分类与代表药

类型	分类与代表药	作用特点
刺激剂	精神刺激药：包括苯丙胺 交感神经胺类药物：肾上腺素 咖啡因类：黄嘌呤类 杂类中枢神经刺激物质：如胺苯唑	情绪高涨、斗志昂扬，有欣快感，能忍伤痛
麻醉镇痛剂	哌替啶类：哌替啶 阿片生物碱类：包括吗啡	提高对于疼痛耐受、提高呼吸功能
合成类固醇类	激素类：甲睾酮，苯丙酸诺龙	使肌肉发达、增强爆发力
利尿药	氢氯噻嗪等	减轻体重、假阴性

续表

类型	分类与代表药		作用特点
β受体阻断剂	心得安等		镇静效果，减慢心率
内源性肽类激素	人体生长激素、胰岛素等		促进肌肉和组织的生长
血液兴奋剂	又称为血液红细胞回输技术		增强血液载氧能力

使用兴奋剂，将对人的生理、心理产生极大的危害，使服用者心力衰竭、激动狂躁，成年女性男性化，男子过早秃顶，患前列腺炎、前列腺肥大、糖尿病、心脏病等，严重损害人的身心健康。目前，国际奥委会已经规定的属于兴奋剂的部分药品有硝酸甘油、皮质类固醇等多种药物。

二、运动员用药指导

遵循《运动员用药须知》关于所有场合禁用物质、赛内禁用物质、特殊项目禁用物质以及特定物质等管理规定和分类项目要求。

如果已经使用某种可能会被认定为违禁的药物，先明确这个药是否用来治疗身体本身的疾病，如果是，运动员用药需要向国际单项体育组织和反兴奋剂组织提供自己的诊断证明等一系列材料来取得你的用药豁免权。

目标检测

答案解析

一、选择题

（一）最佳选择题

1. 老年人服用普萘洛尔时应（　　）。

　　A. 注意减量　　　　　　B. 延长间隔时间　　　　　C. 注意减量或延长间隔时间

　　D. 注意增量　　　　　　E. 缩短间隔时间

2. 对婴幼儿易引起呼吸抑制，不宜应用的药物是（　　）。

　　A. 阿司匹林等解热镇痛药　　B. 补锌制剂　　　　　　C. 维生素类药物

　　D. 喹诺酮类抗生素　　　　　E. 吗啡、哌替啶等麻醉药品

3. 下列关于新生儿用药的叙述错误的是（　　）。

　　A. 新生儿体表面积相对成人大，皮肤角化层薄，局部用药应防止吸收中毒

　　B. 胃肠道吸收可因个体差异或药物性质不同而有很大差别

　　C. 因新生儿吞咽困难，一般采用皮下或肌内注射的方法给药

　　D. 新生儿总体液量相对成人的高，所以水溶性药物分布容积增大

　　E. 新生儿的酶系统尚不成熟和完备，用药应考虑肝酶的成熟情况

4. 下列关于小儿用药的叙述正确的是（　　）。

　　A. 因婴幼儿神经系统发育未成熟，故镇静剂的用量应相对偏小

　　B. 幼儿可应用哌替啶镇痛

　　C. 儿童应尽量避免使用肾上腺皮质激素类药物

　　D. 儿童应长期大量补充微量元素锌

E. 应将 10% 葡萄糖注射液作为新生儿的基本补液，因其有营养、解毒作用故可快速、持久滴注

5. 适宜婴幼儿期用药的剂型是（　　）。

　　A. 糖浆剂　　　　　　　　B. 混悬剂　　　　　　　　C. 镇静剂

　　D. 口服给药　　　　　　　E. 维生素 AD 试剂

（二）配伍选择题

（6~10 题共用备选答案）

　　A. 维生素　　　　　　　　B. 青霉素钠　　　　　　　C. 阿司匹林

　　D. 链霉素　　　　　　　　E. 利巴韦林

6. 属于 A 类药物的是（　　）。

7. 属于 B 类药物的是（　　）。

8. 属于 C 类药物的是（　　）。

9. 属于 D 类药物的是（　　）。

10. 属于 X 类药物的是（　　）。

（三）多项选择题

11. 老年人药效学的主要特点包括（　　）。

　　A. 对抗凝血药物敏感性增高

　　B. 对抗高血压药敏感性增高

　　C. 对中枢神经系统药物特别敏感

　　D. 对肾上腺素 β 受体拮抗药敏感性降低

　　E. 对肾上腺素 β 受体激动药敏感性增高

12. 新生儿酶系不成熟或分泌不足，容易导致的不良反应包括（　　）

　　A. 磺胺类导致核黄疸　　　B. 氯霉素致灰婴综合征　　C. 呋喃类可引起溶血

　　D. 卡那霉素易造成中毒　　E. 新生霉素致高胆红素血症

13. 哺乳期妇女用药注意事项包括（　　）。

　　A. 选药慎重，权衡利弊　　B. 短效药物、单剂疗法　　C. 适时哺乳，防止蓄积

　　D. 非用不可，选好替代　　E. 代替不行，人工哺育

14. 以下所列药物中，儿童禁用的药物包括（　　）。

　　A. 氯霉素　　　　　　　　B. 四环素类　　　　　　　C. 普萘洛尔

　　D. 维拉帕米　　　　　　　E. 氟喹诺酮类

15. 下列关于老年人的生理变化对药动学的影响正确的有（　　）。

　　A. 地高辛的分布容积随年龄的增长而降低

　　B. 老年人对于一些药物分解的首过效应能力降低，所以使用利多卡因应减量

　　C. 阿司匹林的吸收会减少，但对钙剂的吸收几乎无影响

　　D. 老年人使用地高辛、氨基糖苷类抗生素应注意查肾功能

　　E. 胃排空时间延迟、肠道有效吸收面积减少

16. 因新生儿肾脏有效循环血量及肾小球滤过率低，所以下列哪些药物应减少用量或延长给药间隔（　　）。

　　A. 氨基糖苷类　　　　　　B. 地高辛　　　　　　　　C. 呋塞米

　　D. 青霉素　　　　　　　　E. 吲哚美辛

二、简答题

1. 简述妊娠期的药动学特点。
2. 简述药物通过母乳进入新生儿体内的影响因素。
3. 简述老年人用药的基本原则。
4. 肝肾功能不全患者用药原则。
5. 驾驶人员慎用药物有哪些?
6. 常规兴奋剂分类与代表药有哪些?

书网融合……

知识回顾　　　微课　　　习题

（严其高）

学习引导

随着人们生活水平的不断提高，加之不科学的生活习惯、饮食习惯和社会压力等因素影响，神经系统疾病的发病率逐年上升。此类疾病的危险性较大，严重影响着人们的身体健康和生活质量。常见神经系统疾病有哪些呢？各种神经系统疾病的治疗原则和常用治疗药物是什么呢？

本章主要介绍神经系统常见疾病包括脑血管病、癫痫、帕金森病和阿尔茨海默病的药物治疗。

学习目标

1. **掌握**　脑血管病、癫痫、帕金森病和阿尔茨海默病的常用治疗药物、药物治疗原则和药物不良反应。
2. **熟悉**　脑血管病、癫痫、帕金森病和阿尔茨海默病的疾病概要和药物相互作用。
3. **了解**　脑血管病、癫痫、帕金森病和阿尔茨海默病的一般治疗原则。

任务一　脑血管病

PPT

脑血管病（cerebrovascular disease）也称脑卒中，是由于脑血管破裂出血或者形成血栓，引起脑组织缺血性或者出血性损伤。此类疾病常表现出面神经麻痹、偏瘫、口齿不清等临床症状，同时伴有高血压、冠心病、糖尿病和高脂血症等情况，国内终生卒中风险高达39.3%，位居全球第一。脑血管病分为缺血性和出血性两类，缺血性脑血管病多发于中老年人，男性居多，而出血性脑血管病常见于50～70岁男性中老年人，在冬春季较为多发。

一、缺血性脑血管病 微课1

缺血性脑血管病（ischemic cerebrovascular disease）是由于脑组织血管壁病变或者血流动力学障碍引起脑组织血液循环障碍，脑部出现缺血、缺氧、坏死或者软化等一系列症状，占脑血管病的70%～80%。最常见的是脑梗死（cerebral infraction，CI）和短暂性脑缺血发作（transient ischemic attack，TIA）两种。脑梗死是脑血栓形成、腔隙性梗死和脑栓塞等缺血性卒中的总称，是由于脑组织血液供应障碍导致的脑组织病变，常导致神经组织不可逆伤害，表现出偏瘫、失语等症状。短暂性脑缺血发作通常由附着在血管壁上的血栓微栓子脱落导致相应脑动脉系统血流减少或阻断，表现为短暂性、局限性的神经功能缺失，临床上常见言语混乱、失语、瘫痪等症状。

（一）治疗原则

缺血性脑血管病主要通过药物治疗、康复治疗和预防治疗三种方式进行治疗，以药物治疗为主。目前能打通血管的有效方法是通过药物把血栓溶掉，一旦时间长了血栓变硬或者变成大块血栓，药物溶化就不太适合。因此，迅速识别脑梗死的临床症状并开展积极治疗，对于脑梗死的康复非常关键。康复治疗和预防治疗对于缺血脑组织神经的维护和修复非常重要。

（二）治疗药物

缺血性脑血管病的常用治疗药物有溶栓药、抗凝药，一般采用综合治疗。

1. 溶栓药

（1）尿激酶　直接作用于纤维蛋白溶解酶原，将其转变为纤维蛋白溶解酶，从而发挥溶栓作用，对新形成的血栓起效快、效果好。发病后 6 小时内，100 万 ~ 150 万 U，溶于 0.9% 氯化钠注射液 100 ~ 200ml，持续静脉滴注 30 分钟。

（2）重组组织型纤维蛋白溶解酶原激活物（rt-PA）　溶栓机制同尿激酶，是急性脑梗死静脉溶栓的首选药物。发病后 3 ~ 4.5 小时内，按照 0.9mg/kg 静脉注射（最大剂量不超过 90mg），在最初 1 分钟内静脉推注总量的 10%，其余 90% 持续静脉滴注，60 分钟内滴完。

（3）去纤酶　能将血浆中纤维蛋白原和纤维蛋白溶解，具有溶栓作用。急性期一次 10U，溶于 0.9% 氯化钠注射液 100 ~ 250ml 中，静脉滴注 1 小时以上，1 次/天，连用 3 ~ 4 天。非急性期首次 10U，维持量 5U，每日或隔日 1 次，两周为一疗程。

2. 抗血小板聚集药

（1）阿司匹林　小剂量（2mg/kg）可以完全抑制血小板血栓素（TXA_2）的合成，但不会抑制血管壁内皮细胞前列环素（PGI_2）的合成，产生较强的抗血小板聚集作用。不符合溶栓适应证且无禁忌证的患者应在发病后尽早口服，150 ~ 300mg/d，急性期后改为预防剂量，50 ~ 300mg/d。

（2）双嘧达莫　通过抑制血小板磷酸二酯酶进而抑制血小板聚集，同时具有抑制血栓形成和扩张血管的作用。口服，25 ~ 100mg/次，3 次/天。

（3）西洛他唑　选择性抑制血小板和血管平滑肌细胞内的磷酸二酯酶，通过抑制环磷酸腺苷（cAMP）的分解而产生抑制血小板聚集和扩张血管的作用。口服，50 ~ 100mg/次，2 次/天。

（4）氯吡格雷　选择性不可逆地结合血小板二磷酸腺苷（ADP）受体，从而抑制血小板聚集，防止血栓形成，减轻动脉粥样硬化。口服，一次 75mg，1 次/天。

3. 抗凝药

（1）肝素　激活抗凝血酶Ⅲ（ATⅢ），使得多种凝血因子失去活性。可用于紧急状态下抗凝，静脉给药后立即起效，应用低分子肝素更为安全。起初给予 3500 ~ 5000U 静脉注射，然后按照 100U/h 的速度静滴。

（2）华法林　通过干扰肝脏合成凝血因子Ⅱ、Ⅶ、Ⅸ、Ⅹ从而产生抗凝血作用。初始剂量 4.5 ~ 6.0mg/d，3 天后根据国际标准化比率（international normalized ratio，INR）调整剂量。

（3）那屈肝素钙　通过抑制凝血酶发挥作用，具有溶解血栓和改善血流动力学的作用，对血小板的影响小于肝素，很少引起出血并发症，较为安全。

（三）治疗药物的应用原则

1. 药物选择 根据发病原因、临床类型、药物作用特点及不良反应等合理选用抗凝药或抗血小板聚集药。急性期和进展期应用溶栓药比较有效，比如缺血性脑血管病急性期唯一有效的治疗方法就是 t-PA 联合支持疗法，血小板计数 $<100 \times 10^9/L$ 时应禁用溶栓药。预防脑梗死主要应用阿司匹林、氯吡格雷等基础药物。

2. 以抗凝为主 血栓形成期以抗凝治疗为主，不推荐无选择性地在早期开展抗凝治疗，包括阿司匹林、氯吡格雷、阿司匹林/双嘧达莫复方制剂等基础药物。

3. 合理用药 在使用华法林前需监测国际标准化比率，用药后前两周开展监测，每日或隔日一次，稳定后每月定期开展监测一次；使用肝素时，应该根据活化部分凝血活酶时间（activated partial thromboplastin time，APTT）来调整滴速，延长 APTT 并保证是正常值的 1.5~2.5 倍；应用 rt-PA 中和治疗后应该密切观察患者神经功能损害、血压、出血等情况，如果出现不良反应，应立即停药；使用尿激酶溶栓 24 小时内，不得使用阿司匹林等抗凝药，24 小时后如果头颅 CT 和临床复查显示无出血，可用抗凝药或抗血小板药治疗；由于氯吡格雷是一种前体药物，在使用过程中会受到 CYP2C19 基因的影响而出现较大的个体差异，因此氯吡格雷在使用前需要进行基因检查，进而判断患者代谢速率，有利于合理调整用药剂量，提高疾病治愈率，减少毒副作用。

（四）药物的不良反应

1. 重组组织型纤维蛋白溶解酶原激活物 注射部位可能出现出血，还可能出现因血管源性水肿引起的呼吸道阻塞。

2. 阿司匹林 不良反应包括胃肠道反应、凝血障碍、阿司匹林哮喘、过敏反应、水杨酸反应、瑞夷综合征等。为减轻阿司匹林的胃肠道反应，可使用肠溶片或者饭后服药，必要时给予抗酸药。

3. 双嘧达莫 不良反应包括头晕、头痛、呕吐、腹泻、皮疹、瘙痒和脸红，偶见心绞痛和肝功能不全。

4. 西洛他唑 不良反应包括头晕、头痛、心悸、腹泻、腹痛、恶心、呕吐、尿频、肝功能异常、尿素氮、肌酐和尿酸值异常等，偶见高血压。

5. 氯吡格雷 不良反应包括腹泻、腹痛、消化不良、消化道出血、皮疹、颅内出血、严重粒细胞减少等。

6. 肝素 不良反应常见自发性出血，严重并发症为肝素诱导的血小板减少症。应用肝素时应严格控制给药剂量、滴速和给药时间，监测患者凝血时间或出血时间，准备好碱性鱼精蛋白用于解救。

（五）药物相互作用

药物相互作用见表 6-1。

表 6-1 缺血性脑血管病治疗药物相互作用一览表

合用药物	相互作用
抗栓药与抗血小板药合用	产生拮抗作用
双嘧达莫与阿司匹林合用	产生协同作用
西洛他唑与奥美拉唑合用	血药浓度上升
氯吡格雷与奥美拉唑合用	血药浓度下降

情景描述　患者，男，54 岁。工作时左手不能持物 1 小时，突发左侧肢体无力，不能站立，伴有头痛、恶心、呕吐等症状，送至医院。患有高血压病 8 年，未曾服用过降压药。检查：血压 185/115mmHg。左侧肢体肌力 2 级，左侧肢体浅感觉减退，颅脑 CT：右侧基底节区高密度影。

讨　　论　1. 请分析病因，给出诊断。

　　　　　　2. 该疾病选用什么药物进行治疗？

答案解析

二、出血性脑血管病 微课2

出血性脑血管病（haemorrhagic cerebrovascular disease）常表现出颅内压增高、神志不清等临床症状，常在白天活动或者情绪激动时发作，死亡率和致残率很高，占脑血管病的 20%～30%，最常见的是脑出血和蛛网膜下腔出血（SAH）。该病多因脑血管破裂出血，压迫脑部，使血液循环受阻，颅内压升高，甚至脑疝。

脑出血也称脑溢血，是由原发性、非外伤性脑实质内的自发性出血导致，多见于高血压，大多在白天活动或情绪激动时发作，伴有轻度头晕、头痛等短暂性脑部缺血的先兆症状，也可能在没有任何先兆症状下突然晕倒、意识障碍、呕吐等，若是出现大脑半球出血，可能导致偏瘫。蛛网膜下腔出血多见于脑血管畸形患者，多数患者出血前没有任何症状，少数患者既往有偏头痛发作史，或一过性动眼神经麻痹，或肢体瘫痪，发病较为急骤，患者会突然出现剧烈头晕、头痛、呕吐、烦躁不安，多数同时伴有意识障碍，体格检查会有明显的颈强直和轻微的定向障碍等，眼底检查可出现视网膜出血，常见一侧动眼神经麻痹，脑脊液检查常可见均匀一致的血性脑脊液，CT 扫描和数字减影血管造影可见出血部位和出血量。

（一）治疗原则

出血性脑血管病的治疗通常以手术止血为主，加以药物治疗，使神经功能恢复，预防进一步出血，控制并发症的发生。最有效的方法是通过控制血压，保护心、肺、肾功能，维持电解质平衡，一般不用抗凝药物。药物治疗的目的主要为了防止并发症，减轻脑损害，降低病死率和复发率，目前暂无有效药物直接干预出血性脑血管病。

（二）治疗药物

出血性脑血管病临床常选用脱水药、止血药、利尿药及营养脑细胞药等作为辅助治疗药。

1. 脱水药

（1）甘露醇　通过提高血浆晶体渗透压使组织脱水，主要用于降低颅内压，是最常用的脱水药。还具有较强的清除氧自由基的作用，减轻迟发性脑损伤。20% 甘露醇 125～250ml，静脉注射或快速滴注（30～40 分钟内），6～8 小时/次，疗程 7～10 天。严重颅内压升高者，尤其脑疝抢救时，快速静脉注射 20% 甘露醇 250～300ml。

（2）复方甘油　降低颅内压的作用起效比甘露醇慢，但是持续时间较长，无反跳现象，不会引起水和电解质紊乱。10% 甘油果糖 200～500ml，1～2 次/天，静脉滴注，200ml 需在 2.5～3 小时内滴完，疗程 1～2 周。宜在症状较轻或好转期使用。

（3）浓缩血浆或血清白蛋白　适用于血容量不足、低蛋白血症的脑水肿患者，20%～50% 人浓缩血浆 100～200ml 或血清白蛋白 50ml，1～2 次/天，静脉滴注。

2. 呋塞米　高效能利尿药，起效快，作用短，静脉注射 5 分钟内起效，1 小时达到最大效能，维持 2～4 小时。肌内或静脉注射，40mg/次，2～4 次/天。

3. 止血药

（1）氨甲苯酸　能竞争性抑制纤维蛋白溶解酶原激活物，使得纤维蛋白溶解酶原无法转化成纤维蛋白溶解酶，从而产生止血作用。一次 0.1～0.3g，溶于 0.9% 氯化钠注射液或 5% 葡萄糖注射液 10～20ml 中，缓慢静脉注射，不超过 0.6g/d。

（2）酚磺乙胺　增强血小板的聚集功能，增强毛细血管的抵抗力，从而降低其通透性，发挥迅速止血作用。肌内或静脉注射，一次 0.25～0.5g，0.5～1.5g/d。

4. 尼莫地平　选择性作用于颅内血管，能够逆转血管痉挛，改善脑部血液循环，常在原发性蛛网膜下腔出血后 4 天开始用药，宜尽早使用。口服片剂 7 天，6 次/天，一次 60mg。

5. 脑细胞营养剂　包括胞磷胆碱、依达拉奉和吡拉西坦等，一般用于恢复期治疗，可改善脑组织代谢，促进脑功能恢复。

（三）治疗药物的应用原则

1. 控制脑水肿，降低颅内压　出血性脑血管病患者死亡的主要原因是脑水肿引发的脑疝。抢救关键是及时使用脱水药控制脑水肿。在脑疝前期或已经发生脑疝时，选用甘露醇等脱水药或呋塞米等利尿药能够为手术争取时间，成为抢救的关键治疗之一。

2. 适度降低血压　高血压脑动脉硬化合并脑出血，血压较高且时有波动，易导致再出血和血肿破入脑室。肌内注射利血平或静脉滴注硝苯地平、硝普钠等降压药，可以适度降低血压。如果收缩压 >200mmHg 或平均动脉压 >150mmHg，应当考虑持续用药降低血压，每 5 分钟监测血压 1 次；如果血压 >180mmHg 或平均动脉压 >130mmHg，并且怀疑颅内压增高或有颅内压增高的证据，应当考虑监测颅内压，可以持续或间断静脉给药降低血压，维持脑灌注压 >60～80mmHg；如果没有颅内压增高的证据，可以持续或者间断静脉给药，适度降低血压（目标血压为 160/90mmHg 或平均动脉压为 110mmHg），每隔 15 分钟监测血压 1 次，保证收缩压 <180mmHg，平均动脉压 <130mmHg。

3. 合理使用止血药　止血药能够阻止毛细血管出血或者渗血，但是不一定能够止住动脉破裂出血。如果使用止血药，需要经常检查凝血功能，短期内合理使用。

4. 恢复期合理用药　常用胞磷胆碱、辅酶 A 和丹参注射液等药物营养脑细胞，改善中枢神经功能。

（四）药物的不良反应

1. 甘露醇　会引起水和电解质紊乱、寒战、发热，外渗可致组织水肿、皮肤坏死。冠心病、心力衰竭、心肌梗死和肾功能不全者慎用，有颅内活动性出血者禁用。

2. 复方甘油　用量过大或过快时容易发生溶血。

3. 血清白蛋白或浓缩血浆　会增加心脏负荷，心功能不全者慎用。静脉滴注后，可用呋塞米静脉注射，防止心力衰竭。

4. 呋塞米　常见水和电解质紊乱，用药期间需要定期检查血钠、血钾和血氯水平。

5. 尼莫地平　不良反应常见脚踝水肿、直立性低血压等。使用后应卧床休息 30 分钟，缓慢变换体位。一旦出现直立性低血压，应采取头低足高位平卧，必要时给予去甲肾上腺素，严禁使用肾上腺素。

（五）药物相互作用

药物相互作用见表 6 - 2。

表 6 - 2　出血性脑血管病治疗药物相互作用一览表

合用药物	相互作用
呋塞米与甘露醇合用	增强脱水效果
呋塞米与地塞米松合用	增强脱水效果
甘露醇与洋地黄合用	增加洋地黄毒性
尼莫地平与西咪替丁合用	增加尼莫地平血浆浓度

即学即练 6 - 1

出血性脑血管病的治疗药物包括（　　　）。

A. 甘露醇　　　　　B. 尼莫地平　　　　　C. 胞磷胆碱

D. 呋塞米　　　　　E. 阿司匹林

答案解析

任务二　癫　痫

PPT

　　癫痫（epilepsy）是神经系统疾病中发病率排在第二位的慢性疾病，发病率仅次于脑梗死，严重影响患者的身心健康和生活质量。全球大约有 5000 万癫痫患者，我国癫痫发病率约为 1%，首次多发病于儿童期或者青年期，死亡危险性为一般人群的 2~3 倍。

　　癫痫常由脑部神经元反复异常过度放电引起，是一种中枢神经系统功能失常的短暂性慢性疾病，表现为突然发生或者反复发作的运动、意识、感觉、精神、自主神经等异常症状。由于癫痫发作时脑部神经元异常过度放电，因此脑电图可以作为诊断癫痫发作、确定发作和分辨癫痫类型的重要辅助技术。引发癫痫的原因很多，包括年龄、遗传、睡眠和内环境改变等。根据发病原因可以将癫痫分为原发性癫痫和继发性癫痫两类；根据症状可以分为部分性发作（包括单纯部分性发作和复杂部分性发作）和全身性发作（包括失神性发作、全身强直阵挛性发作、失张力性发作、肌阵挛发作等）两大类。

　　癫痫的治疗包括药物治疗、手术治疗和神经调控治疗，目前主要通过药物治疗。不过药物只能控制症状的发作，不能彻底消除病因，需要患者长期用药。早期控制癫痫的发作可以保证患者的生活质量，避免患者受到身体伤害和长期处于心理病态。

知识链接

癫痫与生酮饮食

　　生酮饮食是高脂肪、低碳水化合物和适当蛋白的饮食，高脂肪成分能使患者发生酮症，可能制止癫痫发作。目前生酮饮食是已经确定的治疗耐药性儿童癫痫的非药物治疗方法，安全有效。目前有研究证明生酮饮食可作为成年难治性癫痫患者的治疗选择，不仅能减少癫痫发作，还可以提升机敏性和改善注意力。

（一）治疗药物

抗癫痫药物主要通过两种方式来减轻或消除癫痫发作，一是通过影响中枢神经元减少或防止病理性过度放电；二是提高正常脑组织的兴奋阈，减弱发病部位兴奋的扩散，防止癫痫复发。

1. 一线药物

（1）卡马西平　主要阻滞电压依赖性的钠通道，是复杂部分性发作的首选药，对单纯部分性发作和全身性强直阵挛发作也有效，但是对失神性发作、失神性张力发作和肌阵挛无效，甚至会加重病情。

（2）奥卡西平　用于治疗部分性发作和难治性癫痫，结构、作用机制、抗癫痫谱及疗效与卡马西平相似。

（3）丙戊酸钠　广谱抗癫痫药，可抑制 γ - 氨基丁酸（GABA）降解或促进其合成，不会抑制癫痫病灶异常放电，但可以阻止病灶放电的扩散。临床上用于多种类型癫痫发作，对全身性强直阵挛发作、肌阵挛性发作和失神性发作的疗效最好。对复杂部分性发作和单纯性部分性发作治疗效果不如卡马西平。

（4）乙琥胺　失神性发作的首选药物，能抑制丘脑皮质兴奋性，降低低阈值钙电流，增强抑制性神经递质的作用。

（5）拉莫三嗪　抗癫痫谱较广，对部分性发作和全身性发作均有效，尤其是失神性发作和阵挛性发作，对难治性癫痫疗效显著。

（6）苯巴比妥　既可以抑制病灶的异常过度放电，又可以抑制异常放电的扩散，对全身性强直阵挛发作效果好，对单纯或部分性发作也有效。

（7）扑米酮　主要应用于全身性强直阵挛发作，对复杂部分性发作也有效，对苯巴比妥和苯妥英钠不能控制的发作特别有效。可长期服用，给药 5~7 天起效。

一线抗癫痫药使用剂量及使用方法见表 6-3。

表 6-3　一线抗癫痫药使用剂量及使用方法

药物	起始剂量	维持剂量	最大剂量	服药次数
卡马西平	成人 100~200mg/d 儿童 5mg/（kg·d）	成人 400~1200mg/d 儿童 10~20mg/d	成人 1600mg/d 儿童 400mg/d	2~3 次/天
奥卡西平	成人 300mg/d 儿童 10mg/d	成人 600~1200mg/d 儿童 25~30mg/d	成人 3000mg/d	2~3 次/天
丙戊酸钠	成人 5~10mg/（kg·d） 儿童 15mg/（kg·d）	成人 600~1200mg/d 儿童 20~30mg/（kg·d）	成人 1800mg/d	3 次/天
乙琥胺	成人 500mg/d 儿童 250mg/d		成人 2000mg/d 儿童 750mg/d	1 次/天，最大剂量时分次服用
拉莫三嗪	成人 25mg/d 儿童 0.15mg/（kg·d）	成人 100~200mg/d 儿童 1~5mg/（kg·d）	成人 500mg/d	2 次/天
苯巴比妥		成人 90mg/d 儿童 3~5mg/（kg·d）	极量一次 250mg，500mg/d	3 次/天
扑米酮	成人 50mg/d 儿童 12.5~25mg/（kg·d）	成人 750mg/d 儿童 375~700mg/d	1500mg/d	3 次/天

2. 二线药物

（1）苯妥英钠　减少钠离子内流而使神经细胞膜稳定，阻止癫痫病灶异常放电的扩散，全身性强直阵挛发作和单纯局限性发作的首选药。对复杂部分性发作有效，但对失神发作无效，甚至会恶化病情或诱发其产生。

(2) 氨己烯酸　口服吸收迅速，对难治性部分性发作有效。成人及 6 岁以上儿童初始剂量 0.5g/d，每周增加 0.5 ~1g，最大剂量不超过 1.5g/d。3 ~6 岁儿童初始剂量 250mg/d，必要时可增至 80 ~100mg/（kg · d）。

(3) 托吡酯　口服吸收迅速，对部分性发作有效。成人初始剂量 50mg/d，每周增加 50mg，直至 200mg/d。儿童初始剂量 5 ~15mg/（kg · d），每 2 周增加 1 ~3mg/kg，直至 4 ~8mg/（kg · d）。

3. 癫痫持续状态用药

(1) 迅速终止发作

1）地西泮　起效快，1 ~3 分钟即可起效，静脉注射地西泮是治疗癫痫持续状态的首选药。成人首次剂量 10 ~20mg，静脉注射，2 ~5mg/min；儿童 0.2 ~0.5mg/kg，最大剂量不超过 10mg，静脉注射，1 ~2mg/min。如癫痫持续状态复发，15 分钟后重复给药，或将地西泮 100 ~200mg 溶于 5% 葡萄糖注射液，12 小时内缓慢静脉滴注。

2）苯妥英钠　成人 150 ~250mg/d，静脉注射，不超过 50mg/min，必要时 30 分钟后再次静脉注射 100 ~150mg，最大剂量不超过 500mg/d。儿童 5mg/（kg · d），一次或分两次静脉注射。

3）丙戊酸钠　初始剂量 15 ~30mg/kg，静脉注射，以后静脉滴注 1mg/（kg · h）。

4）水合氯醛　适用于不能使用苯巴比妥类或呼吸功能不全的患者。将 10% 水合氯醛 20 ~30ml 加入等量植物油，保留灌肠。

(2) 超过 30 分钟终止发作的治疗　视情况选用硫喷妥钠、咪达唑仑、戊巴比妥等。

(3) 维持治疗　控制癫痫发作后，宜使用长效抗癫痫药物维持和巩固疗效，如肌内注射苯巴比妥 0.1 ~0.2g，每 6 ~8 小时 1 次。同时根据癫痫类型选用口服药物。

(二) 治疗药物的应用原则 微课3

1. 药物选用　根据癫痫类型合理选择治疗药物是癫痫药物治疗的基本原则，选药原则见表 6 - 4。尽可能采用单药进行治疗，仅在单药治疗不能控制癫痫发作时才推荐联合治疗。如果合理使用一线抗癫痫药物患者仍有发作，需要再次严格评估癫痫的诊断。

表 6 - 4　癫痫选药原则

癫痫类型	可选药物	避免药物
全身强直阵挛发作	丙戊酸钠、拉莫三嗪、苯巴比妥	
失张力性发作	丙戊酸钠、拉莫三嗪	卡马西平
失神性发作	丙戊酸钠、乙琥胺、拉莫三嗪	卡马西平、苯妥英钠
肌阵挛发作	丙戊酸钠、托吡酯	卡马西平、苯妥英钠
部分性发作	卡马西平、拉莫三嗪、奥卡西平、丙戊酸钠	

由于不同抗癫痫药的制剂在药代动力学和生物利用度方面存在差异，因此为了避免降低疗效或增加副作用，应推荐患者固定使用同一厂家生产的药品。

2. 药物剂量　选定药物后，一般从小剂量开始用药，逐渐增加剂量至有效控制癫痫发作且无明显不良反应。如需调整剂量，增加剂量时可以适度提速，减少剂量时要逐渐递减，以便评估疗效和不良反应，防止减量过快而使癫痫复发。

3. 规律用药　癫痫用药过程中需要定期随访，一般每月 1 次，发作频繁者每半个月 1 次。随访内容包括癫痫发作频率、发作类型是否有变化、是否有不良反应和是否遵医嘱用药等。

4. 药物更换　对于新增药物应该直接给予常规治疗剂量，待新增药物达到稳态血药浓度后被替换药物才能逐渐减量直至停用。如更换药物出现严重不良反应，应当立即停止更换。

5. 停药原则

（1）发作完全控制3~5年或完全控制后继续用药2~3年，脑电图显示无异常过度放电。

（2）应逐渐停药，停药过程需1~2年，停药后仍有可能复发。

（3）儿童良性癫痫以无不良反应后继续用药1年为宜。

（4）青少年肌阵挛癫痫以无不良反应后继续用药5年为宜。

（5）某些器质性脑病癫痫需要终生用药。

儿童用药选用原则与成人基本相同，但要注意参照体重标准给药，结合血药浓度和临床疗效，在监测药物血药浓度下调整给药剂量，注意监测药物的不良反应，定期检查血常规和肝功能等。

（三）药物的不良反应

抗癫痫药使用前需要检查血常规、肝功能、肾功能及脑电图，用药后定期复查，以便确定不良反应、预判疗效和调整剂量等。

1. 卡马西平　包括头晕、恶心、视物模糊和中性粒细胞减少等。

2. 丙戊酸钠　包括恶心、呕吐、厌食和困倦等。

3. 乙琥胺　包括恶心、呕吐、嗜睡和运动失调等。

4. 苯巴比妥　包括疲劳、抑郁、嗜睡、多动、攻击行为和记忆力下降等。

5. 苯妥英钠　包括眼球震颤、共济失调、恶心、呕吐、厌食、攻击行为和巨幼细胞性贫血等。

（四）药物相互作用

药物相互作用见表6-5。

表6-5　癫痫治疗药物相互作用一览表

合用药物	相互作用
扑米酮与卡马西平合用	产生协同作用
苯妥英钠与扑米酮合用	产生协同作用
卡马西平与布洛芬合用	导致不良反应
丙戊酸钠与美尔奎宁合用	导致丙戊酸钠代谢增加，诱发癫痫

即学即练6-2

癫痫复杂部分性发作的首选药是（　　　）。

A. 丙戊酸钠　　　　B. 卡马西平　　　　C. 苯妥英钠

答案解析

D. 苯巴比妥　　　　E. 乙琥胺

任务三　帕金森病

PPT

帕金森病（parkinson's disease，PD）也称震颤麻痹，是一种慢性中枢神经系统退行性疾病，常见于中老年人。我国65岁以上人群患病率为1.7%，并且随着年龄增长逐渐升高。帕金森病主要是由锥体外系功能障碍引起，可能是年龄、遗传、环境等多方面原因共同导致的结果。目前临床上认为其发病机制是由于锥体外系黑质多巴胺能神经元受损变性，导致纹状体多巴胺含量明显减少，而乙酰胆碱相对占优势，两者的神经功能失衡引发出一系列临床症状。临床症状主要表现为肌强直、静止性震颤、运动迟缓和姿态步态异常，发病较为缓慢，逐渐严重。

帕金森病的治疗包括手术治疗、药物治疗、物理治疗和心理治疗四个方面，目前暂无有效治疗，均为对症治疗。手术治疗和药物治疗主要为了缓解症状；物理治疗对于增强早期患者灵活性、改善患者肌力、调节情绪和提高适应力具有一定作用；心理治疗可以调节患者情绪，减少其对疾病的恐惧感、陌生感和不安感，提高患者的依从性，树立对帕金森病治疗的信心。

（一）治疗药物　🅴微课4

帕金森病的早期治疗主要是药物治疗，通过补充多巴胺来对抗乙酰胆碱，从而改善症状；中晚期主要改善运动症状、处理运动并发症和非运动症状。

1. 复方左旋多巴　是迄今为止治疗帕金森病最有效的基本药物，可以直接补充黑质-纹状体内多巴胺，对震颤、运动迟缓、肌强直均有效。临床上常用卡左双多巴（左旋多巴-卡比多巴）和美多巴丝肼（左旋多巴-苄丝肼）两种复合制剂，初始剂量均为62.5～125mg，2～3次/天，餐前1小时或餐后1.5小时服用。也可使用卡左双多巴控释片，血药浓度稳定，作用时间较长，对于控制症状波动作用明显，但是起效缓慢，生物利用度较低；多巴丝肼水溶液，起效较快，适用于清晨运动不能，餐后"关闭"状态及吞咽困难者。

2. 苯海索　通过阻断中枢胆碱受体，产生抗胆碱作用，对震颤和肌强直效果较好，对运动迟缓效果较差。适用于震颤明显的年轻患者，对无震颤的患者无效。口服，1～2mg/次，3次/天。

3. 金刚烷胺　促进神经末梢释放多巴胺，同时减少多巴胺的再摄取，能够改善震颤、肌强直和运动迟缓等症状。口服，50～100mg/次，2～3次/天，末次应在下午4时前服用。

4. 多巴胺受体激动剂　分为麦角类和非麦角类两类。直接激动突触后膜上的多巴胺受体，保护多巴胺能神经元。麦角类包括溴隐亭、麦角隐亭等，目前临床上已较少使用，因为会导致肺、胸膜纤维化和心脏瓣膜病变。非麦角类如吡贝地尔、普拉克索等，不良反应较小，一般从小剂量开始使用，逐渐增量，适用于早发型帕金森病患者的病程初期。

5. 儿茶酚胺氧位甲基转移酶（COMT）抑制剂　抑制外周左旋多巴的降解，增加脑部多巴胺含量。代表药物为托卡朋，100mg/次，3次/天，最大剂量不超过600mg/d。

6. B型单胺氧化酶（MAO-B）抑制剂　抑制脑部多巴胺的降解，增加脑部多巴胺含量，保护多巴胺能神经元。代表药物为司来吉兰，2.5～5.0mg/次，2次/天，早晨和中午服用。

（二）治疗药物的应用原则

1. 综合治疗　对帕金森病的运动症状和非运动症状一般采取全面综合治疗。

2. 长期用药　由于药物治疗和手术治疗仅能改善症状，无法治愈，不能阻止帕金森病的病情进展，因此需要长期用药，以达到长期效应。

3. 个体化方案　针对不同帕金森病患者，应该选择不同的治疗方案，用药时应该充分考虑患者的发病年龄、严重程度、症状特点、有无并发症和认知障碍、药物不良反应、患者经济承受能力等因素。并且根据病情发展、药物疗效和不良反应，适时调整治疗方案和药物剂量。

4. 药物剂量　应从小剂量开始，逐渐递增，通过较小剂量达到满意的疗效，尽可能避免引发不良反应，降低运动并发症。

5. 早期诊断和治疗　早期非药物治疗包括健康宣教、补充营养、加强体育锻炼和坚定信心等。尽早治疗才能够更好地改善症状，延缓疾病进展，提高患者的工作能力和生活质量。

即学即练 6-3

帕金森病的首选药是（　　）。
A. 金刚烷胺　　　　　B. 司来吉兰　　　　　C. 复方左旋多巴
D. 托卡朋　　　　　　E. 苯海索

答案解析

（三）药物不良反应

1. 复方左旋多巴　不良反应主要有恶心、呕吐、便秘、尿潴留、失眠、幻觉、心律失常、直立性低血压等。长期用药可能出现症状波动和异动症等运动并发症。活动性消化道溃疡者慎用，闭角型青光眼及精神患者禁用。

2. 苯海索　60 岁以下患者长期应用可能导致认知功能下降，需要定期复查认知功能，一旦发现下降则应立即停用，60 岁以上患者慎用。闭角型青光眼及前列腺肥大患者禁用。

3. 金刚烷胺　不良反应偶见头痛、头晕、恶心、失眠、踝部水肿等。癫痫、严重胃溃疡、肾功能不全、肝病患者慎用，哺乳期妇女禁用。

4. 托卡朋　不良反应包括头痛、腹泻、多汗、肝功能损害等，用药后前 3 个月需要密切监测肝功能。

5. 司来吉兰　容易引起失眠，因此一般不在傍晚或晚上用药。

（四）药物相互作用

药物相互作用见表 6-6。

表 6-6　帕金森病治疗药物相互作用一览表

合用药物	相互作用
复方左旋多巴与 COMT 抑制剂合用	增强疗效，减轻波动运动
复方左旋多巴与 MAO-B 抑制剂合用	产生协同作用
复方左旋多巴与乙酰螺旋霉素合用	降低血药浓度，药效减弱
苯海索与 MAO-B 抑制剂合用	导致高血压
金刚烷胺与乙醇合用	中枢抑制作用加强

▶▶ 岗位情景模拟 6-2

情景描述　患者，男，62 岁，右手震颤伴有动作迟缓 2 年，既往体健。近日健忘加重，面部表情缺乏，说话声音低且单调，两侧下肢齿轮样肌强直，步态缓慢，轻度躯干前屈。

讨　　论　1. 请分析病因，给出诊断。
　　　　　　2. 该疾病选用什么药物进行治疗？

答案解析

任务四　阿尔茨海默病

PPT

阿尔茨海默病（Alzheimer's disease，AD）是老年期最常见的痴呆类型，占老年期痴呆的 50% ~ 70%，多发生于老年和老年前期。阿尔茨海默病是一种以进行性认知功能障碍和行为损害为特征的中枢神经系统退行性病变，临床上常表现出记忆障碍、失用、失认、失语、视空间能力损害、抽象思维和计算能力损害、人格和行为改变等症状。该病在多种因素（包括生物和社会心理因素）的作用下才发作，通常隐匿起病，持续进行性发展。

阿尔茨海默病目前暂无有效治疗，针对认知功能衰退目前治疗较为困难，综合治疗和护理有助于减轻病情和延缓发展。有效的护理能延长患者的生命及改善生活质量，并能防止摔伤、外出不归等意外的发生。体育锻炼可以增加脑部血流，刺激神经元生长，降低发病风险。

知识链接

神经学音乐治疗

目前已有研究发现应用音乐治疗具有改善阿尔茨海默病患者认知、情绪和运动功能等多种功能障碍的作用。音乐治疗主要利用音乐具有的声音、乐音、音高、节奏、节拍、调性等听觉感知特性，作用于阿尔茨海默病患者大脑听觉神经中枢，通过听觉神经反馈对患者的思维、表达、行为、运动等产生听觉信号指令，发挥相应的神经机制，唤醒记忆，改善情绪，减少认知障碍的风险，改善脑认知网络，从而达到治疗的目的。

（一）治疗药物　微课5

阿尔茨海默病的治疗药物包括中枢胆碱酯酶抑制剂、脑血管扩张药或钙离子拮抗剂、抗精神病药物等。

1. 多奈哌齐　可逆性抑制乙酰胆碱酯酶，延缓乙酰胆碱代谢，增加乙酰胆碱功能，明显改善患者记忆和认知功能。口服，一次 5mg，1 次/天，连续 14 天达到稳态血药浓度。

2. 卡巴拉汀　既能抑制乙酰胆碱酯酶，又能抑制丁酰胆碱酯酶，能明显升高脑内乙酰胆碱浓度。采用阶梯渐进式服药法，初始一次 1.5mg，2 次/天，4 周后增到 6mg/d，如能耐受，隔 4 周后可再加到 9mg/d，甚至达到 12mg/d，应针对患者的具体反应，缓慢增加。

3. 美金刚　兴奋性 N - 甲基天冬氨酸（NMDA）受体的非竞争性拮抗药，可以减少谷氨酸的神经毒性作用，改善记忆过程所需谷氨酸的传递。口服，初始剂量为 5mg/d，第 2 周 10mg/d，第 3 周 15mg/d，第 4 周开始后服用维持剂量 20mg/d。

4. 吡拉西坦　刺激尚存活的脑细胞充分发挥代偿功能，扩张脑血管，改善大脑血液循环，增加脑部血流量和对葡萄糖的利用，促进脑组织代谢。口服，一次 0.8 ~ 1.6g，3 次/天。

5. 抗精神病药物　包括氟西汀、利培酮、阿普唑仑、丙戊酸钠等。患者伴有抑郁症状时，应首选氟西汀等选择性 5 - 羟色胺再摄取抑制剂；利培酮等新型抗精神病药物对多种行为和心理症状的疗效优于经典药物，且锥体外系反应轻微，尤其适合老年患者；伴有轻度焦虑与夜间失眠时，可应用苯二氮䓬类药物；丙戊酸钠对患者躁狂样症状、攻击行为有一定的治疗作用。

（二）治疗药物的应用原则

1. 要根据患者的症状来选择药物，还要考虑到治疗药物的副作用对患者可能造成的影响，如传统抗精神病药物的锥体外系反应，需要使用抗胆碱能药物治疗，但是抗胆碱能药物又会影响患者的意识水平并加重认知功能障碍。

2. 对于阿尔茨海默病患者，一经诊断即应考虑使用多奈哌齐、卡巴拉汀等胆碱酯酶抑制剂。对于中到重度患者，考虑使用美金刚治疗。

3. 阿司匹林不推荐用于治疗阿尔茨海默病，但可以用于伴有其他适应证的阿尔茨海默病患者，如预防心血管事件。

4. 抗精神病药物只能用于中到重度症状引起痛苦且对其他治疗方法无反应或不适合的患者。

（三）药物不良反应

1. 多奈哌齐　不良反应包括恶心、腹泻、失眠、呕吐、疲乏、厌食和肌痉挛等。

2. 卡巴拉汀　恶心、呕吐、食欲缺乏等不良反应较轻，持续时间短，可自行消失。

3. 美金刚　有轻微眩晕、不安、头重、口干等不良反应，饮酒可加重不良反应。

4. 吡拉西坦　少见口干、呕吐、食欲缺乏、失眠、兴奋或皮疹。大剂量应用时可出现失眠、头晕、呕吐、过度兴奋症状，停药可自行消失。

即学即练 6 - 4

答案解析

阿尔茨海默病的治疗药物包括（　　　）。
A. 卡巴拉汀　　　　B. 吡拉西坦　　　　C. 多奈哌齐
D. 美金刚　　　　　E. 利培酮

（四）药物相互作用

药物相互作用见表 6 - 7。

表 6 - 7　阿尔茨海默病治疗药物相互作用一览表

合用药物	相互作用
多奈哌齐/卡巴拉汀与拟胆碱药合用	产生协同作用
多奈哌齐/卡巴拉汀与抗胆碱药合用	产生拮抗作用
多奈哌齐与氟西汀合用	后者能抑制多奈哌齐代谢
卡巴拉汀与甲氧氯普胺合用	锥体外系反应产生相加效应
美金刚与金刚烷胺合用	发生药物中毒性精神病

目标检测

答案解析

一、选择题

（一）最佳选择题

1. 丙戊酸钠的临床应用是（　　　）。
　　A. 剧烈疼痛　　　　　　　B. 帕金森病　　　　　　　C. 癫痫失神性发作
　　D. 阿尔茨海默病　　　　　E. 风湿性关节炎

2. 阿司匹林用于心脑血管不良事件二级预防的适宜剂量是（　　　）。

   A. 50mg/d   B. 75～150mg/d   C. 300mg/d

   D. 500mg/d   E. 1500mg/d

3. 下列关于脑梗死急性期药物治疗的说法，正确的是（　　　）。

   A. 急性脑梗死的溶栓时间窗是 48 小时

   B. 血小板计数 $<100 \times 10^9/L$ 时应禁用溶栓药

   C. 甘油果糖脱水作用较甘露醇强且快

   D. 应在使用溶栓药的同时联合使用阿司匹林

   E. 应在使用溶栓药的同时联合使用抗凝药

4. 患者，男，70 岁，右手抖动和行走缓慢 3 个月，经过神经科检查后诊断为帕金森病，既往前列腺肥大史 3 年，临床上对该患者不宜选用（　　　）。

   A. 苯海索   B. 左旋多巴   C. 多巴丝肼

   D. 司来吉兰   E. 金刚烷胺

5. 可抑制 γ - 氨基丁酸（GABA）降解或促进其合成的抗癫痫药是（　　　）。

   A. 卡马西平   B. 苯妥英钠   C. 地西泮

   D. 苯巴比妥   E. 丙戊酸钠

6. 患者，男，5 岁，体重 25kg，有癫痫病史、青霉素过敏史。因急性胆囊炎合并腹腔感染住院治疗。查体：体温 39.5℃。实验室检查：白细胞计数 $15.8 \times 10^9/L$。肝、肾功能正常。医师处方美罗培南静脉滴注（说明书规定儿童剂量为一次 20mg/kg）。患儿用药过程中，若癫痫复发，不可选用的抗癫痫药是（　　　）。

   A. 丙戊酸钠   B. 乙琥胺   C. 地西泮

   D. 左乙拉西坦   E. 氯硝西泮

7. 患者，男，70 岁，两周前因缺血性脑卒中入院治疗，经积极治疗，病情显著缓解后出院，目前无其他伴随疾病，为进行心脑血管事件的二级预防，可以应用的药物是（　　　）。

   A. 肝素   B. 氯吡格雷   C. 阿司匹林

   D. 利伐沙班   E. 噻氯匹啶

8. 治疗癫痫持续状态，首选的药物是（　　　）。

   A. 注射用丙戊酸钠   B. 卡马西平片   C. 苯巴比妥片

   D. 苯妥英钠片   E. 地西泮注射液

9. 患者，男，60 岁。呈典型的"面具脸""慌张步态"及"小字症"表现，确诊为帕金森病。患者同时患有闭角型青光眼。不宜选用的治疗帕金森病的药物是（　　　）。

   A. 左旋多巴   B. 普拉克索   C. 多奈哌齐

   D. 司来吉兰   E. 金刚烷胺

10. 与左旋多巴合用，可提高疗效的是（　　　）。

   A. 叶酸   B. 苄丝肼   C. 克拉维酸钾

   D. 奥美拉唑   E. 维生素 C

11. 患者，男，59 岁。哮喘病史 8 年。近日因急性脑梗死就诊住院，治疗 2 周后出院。对于该患者脑血管病的二级预防，宜选用的抗血小板药物是（　　　）。

   A. 氯吡格雷   B. 阿司匹林   C. 对乙酰氨基酚

D. 华法林　　　　　　　　E. 依诺肝素

12. 患者，男，70岁。典型的"面具脸""慌张步态"表现。临床诊断为帕金森病，患者同时患有前列腺增生。不宜选用的药物是（　　　）。

A. 普拉克索　　　　　　　B. 苯海索　　　　　　　C. 卡比多巴

D. 甲基多巴　　　　　　　E. 金刚烷胺

（二）配伍选择题

（13～14题共用备选答案）

A. 氟西汀　　　　　　　　B. 多奈哌齐　　　　　　C. 卡比多巴

D. 舒必利　　　　　　　　E. 碳酸锂

13. 治疗阿尔茨海默病的药物是（　　　）。

14. 与左旋多巴合用治疗帕金森病的药物是（　　　）。

（15～16题共用备选答案）

A. 卡马西平　　　　　　　B. 苯妥英钠　　　　　　C. 丙戊酸钠

D. 苯巴比妥　　　　　　　E. 氯硝西泮

15. 主要阻滞电压依赖性的钠通道，属于苯二氮䓬类抗癫痫药的是（　　　）。

16. 减少钠离子内流而使神经细胞膜稳定，属于乙内酰脲类抗癫痫药的是（　　　）。

（三）多项选择题

17. 左旋多巴的不良反应有（　　　）。

A. 嗜睡　　　　　　　　　B. 牙龈增生　　　　　　C. 精神障碍

D. 运动障碍　　　　　　　E. 开-关现象

18. 改善阿尔茨海默病认知功能的药物有（　　　）。

A. 文拉法辛　　　　　　　B. 阿米替林　　　　　　C. 多奈哌齐

D. 丙米嗪　　　　　　　　E. 卡巴拉汀

二、简答题

1. 不同类型的癫痫发作时应该如何选药？

2. 治疗帕金森病的药物分为哪几类？

三、实例解析题

患者，男，74岁。5年前发现左手不自主抖动，安静状态下较为明显。近日发现起床、迈步和转身费力，步行呈小碎步，弯腰驼背，到医院就诊。查体：血压120/70mmHg，步态慌张，面具脸。流涎较多，颜面皮脂分泌增多。四肢肌张力高，左侧重于右侧。

问题　1. 该患者能确定为帕金森病吗？

　　　2. 可以应用什么药物进行治疗？

书网融合……

知识回顾　微课1　微课2　微课3　微课4　微课5　习题

（黄泓轲）

项目七　精神疾病的药物治疗

项目七

学习引导

随着现代社会节奏的加快，人们的心理压力越来越大，精神疾病的患病率逐年增加，其防治工作也日益受到重视。精神失常是由多种原因引起的认知、情感、意志、行为等精神活动障碍的一类疾病。精神疾病的治疗包括心理治疗、中药治疗和西药治疗等，而药物治疗是精神疾病的主要治疗手段。那么，精神疾病主要包括哪些呢？各种精神疾病的治疗原则和常用治疗药物是什么呢？

本项目主要介绍精神分裂症、心境障碍、焦虑症及睡眠障碍的常用治疗药物、药物治疗原则、药物不良反应及用药注意事项。

学习目标

1. **掌握**　精神分裂症、心境障碍、焦虑症及睡眠障碍的临床表现、药物治疗原则以及治疗药物的合理选用。
2. **熟悉**　上述疾病治疗药物的相互作用。
3. **了解**　上述疾病药物治疗以外的其他治疗方法。

任务一　精神分裂症

PPT

精神分裂症是一种常见的精神疾病，是目前导致精神残疾的最主要的精神障碍之一。从全球范围看，精神分裂症的疾病负担居于总疾病负担的前列位置，已成为全世界共同关注的精神卫生和社会问题。

精神分裂症是一组病因未明的精神疾病，表现为感知、思维、情感、行为等多方面的精神活动出现障碍和精神活动之间的完整性出现不协调。精神分裂症多起病于青壮年，病程多迁延，精神分裂症根据临床症状，可分为Ⅰ型和Ⅱ型。Ⅰ型精神分裂症以阳性症状为特征，表现为幻觉、妄想、明显的思维形式障碍、反复的行为紊乱等；Ⅱ型精神分裂症以阴性症状为特征，表现为思维贫乏、情感淡漠、意志减退、社交能力显著降低等。根据临床现象学特征，可分为偏执型、青春型、紧张型、单纯型、未分化型、其他型。

精神分裂症的治疗主要包括三方面，即药物治疗、心理治疗和社会康复治疗。目前仍以抗精神病药物治疗为主，特别是在疾病的急性期，必要时可进行电抽搐治疗，以控制紧张症状群和兴奋冲动。在缓解期应结合心理治疗和社会康复治疗。心理治疗可以帮助患者改善精神症状、增强治疗的依从性、提高自知力、改善患者人际关系。恢复期给予心理治疗可改变患者的病态认知，提高重返社会的能力；社会康复治疗包括让患者参加劳动、工作、体育活动等，尽量采用各种条件和措施使患者的精神活动，特别是行为得到最大限度的调整和恢复，能更好地回归社会。

（一）治疗药物

抗精神病药物根据药理作用可分为第一代和第二代。第一代抗精神病药物又称典型抗精神病药物，主要通过阻断中脑－边缘系统通路和中脑－皮层通路的多巴胺 D_2 受体而发挥抗精神病作用，以改善阳性症状和控制兴奋、躁动为主，但对阴性症状如淡漠、孤僻、思维贫乏等疗效差。不良反应较明显，尤其是锥体外系反应和催乳素水平升高等，包括吩噻嗪类、丁酰苯类、硫杂蒽类等。第二代抗精神病药物又称非典型抗精神病药物，主要拮抗脑内 5－羟色胺 2A（5－HT$_{2A}$）受体和多巴胺 D_2 受体，除对阳性症状有效外，还可以改善阴性症状、伴发的抑郁症状等情感障碍和认知损害，较少产生锥体外系反应和催乳素水平升高等不良反应，包括二苯二氮䓬类、苯丙异噁唑类等。目前已将第二代抗精神病药物作为治疗精神分裂症的一线药物。

以幻觉、妄想等阳性症状为主要表现的患者，可选择第一代或第二代抗精神病药物，两类药物对阳性症状的疗效相当。以淡漠少语、主动性缺乏等阴性症状为主要表现的患者，首选第二代抗精神病药物，也可选择第一代抗精神病药物的舒必利、氟奋乃静、三氟拉嗪等，第二代抗精神病药物对阴性症状的疗效优于第一代抗精神病药物。以兴奋、激越为主要表现的患者，选用有镇静作用的第一代抗精神病药物如氯丙嗪等肌内注射或选用第二代抗精神病药物口服联合苯二氮䓬类药物注射给药。伴有抑郁症状的精神分裂症患者，宜选用第二代抗精神病药物如利培酮、奥氮平等或第一代抗精神病药物如舒必利、硫利达嗪，若单用抗精神病药物不能完全改善抑郁症状时可合并使用抗抑郁药物。伴有躁狂症状的精神分裂症患者可首选第二代抗精神病药物，也可选择第一代抗精神病药物，若治疗无效可联合使用心境稳定剂如碳酸锂、卡马西平等。以紧张症状群（木僵状态）为主的患者，首选舒必利静脉滴注或肌内注射，3～5日内用至治疗剂量（200～600mg/d），持续1～2周，若治疗有效，则继续口服舒必利或第二代抗精神病药物。老人、小儿或伴有心、肝、肾等功能不全的患者，宜选用疗效肯定、不良反应少的第二代抗精神病药物；对妊娠或哺乳期的患者，应权衡利弊，若必须使用抗精神病药物时，建议选用最小有效剂量的第二代抗精神病药物或高效价第一代抗精神病药物如氟哌啶醇。

1. 第一代抗精神病药

（1）吩噻嗪类　临床上常用的制剂有氯丙嗪、奋乃静、氟奋乃静、三氟拉嗪、硫利达嗪等。吩噻嗪类主要通过阻断中脑－皮质和中脑－边缘系统的多巴胺受体，产生较强的抗精神病作用。临床上主要用于治疗精神分裂症，对急性患者疗效较好，也可用于治疗躁狂症及其他精神病伴有的兴奋、紧张及妄想等症状。吩噻嗪类药物的作用特点及用法用量见表7-1。

表7-1　常用吩噻嗪类药物的作用特点及用法用量

药品名称	抗精神病作用	镇静作用	锥体外系反应	药物用法用量
氯丙嗪	＋＋	＋＋＋	＋＋	口服，小剂量开始一次25～50mg，3次/天
奋乃静	＋＋	＋＋	＋＋＋	口服，小剂量开始一次2～4mg，2～3次/天
氟奋乃静	＋＋＋＋	＋	＋＋＋	口服，小剂量开始一次2mg，2～3次/天
三氟拉嗪	＋＋＋	＋	＋＋＋	口服，小剂量开始5mg/d，2～3次/天
硫利达嗪	＋＋	＋＋	＋	口服，小剂量开始一次25～100mg，3次/天

（2）丁酰苯类　临床上常用的制剂有氟哌啶醇和氟哌利多。氟哌啶醇等同剂量时阻断多巴胺受体

的作用为氯丙嗪的 20 ~ 40 倍，抗精神病作用强而持久，镇静、降压作用弱。氟哌啶醇因抗躁狂、抗幻觉、抗妄想作用显著，常用于治疗以兴奋、躁动、幻觉、妄想为主的精神分裂症及躁狂症，特别适合于急性青春型和伴有敌对情绪及攻击行为的偏执型精神分裂症。也可用于对吩噻嗪类无效的其他类型或慢性精神分裂症患者。成人开始剂量 2 ~ 4mg/d，分 2 ~ 3 次口服，逐渐增加至常用量 10 ~ 40mg/d，维持剂量 4 ~ 20mg/d。

氟哌利多作用维持时间短，用于治疗精神分裂症的急性精神运动性兴奋躁狂状态。5 ~ 10mg/d，分 1 ~ 2 次肌内注射。

（3）硫杂蒽类 氟哌噻吨（Flupentixol）抗精神病作用与氯丙嗪相似，同时还具有抗焦虑、抗抑郁作用。适用于伴有情感淡漠、幻觉、焦虑及抑郁的急、慢性精神分裂症患者。初始剂量为一次 15mg，1 次/天，口服，根据病情逐渐增加剂量，必要时可增至 40mg/d；维持剂量 5 ~ 20mg，1 次/天。

（4）苯甲酰胺类 舒必利（Sulpiride）对淡漠、孤僻、退缩症状为主的慢性精神分裂症疗效好，适用于更年期精神病、情感性精神病的抑郁状态、焦虑症、酒精中毒性精神病等。开始剂量 300 ~ 600mg/d，可缓慢增至 600 ~ 1200mg/d，口服。

2. 第二代抗精神病药

（1）利培酮（risperidone） 为苯丙异噁唑类衍生物，低剂量时可阻断中枢的 5 – HT$_2$ 受体，大剂量时又可阻断多巴胺 D$_2$ 受体。不与胆碱能受体结合。适用于治疗精神分裂症，特别是对阳性和阴性症状及其伴发的情感症状（如焦虑、抑郁等）有较好疗效。对急性期治疗有效的患者，在维持期可继续发挥临床疗效。初始剂量为一次 1mg，2 次/天，口服，剂量递增，第 3 日为 3mg，以后每周调整 1 次剂量，最大疗效剂量为 4 ~ 6mg/d；老年患者起始剂量为一次 0.5mg，2 次/天。

（2）氯氮平（clozapine） 为二苯二氮草类广谱抗精神病药，疗效优于氯丙嗪和氟哌啶醇，几乎无锥体外系反应。可用于其他抗精神病药治疗无效或锥体外系反应明显的精神分裂症患者，对精神分裂症的阳性和阴性症状有较好疗效。氯氮平易引起粒细胞减少，故不作为精神分裂症的首选用药。开始剂量每次 25mg，1 ~ 2 次/天，口服，然后每日增加 25 ~ 50mg，若耐受性好，在开始治疗的两周末将 1 日总量增至 300 ~ 450mg。

（3）奥氮平（olanzapine） 是一种新型的非典型神经安定药，改善阳性症状的机制与利培酮相同，对阴性症状、抑郁症状优于利培酮。适用于有严重阳性症状或阴性症状的精神分裂症患者和其他精神病的急性期及维持期。10 ~ 15mg/d，口服，可根据患者情况调整剂量至 5 ~ 20mg/d。

（4）喹硫平（quetiapine） 为脑内多种神经递质受体拮抗剂。主要通过阻断中枢多巴胺 D$_2$ 受体和 5 – HT$_2$ 受体发挥抗精神病作用，适用于各型精神分裂症，对阳性症状和阴性症状均有效，可减轻与精神分裂症有关的抑郁、焦虑等情感症状及认知缺陷症状。成人起始剂量为一次 25mg，2 次/天，口服，每隔 1 ~ 3 日每次增加 25mg，逐渐增至治疗剂量 300 ~ 600mg/d，分 2 ~ 3 次服用。

（5）阿立哌唑（aripiprazole） 是多巴胺的平衡稳定剂，适用于治疗各种类型的精神分裂症。成人第一周起始剂量为一次 5mg，1 次/天，口服，第二周增至 10mg/d，第三周为 15mg/d，之后根据个体疗效和耐受情况调整剂量，有效剂量范围每日 10 ~ 30mg。

（二）治疗药物的应用原则

精神分裂症的治疗目前仍以抗精神病药物治疗为主，抗精神病药物治疗的原则是：

1. 药物选择原则 明确诊断，根据临床症状特点、药物作用特点、药物不良反应等选用第一代或第二代抗精神病药物。

2. 单一药物治疗原则 一般主张单一用药，如疗效不满意且无严重不良反应，则在治疗剂量范围内适当增加剂量，尽量避免不必要的合并用药。一般从小剂量开始缓慢增加剂量，一般2周左右加至治疗量，待病情缓解后，逐步缓慢减少剂量至维持量，一般情况下不宜突然停药。

3. 换药原则　对现用药物剂量充分、疗程充足但疗效仍不满意时，如急性病例经治疗量系统治疗6~8周、慢性病例充分治疗3~4个月仍无效或患者遵医嘱用药，在无明显应激情况下仍复发时可考虑换用与原用药物作用机制不同的抗精神病药治疗。

4. 个体化用药原则　根据患者的症状、疾病类型、躯体状况等选择药物。

5. 早发现、早治疗原则　一旦明确诊断，应尽早开始用药。第1次发病是治疗的关键期，此时患者对抗精神病药物的治疗反应最好，所需剂量较小，康复的机会最大，长期预后也最好。

6. 全程治疗原则　包括急性治疗期、巩固治疗期和维持治疗期。

（1）急性治疗期　目的是尽快控制患者的精神症状，争取最佳预后，并预防自杀及防止危害自身或他人的冲动行为的发生。应保持足够的药物治疗6~8周，原则上采用单一药物治疗，实现个体化用药。换药原则，合适剂量治疗最短起效时间为4~6周，如果无效可换用不同化学结构或药理作用的抗精神病药物。急性期一般不建议使用长效制剂。

（2）巩固治疗期　目的是巩固疗效，防止已缓解的症状复发或波动，促进社会功能恢复，为回归社会做准备。原则上仍是维持急性期的药物及其剂量。巩固期疗程一般持续3~6个月。

（3）维持治疗期　目的是预防和延缓精神症状复发，恢复社会功能，回归社会。该期可酌情调整剂量，维持病情稳定，减轻不良反应发生，提高服药依从性，治疗疗程至少维持2年以上。对于首发的、起病缓慢的患者，维持治疗时间至少需要2~3年；急性发作、缓解迅速彻底的患者，维持治疗时间可相应较短；反复多次发作的患者常需终生用药。

（三）药物的不良反应

1. 抗精神病药　长期大剂量应用抗精神病药可引起以下反应。

（1）锥体外系反应　①帕金森综合征：表现为肌张力增高、肌肉震颤、面容呆板（面具脸）、动作迟缓、流涎等。②急性肌张力障碍：表现为强迫性张口、伸舌、斜颈、吞咽困难等症状。③静坐不能：表现为坐立不安、反复徘徊、搓丸样动作等。以上三种情况可通过减少药量、停药来减轻或消除症状，也可加服中枢性抗胆碱药如苯海索2~12mg/d，使用数月后应逐渐停用。④迟发性运动障碍：长期大量用药后，患者出现口-面部不自主地刻板运动，如吸吮、鼓腮、舔舌等动作，有时伴有舞蹈样手足徐动症。迟发型运动障碍与长期用药后DA受体数目上调有关，用抗胆碱药治疗无效，抗DA的药物（小剂量氟哌啶醇）可使症状减轻。必要时可减量或换用锥体外系反应轻的药物。

（2）内分泌与代谢不良反应　①抗精神病药物可引起血糖升高和尿糖阳性，导致糖尿病的发生，可能与抑制胰岛素分泌有关。第二代抗精神病药物较第一代多见。治疗过程中应检测血糖，若发生糖代谢障碍可换用其他药物。②抗精神病药物可引起脂代谢障碍与体重增加。有部分患者用药一段时间后出现体重增加，无相应治疗措施，可鼓励患者适当调节饮食、多活动，治疗过程中检测体重及血脂，若发生脂代谢障碍与体重增加可换用其他药物。

（3）急性中毒　精神分裂症患者常企图服用过量抗精神病药物自杀，意外过量见于儿童。一次超大剂量（1~2g）服用氯丙嗪可致急性中毒，患者出现昏睡、血压下降、心动过速、心电图异常等，应立即对症治疗，处理措施包括吸氧、反复洗胃、大量输液、利尿，同时用去甲肾上腺素升压、抗感染、维持水电解质及酸碱平衡。

2. 吩噻嗪类　常见不良反应有嗜睡、乏力、视物模糊、心动过速、口干、便秘、直立性低血压，偶见泌乳、乳房肿大、闭经等，长期大剂量应用可引起锥体外系反应。有癫痫病史、严重肝功能损害患者禁用，伴有心血管疾病的老年患者慎用。氯丙嗪等抗精神病药可致直立性低血压及反射性心率加快等，为防止直立性低血压的发生，用药后应嘱患者卧床休息两小时左右，方可缓慢起立；严重者应使用去甲肾上腺素升压，但禁用肾上腺素。

3. 丁酰苯类　氟哌啶醇所致锥体外系反应高达80％，常见静坐不能和急性肌张力障碍，大剂量长期使用可引起心律失常、心肌损伤。氟哌利多所致锥体外系反应较重且常见，肝功能不全、高血压、心功能不全及休克患者慎用。

4. 硫杂蒽类　氟哌噻吨所致的锥体外系反应较常见，躁狂症患者禁用，严重心、肝、肾功能不全者禁用，妊娠与哺乳期妇女禁用。

5. 苯甲酰胺类　舒必利锥体外系反应较轻，增量过快时可出现血压升高或降低、脉数、胸闷等。孕妇、新生儿应慎用，幼儿禁用。严重心血管疾病、低血压及肝功能不全者慎用。

6. 利培酮　锥体外系反应等副作用较轻，老年人及心血管疾病、肝肾疾病患者剂量应减少。司机及从事机械操作者慎用。15岁以下儿童禁用，孕妇及哺乳期妇女不宜使用。

7. 氯氮平　粒细胞减少症或缺乏是氯氮平最易发生的严重不良反应，故用药前和用药期间应定期做白细胞计数检查，当白细胞总数低于$3.5 \times 10^9/L$时，立即停用，并用抗生素预防感染和使用升白细胞药。血细胞异常者禁用氯氮平，前列腺增生、闭角型青光眼、心血管疾病患者慎用。

8. 奥氮平　奥氮平不会发生粒细胞缺乏症。常见的不良反应有嗜睡、体重增加。孕妇及哺乳期妇女不宜使用。

9. 喹硫平　常见不良反应为头晕、嗜睡、直立性低血压等。心衰、心肌梗死等心血管疾病、脑血管疾病患者及孕妇及哺乳期妇女等禁用。

10. 阿立哌唑　不良反应较轻，锥体外系反应发生率低。慎用于心血管疾病患者、脑血管疾病患者及有癫痫病史者。

（四）药物相互作用

药物相互作用见表7-2。

表7-2　精神分裂症治疗药物相互作用一览表

合用药物	相互作用
抗精神病药与中枢抑制药合用	增加中枢抑制作用，用量应减少
抗精神病药与抗抑郁药合用	①抗精神病药可增加三环类抗抑郁药的血药浓度，增加中枢神经系统抑制作用。②与单胺氧化酶抑制剂合用可增加抗精神病药抗胆碱能和锥体外系不良反应
抗精神病药与锂盐合用	锂盐可明显降低氯丙嗪和氯氮平的血药浓度
抗精神病药与卡马西平合用	卡马西平是药酶诱导剂，会降低抗精神病药物的血药浓度

》》 岗位情景模拟7-1

情景描述　患者，女，28岁，性格内向腼腆，半年前因失恋受到打击，出现幻觉、思维破裂、妄想等症状，看到陌生人就恐慌，时而自言自语，总觉得有人背后讲他坏话，受到坏人监视，感觉有人在屋里放了窃听器而不敢大声说话。入院诊断为精神分裂症，医生给予利培酮治疗，服药2周后症状基本缓解，继续治疗至3周余症状消失，维持治疗病情稳定。

讨　论　1. 精神分裂症的治疗措施包括哪些？
　　　　　　2. 利培酮的作用特点是什么？

答案解析

即学即练

可用于精神分裂症阳性症状的药物是（　　　　）。

A. 氯丙嗪　　　　B. 地西泮　　　　C. 阿米替林

D. 氟西汀　　　　E. 碳酸锂

任务二　心境障碍

PPT

　　心境障碍又称情感性精神障碍，是指由各种原因引起的以显著而持久的心境或情感改变为主要特征的一组精神疾病，临床主要表现为情感低落或高涨，伴有相应的认知和行为改变，可有精神病性症状如幻觉、妄想。心境障碍包括抑郁症、躁狂症和双相情感障碍等几个类型。抑郁症或躁狂症是指仅有抑郁或躁狂发作而无相反相位者，称为单相障碍；既有躁狂发作，又有抑郁发作的一类心境障碍，称为双相情感障碍。发病机制目前认为：抑郁症患者脑内 5 – HT 和 NA 均减少；躁狂症则是脑内 5 – 羟色胺（5 – HT）缺乏，而去甲肾上腺素（NA）增多。

>> **岗位情景模拟 7 – 2**

　　情景描述　患者，女，17 岁。近 3 个月以来出现睡眠障碍，要么失眠、要么嗜睡，精神状况不佳，内心有一种无法言状的苦闷和抑郁，自诉胸口像有一块大石头压迫，堵得慌。听同学笑话索然无味，兴趣爱好缺失，经常感到前途渺茫，心情压抑，有一种想哭却哭不出来的感觉。近 1 周症状加重，睡眠不好，食欲缺乏，焦虑不安，忧心忡忡，郁闷无法解脱，并产生了一死了之的念头。

　　讨　　论　1. 根据患者的临床表现，请给予合理诊断？

　　　　　　　　2. 请为该患者制订合适的治疗方案。

答案解析

一、抑郁症

　　抑郁症以情绪低落、思维迟缓、意志活动减退和躯体症状为主要临床表现。情绪低落是中心症状，表现为悲观失望、对日常活动丧失兴趣，精力明显减退，严重者有自杀倾向。思维迟钝表现为言语明显减少，自责负罪。动作减少表现为行为动作缓慢或减少，严重者达到木僵程度。

（一）治疗原则

1. 治疗目标　减轻患者症状、提高生存质量，降低自杀风险，预防疾病复发。

2. 药物治疗　对各种类型、各个年龄段的抑郁发作都有明显疗效，也是防止复发最为可靠的治疗。

3. 电抽搐治疗　对有强烈自伤、自杀企图或抗抑郁药物治疗无效的抑郁发作者可辅以电抽搐治疗。

4. 心理治疗　心理治疗应贯穿治疗的全过程，协同药物治疗，以提高疗效和治疗依从性，预防抑郁复发，改善社会功能和提高生活质量。

（二）治疗药物

　　抗抑郁药物能有效缓解抑郁心境及伴随的焦虑、紧张和躯体症状，作用机制可能是通过抑制神经系统对去甲肾上腺素（NA）和5-羟色胺（5-HT）的再摄取，增强中枢NA能神经和（或）5-HT能神经的功能而发挥抗抑郁作用。

各种抗抑郁药物的疗效大体相当，有效率为60%～80%，应综合患者临床症状特点、药物作用特点、患者躯体状况和耐受性等选择合适的药物。常用抗抑郁药物的分类和用法用量见表7-3。

表7-3　常用抗抑郁药物的分类和用法用量

分类	药物	药物用法用量
三环类抗抑郁药	丙米嗪	口服，50～250mg/d，2次/天
	氯米帕明	口服，50～250mg/d，3次/天
	地昔帕明	口服，75～150mg/d，3次/天
	阿米替林	口服，50～250mg/d，3次/天
	多塞平	口服，50～250mg/d，3次/天
选择性NA再摄取抑制药	马普替林	口服，50～200mg/d，2～3次/天
选择性5-羟色胺再摄取抑制剂	氟西汀	20～60mg/d，1次/天，早饭后服用
	帕罗西汀	20～50mg/d，1次/天，早餐时顿服
	舍曲林	50～200mg/d，1次/天
HT和NA再摄取抑制剂	文拉法辛	口服，75～225mg/d，1～2次/天
NA能及特异性5-HT能抗抑郁药	米塔扎平	口服，15～45mg/d，1次/天，睡前服
5-HT受体拮抗药/再摄取抑制药	曲唑酮	口服，50～400mg/d，2～3次/天
单胺氧化酶抑制剂	吗氯贝胺	口服，50～600mg/d，2～3次/天

1. 三环类抗抑郁药（TCAs）　通过非选择性阻断NA和5-HT在神经末梢的再摄取，使突触间隙NA和5-HT浓度升高而发挥抗抑郁作用。临床常用的药物有丙米嗪、氯米帕明、阿米替林、多塞平。适用于治疗各种原因引起的抑郁症，尤其对内源性抑郁症、更年期抑郁症疗效好，对精神分裂症伴发的抑郁症疗效差。失眠及焦虑症状突出者，宜选用三环类抗抑郁药物。

2. 选择性5-羟色胺再摄取抑制剂（SSRIs）　通过选择性抑制5-HT的再摄取，产生抗抑郁作用。临床常用药物有氟西汀、帕罗西汀、舍曲林等，可用于不同程度的抑郁症、非典型抑郁症以及三环类抗抑郁药无效或不能耐受的老年人或伴躯体疾病的抑郁患者。本类药物还具有抗焦虑作用，可用于焦虑症的治疗。对自主神经系统、心血管系统影响很小，不良反应较少，安全性较高。

3. 5-HT和NA再摄取抑制剂（SNRIs）　主要通过阻断5-HT及NA的再摄取而发挥作用。代表药物文拉法辛，本品及其活性代谢产物O-去甲基文拉法辛能有效地阻滞5-HT和NA的再摄取，对多巴胺的再摄取也有一定的作用，具有明显的抗抑郁和抗焦虑作用。适用于治疗各种类型抑郁症，对单相抑郁、伴焦虑的抑郁、双向抑郁、难治性抑郁均有较好疗效。常见不良反应有恶心、呕吐、口干、嗜睡、头痛、焦虑、震颤、性功能障碍等，严重高血压、肝肾疾病、癫痫患者慎用，不能与单胺氧化酶抑制剂合用。

4. NA能及特异性5-HT能抗抑郁药（NaSSAs）　主要通过特异阻滞5-HT$_2$、5-HT$_3$受体以调节5-HT功能而发挥抗抑郁作用，同时具有镇静、抗焦虑、改善睡眠的作用，抗胆碱能作用小。代表药物米塔扎平（米氮平），主要用于抑郁症的治疗。

5. 5-HT受体拮抗剂/再摄取抑制剂（SARIs）　代表药物曲唑酮，为三唑吡啶类抗抑郁药，具有中枢镇静、嗜睡作用。临床用于治疗伴有焦虑和失眠性抑郁较好，尤其适用于治疗老年性抑郁或伴发心脏病患者。对心脏功能无影响，也无抗胆碱作用。

6. 选择性去甲肾上腺素再摄取抑制剂（NRIs） 能阻断中枢神经突触前膜对去甲肾上腺素的再摄取，但不能阻断 5 - HT 的再摄取。代表药物马普替林，为四环类抗抑郁药，具有广谱、奏效快和副作用少的特点。主要用于治疗各种类型抑郁症，老年性抑郁症患者尤为适用。

7. NA 和 DA 再摄取抑制剂（NDRIs） 主要抑制 NA 及 DA 再摄取，但效应较弱，其代谢产物具有抗抑郁效应。代表药物安非他酮，主要用于对其他抗抑郁药疗效不佳的抑郁症患者的治疗。

8. 单胺氧化酶抑制剂（MAOIs） 此类药物主要抑制单胺氧化酶（MAO），提高脑内 NA、5 - HT 浓度，起到抗抑郁作用。代表药物吗氯贝胺，可逆性并选择性地抑制单胺氧化酶 A，因能抑制 $5 - HT_2$ 受体，故很少有性功能障碍，也很少引起体重增加。可用于非典型抑郁症及其他抗抑郁药无效时的治疗。

（三）治疗药物的应用原则

抗抑郁药物在应用中应遵循以下原则。

1. 早发现、早治疗原则 若在轻度抑郁时及早发现并及早治疗，预后较好，且治疗时间可缩短。

2. 单一药物治疗原则 尽可能单一用药，应足量、足疗程治疗，一般不主张联合应用抗抑郁药。如使用一种药物疗效较差，可考虑换作用机制不同的另一类药物。

3. 剂量逐步递增的原则 起始剂量尽可能使用最低有效剂量，可使不良反应减少，若小剂量疗效不佳时，可根据不良反应和患者耐受情况逐渐增至足量（有效药物剂量上限）和足够长的疗程（4~6周以上）。

4. 缓慢减量原则 在停药时应逐渐缓慢减量，不宜突然停药，以免出现"撤药综合征"和复发。

5. 个体化用药原则 药物种类、剂量和用法的选择均应注意个体化。

6. 全程治疗原则 包括急性期、巩固期和维持期治疗。

（1）急性治疗期 主要目的是控制症状，应保持足量的药物治疗 6~8 周，治疗有效率与时间呈线性关系。

（2）巩固治疗期 主要目的是预防症状复发。原则上维持急性期的药物剂量。在急性期治疗达到症状缓解后，应继续巩固治疗 4~6 个月。

（3）维持治疗期 主要目的是预防复发。药物剂量可适当减少，维持病情稳定，减少药物不良反应的发生。维持治疗的时间因人而异，发作次数越多，维持治疗的时间应越长。首次抑郁发作至少应维持治疗 6~8 个月；多次复发者主张长期甚至终生维持治疗。

（四）药物的不良反应

1. 三环类抗抑郁药 不良反应较多，主要由于对多种神经递质的广泛作用而引起。①抗胆碱能反应：最常见且突出，必要时用拟胆碱药对抗。前列腺增生、青光眼患者禁用。②心血管系统反应：是主要的不良反应，用药期间应进行心电图检查，一旦发生较严重的反应，应立即停药，并对症处理。禁用于严重心血管疾病患者。③中枢神经系统反应：本类药物可致过度镇静，采取每日 1 次睡前服药的给药方式可避免。出现震颤时可减少剂量或换用抗抑郁药物，癫痫患者慎用。④过量中毒：过量服用可发生严重的毒性反应，服用剂量为常规日剂量的 10 倍时可致死。最常发生的死亡原因是心脏毒性，其次是惊厥和中枢神经系统抑制。处理措施：催吐、洗胃、导泻、输液、缓解心律失常和心力衰竭等，用毒扁豆碱缓解抗胆碱能症状，每 0.5~1 小时重复给药 1~2mg。

2. 选择性 5 - 羟色胺再摄取抑制剂 本类药可致 5 - HT 综合征，虽罕见但可危及生命，主要发生在与单胺氧化酶抑制剂同时或先后应用时。最初主要表现为激越、恶心、呕吐、腹泻、高热、肌强直、心动过速、高血压、意识障碍，严重者可致死。一旦出现 5-HT 综合征，应立即停药，需用 5-HT 拮抗剂赛庚啶、氯丙嗪配合物理降温、抗惊厥等措施治疗。选择性 5-羟色胺再摄取抑制剂禁止与单胺氧化酶抑制剂合用。

3. 单胺氧化酶抑制剂 在服药期间不宜进食大量富含酪胺的食品，如干酪、酸牛奶、巧克力、酒类等，因食物中的酪胺不能被肝脏代谢，造成酪胺蓄积，从而引起血压升高，故高血压患者应特别注意，以免发生高血压危象。嗜铬细胞瘤患者、意识障碍者、甲亢患者禁用。

（五）药物相互作用

药物相互作用见表 7-4。

表 7-4 抑郁症治疗药物相互作用一览表

合用药物	相互作用
TCAs 与 SSRIs 合用	可增加 TCAs 的血药浓度，可能诱发中毒
TCAs 与 MAOIs 合用	可引起高血压危象等严重不良反应
TCAs 与抗精神病药合用	抗胆碱作用增强

二、躁狂症

躁狂症以情绪高涨、思维奔逸和活动增加为主要临床表现。情绪高涨表现为自我评价过高，甚至达到妄想程度。思维奔逸表现为联想丰富、语速加快、言语增多、注意力不集中。活动增加表现为整日忙碌、行为轻率。

（一）治疗原则

1. 治疗目标 减少躁狂症患者过度活动，避免伤害自己和他人，帮助患者建立良好的人际关系，同时实施心理干预。

2. 药物治疗 以药物治疗为主，控制兴奋躁动，缓解期服药预防复发。

3. 电抽搐治疗 对急性重症躁狂发作或对锂盐治疗无效的躁狂发作者可辅以电抽搐治疗。

（二）治疗药物

心境稳定剂又称抗躁狂药物，是指对躁狂或抑郁发作具有治疗和预防复发的作用，且不引起躁狂或抑郁转相的一类药物。临床常用的心境稳定剂有锂盐和某些抗癫痫药如丙戊酸钠、卡马西平等。

1. 锂盐 锂盐是治疗躁狂症的首选药，治疗量对躁狂症和精神分裂症的躁狂症状效果显著，使言语、行为恢复正常，尤其对急性躁狂和轻度躁狂效果好。临床常用碳酸锂，碳酸锂口服吸收较快，但透过血脑屏障进入脑组织较缓慢，故显效较慢，需连续用药 2~3 周才能显效。躁狂症急性发作时碳酸锂的治疗剂量为 600~2000mg/d，从小剂量开始，3~5 天内逐渐增加至最佳治疗剂量，分 2~3 次口服，最长治疗时间不宜超过 2~3 周；维持治疗剂量为 500~1500mg/d，对首次发作患者需维持治疗至少 6 个月，对于多次发作患者则应长期维持治疗。

2. 抗癫痫药 目前临床主要使用卡马西平和丙戊酸钠，适用于碳酸锂治疗效果不佳或快速循环发作及混合性发作患者，也可与碳酸锂合用，但剂量应适当减少。治疗急性躁狂的起效时间为数日至 2 周，短期疗效与锂盐和抗精神病药相当，且耐受性好。卡马西平和丙戊酸盐均应从小剂量开始，卡马西平用于躁狂症的治疗剂量为300~600mg/d，最大剂量为1200mg/d，分2~3次口服。丙戊酸钠用于抗躁狂症的单用剂量为每日200~400mg/d，最大剂量不超过1800mg/d；维持剂量为400~600mg/d。

3. 抗精神病药 在躁狂症治疗的早期阶段可短期联合应用抗精神病药。第一代抗精神病药如氯丙嗪和氟哌啶醇等，能较快地控制躁狂发作的精神运动性兴奋和精神病性症状，且效果较好。但此类药物因可能诱发抑郁，不宜长期使用。第二代抗精神病药中的氯氮平、奥氮平、利培酮、喹硫平等具有稳定情感的作用，均能有效地控制躁狂发作，且疗效较好，与心境稳定剂合用疗效更明显。

4. 苯二氮䓬类药 躁狂发作治疗的早期阶段，可联合使用苯二氮䓬类药，以控制兴奋、激惹、攻击等急性症状，并改善失眠。常用药物有劳拉西泮和氯硝西泮。但因本类药物不能预防复发，长期使用可能出现药物依赖性，在心境稳定剂产生疗效后应停止使用本类药物。

（三）治疗药物的应用原则

躁狂症的药物治疗以心境稳定剂为主，必要时在疾病治疗的早期可联合使用抗精神病药或苯二氮䓬类药。治疗应遵循小剂量开始用药、剂量逐步递增、个体化合理用药及全程治疗等原则。

（四）药物的不良反应

1. 锂盐 锂盐不良反应比较多，常见有恶心、呕吐、腹痛、腹泻、震颤等。锂盐安全范围小，血锂浓度超过1.4mmol/L可以中毒。随着血药浓度增加，轻者出现头晕、恶心、呕吐、腹痛等，严重者可出现脑病综合征、昏迷、休克、肾功能损害等。服用锂盐期间测定血药浓度至关重要，一旦出现中毒症状，应立即减量或停药，并适当补充0.9%氯化钠注射液以促进碳酸锂的排出。用药期间不可低盐饮食。

2. 丙戊酸钠 丙戊酸钠的不良反应常见恶心、呕吐、腹泻，继而出现肌无力、四肢震颤、共济失调、意识模糊或昏迷。白细胞减少与严重肝脏疾病者及孕妇禁用。服用丙戊酸钠治疗期间应定期检查肝功能和白细胞计数，用药期间不宜驾驶车辆、操作机械或高空作业。

3. 卡马西平 常见不良反应有复视、视物模糊、头痛、嗜睡、共济失调，偶见再生障碍性贫血、谵妄甚至昏迷。卡马西平为肝药酶诱导剂，可诱导某些药物的代谢，如丙戊酸钠、氟哌啶醇，可降低这些药物的疗效，与苯妥英钠合用可相互加快代谢。

（五）药物的相互作用

躁狂症治疗药物相互作用见表7-5。

表7-5 躁狂症治疗药物相互作用一览表

合用药物	相互作用
碳酸锂与钠盐合用	可促进锂的排出
碳酸锂与卡马西平、苯妥英钠等合用	可减少锂的排泄，使血锂浓度升高，易致中毒
碳酸锂与MAOIs、SSRIs等抗抑郁药合用	可致5-HT综合征

任务三　焦虑症

随着生活节奏的加快及社会压力的增加，近年来，焦虑症的发病率呈现不断上升的趋势，焦虑症是一种常见的心理障碍，临床分为广泛性焦虑障碍与惊恐障碍两种主要形式。广泛性焦虑症大多发病在

20～40 岁，而惊恐发作多发生在青春后期或成年早期。女性的发病率高于男性。

焦虑症是一种以急性焦虑反复发作为主要特征的神经官能症，常伴有自主神经功能紊乱、肌肉紧张与运动性不安。发作时患者多自觉恐惧、紧张、害怕、忧虑、心悸、出冷汗、震颤及睡眠障碍等。焦虑症的治疗应采取药物治疗、心理治疗等方法相结合的全程综合性治疗原则。药物治疗侧重于对症治疗，心理治疗侧重于对因治疗。治疗方法可因临床类型不同而有所侧重。

岗位情景模拟7-3

情景描述　患者，女，30 岁，中学教师。因紧张、烦躁、坐立不安、心悸、气急入院。患者 6 年前结婚，婚后不孕，四处求医。于半年前进行诊断性刮宫，但术后出现阴道出血，患者听亲戚说有癌症的可能，感到紧张、焦虑、害怕。经处理阴道出血停止，但患者仍担心患有不治之症，且无法生育，加之工作繁重、压力大，症状进一步加重，于 3 月前出现烦躁、焦虑、坐卧不安、心悸、胸闷、呼吸困难、出汗、手脚麻木等症状，常喋喋不休、以泪洗面、呻吟不止，以至于工作无法完成，生活不能自理。

讨　论　1. 根据患者的临床表现，请给予合理诊断？
　　　　　　2. 简述该患者治疗用药的分类？

答案解析

焦虑症应采取药物治疗、心理治疗以及其他治疗方法相结合的综合性治疗。一般来讲，药物治疗侧重于对症，心理治疗侧重于对因。治疗方法可因不同临床类型而有所侧重。

(一) 治疗药物

抗焦虑药物是用于减轻或消除恐惧、紧张、忧虑等症状的药物。常用抗焦虑药物的分类和用法用量见表 7-6。

表 7-6　常用抗焦虑药物的分类和用法用量

分类	药物	药物用法用量
苯二氮䓬类		
短效	三唑仑	催眠：口服，一次 0.25～0.5mg，睡前服
	咪达唑仑	催眠：口服，一次 15mg，睡前服
中效	硝西泮	催眠：口服，一次 5～10mg，睡前服
	氯硝西泮	抗焦虑：口服，一次 1～2mg，2～3 次/天
	阿普唑仑	抗焦虑：口服，一次 0.4mg，3 次/天
		催眠：口服，一次 0.4～0.8mg，睡前服
		抗惊恐：口服，一次 0.4mg，3 次/天
长效	艾司唑仑	催眠：口服，一次 1～2mg，睡前服
	劳拉西泮	抗焦虑：口服，一次 1～2mg，2～3 次/天
	地西泮	抗焦虑：口服，一次 2.5～10mg，2～4 次/天
		镇静：口服，一次 2.5～5mg，3 次/天
		催眠：口服，一次 5～10mg，睡前服
	氟西泮	催眠：口服，一次 15～30mg，睡前服

续表

分类	药物	药物用法用量
阿扎哌隆类	丁螺环酮	抗焦虑：口服，一次 5~10mg，3 次/天
β 受体阻滞剂	普萘洛尔	抗焦虑：口服，一次 10~20mg，2~3 次/天
	倍他洛尔	抗焦虑：口服，一次 10~20mg，2~3 次/天

1. 苯二氮䓬类药物　为目前临床最常用的抗焦虑药，疗效高，不良反应少，安全范围大。选药原则如下。①根据焦虑特征和药物半衰期长短选药：发作性焦虑选用短、中效药物；持续性焦虑可选用中、长效药物；入睡困难者可选用短、中效药物；易惊醒或早醒者选用中、长效药物。②根据临床症状选药：抗焦虑作用选用氯硝西泮、阿普唑仑、艾司唑仑效果较好，抗惊恐作用宜选用阿普唑仑、地西泮、硝西泮、劳拉西泮，镇静催眠作用宜选用氟西泮、地西泮、硝西泮和艾司唑仑。治疗时宜从小剂量开始，逐渐增加剂量至焦虑症的最佳疗效。

2. 阿扎哌隆类药物　代表药物是丁螺环酮，抗焦虑作用强度与地西泮相似。本药无镇静、抗惊厥和肌肉松弛作用，也不产生戒断症状和记忆障碍。主要用于广泛性焦虑障碍，对焦虑伴有轻度抑郁症状者也有疗效。对焦虑伴严重失眠者，需合用镇静催眠药。对惊恐障碍无效。

3. β 受体阻滞剂　代表药物是普萘洛尔，通过阻断周围交感神经的 β 受体，可使焦虑及伴有的自主神经功能亢进如心悸、震颤等症状减轻，对躯体性焦虑尤其是焦虑症的心血管症状，或有药物滥用倾向者尤为适宜。但对惊恐障碍无效。不良反应常见头晕、心动过缓、恶心、呕吐、胃痛等，普萘洛尔禁用于哮喘、房室传导阻滞、心力衰竭、低血压患者。不能与单胺氧化酶抑制剂合用。

4. 抗抑郁药物　本类药物具有与苯二氮䓬类相似的抗焦虑作用。对精神性焦虑和躯体性焦虑均有较好疗效，且无依赖性，临床常用的有三环类、四环类和新一代抗抑郁药，可用于伴有抑郁的焦虑症患者。

（二）治疗药物的应用原则

1. 个体化用药原则　依据疾病临床特征、个体差异、药物作用特点及不良反应等选择抗焦虑药和抗抑郁药。药物种类、剂量和用法均应注意个体化。

2. 小剂量开始用药、剂量逐步递增的原则　从小剂量开始用药尽可能减少不良反应，提高患者服药依从性；小剂量疗效不佳时，可逐渐增至最佳有效剂量，并巩固和维持治疗。

3. 缓慢减量原则　在停药时应逐渐缓慢减量，不宜骤然停药，停药过程不应短于 2 周，否则可出现停药综合征。

4. 合并用药原则　一种抗焦虑药物效果不佳时，可合用其他抗焦虑症药物以增强疗效。

（三）药物的不良反应

1. 苯二氮䓬类药物　①中枢神经系统反应：治疗量连续用药可出现头晕、困倦、精神不振，大剂量偶致共济失调。所致的后遗效应可影响精细运动的协调性，用药期间不宜驾车、高空作业、操作机械。②耐受性和依赖性：长期反复使用苯二氮䓬类药物可产生耐受性和依赖性，久用突然停药可出现反跳现象和戒断症状。应避免长期用药，宜短期或间断性用药，停药时应逐渐减量。③中毒与解救：苯二氮䓬类药物静脉注射速度过快或剂量过大可致昏迷、呼吸及循环抑制，一旦出现急性中毒，除采用催吐、洗胃、导泻、利尿等措施加速药物排出外，还可静脉注射苯二氮䓬受体拮抗药氟马西尼解救。

2. 丁螺环酮　不良反应常见头晕、头痛、恶心、呕吐、口干、便秘、失眠等。严重肝肾功能不全、青光眼、重症肌无力患者禁用，儿童、孕妇及哺乳期妇女禁用。

（四）药物的相互作用

药物相互作用见表7-7。

表7-7　焦虑症治疗药物相互作用一览表

合用药物	相互作用
苯二氮䓬类药物与其他中枢抑制药合用	可使中枢抑制作用增强
苯二氮䓬类药物与MAOIs、TCAs合用	可相互增效
丁螺环酮与SSRIs和大剂量曲唑酮合用	可致5-HT综合征

任务四　睡眠障碍

PPT

　　睡眠障碍是指各种心理社会因素引起的非器质性睡眠与觉醒障碍，包括失眠症、嗜睡症以及某些发作性睡眠异常情况，如睡行症、夜惊、梦魇等。本节主要学习失眠症的药物治疗。

　　失眠症是以入睡和（或）睡眠维持困难所致的睡眠质量或数量达不到正常生理需求而影响日间社会功能的一种主观体验，是最常见的睡眠障碍性疾病。临床表现为入睡困难、睡眠不实（觉醒过多过久）、睡眠表浅（缺少深睡）、早醒和睡眠不足等。失眠的常见伴随症状有多梦，多为令人不快、恐惧的噩梦；宿醉，即醒后感到不适，依然疲乏，白天困倦；精神症状，如注意力不集中，思维迟钝等；躯体症状，如食欲缺乏、消化不良、头痛等。

　　失眠的主要表现形式在睡眠脑电图或多导睡眠图上均有具体的量化标准。如入睡困难是指入睡潜伏期≥30分钟；睡眠不实是指全夜≥5分钟的觉醒次数2次以上，或者全夜觉醒时间≥40分钟，或者觉醒时间占睡眠总时间的10%以上；早醒是指睡眠醒起时间比平时提前30分钟。

　　根据睡眠障碍国际分类第三版（ICSD-3），失眠症分为短期失眠症（1周至1个月）、慢性失眠症（大于1个月）及其他类型的失眠症。

📱 知识链接

生理性睡眠

　　正常生理性睡眠可分为非快动眼睡眠（NREMS）和快动眼睡眠（REMS）两个时相，整个睡眠过程两种睡眠时相交替4~6次。

　　1. 非快动眼睡眠（NREMS）　可分为1、2、3、4期，其中3、4期又合称慢波睡眠期。脑电图显示的脑电活动以慢波为主，表现为肌张力减弱、呼吸和心率减慢、血压比清醒时下降，入睡后首先出现，随后进入快动眼睡眠。慢波睡眠有助于机体的生长发育和疲劳的消除。

　　2. 快动眼睡眠（REMS）　脑电图显示的脑电活动从慢波转为快波，机体的感觉功能进一步减弱，肌肉更加松弛，腱反射甚至消失，还伴有快速动眼现象。快动眼睡眠对大脑发育和智力发育起重要作用。

　　失眠症的治疗包括非药物治疗和药物治疗。非药物治疗措施有消除引起失眠的原因、睡眠健康教育、生活指导与适当的体育锻炼、放松训练等。心理咨询和心理治疗的目的是缓解或减轻失眠问题，改善患者生活质量。药物治疗应注意对睡眠的影响，合理选用各种镇静催眠药。

（一）治疗药物 ⓔ微课

1. 苯二氮䓬类药物　苯二氮䓬类药物通过与苯二氮䓬受体（GABA$_A$受体）结合，增强 GABA 与 GABA$_A$ 受体的亲和力，增强 GABA 能神经元的抑制效应发挥作用。临床常用的苯二氮䓬类药物有地西泮（diazepam）、硝西泮（nitrazepam）、咪达唑仑（midazolam）、三唑仑（triazolam）等，具有抗焦虑、镇静催眠、抗惊厥、抗癫痫及中枢性肌肉松弛作用。作为镇静催眠药，能明显缩短入睡时间，延长睡眠持续时间，减少觉醒次数，提高睡眠质量。与巴比妥类相比，具有安全范围大、对呼吸抑制小、不影响肝药酶活性、醒后无明显后遗效应，加大剂量不产生麻醉作用，长期应用耐受性与依赖性发生率相对较低、停药后反跳现象比巴比妥类小等优点，是目前临床首选的镇静催眠药。

临床可根据失眠的临床表现和药物作用时间长短选择苯二氮䓬类药物，一般长效类药物主要用于睡眠不实、易醒、早醒；中效类药物用于睡眠不实、多醒；短效类药物主要用于入睡困难等症状。常用苯二氮䓬类药物的主要用途及用法用量见表 7-8。

表 7-8　常见苯二氮䓬类药物的主要用途及用法用量

分类	药物	作用特点和临床应用	药物用法用量
长效类 （24~72 小时）	氟西泮	催眠作用强而持久，不易产生耐受性，用于各种失眠症	口服，一次 15~30mg，睡前服
	地西泮	焦虑症、失眠症、惊厥、癫痫持续状态首选	焦虑症：口服，一次 2.5~10mg，2~4 次/天 失眠症：口服，一次 5~10mg，睡前服
中效类 （10~20 小时）	劳拉西泮	用于焦虑症或暂时性心理紧张所致的失眠症	口服，一次 1~2mg，2~3 次/天
	艾司唑仑	镇静催眠、抗焦虑作用强，后遗作用小。用于焦虑症、失眠症	口服，一次 1~2mg，睡前服
短效类 （3~8 小时）	三唑仑	催眠作用强而短，用于焦虑、失眠及神经紧张等	口服，一次 0.25~0.5mg，睡前服
	奥沙西泮	与地西泮作用相似但较弱，用于神经官能症、失眠及癫痫	口服，一次 15~30mg，3 次/天

2. 巴比妥类　巴比妥类药物对中枢神经系统有普遍性抑制作用，主要包括苯巴比妥、异戊巴比妥、司可巴比妥等。巴比妥类药物随着剂量增加，相继出现镇静、催眠、抗惊厥及抗癫痫、麻醉等作用。因巴比妥类可改变正常睡眠模式，可缩短快动眼睡眠时相，引起非生理性睡眠，停药后快动眼睡眠反跳，引起多梦、噩梦，加重心血管疾病症状，造成停药困难等，且较易产生耐受性和依赖性，安全性不及苯二氮䓬类，故已不作为镇静催眠药常规使用。

3. 新型非苯二氮䓬类催眠药

（1）佐匹克隆　佐匹克隆是新型催眠药，属于环吡咯酮类，能选择性作用于苯二氮䓬受体，主要特点是起效快、睡眠时间延长、觉醒次数和梦境减少，能减少梦境，提高睡眠质量，且成瘾性小、毒性低，适用于各种情况引起的失眠症。

（2）唑吡坦　唑吡坦是一种咪唑吡啶类药物，为新型非苯二氮䓬类镇静催眠药，也能选择性作用于苯二氮䓬受体，催眠作用类似佐匹克隆，对认知、记忆的影响较苯二氮䓬类小，不良反应较轻，长期服用无耐受性、依赖性及戒断症状。

（3）扎来普隆　扎来普隆能作用于 GABA$_A$ 受体亚型复合物，产生中枢抑制作用，具有镇静、催眠及抗惊厥作用。扎来普隆能缩短睡眠潜伏期，延长睡眠时间，提高睡眠质量，且不易产生依赖性。临床常用于入睡困难失眠症患者的短期治疗。新型非苯二氮䓬类催眠药给药剂量及方法见表7-9。

表7-9 新型非苯二氮䓬类催眠药给药剂量及方法

药物	用法用量
佐匹克隆	口服，一次7.5mg，临睡时服
唑吡坦	口服，一次10mg，睡前服
扎来普隆	口服，一次5~10mg，睡前服用或入睡困难时服用

4. 其他

（1）水合氯醛 水合氯醛口服吸收迅速，催眠作用较强，不缩短快波睡眠，醒后无后遗效应，可用于顽固性失眠或对其他催眠药无效的患者。大剂量有抗惊厥作用，可用于中枢兴奋药中毒、小儿高热、子痫、破伤风等惊厥。

（2）甲丙氨酯 甲丙氨酯（眠尔通）的药理作用与地西泮相似，其抗焦虑作用弱于地西泮。临床用于神经官能症的焦虑及精神紧张和失眠的治疗，但长期服用易产生依赖性。

（3）雷美替胺 研究发现褪黑素水平下降与失眠密切相关，外源性褪黑素可产生轻度促眠作用，缩短睡眠潜伏期。雷美替胺为褪黑素受体激动剂，适用于长期用药的失眠症患者，对慢性失眠、短期失眠等疗效显著，具有不良反应较少、长期使用不产生依赖性等优点。

（二）治疗药物的应用原则

1. 去除病因，生活规律，合理用药。失眠可以是心理、生理、生活方式、环境、药物和精神疾病等因素导致的，治疗时应去除病因，养成良好的生活习惯，配合心理治疗，选择适当的治疗药物。

2. 用药剂量应个体化，药物剂量宜从小剂量开始逐步递增，尽可能采用最小有效量。应根据患者症状、疾病类型和身体状况选择适合个体的合理剂量。

3. 短期用药，常规用药一般不超过3~4周，避免患者产生耐受性或依赖性。

4. 按需用药，在症状稳定后非连续性用药，建议每周2~4次。

5. 撤药时应逐渐减量，缓慢停药。突然停药往往会产生撤药反应。

（三）药物的不良反应

1. 苯二氮䓬类药物 ①治疗量连续用药可出现头晕、乏力、嗜睡、记忆力下降等症状，大剂量偶见共济失调、视物模糊、震颤等，应及时减量。②长期应用可产生耐受性和依赖性，突然停用可出现反跳现象和戒断症状，故应向患者宣传精神药品的危害性，严格掌握适应证，避免长期使用或滥用。③剂量过大或静脉注射速度过快可致急性中毒，表现为昏迷及呼吸、循环功能抑制。④孕妇、哺乳期妇女禁用，有过敏史、青光眼、重症肌无力患者应慎用。

2. 巴比妥类药物 ①服用催眠剂量的巴比妥类药物后，次晨可出现头晕、嗜睡、精神不振及定向障碍等后遗现象。②长期连续用药可使患者产生耐受性和依赖性，停药易出现戒断症状，故应严格掌握适应证，避免长期使用或滥用。③大剂量服用或静脉注射过量、过快，均可引起急性中毒，表现为昏迷、发绀、呼吸抑制、血压下降、休克及肾衰竭等。

3. 新型非苯二氮䓬类催眠药 ①唑吡坦不良反应较轻，长期服用无耐受性、依赖性及戒断症状。②唑吡坦对15岁以下儿童及孕妇禁用，老年人减量使用。

4. 其他 ①水合氯醛对于消化性溃疡以及严重心血管疾病、肝肾疾病患者应禁用。久用有耐受性和成瘾性，戒断症状严重。②甲丙氨酯毒性低，但久服可产生耐受性并成瘾，突然停药可发生戒断症状。

(四) 药物相互作用

药物相互作用见表 7 - 10。

表 7 - 10　失眠症治疗药物相互作用一览表

合用药物	相互作用
镇静催眠药与其他中枢抑制药合用	可增强中枢抑制作用
镇静催眠药与肝药酶诱导剂合用	可使镇静催眠药的消除加快,疗效减弱
镇静催眠药与肝药酶抑制剂合用	可使镇静催眠药的消除减慢,疗效增强
镇静催眠药与三环类药物合用	可增强三环类药物的镇静作用并产生阿托品样反应

目标检测

答案解析

一、选择题

(一) 最佳选择题

1. 精神分裂症阴性症状宜选择 (　　)。

   A. 氯丙嗪　　　　　　　　B. 氟哌啶醇　　　　　　　C. 舒必利

   D. 利培酮　　　　　　　　E. 丁螺环酮

2. 关于抑郁症的治疗原则正确的是 (　　)。

   A. 联合用药

   B. 单一用药

   C. 症状缓解后突然停药

   D. 心理治疗为主,药物治疗为辅

   E. 治疗剂量应始终保持足量、足疗程

3. 焦虑症的早期药物治疗应首选 (　　)。

   A. 苯二氮䓬类　　　　　　B. 阿扎哌隆类药物　　　　C. 抗抑郁药

   D. β受体阻断药　　　　　E. 抗精神病药

4. 用于治疗广泛性焦虑障碍,对焦虑伴有轻度抑郁症状者也有疗效且无依赖性的药物是 (　　)。

   A. 氯硝西泮　　　　　　　B. 普萘洛尔　　　　　　　C. 阿普唑仑

   D. 丁螺环酮　　　　　　　E. 地西泮

5. 治疗躁狂症的首选药物是 (　　)。

   A. 氟哌啶醇　　　　　　　B. 锂盐　　　　　　　　　C. 卡马西平

   D. 丙戊酸钠　　　　　　　E. 劳拉西泮

6. 失眠症治疗时最常用的药物是 (　　)。

   A. 地西泮　　　　　　　　B. 氯丙嗪　　　　　　　　C. 多塞平

   D. 奋乃静　　　　　　　　E. 阿米替林

（二）配伍选择题

（7~8题共用备选答案）

A. 地西泮　　　　　B. 硫喷妥钠　　　　　C. 水合氯醛

D. 三唑仑　　　　　E. 氟西泮

7. 对于入睡困难的患者宜选用（　　）。

8. 对于易惊醒或早醒者的失眠患者，镇静催眠作用效果较好的是（　　）。

（9~10题共用备选答案）

A. 氯丙嗪　　　　　B. 利培酮　　　　　C. 卡马西平

D. 丙戊酸钠　　　　E. 碳酸锂

9. 伴有抑郁症状的精神分裂症患者宜首选（　　）。

10. 以兴奋、激越为主要表现的精神分裂症患者可首选（　　）。

（三）多项选择题

11. 以淡漠少语、主动性缺乏等阴性症状为主要表现的患者，可选择的治疗药物包括（　　）。

A. 奥氮平　　　　　B. 阿米替林　　　　　C. 舒必利

D. 喹硫平　　　　　E. 利培酮

12. 第二代抗精神病药能明显改善精神分裂症患者症状的（　　）。

A. 幻觉、妄想等阳性症状

B. 淡漠退缩、主动性缺乏等阴性症状

C. 认知障碍

D. 情感障碍

E. 伴发的抑郁症状

13. 抗抑郁药包括（　　）。

A. 三环类抗抑郁药（TCAs）

B. 选择性5-羟色胺再摄取抑制剂（SSRIs）

C. 阿扎哌隆类药物

D. 5-HT和NA再摄取抑制剂（SNRIs）

E. 单胺氧化酶抑制剂（MAO）

14. 常见的睡眠障碍有（　　）。

A. 入睡困难　　　　B. 早醒　　　　　C. 易醒且醒后入睡困难

D. 嗜睡　　　　　E. 睡行症

二、简答题

1. 抗精神分裂症药物按药理作用可分为几类？每类药物的特点是什么？

2. 简述抗抑郁症药物的分类及代表药。

三、实例解析题

患者，女，55岁。40岁时夫妻感情破裂离婚后受到打击，听到警车鸣叫就害怕，看到陌生人就恐慌。认为有人在她水杯里投毒，不敢喝水。认为有人监视、追杀她，把杯子放到头顶上认为可以隐身，诊断为精神分裂症，开始用药物治疗。医生给予口服氯丙嗪300mg/d治疗，数月后患者症状好转，但患者未能坚持用药，自行停药后病情复发，到医院住院治疗。医生嘱其口服舒必利300mg/d，逐渐增加剂量至1200mg/d，2个月后症状明显好转出院。5年后，患者自行减药后病情再次复发，再次住院治疗；口服舒必利1200mg/d，治疗1月余后，达到临床治愈水平出院。

  问题 1. 请结合本章所学内容，分析该患者的用药治疗方案是否合理。

     2. 简述全程用药治疗原则。

书网融合……

知识回顾   微课   习题

（邹艳萍）

项目八　心血管系统疾病的药物治疗

学习引导

心血管系统是由心脏、动脉、毛细血管以及静脉组成的循环结构，心血管疾病的预防、诊断、治疗，全部针对这个循环结构。心脑血管疾病严重威胁着人类健康，尤其是中老年人，且患病率高、致残率高、死亡率高。全世界每年死于心脑血管疾病的人数居各类疾病之首。我国人民生活水平的提高和食谱的不断变化，使心脑血管疾病的发生率和死亡率均呈上升趋势。即使应用最先进、最完善的治疗手段，仍有 50% 以上的脑血管意外幸存者生活不能完全自理。常见心脑血管疾病有哪些呢？各种心血管疾病的治疗原则和常用药物是什么呢？

本项目主要介绍心血管系统常见疾病，包括冠心病、高血压、高脂血症、心力衰竭、心律失常的药物治疗。

学习目标

1. **掌握**　冠心病、高血压、高脂血症、心力衰竭、心律失常的临床表现、药物治疗原则以及治疗药物的合理选用。
2. **熟悉**　上述疾病治疗药物的相互作用。
3. **了解**　上述疾病药物治疗以外的其他治疗方法。

任务一　冠心病

PPT

冠状动脉硬化性心脏病（coronary atherosclerotic heart disease，简称冠心病）是由于冠状动脉粥样硬化致使动脉管壁增厚变硬、失去弹性和管腔缩小或阻塞，导致心肌缺血缺氧或坏死而引起的心脏病，也称缺血性心脏病，临床上分为五种类型，分别是：隐匿性或无症状性冠心病、缺血性心肌病、心绞痛（angina pectoris）、心肌梗死和猝死。其中心绞痛最常见，心肌梗死和猝死是最严重的情况。

心绞痛临床上分三型：稳定型、不稳定型、变异型。稳定型心绞痛是指反复发作的劳累型心绞痛，疼痛的性质、次数、部位等在 1～3 个月内无明显变化。不稳定型心绞痛是由于动脉粥样硬化形成冠脉斑块、血栓栓塞，或冠状动脉痉挛使管腔狭窄所致，临床表现与稳定型心绞痛相似，但通常疼痛更严重，持续时间可长达数十分钟，休息时也可发生。变异型心绞痛是冠状动脉短暂痉挛引起的一过性心绞痛，其发作与活动无关，安静时亦可发生，可致急性心肌梗死及严重心律失常，甚至心室颤动及猝死。由于变异型心绞痛是冠状动脉短暂痉挛所致，故患者可无冠心病，亦有的合并冠心病，后者预后不及前者。心肌梗死是由于某部位心肌的供血血管突然闭塞，血流急剧减少，甚至完全中断，致使该部位心肌细胞缺血、缺氧而坏死；其疼痛部位和性质相似于心绞痛，持续时间可长达数小时，休息和含服硝酸甘油也不能缓解。

冠心病的治疗包括药物治疗和非药物治疗。非药物治疗又有介入治疗和外科手术之分；药物治疗主要从降低心肌耗氧、改善心肌供血和预防血栓着手。

知识链接

心血管介入治疗及冠状动脉支架

冠状动脉支架植入术是一种介入治疗手段，介于内科治疗与外科手术之间。它无需开胸，在影像学技术的引导下，将极细的导管通过血管伸到动脉狭窄处，然后用可充盈的胶皮气球将狭窄处撑开，将金属支架置于被撑开的狭窄处，使狭窄、闭塞的冠状动脉管腔扩张、再通，降低急性心肌梗死死亡率。

2020年11月5日，首轮国家组织的高值医用耗材集中带量采购正式开标，冠脉支架价格从1.3万元左右均价下降至700元左右，大大降低了冠状动脉支架植入术的成本，可以让更多的患者享受到医学进步的美好。

但是，支架只是解决狭窄，而不能解决为什么狭窄，所以，冠心病治疗的关键还得靠改变生活方式，并配合药物治疗。

冠心病的治疗以药物治疗为主，常用药物有抗心绞痛药、抗血小板药及溶栓药、血管紧张素转化酶抑制药（angiotensin converting enzyme inhibitors，ACEI）和调血脂药。

一、抗心绞痛药

（一）硝酸酯类 微课1

硝酸酯类治疗冠心病的主要作用机制是：①扩张冠状动脉，增加冠状动脉血流量，增加心脏供氧；②扩张外周静脉和外周动脉，减轻心脏前后负荷，降低心肌耗氧量。治疗心绞痛舌下含服或口服给药，治疗心肌梗死静脉滴注给药。代表药物有硝酸甘油、硝酸异山梨酯、单硝酸异山梨酯。

1. 硝酸甘油 硝酸甘油用于各种类型心绞痛的防治，给药途径及药物剂型如下：①舌下含片，一次0.25~0.5mg，预防心绞痛发作时给药1次/天；用于缓解心绞痛发作时，不缓解者则5分钟后重复给药1次，连续用药不超过3次。②口腔气雾剂，属于短效制剂。③皮肤贴片，一次25mg，1次/天。前两种剂型药物均可迅速缓解心绞痛急性发作症状，皮肤贴片适用于预防夜间心绞痛发作。

2. 硝酸异山梨酯 口服，一次5~10mg，2~3次/天，用于心绞痛的预防、冠心病的长期治疗以及心肌梗死后持续心绞痛的治疗。舌下含服，一次5mg，用于缓解心绞痛症状。

3. 单硝酸异山梨酯 口服吸收完全，无首关消除现象，生物利用度接近100%。口服，一次10~20mg，2~3次/天，用于冠心病的长期治疗和预防心绞痛的发作。不适用于心绞痛的急性发作。

（二）β受体阻断药

β受体阻断药通过阻断心脏β_1受体，减慢心率、降低心肌收缩力，同时通过降低血压而降低心室壁张力，进而降低心肌耗氧量。代表药物有普萘洛尔、阿替洛尔、美托洛尔、吲哚洛尔、索他洛尔、比索洛尔等。本类药主要用于劳累型心绞痛，尤其是对硝酸酯类药物不敏感或疗效较差的稳定型心绞痛，可减少心绞痛的发作次数；此外，特别适合伴有高血压和心律失常的患者。β受体阻断药用于心肌梗死，可缩小心肌梗死范围、降低死亡率。常用 β 受体阻断药均为口服剂型，各药特点及用法用量见表 8-1。

表 8-1 常用 β 受体阻断药的主要特点及用法用量

药物	药物的主要特点	药物用法用量
普萘洛尔	首过效应 60%~70%，血浆蛋白结合率高	口服，起始一次 5~10mg，3~4 次/天；可增加 10~20mg/3d，可渐增至 200mg/d，分次服
阿替洛尔	主要以原形药物经肾排泄，阻断 β₂ 受体作用较弱	口服，一次 6.25~12.5mg，2 次/天，可渐增至 50~200mg
美托洛尔	首过效应 60%~70%，阻断 β₂ 受体作用较弱	口服，一次 25~50mg，2~3 次/天
吲哚洛尔	生物利用度低，作用强	口服，一次 0.25~5mg，3~4 次/天

（三）钙通道阻滞药

钙通道阻滞药（calcium channel blockers，CCB）主要通过阻断心肌和血管平滑肌细胞膜上钙通道而减少 Ca^{2+} 内流，降低细胞内游离 Ca^{2+} 浓度，产生药理作用。具体表现是：①减少心肌 Ca^{2+} 内流，既产生心脏抑制作用，减弱心肌收缩力、减慢心率；又减轻心肌细胞的 Ca^{2+} 超负荷而保护缺血的心肌细胞。②减少血管平滑肌细胞 Ca^{2+} 内流，松弛血管平滑肌。③降低血小板内 Ca^{2+} 浓度，抑制血小板聚集，防止血栓形成。代表药物有硝苯地平、尼卡地平、非洛地平、氨氯地平、维拉帕米、地尔硫草等。

1. 硝苯地平 属于二氢吡啶类钙通道阻滞药，对血管的选择性高，尤其对痉挛的冠状动脉扩张作用显著，所以对变异型心绞痛疗效最佳，伴有高血压或窦性心动过缓的患者尤为适宜。对慢性稳定型心绞痛和不稳定型心绞痛亦有防治作用，口服，一次 10mg，3 次/天，维持剂量一次 10~20mg，3 次/天；舌下含服，一次 10mg。缓释制剂，一次 20mg，1 次/天。

2. 维拉帕米 属于非二氢吡啶类钙通道阻滞药，对心脏的选择性高于血管，心脏抑制作用强，可降低窦房结自律性，减慢房室结传导、减慢心率，抑制心肌收缩力，抑制血小板聚集。用于治疗稳定型心绞痛和不稳定型心绞痛，尤其适用于伴有心律失常的患者。

其他常用钙通道阻滞药的特点及用法用量见表 8-2。

表 8-2 其他常用钙通道阻滞药的特点及用法用量

药物	药物的主要特点	药物用法用量
维拉帕米	口服吸收快，首过消除明显 生物利用度低，血浆蛋白结合率高	口服，一次 80~120mg，3 次/天；缓释制剂，一次 180~240mg，1~2 次/天
氨氯地平	长效，口服吸收好，血浆蛋白结合率高	口服，5~10mg，1 次/天
非洛地平	血浆蛋白结合率高，生物利用度低	口服，一次 2.5~10mg，1~2 次/天
尼卡地平	选择性扩张冠状动脉	口服，20~40mg，3 次/天
地尔硫草	$t_{1/2}$ 较短，代谢产物无活性	起始剂量一次 20mg，3~4 次/天，餐前及睡前服用，增加一次剂量/1~2 天，直至获得最佳疗效。平均剂量范围为 90~360mg/d

二、抗血小板药及溶栓药

1. 阿司匹林 抑制环氧酶而减少血栓素的生成，进而抑制血小板聚集，预防血栓形成。用于预防心肌梗死的发生、降低冠心病的病死率。不能耐受者可选用氯吡格雷替代治疗。

2. 尿激酶和阿替普酶（重组组织型纤溶酶原激活剂，rt-PA） 通过激活纤溶酶原转变为纤溶酶而发挥溶栓作用。

抗血小板药及溶栓药的特点及用法用量见表 8-3。

表 8-3　抗血小板药及溶栓药的特点及用法用量

药物	药物的主要特点	药物用法用量
阿司匹林	口服吸收迅速完全	口服，一次 75～150mg，1 次/天
氯吡格雷	前体药，主要经肝脏代谢	心肌梗死，300mg，维持剂量75mg，1 次/天
尿激酶	易引起出血和发热	以 6000U/min 速度连续滴注 2 小时，滴注前静脉给予肝素 2500～10000U
阿替普酶	易发生过敏反应，超短效	静脉注射，50mg 注射用水配成 1mg/ml 注射；静脉滴注，100mg 溶于 0.9% 氯化钠溶液 500ml 中，前 2 分钟先注入本药 10mg，以后 60 分钟内滴入 50mg，最后 120 分钟内滴完余下的 40mg

三、血管紧张素转化酶抑制药

血管紧张素转换酶抑制药通过抑制血管紧张素转换酶而减少血管紧张素 Ⅱ 的形成，进而产生扩血管、预防和逆转心肌重构、改善心功能的作用，减少心绞痛发作。代表药物有卡托普利、依那普利、雷米普利、贝那普利等。各药均口服：卡托普利 12.5～50mg，2～3 次/天；依那普利 5～20mg/d，分 1～2 口服；雷米普利 2.5～5mg，2 次/天；一次贝那普利一次 10～20mg，1 次/天。

四、调血脂药

不稳定型心绞痛患者多数冠脉内有斑块，如果斑块破裂形成血栓则易发生心肌梗死，调血脂药能稳定冠脉内斑块。他汀类药物是常用的调血脂药，可防止斑块破裂形成血栓，代表药物有洛伐他汀、辛伐他汀、普伐他汀、氟伐他汀、阿托伐他汀、瑞舒伐他汀等，常用他汀类药物的特点及用法用量见表 8-4。

表 8-4　常用他汀类药物的特点及用法用量

药物	药物的主要特点	药物用法用量
普伐他汀	食物影响吸收；具有抗炎、稳定斑块、抑制血小板聚集等作用，不经肝脏代谢	起始剂量一次 10～20mg，1 次/天，睡前服用，最高剂量 40mg/d
阿托伐他汀	口服吸收迅速，肾功不全不影响排泄	一次 10～80mg，1 次/天，一天内任意时间服用
瑞舒伐他汀	进食或空腹均不影响药物吸收	口服，起始一次 5mg，1 次/天；若必要，治疗 4 周后可增加剂量，最大剂量为 20mg/d

(一) 治疗药物的应用原则

1. 稳定型心绞痛　硝酸酯类是心绞痛急性发作的首选治疗药物。①硝酸甘油：舌下含服，可迅速缓解心绞痛，一次 0.25～0.5mg，1～3 分钟起效，作用维持 30 分钟，可重复 0.5mg/5min，连续应用不超过 3 次。②硝酸异山梨酯：舌下含服，一次 5mg。心绞痛稳定期药物治疗可选用硝酸酯类和 β 受体阻断药。

2. 不稳定型心绞痛　阿司匹林、他汀类、扩血管药是治疗不稳定心绞痛的标准治疗或是主要治疗。抗血小板药物阿司匹林可预防血栓形成；他汀类调血脂药稳定冠脉内斑块，防止其破裂形成血栓，治疗不稳定型心绞痛，他汀类调脂药与抗血小板药同样是必需的；改善心肌供血的药物，各种硝酸酯类药均可。降低心率，减少心肌氧耗的药物也需要，如美托洛尔等。

3. 变异型心绞痛　硝苯地平是治疗变异型心绞痛的首选药物。维拉帕米扩张冠状动脉作用较弱，不单独用于变异型心绞痛的治疗。

4. 心肌梗死　可以选择链激酶、尿激酶或阿替普酶进行溶栓治疗。其他药物如硝酸酯类、β 受体阻断药、ACEI 类可改善心肌供血或降低心肌耗氧，保护尚存活力的心肌。他汀类降脂药稳定斑块，长期应用可延缓动脉硬化进程，防止心肌梗死再次发生。急性心肌梗死也可以使用哌替啶或吗啡，其镇静作用及减轻疼痛后可减少患者烦躁情绪，减少心肌耗氧量，防止梗死面积进一步扩大。

岗位情景模拟 8-1

情景描述　患者，女，66岁，晨起准备早餐时突然左侧肩部疼痛，让家里人用拳头捶打痛处，越捶越痛，不见缓解，同时家人发现患者逐渐意识丧失，嘴唇发紫，站立不稳，不能言语，且迅速跌倒，急送医院，此时患者已经停止了呼吸。

讨　论　1. 请分析病因，给出诊断。

　　　　　2. 该疾病选用什么药物治疗可以避免死亡？

答案解析

（二）药物的不良反应

1. 硝酸甘油　不良反应与其扩血管作用密切相关，主要表现为皮肤潮红、搏动性头痛，初次用药多见。也可引起颅内压和眼内压升高。剂量过大可致低血压，继而引起反射性交感神经兴奋，心率加快、心肌收缩力加强，导致心肌耗氧增加，加重心绞痛。久用可出现耐受性。初次用药需要预防直立性低血压。

2. β受体阻断药　阻断β₁受体对心脏产生抑制作用，主要表现为窦性心动过缓、房室传导阻滞、心肌收缩力下降。非选择性β受体阻断药还可能引起支气管痉挛，支气管哮喘、慢性阻塞性肺疾病患者禁用。此外，久用后突然停药可引起"反跳"现象，加重心绞痛症状，严重者可诱发心肌梗死。

3. 硝苯地平　快速而迅猛的降压作用可引起反射性心率加快，并有面部潮红、头痛等不良反应，应用时间过久可致踝关节水肿。

4. 维拉帕米　主要是心脏抑制作用，可抑制窦房结，减慢心率，降低心肌收缩力，减慢房室传导。

（三）药物相互作用

药物相互作用见表8-5。

表8-5　冠心病治疗药物相互作用一览表

合用药物	相互作用
硝酸酯类与β受体阻断药合用	"取长补短"，协同作用
β受体阻断药与降糖药合用	容易掩盖糖尿病患者低血糖症状
他汀类药物与贝特类药物合用	升高横纹肌溶解症的发病率

即学即练 8-1

下列哪个药物不是冠心病治疗药（　　）。

A. 硝酸酯类　　　B. β受体阻断药　　　C. 钙通道阻滞药

D. 降脂药　　　E. 利尿药

答案解析

任务二　高血压

高血压是一种以体循环动脉血压增高为主要表现的临床综合征，其诊断标准是：未应用抗高血压药的静息状态下收缩压≥140mmHg（18.7kPa）或（和）舒张压≥90mmHg（12.0kPa）。高血压根据其发病机制可分为原发性高血压（即高血压，占90%以上）和继发性高血压（症状性高血压，约占10%）。原发性高血压的发病机制尚未完全阐明，公认与肾上腺素能神经系统、肾素－血管紧张素－醛固酮系统（RAAS）等血压调节功能失调有关；继发性高血压是继发于某些疾病如嗜铬细胞瘤、肾动脉狭窄，或妊娠，或应用某些药物，其病因明确。

高血压是心血管系统的常见病，也是心脑血管疾病的危险因素。它早期可无明显症状，但在持续发展过程中，可出现头晕、头痛、项颈板紧、心悸、疲倦等症状，控制不好可引起心、脑及肾等重要器官的结构和功能发生改变，如左心室肥厚、心绞痛、心力衰竭、心肌梗死、动脉硬化、高血压脑病、脑卒中、肾动脉硬化等，也可引起眼底出血、鼻出血，甚至威胁患者的生命。所以，一旦发现患有高血压，应积极治疗。治疗不仅降低血压，而且还能减少心、脑、肾等重要脏器并发症的发生，提高生活质量。

高血压的治疗原则主要有三个方面：抗高血压药物治疗、多重心血管危险因素同时控制、辅以非药物治疗。高血压病因是多方面的，所以，药物治疗外，改变生活习惯如限制钠盐和饱和脂肪酸的摄入、膳食平衡、适当运动、减轻体重、放松情绪、不熬夜、充足睡眠、不过度饮酒等非药物治疗措施也很重要，这些有助于提高药物疗效。继发性高血压治疗原发病后高血压症状会得到改善。

> ▶▶ **岗位情景模拟 8-2**
>
> **情景描述** 患者，男，48岁，某晚开车接孩子放学，路上觉得非常困倦，15分钟的车程勉强开到学校，孩子放学还需要5分钟，他于是车内睡了起来。过一会孩子用力敲车窗才将其唤醒，醒后有些发懵，不知在哪里，且感觉睡了好长时间，愣着看孩子一会儿才明白，一看手表才睡了8分钟，到家后立刻量血压，170mmHg/90mmHg。
>
> **讨　论** 1. 请分析病因，给出诊断。
> 2. 结合该病例谈一谈高血压应如何治疗以及其治疗的必要性。
>
> 答案解析

一、治疗药物

（一）血管紧张素转换酶抑制药（ACEI）

ACEI抑制血管紧张素 I 转化酶，减少血管紧张素 II（Ang II）生成，同时又减少缓激肽的降解，使小动脉扩张，产生降压作用。轻中度高血压患者单用ACEI可控制血压，对正常肾素型和高肾素型高血压疗效尤佳；同时，Ang II 生成减少既可降低醛固酮水平，减少水钠潴留、减少血容量，又可降低心脏的兴奋性，均利于降压。改善心功能及扩血管后可增加肾血流，对心、肾、脑等器官起到保护作用；ACEI长期应用，减少Ang II 生成，还可减轻心肌肥厚，抑制和逆转心血管重构。

代表药物有卡托普利、依那普利、福辛普利、培哚普利等。常用ACEI的特点和用法用量见表8-6。

表8-6　常用ACEI的主要特点及用法用量

药物	药物的主要特点	药物用法用量
卡托普利	含有巯基，食物影响吸收，$t_{1/2}$短	一次12.5~50mg，2~3次/天，饭前服用
依那普利	不含巯基，食物不影响吸收，作用强而持久，不良反应轻	口服，起始一次5mg，1次/天。可根据血压调整，≤40mg/d，分2~3次服用
福辛普利	肾功能不全一般无需调整剂量 不含巯基，具有强效和长效特点	口服，10~40mg，1次/天
培哚普利	速效、长效，不影响血脂和血糖	口服，4~8mg，1次/天

（二）血管紧张素Ⅱ受体阻断药（ARB）

ARB是强效高选择性的血管紧张素Ⅱ1型受体（AT$_1$）阻断药，通过拮抗Ang Ⅱ与其受体的结合而发挥降压作用，能对抗AT$_1$介导的Ang Ⅱ升压作用和心血管重构作用，降压作用与ACEI相似。此外，ARB对肾脏具有显著的保护效应，对糖尿病肾病的恶化有逆转作用，尤其适用于高血压伴左室肥厚、糖尿病肾病者。ARB起效缓慢，作用逐渐增强，用药3~4周后达最大效应，代表药物有氯沙坦、缬沙坦、厄贝沙坦、坎地沙坦、替米沙坦等，常用ARB的特点和用法用量见表8-7。

表8-7 常用ARB的主要特点及用法用量

药物	药物的主要特点	药物用法用量
氯沙坦	作用弱于ACEI，促进尿酸排泄	口服，50~100mg，1次/天
缬沙坦	速效、强效、长效，主要胆汁排泄	口服，80~160mg，1次/天
替米沙坦	早期妊娠不宜使用，半衰期长	口服，40~80mg，1次/天
厄贝沙坦	早期妊娠不宜使用，作用是氯沙坦的10倍	口服，150~300mg，1次/天
坎地沙坦	代谢物具有活性，目前本类药中最优者	口服，4~8mg，1次/天，必要时可增至12mg/d

（三）利尿药

利尿药是治疗高血压的常用药，其既有降压作用，又可增强其他降压药的降压作用。轻度高血压的治疗可单用利尿药，尤其适合老年收缩期高血压；中、重度高血压的治疗，噻嗪类利尿药常作为基础降压药与其他药物联合应用，具有降压温和、作用持久、长期应用不易产生耐受性等优点。常用利尿药的特点和用法用量见表8-8。

表8-8 常用利尿药的主要特点及用法用量

药物	药物的主要特点	药物用法用量
氢氯噻嗪	长效，可导致低血钾	口服，25~100mg/d，1~2次/天
氯噻酮	口服易吸收，长效，可导致低血钾，孕妇禁用	口服，25~100mg/d，1~2次/天
螺内酯	低效，有保钾作用	口服，40~80mg/d，分2~4次服用，连续用药≥2周
吲达帕胺	利尿和钙拮抗双重作用，长效，可导致低血钾	口服，2.5mg，1次/天
呋塞米	强效，作用时间短	口服，一次20~40mg，2次/天

（四）β受体阻断药

β受体阻断药为常用降压药，通过阻断β受体而抑制心脏、抑制RAAS、抑制交感神经系统，进而减弱心肌收缩力、减慢心率，减少心输出量；减少水钠潴留、扩张血管；减少去甲肾上腺素和肾上腺素的释放，产生降压作用。本类药物降压强度有限，通常与其他降压药合用，对年轻高血压患者，心输出量高或肾素活性偏高者疗效较好，尤其适用于心肌梗死患者、高血压伴有心绞痛或心率较快、甲状腺功能亢进的患者。代表药物有普萘洛尔、美托洛尔、阿替洛尔等。

普萘洛尔是本类药的代表药物，首关消除明显，生物利用度不高。起效慢，通常口服2~3周后才出现降压作用。常用剂量为一次5mg，4次/天，个体差异大，用药需要个体化，且需要根据心率和血压及时调整，最大剂量可达100mg/d。其他β受体阻断药的特点和用法用量见表8-9。

表 8 - 9　常用 β 受体阻断药的主要特点及用法用量

药物	药物的主要特点	药物用法用量
美托洛尔	选择性阻断 $β_1$ 受体，代谢受遗传影响	口服，一次 25 ~ 50mg，2 ~ 3 次/天
阿替洛尔	选择性阻断 $β_1$ 受体，肾功能不全者药物消除减慢	口服，起始一次 6.25 ~ 12.5mg，2 次/天，可渐增至 50 ~ 200mg
卡维地洛	首过效应明显，阻断 α、β 受体	餐时服用，一次 6.25 ~ 25mg，2 次/天
拉贝洛尔	阻断 α、β 受体，静脉注射治疗高血压危象	口服，一次 100mg，2 ~ 3 次/天

（五）钙通道阻滞药（CCB）

CCB 有两类：二氢吡啶类和非二氢吡啶类。非二氢吡啶类药物有维拉帕米、地尔硫草等。抗高血压常选用二氢吡啶类，常用药物有硝苯地平、尼莫地平、尼群地平、非洛地平、尼卡地平、氨氯地平等，该类药物起效快，降压作用强。硝苯地平是第一个用于临床的钙通道阻滞药，对血管选择性高，可显著扩张冠状动脉和外周小动脉，增加冠脉血流量、降低血压。普通制剂一次 10mg，3 次/天，口服 20 分钟产生降压作用，舌下含服 5 ~ 10 分钟产生降压作用，作用维持 6 ~ 8 小时，可用于治疗高血压危象；缓释制剂一次 20 ~ 40mg，1 ~ 2 次/天。常用 CCB 的特点和用法用量见表 8 - 2。

（六）其他抗高血压药

其他抗高血压药的特点和用法用量见表 8 - 10。

表 8 - 10　其他抗高血压药的主要特点及用法用量

药物	药物的主要特点	药物用法用量
哌唑嗪	调血脂，首剂易出现直立性低血压	口服，一次 0.5 ~ 1mg，2 ~ 3 次/天，首剂 0.5mg，睡前服。可逐渐增至 6 ~ 15mg/d
硝普钠	速效、强效、短效，见光易分解	静脉滴注，5% 葡萄糖溶液溶药，0.5μg/（kg·min）速度起始，可逐渐递增，常用量为 3μg/（kg·min），总量为 3.5mg/kg。避光滴注。治疗高血压危象
米诺地尔	开放钾通道，强效降压	初始一次 2.5mg，2 次/天；逐渐增至 10 ~ 40mg/d，单次或分次口服，≤ 100mg/d

二、治疗药物的应用原则

治疗的目的不仅是降低血压，更重要的是最大限度地阻止，甚至逆转患者终末器官损伤，防止或减少并发症的出现，从而改善患者生活质量，延长其生命。高血压病因尚未完全阐明，不能根治，需要终生用药。

1. 终生用药　根据高血压病情程度选药，轻中度高血压开始采用单药治疗，世界卫生组织推荐的一线降压药物是利尿药、CCB、ARB、ACEI、β 受体阻断药，$α_1$ 受体阻断药是常用药。

2. 抗高血压药物联合应用　单药治疗不能控制血压时，首先选择两种药物联合：ACEI 或 ARB 联合小剂量利尿药；二氢吡啶类 CCB 联合 ACEI 或 ARB；二氢吡啶类 CCB 联合小剂量 β 受体阻断药；二氢吡啶类 CCB 联合小剂量利尿药。经多种二联方案无效者可考虑三联方案。联合用药的原则是不同降压机制的降压药联合，以取长补短。

3. 根据并发症选用药物　①高血压伴左心室肥厚者，宜选用 ACEI 或 ARB 合用利尿药。②高血压合并慢性阻塞性呼吸道疾病者，宜用 ACEI、CCB 等；不宜使用 β 受体阻断药。③高血压合并窦性心动过速，50岁以下者，宜用β受体阻断药。④高血压伴有高脂血症者，宜选用α₁受体阻断药；β受体阻断药和利尿降压药不宜使用。⑤高血压合并肾功能不全或伴有潜在糖尿病或痛风者，宜用ACEI或ARB、CCB等；伴有潜在糖尿病或痛风者不宜使用噻嗪类利尿药。

4. 降压需要平稳 降压过快、过剧可造成重要器官灌流不足。所以，降压药物一般宜从小剂量开始，逐渐增加剂量，达到满意疗效后改维持量加以巩固。血压不稳定也可导致器官损伤，因此，建议使用长效降压药物以减小血压波动。

三、药物的不良反应

1. ACEI 刺激性干咳最多见，影响了其应用。其他常见不良反应有首剂低血压、血管神经性水肿、肾功能受损、高血钾等；卡托普利尚有皮疹、瘙痒、味觉迟钝等不良反应，但均比较短暂，可自行消失。

2. AT₁受体阻断药 不良反应少且短暂，较少引起干咳和血管神经性水肿。常见头晕、心悸、胚胎毒性、类流感样综合征及高血钾等。

3. 噻嗪类利尿药 易引起电解质紊乱、高脂血症、高尿酸血症和高血糖。

4. 硝普钠 扩张血管降压后可引起头胀痛、面部潮红、恶心、呕吐、出汗、烦躁和心悸等症状，调整滴速或停药后可消失。长期和大剂量应用可引起硫氰化物蓄积中毒。

四、药物相互作用

药物相互作用见表8-11。

表8-11 高血压治疗药物相互作用一览表

合用药物	相互作用
ACEI与中效利尿药合用	协同作用
维拉帕米与β受体阻断药合用	对心脏的抑制作用加重
ARB与保钾利尿药合用	加重高血钾
ACEI与保钾利尿药或他汀类降血脂药合用	加重高血钾

即学即练8-2

高血压的治疗药物包括（　　）。
A. 硝酸酯类　　　　B. β受体阻断药　　　　C. 钙通道阻滞药
D. 利尿药　　　　E. 血管紧张素转换酶抑制药

答案解析

任务三 高脂血症

血液中的脂类物质是参与细胞膜形成和维持细胞膜结构完整的基本物质，同时也是激素、维生素D和胆汁酸的前体物质，是能量的来源，又是信号分子。血浆中所含有的脂类合称为血脂，包括游离胆固醇（free cholesterol，FC）、胆固醇酯（cholesterol ester，CE）、三酰甘油（triglyceride，TG，又称甘油三酯）和磷脂（phospholipid，PL）等。脂类难溶或微溶于水，必须与蛋白质（载脂蛋白，apolipoprotein，Apo）结合成为水溶性的脂蛋白，才能在血液中溶解和运输。脂蛋白有乳糜微粒（CM）、低密度脂蛋白（LDL）、极低密度脂蛋白（VLDL）、高密度脂蛋白（HDL）等。

血液循环中的总胆固醇（TC）、LDL、TG持续升高或同时伴血清HDL下降，则为高脂血症（hyperlipidemia），又称为高脂蛋白血症。多数患者早期没有临床症状，主要依据血脂化验结果确诊。其主要临床表现是脂质在真皮内沉积引起黄色瘤、在血管内皮沉积引起动脉硬化。常见疾病有动脉粥样硬化、冠心病、胰腺炎等，严重危害人体健康，所以，高脂血症的治疗非常有必要。

高脂血症按病因可分为原发性和继发性，后者主要继发于其他疾病如糖尿病、肾病综合征、甲状腺功能低下、胰腺炎、肥胖症、酒精中毒等。轻中度血脂异常最常见的原因是饮食中饱和脂肪及胆固醇摄入过多，重度血脂异常主要是受遗传因素影响。

知识链接

家族性高胆固醇血症

家族性高胆固醇血症（FH）由低密度脂蛋白受体缺乏所致，是脂质代谢疾病中最严重的类型，临床特点是高胆固醇血症、特征性黄色瘤、早发心血管疾病和阳性家族史。FH纯合子在10岁以前即可出现，杂合子多在30岁以后出现。纯合子型FH临床上极其罕见，发生率仅为百万分之一，患者出生后不久血清总胆固醇水平就会很高，随年龄的增长身体的许多部位发生皮肤黄色瘤和肌腱黄色瘤，可导致各种危及生命的心血管疾病，青壮年期死亡率即很高。

高脂血症的治疗原则主要是饮食治疗和药物治疗，辅以体育锻炼或体力劳动。血脂水平增高不多且没有如糖尿病、高血压等危险因素存在者采取饮食治疗，包括减少饱和脂肪酸和胆固醇的摄入、控制体重等。血脂明显增高或血脂水平增高不多，但经过3~6个月的严格饮食控制后效果不佳者，尤其是中、老年和有其他危险因素存在者，必须药物治疗，药物治疗期间仍需要坚持饮食治疗配合。

一、治疗药物 微课2

调血脂药包括他汀类药物（stains）、贝特类药物、胆汁酸结合树脂、烟酸类、胆固醇吸收抑制剂和多烯脂肪酸等。

（一）他汀类

羟甲戊二酸单酰辅酶A（HMG-CoA）还原酶是肝脏合成胆固醇过程中的限速酶，他汀类药物是HMG-CoA还原酶抑制剂，可使内源性TC合成减少；同时能升高肝细胞膜上的LDL受体数目，并增强其活性，主要降低血浆TC和LDL-C。对TG和VLDL也有一定降低作用，可轻度升高HDL-C水平，对动脉粥样硬化和冠心病的防治以及心血管事件发生的预防均有良好的效果。

洛伐他汀和辛伐他汀为前体药，在肝脏中水解成为有药理活性的代谢物。其余他汀类均为有活性的药物，具有较高的吸收率，一般不受食物影响。本类药物除阿托伐他汀、瑞舒伐他汀的$t_{1/2}$接近20小时，给药时间不受限制之外，其余他汀类的$t_{1/2}$均较短，为1~4小时，适宜晚上给药。临床常用的其他本类药物有普伐他汀、氟伐他汀和匹伐他汀等。

他汀类药物适用于TC升高为主的高脂血症，如杂合子家族性高胆固醇血症和原发性高胆固醇血症等疾病；对糖尿病性和肾性高脂血症也有效；除瑞舒伐他汀外，多数药物对纯合子家族性高脂血症无效。常用他汀类药物的特点和用法用量见表 8 - 12。

表 8 - 12　常用他汀类药物的作用特点和用法用量一览表

药物	药物的主要特点	药物用法用量
洛伐他汀	代谢后具有活性,对肾功能有一定保护和改善作用,主要从粪便排出	一次 10 ~ 80mg, 1 次/天,晚餐时服用
氟伐他汀	饮食影响生物利用度,孕妇禁用	20 ~ 40mg, 1 次/天,晚餐时或睡前吞服
辛伐他汀	轻中度肾功能不全者无需调整剂量,洛伐他汀的衍生物,降脂强于普伐他汀	5 ~ 40mg, 1 次/天,睡前服
阿托伐他汀	口服吸收迅速,肾功能不全者无需调整剂量	10 ~ 80mg, 1 次/天,一天内任意时间服用
瑞舒伐他汀	不良反应少,价廉,可任何时间服用	详见表 8 - 4
匹伐他汀	肝脏代谢	1 ~ 2mg, 1 次/天,晚饭后口服

(二) 苯氧酸类

苯氧酸类又称贝特类,根据国际上对此类药物应用后受益与风险的综合评价,认为除非患者有严重的高甘油三酯血症,又禁用他汀类或不能耐受他汀类,否则贝特类不应该作为一线降血脂药应用。常用药物有吉非贝齐、苯扎贝特、非诺贝特和环丙贝特等。

贝特类降低 TG 作用显著,对 TC 和 VLDL 也有降低作用,并可升高 HDL - C。其适用于高 TG 血症或以 TG 升高为主的混合型高脂血症,对高 TG 和 (或) 低 HDL - C 患者的疗效更佳。常用贝特类的特点和用法用量见表 8 - 13。

表 8 - 13　常用贝特类药物的特点和用法用量一览表

药物	药物的主要特点	药物用法用量
吉非贝齐	降低 TG 显著,对 TC 不明显,升高 HDL	一次 300 ~ 600mg,早、晚餐前 30 分钟口服;维持作用,1 次/天
苯扎贝特	降低 TG、升高 HDL,降血糖	一次 200 ~ 400mg, 3 次/天,饭后或睡时口服;缓释片 400mg, 1 次/晚
非诺贝特	明显改善内皮功能,增加胰岛素敏感性	一次 100mg, 3 次/天;维持作用,1 ~ 2 次/天。餐时口服
环丙贝特	抑制血小板聚集、溶解纤维蛋白原	口服,100mg, 1 次/天

(三) 胆汁酸结合树脂

胆汁酸结合树脂在肠道不被吸收,与胆汁酸结合而阻止胆汁酸的肝肠循环和反复利用,使之排出体外,进而减少外源性胆固醇的吸收;胆汁酸肝肠循环的切断又促进了内源性胆固醇在肝脏代谢成为胆汁酸排入肠腔,如此循环,最终使胆固醇的排泄量增加 10 倍之多,也降低了血浆 TC 和 LDL - C 水平。

胆汁酸结合树脂使载脂蛋白 B (ApoB) 也相应降低,对 HDL 无影响。适用于以 TC 和 LDL - C 升高为主、TG 水平正常,不能使用他汀类的高胆固醇血症患者,如杂合子家族性Ⅱa型高脂血症。对纯合子家族性高脂血症无效。

常用药物有考来烯胺和考来替泊,考来烯胺 2 ~ 24g/d,分 3 次服于饭前或于饮料拌匀服;考来替泊 4 ~ 5g, 3 ~ 4 次/天口服。

(四) 烟酸类

烟酸属于 B 族维生素,是许多重要代谢过程的必需物质,大剂量应用具有调血脂作用,属于广谱调血脂药。肝细胞合成 TG,然后与载脂蛋白 B100、胆固醇等结合形成 VLDL。VLDL 是运输内源性 TG 的主要形式。正常人 VLDL 大部分代谢变成 LDL。烟酸可抑制游离脂肪酸向肝内转移,减少 VLDL 的生成,并可抑制肝内含载脂蛋白 B 的脂蛋白合成,进一步减少 VLDL 的生成。通过脂蛋白酯酶途径增加

VLDL－C清除率，进而降低TG水平。通过抑制TG和VLDL的合成而降低LDL水平，同时升高HDL水平。在现有调节血脂药中，烟酸升高HDL的作用最强，也是唯一可降低脂蛋白a的药物。

常用药物有烟酸缓释剂，推荐剂量1~2g，睡前口服；阿昔莫司，一次250mg，2~3次/天，餐后服用。

（五）胆固醇吸收抑制剂

依折麦布是第一个被批准用于临床的选择性胆固醇吸收抑制剂。其选择性抑制小肠黏膜上的胆固醇转运蛋白活性，有效抑制肠道内胆固醇和相关植物甾醇的吸收，使肝脏胆固醇储存减少，可降低LDL－C和TC的水平。适用于原发性和杂合子家族性高胆固醇血症。联合与他汀类药物可用于纯合子家族性高胆固醇血症的治疗。常用剂量为10mg，1次/天，可任何时间服用。

（六）其他药物

1. 普罗布考 可降低血浆TC、LDL－C水平。其较强的抗氧化作用可抑制LDL氧化，防止氧化型LDL的形成及其致动脉粥样硬化作用。用于高胆固醇血症，尤其是纯合子家族型高胆固醇血症，可使其皮肤和肌腱的黄色瘤明显缩小。缺点是降低HDL－C。常用剂量为一次0.5g，2次/天，早晚餐时服用。

2. 多不饱和脂肪酸 又称为多烯脂肪酸，有ω-6和ω-3两类。可显著降低TG，轻度升高HDL－C、TC和LDL－C，并能抑制血小板聚集，稳定硬化斑块。用于高甘油三酯血症的治疗。常用剂量为一次0.5~1g，3次/天。

▶▶ 岗位情景模拟8－3

情景描述 患者，男，55岁，嗜肥肉和猪肝，肥胖又不爱运动。近日常感觉头晕、乏力、嗜睡、食欲缺乏。血化验检查示：TC 23.49mmol/L（正常值<5.2mmol/L）；TG 11.30mmol/L（正常值0.56~1.70mmol/L）；LDL－C 5.5mmol/L（正常值2.1~3.1mmoL）；HDL－C 0.05mmol/L（正常值1.20~1.65mmol/L）；肝胆脾彩超显示：中度脂肪肝。

讨 论 1. 请分析病因，给出诊断。

2. 请分析该患者应该如何治疗？选择哪些药物更合适？

答案解析

二、治疗药物的应用原则

药物治疗期间仍需坚持饮食治疗和控制体重，辅以适当的体育锻炼更好。

1. 高胆固醇血症 首选HMG－CoA还原酶抑制剂，若单用血脂下降不理想时，可合用胆固醇吸收抑制剂或胆汁酸结合树脂，加强降脂作用。普罗布考也可应用，它是唯一能使纯合子高胆固醇血症TG降低，并使黄色瘤消退的降脂药。

2. 高甘油三酯血症 贝特类、烟酸类和多不饱和脂肪酸均可，贝特类是首选药。高TG血症重症可采用贝特类和多不饱和脂肪酸联合治疗。

3. 混合型高脂血症 混合型高脂血症是指血清TC和TG的含量均高，它比单纯TC升高更危险，且更难治疗。以TC升高为主者，一般首选HMG－CoA还原酶抑制剂，以降低TC与LDL－C；以TG升高为主者，若血清TG≥5.65mmol/L，则首选贝特类，以降低TG，避免发生急性胰腺炎；单药疗效不佳者，考虑联合用药。烟酸类对TC升高、TG升高或二者并存均适合，他汀类与贝特类或烟酸类联合使用可明显改善血脂谱，但肌毒性和肝毒性的可能性增加，吉非贝齐发生率最高。

4. 低 HDL - C 血症　烟酸、贝特类和 HMG - CoA 还原酶抑制剂均可升高 HDL - C。HMG - CoA 还原酶抑制剂与烟酸类联合应用可显著升高 HDL - C，且不发生严重的不良反应。

三、药物的不良反应

1. 他汀类　不良反应相对少且轻，偶见胃肠道反应、皮肤潮红、头痛、肝脏转氨酶升高、肌痛、横纹肌溶解症；少数出现史蒂文斯 - 约翰逊综合征、多形性红斑、血管神经性水肿。

2. 胆汁酸结合树脂　常见胃肠反应、血浆 TG 水平增加。干扰脂溶性维生素和其他药物的吸收。大剂量应用可引起脂肪痢。

3. 贝特类　胃肠道反应为主，头痛、失眠、乏力等次之。偶有肌痛、肌病、肝功能和肾功能改变、史蒂文斯 - 约翰逊综合征、多形性红斑。久用胆石症、胆囊炎发生率高。

4. 烟酸类　初始服用或剂量过大可致发热、瘙痒、面部潮红等。引发消化道症状，可加重消化性溃疡。大剂量可致血糖和尿酸升高。长期应用可致肝功能异常。

5. 依折麦布　不良反应轻微且一过性，少数患者出现疼痛、痉挛和无力等肌肉失调症状、血清肌酸激酶升高、转氨酶升高、血小板减少等不良反应。

四、药物相互作用

药物相互作用见表 8 - 14。

表 8 - 14　高血压治疗药物相互作用一览表

合用药物	相互作用
他汀类与贝特类或烟酸类合用	横纹肌溶解症加重或发生率升高，肝功能异常可能性增加
贝丁酸类与香豆素类合用	抗凝作用增强

即学即练 8 - 3

哪个药物具有降低胆固醇的作用（　　）。
A. 他汀类　　　　　　B. 贝特类　　　　　　C. 烟酸类
D. 胆汁酸结合树脂　　E. 胆固醇吸收抑制剂

答案解析

任务四　心力衰竭

PPT

心力衰竭简称心衰，是指由于心脏的收缩功能和（或）舒张功能失常，导致心脏射血功能和（或）心室充盈障碍，不能将静脉回心血量充分排出心脏，致使静脉系统血液淤积、动脉系统血液灌注不足，以肺循环和（或）体循环淤血、器官和组织血液灌注不足为主要表现的一组综合征，临床上也称为充血性心力衰竭（congestive heart failure，CHF）。症状有呼吸困难、体力活动受限、体液潴留等。吸烟、肥胖、高脂血症、缺乏锻炼、病毒感染和遗传等许多因素都可促使心力衰竭的发生，且几乎所有的心血管疾病均可引起心力衰竭，有 80% ~90% 的慢性心力衰竭是在原有心脏疾病基础上诱发的，心力衰竭是各类心脏疾病的终末阶段。

心力衰竭的治疗目的是缓解症状，防止或逆转心肌肥厚，提高患者的生活质量，延长其寿命。

心力衰竭分级

心衰分为四级：一级心衰是患者已经出现脏器的功能结构改变，但是无典型的临床症状。二级心衰是患者在一级基础上出现了轻度症状，但是日常活动不受影响，剧烈运动后可以出现胸闷、气短、呼吸困难等。三级心衰的表现是患者出现了严重的心衰症状，日常活动受限，部分患者出现夜间阵发性呼吸困难。四级心衰的表现是在休息状态下即出现呼吸困难、喘憋等症状，此期又称为终末期心衰。

心力衰竭的治疗有一般治疗和药物治疗两个方面。一般治疗原则主要是合理休息、控制水钠摄入量，积极防治心力衰竭的诱因和改善患者的营养。

一、治疗药物

（一）正性肌力药

1. 强心苷类正性肌力药 强心苷类正性肌力药具有正性肌力、负性频率和负性传导等作用。常用药物分为慢效（洋地黄毒苷等）、中效（地高辛等）和速效（毛花苷丙、去乙酰毛花苷、毒毛花苷 K 等）三类。

洋地黄毒苷口服吸收完全，适用于充血性心力衰竭以及心房颤动和心房扑动。毒毛花苷 K 高效、速效、长效，静脉给药，适用于急性充血性心力衰竭，特别是洋地黄无效者。毛花苷丙又称西地兰，口服吸收差，现已少用；注射多采用其脱乙酰基衍生物去乙酰毛花苷，去乙酰毛花苷在溶液中稳定性强于毛花苷丙。地高辛和去乙酰毛花苷是常用药物，二者对急性或慢性心力衰竭均适用，可控制心房颤动、心房扑动引起的心室频率加快以及室上性心动过速。强心苷类正性肌力药的特点及用法用量见表 8 – 15。

表 8 – 15　强心苷类正性肌力药的特点及用法用量

药物	药物的主要特点	药物用法用量
地高辛	血浆蛋白结合率高，排泄较快	口服，0.125 ~ 0.25mg，1 次/天；70 岁以上、肾功能不全者 0.125mg 起始，1 次/天或隔日 1 次
去乙酰毛花苷	静脉注射 10 分钟起效	5% 葡萄糖注射液稀释 0.4 ~ 0.6mg 后缓慢静脉注射，可再给 0.2 ~ 0.4mg/2 ~ 4h，≤1 ~ 1.6mg/d

2. 非强心苷类正性肌力药

（1）磷酸二酯酶抑制药　本类药物通过抑制心肌磷酸二酯酶Ⅲ，使心肌内 cAMP 降解减少，含量增加，发挥正性肌力作用和舒张血管作用，两种作用对受累的心肌发挥协同作用。不降低心衰的远期死亡率，长期使用可增加死亡率，主要用于其他抗心衰药无效或疗效不佳的顽固性心衰的短期治疗。代表药物有氨力农、米力农和维司力农，常用药物的特点和用法用量见表 8 – 16。

表 8 – 16　常用磷酸二酯酶抑制药的特点和用法用量一览表

药物	药物的主要特点	药物用法用量
氨力农	长期口服给药不良反应多，$t_{1/2}$ 短	静脉给药，5 ~ 10 分钟静注 0.5 ~ 1.0mg/kg，然后 5 ~ 10μg/（kg·min）速度静滴，单次剂量≤2.5mg/kg。每日最大剂量 <10mg/kg
米力农	作用强于氨力农，且不良反应较少	静脉给药，初始 5 ~ 10 分钟静注 25 ~ 75μg/kg，继之 0.25 ~ 1.0μg/（kg·min）静滴维持，≤1.13mg/d

（2）β 受体激动药　常用药物为多巴酚丁胺，用于器质性心脏病引起的心力衰竭。用药前需要纠正

血容量。静脉滴注：5%葡萄糖注射液或氯化钠注射液稀释，一次250mg，2.5~10μg/（kg·min）。

（二）利尿药

利尿药可促进钠、水排泄，减少血容量，减轻心脏负荷。治疗心衰噻嗪类中效利尿药最常用，也可以选择强效利尿药呋塞米或托拉塞米；弱效利尿药中的保钾利尿药（如氨苯蝶啶、螺内酯、阿米洛利和依普利酮等）多是与中效或强效利尿药合用以加强利尿效果并预防低血钾。顽固性水肿需大剂量应用强效利尿药。常用利尿药的特点和用法用量见表8-17。

表8-17　常用利尿药的特点和用法用量一览表

药物	药物的主要特点	药物用法用量
呋塞米	静脉注射疗效优于口服	口服，起始一次20~40mg，1次/天，逐渐加量，可增至100mg/d，分2~3次服用
氢氯噻嗪	口服吸收迅速；抗利尿，升血糖	口服，一次25~50mg，1~2次/天；或隔日疗法，或每周连服3~5天
氨苯喋啶	口服易吸收、起效快、持久，久用可致高血钾	饭后服，25~100mg/d，分2次服用，维持阶段可采用1次/天或隔日1次
螺内酯	口服起效慢、持久，久用可致高血钾	口服，40~120mg/d，分2~4次服用

（三）肾素-血管紧张素-醛固酮系统抑制药

肾素-血管紧张素-醛固酮系统抑制药包括ACEI和ARB类，详见本章第二节。

（四）β受体阻断药

β受体阻断药可使β受体上调，恢复β受体对正性肌力药的敏感性；直接和间接拮抗儿茶酚胺类的心肌毒性作用；减慢心率，延长左心室充盈时间，增加心肌血流灌注，保护心脏，并降低心肌耗氧；抑制肾素-血管紧张素-醛固酮系统，扩血管，减少水钠潴留，减轻心脏负荷；对心律失常和心肌细胞的重塑均有预防或阻止作用。各药的应用均应从小剂量开始，如患者能够耐受，可每隔2~4周将剂量加倍，逐渐增加至患者既能耐受又不致引起CHF的目标剂量。常用药物及其特点和用法用量见表8-18。

表8-18　常用β受体阻断药的特点和用法用量一览表

药物	药物的主要特点	药物用法用量
美托洛尔	选择性阻断β₁受体，首关消除	口服，初始一次6.25mg，2~3次/天，可视病情逐渐增量，最大剂量一次100mg，2次/天
比索洛尔	口服生物利用度高，$t_{1/2}$长	口服，初始一次1.25mg，1次/天，≤10mg/d
卡维地洛	阻断α受体，抗氧化，$t_{1/2}$长	进餐时服用，初始一次3.125mg，2次/天。单次用量每2周可增加1倍，一次最大量≤50mg

（五）血管扩张药

血管扩张药扩张静脉（容量血管）可减少静脉回心血量，降低心脏前负荷，缓解肺部充血及呼吸困难等症状；扩张小动脉（阻力血管）可降低外周阻力，降低心脏后负荷，相对增强心功能，增加心排出量，增加动脉供血，缓解组织缺血症状。但是，扩血管药仅能改善心衰的症状，不能阻止心衰的发展。常用扩血管药物的特点和用法用量见表8-19。

表8-19　常用扩血管药物的特点和用法用量一览表

药物	药物的主要特点	药物用法用量
硝酸甘油	$t_{1/2}$短，持续应用易耐受	静脉滴注，初始速度5μg/min，每3~5分钟增加5μg/min，如20μg/min时无效，可10μg/min递增，直至所需效果

续表

药物	药物的主要特点	药物用法用量
硝酸异山梨酯	持续应用易耐受	饭后服,一次 5 ~ 10mg,2 ~ 3 次/天
肼屈嗪	明显增加肾血流量,引起反射性心率加快	饭后服,一次 10mg,4 次/天,2 ~ 4 天后增至一次 25mg,再过 1 周后增至一次 50mg,≤200mg/d
硝普钠	起效快,短效	需要新鲜配制,详见表 8 - 10

二、治疗药物的应用原则

1. 强心苷类 急性心衰或慢性心衰急性加重选择速效类,常用去乙酰毛花苷、毒毛花苷 K;中度心力衰竭或维持治疗选择中效类和慢效类,常用地高辛。

2. 利尿药 心力衰竭出现水肿时,首选噻嗪类利尿药。重度心功能不全或伴有肾功能不全患者可选用强效利尿药。中、强效利尿药常需与保钾利尿药合用以加强利尿效果并预防低血钾,必要时补钾,尤其是强效利尿药,防止长期使用导致的低血钾诱发强心苷中毒。

3. ACEI 可降低心脏的前后负荷,消除心衰的症状,并限制心肌重塑。无症状的左心功能不全患者可首选 ACEI 治疗。

4. β受体阻断药 扩张型心肌病、冠心病伴心力衰竭以及急性心肌梗死合并心力衰竭的患者,在充分使用利尿药、ACEI 和地高辛基础上,加用小剂量 β 受体阻断药。对扩张型心肌病心力衰竭的疗效最佳。一般需要 3 个月的时间心功能才能得到改善。

5. 扩血管药 前负荷升高,肺部症状明显或伴有冠心病者,宜用扩张静脉为主的硝酸酯类;若后负荷升高,心排出量明显减少,宜用扩张动脉为主的肼屈嗪等;前、后负荷均升高者或心衰急性发作的抢救,选择对动脉、静脉均有扩张作用的硝普钠,或合用肼屈嗪和硝酸酯类。本类药物不能代替 ACEI 类。

岗位情景模拟 8 −4

情景描述 患者,男,72 岁,2 年来感觉乏力,步行二楼即心悸、气短,未治疗。1 周前感冒,出现畏冷、咳嗽、咳黄痰、身体不适等症状,发热 38℃左右,无胸痛。近 5 日来咳嗽加重,夜间不能平卧,心率 120 次/分,唇发紫。近 3 日下肢水肿,感冒后开始食欲缺乏、恶心、腹胀、睡眠差。平时冬季容易感冒。化验:血红蛋白 100g/L,白细胞 12×10^9/L。

讨　　论 1. 请结合病情分析,该患者的诊断是什么?

2. 治疗原则是什么?应该选择哪些药物治疗合适?

答案解析

三、药物的不良反应

1. 强心苷类 主要有胃肠道反应,如厌食、恶心、呕吐、腹泻;中枢神经系统反应,如眩晕头痛、疲倦、失眠、谵妄等;视觉障碍,如黄视绿视、视物模糊等;心脏毒性,这是最严重的不良反应,各种心律失常均可能出现(室性早搏、房室传导阻滞、窦性心动过缓多见)或原有心力衰竭重现。

2. 米力农 不良反应少,可有心律失常、低血压、头痛等。

3. ACEI、噻嗪类利尿药和硝普钠的不良反应见项目八任务二。

四、药物相互作用

药物相互作用见表 8 - 20。

表 8 - 20 心力衰竭治疗药物相互作用一览表

合用药物	相互作用
强心苷与噻嗪类、强效利尿药合用	易发生强心苷中毒
ACEI 与留钾利尿药合用	易发生高血钾
地高辛与含钙注射液合用	可导致迟后除极型心律失常
地高辛与螺内酯、奎尼丁或普罗帕酮合用	地高辛血药浓度增加，易中毒

即学即练 8 - 4

心力衰竭的治疗药物包括（   ）。

A. 强心苷类正性肌力药　　　　B. 钙通道阻滞药　　　　C. β 受体阻断药

D. 利尿药　　　　E. 血管紧张素转换酶抑制药

答案解析

任务五　心律失常

心律失常（arrhythmia）是指心跳频率、节律、起源部位、传导速度或激动次序的异常，是心脏节律性紊乱的表现，是常见的心脏疾病之一。

心脏多个部位都有引起搏动的功能，窦房结以外的一些心肌能产生干扰性电活动或者掩盖窦性心律，引起心肌的异常搏动，导致心律失常。心律失常可由心脏冲动形成异常引起，也可能因冲动传导异常所致，其临床症状表现不一，轻者可无自觉症状，严重者心脏泵血功能障碍，甚至危及生命。

心律失常根据发病时心率的快慢，分为快速型心律失常和缓慢型心律失常。快速型心律失常窦性心动过速、室性早搏、房性早搏、阵发性室上性心动过速、心房颤动、心房扑动、阵发性室性心动过速等多见，缓慢型心律失常见的有窦性心动过缓、房室传导阻滞等。

心律失常的治疗原则有药物治疗和非药物治疗两个方面。缓慢型心律失常的治疗药物较少，主要有阿托品和异丙肾上腺素等；本节重点介绍快速型心律失常的治疗药物。非药物治疗手段有起搏器、电复律、电除颤、射频消融和手术等。

📱 **知识链接**

心律失常的非药物治疗

电除颤和电复律均是应用除颤仪以一定量的电流冲击心脏，迅速终止快速型心律失常的治法。电除颤指对心房颤动和心室颤动的除颤，更多是对心室颤动的治疗，其病情严重，发生时心脏骤停，无泵血功能，易致死亡，所以电除颤急救时常用。电复律是将不正常节律变为正常的窦性节律，如心房颤动、心房扑动、室上性和室性心动过速的复律。

心脏起搏器是一种植入于体内的电子治疗仪器，通过发放规律的电脉冲刺激心肌，使心脏收缩加强，治疗缓慢型心律失常。

射频消融术是将射频消融仪电极导管经血管送入心内异常电传导路旁边，释放射频电流（热能）使局部心肌组织凝固性坏死，阻断心脏异常起源点和传导束，治疗快速型心律失常。

一、治疗药物 📱 微课3

（一） I 类——钠通道阻滞药

1. IA 类 – 适度阻滞钠通道药　本类药适度阻滞钠通道，延长动作电位时程（APD）和有效不应期（ERP），影响传导，降低自律性，属于广谱抗心律失常药物。常用药物有奎尼丁、普鲁卡因胺、丙吡胺。

（1）奎尼丁　主要用于心房颤动与心房扑动的复律、复律后窦律的维持和危及生命的室性心律失常的治疗。用于心房颤动与心房扑动的复律时口服给药，首先 0.2g 试服，2 小时内若无不良反应可正式用药：首日口服一次 200mg，1 次/2 小时，连续 5 次；若无效且无明显毒性反应，第 2 日增至一次 300mg、第 3 日一次 400mg，1 次/2 小时，连续给药 5 次，1 日总量不超过 2400mg。心律恢复正常后，改用维持量，一次 200～300mg，3～4 次/天。若连服 3～4 日无效或有毒性反应者，则停药。

（2）普鲁卡因胺　主要用于治疗室性心动过速，起效快于奎尼丁。口服：一次 250～500mg，1 次/4 小时。危重患者静脉注射或滴注，静脉注射：一次 100mg，5 分钟完成，必要时每 5～10 分钟重复 1 次，总量不得超过 10～15mg/kg；静脉滴注：10～15mg/kg 滴注 1 小时后，以维持量 1.5～2mg/（kg·h）继续滴注。

2. IB 类 – 轻度阻滞钠通道药　该类药轻度阻滞钠通道，抑制 4 相 Na^+ 内流，降低自律性；促进 K^+ 外流，缩短 APD，相对延长 ERP，主要作用于心室肌和希－浦肯野纤维系统，纠正各种室性心律失常。常用药物有利多卡因、苯妥英钠、美西律等。其中利多卡因是急性心肌梗死所致室性心律失常的首选药，苯妥英钠对强心苷中毒引起的室性心律失常更擅长，美西律兼有二者的长项。常用药物的特点和用法用量见表 8－21。

表 8－21　常用 IB 类轻度阻滞钠通道药的特点和用法用量一览表

药物	药物的主要特点	药物用法用量
利多卡因	首关消除明显，静脉给药，起效快，维持 20 分钟左右	1mg/kg（一般用 50～100mg）首次负荷量，3～5 分钟内静脉注射，然后 1～4mg/min 静滴维持；若无效，5～10 分钟后重复负荷量，最大量≤300mg/h
苯妥英钠	血浆蛋白结合率高，尿液呈不同程度的红色	口服，一次 100mg 起始，2 次/天。1～3 周内增加至 250～300mg，分 3 次口服
美西律	利多卡因的衍生物，口服吸收迅速、完全	口服，首剂 200～300mg，必要时 2 小时后再服 100～200mg。维持量 400～800mg/d，分 3～4 次口服

3. IC 类 – 重度阻滞钠通道药　重度阻滞心肌细胞钠通道，减慢心房、心室和浦肯野纤维的传导；抑制钾通道，延长心肌细胞 APD 和 ERP，对室性和室上性心律失常均有效。常用的药物有普罗帕酮、氟卡尼。氟卡尼为二线药，适用于顽固性或危及生命的心律失常的治疗。

普罗帕酮对室上性和室性心律失常均适用。口服：治疗量，300～900mg/d，分 4～6 次服用；维持量，300～600mg/d，分 2～4 次服用。静脉注射：一次 70mg，5% 葡萄糖溶液稀释后 10 分钟内缓慢注射，必要时每 10～20 分钟重复 1 次，总量不超过 210mg。静注起效后静滴给药，口服维持。

（二）Ⅱ类——β受体阻断药

此类药物阻断心肌的 $β_1$ 受体，同时可阻滞钠通道、促进钾通道开放，从而降低自律性，减慢传导，发挥抗心律失常作用。还具有抗心肌缺血作用。适用于室上性及室性心律失常。常用药物有普萘洛尔、阿替洛尔和美托洛尔等，详见表 8-1。

普萘洛尔主要用于室上性心律失常，包括窦性心动过速、房颤、房扑，是交感神经兴奋（如激动、运动、焦虑、甲状腺功能亢进、麻醉等）引起的窦性心动过速的首选药；对嗜铬细胞瘤所致心律失常有特效；对心肌梗死患者，可减少心律失常的发生，缩小梗死面积，降低病死率。一次 10~30mg，3~4 次/天，饭前、睡前服用。根据需要及耐受程度及时调整，静脉给药慎用。其他常用药物的特点和用法用量见表 8-22。

表 8-22　常用 β 受体阻断药的特点和用法用量一览表

药物	药物的主要特点	药物用法用量
比索洛尔	对 $β_1$ 受体选择性高于阿替洛尔，$t_{1/2}$ 长	口服，初始一次 5mg（肝肾功能不全及支气管痉挛者减半），1 次/天
艾司洛尔	静脉注射后数秒起效，$t_{1/2}$ 仅 9 分钟	0.5mg/kg 负荷量，1 分钟内静脉注射，继以 0.05mg/（kg·min）静脉点滴维持；若无效，4 分钟后重复负荷量，维持量递增，直至 0.2mg/（kg·min）

（三）Ⅲ类——延长动作电位时程药

延长动作电位时程药又称为钾通道阻滞药，可抑制 K^+ 外流，延长心房肌、心室肌和浦肯野纤维细胞 APD 和 ERP。常用药物有胺碘酮、索他洛尔等。

1. 胺碘酮　除阻滞钾通道外，还阻滞心肌细胞膜钠、钙通道，非竞争性阻断 α、β 受体，降低窦房结、浦肯野纤维的自律性和传导性，并扩张血管。属于广谱抗心律失常药，对心房扑动、心房颤动、室上性心动过速和室性心动过速均有效。扩血管作用舒张冠状动脉，并降低外周血管阻力，减轻心负荷，适用于冠心病并发的心律失常。静脉注射用于利多卡因无效的室性心动过速。

2. 索他洛尔　除阻滞钾通道外，还阻断 β 受体，降低窦房结自律性，减慢房室结传导。主要用于严重的室性心律失常，也适用于阵发性室上性心动过速和心房颤动，维持心房颤动患者的窦性心率。

常用药物的特点和用法见表 8-23。

表 8-23　常用延长动作电位时程药的特点和用法用量一览表

药物	药物的主要特点	药物用法用量
胺碘酮	口服 1 周左右显效，停药后作用持续 1 个月左右，静注 10 分钟即起效，胆汁排泄	饭后服，一次 200mg，3 次/天，3 天后，可 1~2 次/天；或一次 100mg，3 次/天
索他洛尔	口服吸收快，无首关消除，生物利用度 95%，肾功能不全者 $t_{1/2}$ 明显延长	口服，初始一次 40mg，2 次/天。可根据需要逐渐加量，最大剂量 480mg/d

（四）Ⅳ类——钙通道阻滞药

本类药阻滞钙通道，抑制钙内流，从而降低窦房结、房室结自律性；减慢房室结传导；延长窦房结、房室结 ERP。主要用于室上性心动过速和心房颤动、心房扑动、持续性房性心动过速的心室率控制。阻滞钙通道同时产生抑制心肌收缩力和扩血管作用，使这类药也适合于伴有冠心病或高血压者。常用药物有维拉帕米、地尔硫䓬。其中维拉帕米是阵发性室上性心动过速的首选药。地尔硫䓬不良反应较轻。

维拉帕米口服吸收迅速而完全，首关效应明显，生物利用度仅 10% ~ 30%。口服，240 ~ 480mg/d（服用洋地黄者最大剂量不超过 320mg/d），分 3 ~ 4 次口服，或服用缓释片 120 ~ 240mg，1 次/天。

（五）V类——其他药物

其他类药物的代表药是腺苷，它是内源性嘌呤核苷。腺苷通过激动腺苷受体而激活与 G 蛋白偶联的 K^+ 通道，促进 K^+ 外流，从而缩短心房肌的 APD，使膜电位超极化而降低窦房结和心房组织的自律性，此外还能抑制房室传导，延长房室结 ERP。临床主要用于迅速终止折返性室上性心律失常，也可抑制交感神经兴奋引起的心律失常。成人初始剂量 3mg，第二次给药剂量 6mg，第三次给药剂量 12mg，每次给药间隔 1 ~ 2 分钟，均为快速静脉注射，1 ~ 2 秒内完成。

二、治疗药物的应用原则

1. 明确病因，祛除诱因 低钾血症、低镁血症、心肌缺血缺氧、药物中毒、情绪剧烈变化、过度运动及甲状腺功能亢进、嗜铬细胞瘤均可诱发心律失常，抗心律失常药物治疗前应采取措施加以纠正或消除，利于心律失常的控制。

2. 确定类型，择优选药 根据心律失常类型和药物作用特点选药。①窦性心动过速：首先对因治疗，必要时选用 β 受体阻断药。②心房颤动、心房扑动：转律选择奎尼丁、胺碘酮、普罗帕酮；减慢心室率：选择强心苷、维拉帕米、β 受体阻断药。③阵发性室上性心动过速首选维拉帕米治疗，腺苷、胺碘酮、普罗帕酮等亦可选用。④室性早搏：急性心肌梗死所致者首选利多卡因；强心苷中毒引起者选择苯妥英钠。⑤阵发性室性心动过速可选择利多卡因、普鲁卡因胺、胺碘酮等。

3. 减少用药种类 首选单一用药，疗效不理想者考虑联合用药。联合用药时应考虑药物间作用的协同与拮抗，避免过度抑制心脏。

4. 用药个体化，减少或避免不良反应 抗心律失常药对心律的影响是双向的，既可治心律失常，又可致心律失常。因此，药物剂量应个体化，减少或避免不良反应的发生，尤其是致心律失常作用。

▶▶ 岗位情景模拟 8 - 5

情景描述 张女士，46 岁。一个月前因与人口角，心情烦闷，入睡困难。3 天前感觉胸闷、心悸，讲话时气促严重，似因紧张而上气不接下气的感觉，无持续性胸痛和端坐呼吸，无黑矇、晕厥，无头痛、呕吐，心电图示心率 102 次/分，其他正常。

讨　　论 1. 请根据病情分析对张女士的疾病进行诊断。
　　　　　2. 选择哪个抗心律失常药物治疗张女士的疾病更合适？

答案解析

三、药物的不良反应

1. 奎尼丁 有胃肠道反应，腹泻多见。有"金鸡纳反应"，表现为头痛、头晕、耳鸣、腹泻、恶心、视物模糊等。心血管反应，有低血压和心脏毒性，心脏毒性表现为室内传导阻滞、Q - T 间期延长和尖端扭转型心动过速。奎尼丁晕厥，是偶见的最严重的不良反应，表现为意识丧失、四肢抽搐、呼吸停止。

2. 利多卡因 不良反应最轻，主要有中枢神经系统症状，表现为头晕、嗜睡或激动不安。眼球震颤是利多卡因中毒反应的早期信号。大剂量可致心率减慢、房室传导阻滞、血压下降和惊厥等。

3. 美西律 不良反应多，主要是神经系统症状，有眩晕、震颤、运动失调、语音不清、视物模糊等，少数患者出现复视、眼球震颤、精神失常等。还可见窦性心动过缓。

4. 普罗帕酮 常见有眩晕、头痛、运动失调、味觉异常。严重抑制心脏，可致心律失常、直立性低血压，使充血性心力衰竭恶化等。

5. 胺碘酮 可出现肺毒性，最严重又罕见的是肺间质纤维化。还可引起甲状腺功能紊乱、心律失常、光敏反应和角膜褐色碘微粒沉着等。

6. 维拉帕米 可出现胃肠反应。静脉给药的主要不良反应为低血压，并抑制心脏，给药过快可引起暂时窦性停搏、传导阻滞及心力衰竭。

四、药物相互作用

药物相互作用见表 8-24。

表 8-24 抗心律失常药物相互作用一览表

合用药物	相互作用
美西律与其他抗心律失常药合用	协同作用
西咪替丁与普罗帕酮或奎尼丁合用	西咪替丁增加后两者血药浓度
胺碘酮与β受体阻断药或钙通道阻滞药合用	加重窦性心动过缓和房室传导阻滞
维拉帕米与β受体阻断药合用	负性肌力作用增强，有心脏停搏的危险

即学即练 8-5

阵发性室上性心动过速宜首选哪个药物治疗（   ）。

A. 奎尼丁   B. 利多卡因   C. 苯妥英钠

D. 维拉帕米   E. 胺碘酮

答案解析

目标检测

答案解析

一、选择题

（一）最佳选择题

1. 治疗变异型心绞痛应该首选（   ）。

    A. 硝酸甘油   B. 单硝酸异山梨酯   C. 硝苯地平

    D. 维拉帕米   E. 普萘洛尔

2. 治疗高胆固醇血症应首选（   ）。

    A. HMG-CoA 还原酶抑制剂   B. 苯氧酸类   C. 烟酸类

    D. 胆固醇吸收抑制剂   E. 胆汁酸结合树脂类

3. 治疗高甘油三酯血症应首选（   ）。

    A. HMG-CoA 还原酶抑制剂   B. 贝特类   C. 烟酸类

D. 依折麦布 　　　　　　E. 胆汁酸结合树脂类

4. 心脏前后负荷都升高的心力衰竭联合扩管药物治疗时选择哪个药物更合适（　　　）

    A. 硝酸甘油 　　　　　　B. 肼屈嗪 　　　　　　C. 硝普钠

    D. 卡托普利 　　　　　　E. 氯沙坦

5. 容易引起金鸡纳反应的药物是（　　　）。

    A. 奎尼丁 　　　　　　B. 利多卡因 　　　　　　C. 苯妥英钠

    D. 普鲁卡因胺 　　　　　　E. 维拉帕米

（二）配伍选择题

（6～7题共用备选答案）

    A. 硝苯地平 　　　　　　B. 美托洛尔 　　　　　　C. 硝酸甘油皮肤贴片

    D. 单硝酸异山梨酯 　　　　　　E. 尿激酶

6. 预防心绞痛夜间发作应选择（　　　）。

7. 心肌梗死的溶栓治疗应选择（　　　）。

（8～10题共用备选答案）

    A. 硝苯地平 　　　　　　B. 普萘洛尔 　　　　　　C. 卡托普利

    D. 氢氯噻嗪 　　　　　　E. 哌唑嗪

8. 高血压伴有左心室肥厚选择哪个药物治疗更合适（　　　）。

9. 高血压伴有高脂血症者选择哪个药物降压更合适（　　　）。

10. 高血压危象选择哪个药物可以迅速降压（　　　）。

（11～13题共用备选答案）

    A. 奎尼丁 　　　　　　B. 普萘洛尔 　　　　　　C. 利多卡因

    D. 维拉帕米 　　　　　　E. 苯妥英钠

11. 窦性心动过速选择哪个药物治疗更合适（　　　）。

12. 治疗强心苷中毒引发的心律失常选择哪个药物更合适（　　　）。

13. 治疗心肌梗死引发的心律失常选择哪个药物更合适（　　　）。

（三）多项选择题

14. 高血压合并糖尿病选择哪个药物降压合适（　　　）。

    A. 卡托普利 　　　B. 硝苯地平 　　　C. 氯沙坦 　　　D. 普萘洛尔 　　　E. 氢氯噻嗪

15. 容易导致骨骼肌损伤的调脂药物有（　　　）。

    A. 辛伐他汀 　　　　　　B. 贝特类 　　　　　　C. 烟酸类

    D. 依折麦布 　　　　　　E. 胆汁酸结合树脂类

16. 高胆固醇血症可以选择哪类药物治疗（　　　）。

    A. 他汀类 　　　　　　B. 贝特类 　　　　　　C. 普罗布考

    D. 胆固醇吸收抑制剂 　　　　　　E. 胆汁酸结合树脂类

二、简答题

写出稳定型心绞痛的治疗原则、治疗药物及给药方法和给药剂量。

三、实例解析题

    患者，男，70岁，胸闷、气短、乏力6个月。半年前无明显诱因出现胸闷、乏力、气短，有时伴有左肩不舒服，医院做心电图和彩超检查，诊断为冠状动脉硬化性心脏病。给予单硝酸异山梨酯口服治疗，服药 1 个月后症状缓解。

　　问题　1. 该患者能确定为冠心病吗？

　　　　　2. 给单硝酸异山梨酯治疗合适吗？

　　　　　3. 除了单硝酸异山梨酯还可以应用什么药物进行治疗？

书网融合……

| 知识回顾 | 微课1 | 微课2 | 微课3 | 习题 |

（刘文艳　刘　秀）

项目九　呼吸系统疾病的药物治疗

学习引导

呼吸系统与外界相通，容易受到各种病原微生物、粉尘等的侵袭引起呼吸系统疾病。现代生活方式、环境污染、吸烟等，使得呼吸系统疾病如急性上呼吸道感染、慢性阻塞性肺疾病、支气管哮喘的发病率居高不下，尤其是近些年病毒感染性疾病如非典、禽流感、新冠肺炎等急性传染性疾病严重威胁着人类的健康。肺结核曾经被认为是控制住的呼吸道传染性疾病，目前呈现"死灰复燃"的情况，而且出现多重耐药结核分枝杆菌。呼吸系统疾病发病人群以儿童、老年患者为多。针对上述这些情况，呼吸系统疾病的治疗原则是什么，其常用治疗药物有哪些呢？

本项目主要介绍呼吸系统常见疾病包括急性上呼吸道感染、肺炎、支气管哮喘、肺结核、慢性阻塞性肺疾病的药物治疗。

📖 学习目标

1. **掌握**　急性上呼吸道感染、肺炎、支气管哮喘、肺结核、慢性阻塞性肺疾病的常见临床表现、药物治疗原则以及治疗药物的合理选用。
2. **熟悉**　常见呼吸系统疾病的治疗原则及其治疗药物的相互作用。
3. **了解**　上述疾病其他治疗方法和手段。

任务一　急性上呼吸道感染

PPT

急性上呼吸道感染（acute upper respiratory tract infection URTI，简称上感）是发生在上呼吸道鼻、咽、喉的急性感染，多数由病毒感染引起，如腺病毒、鼻病毒、甲型流感病毒、副流感病毒、呼吸道合胞病毒等，少部分由细菌感染引起，劳累、受凉等机体抵抗力下降往往是诱因。临床常见症状为鼻塞、打喷嚏、流鼻涕、咳嗽、咽干、咽痛、声嘶、发热、全身肌肉酸痛等。根据病因和病变范围的不同，又可以分：①普通感冒；②急性病毒性咽喉炎；③急性疱疹性咽峡炎；④咽结膜热；⑤细菌性咽炎及扁桃体炎等类型。

急性上呼吸道感染主要采取对症治疗、病因治疗等。明确细菌感染者可以选用有效抗菌药物。合并高热、年老体弱患者需要注意休息，多喝白开水，保持室内空气流通。积极防治并发症的发生。

一、治疗药物

（一）对因治疗药物

1. 抗病毒药物 可以选用奥司他韦、金刚烷胺、吗啉胍、板蓝根等，一般的病毒感染可以不用药物，如果流感在发病的 48 小时内使用神经氨酸酶抑制剂，如奥司他韦，可以有效抑制病毒复制，控制病情。奥司他韦胶囊，一次 75mg，2 次/天。

2. 抗菌药物 一般不用，有明确细菌感染指征者，可以选用阿莫西林、头孢氨苄、阿奇霉素、左氧氟沙星等药物。①阿莫西林胶囊：口服，一次 0.5g，3 次/天。头孢氨苄，口服，一次 0.5g，3 ~ 4 次/天。②阿奇霉素：成人，第 1 日，0.5g 顿服，第 2 ~ 5 日，0.25g/d 顿服；或 0.5g/d 顿服，连服 3 天。儿童，咽炎、扁桃体炎，第 1 日，10mg/kg 顿服，第 2 ~ 5 日，5mg/（kg·d）顿服。③左氧氟沙星：口服用于慢性支气管炎急性细菌感染性加重，0.4g/d，分 2 次服，或 0.5g/d，顿服，疗程 7 天。缓慢静脉滴注用于慢性支气管炎急性细菌感染性加重，0.5g/d，1 次/天，疗程 7 天，根据病情需要，可先予静脉滴注，继以口服左氧氟沙星的序贯疗法。

（二）对症治疗药物

1. 解热镇痛药 缓解上感引起的头痛、发热、全身肌肉酸痛等症状，可以选用对乙酰氨基酚、布洛芬等。常用解热镇痛药及用法用量见表 9 - 1。

表 9 - 1 常用解热镇痛药及用法用量

药物		药物用法用量
对乙酰氨基酚	成人	口服，一次 0.3 ~ 0.6g，1 次/4 小时或 4 次/天，一日量不宜超过 2g；肌内注射，一次 0.15 ~ 0.20g，不宜长期应用，退热疗程不超过 3 天
	儿童	口服，一次 10 ~ 15mg/kg，总量≤600mg，1 次/4 ~ 6 小时，不超过 4 次/天，连续用药不超过 3 天；新生儿一次 10mg/kg，1 次/4 ~ 8 小时，如果有黄疸应减量至 5mg/kg
布洛芬	成人	口服，一次 0.2 ~ 0.4g，1 次/4 ~ 6 小时；缓释片：一次 0.3 ~ 0.6g、2 次/天。缓释胶囊，一次 0.3g、2 次/天
	儿童	用于 3 个月以上婴幼儿，解热镇痛，口服，一次 5 ~ 10mg/kg，1 次/6 小时，≤4 次/天

2. 抗组胺药 用于缓解上感引起的喷嚏、流鼻涕等卡他样症状和过敏反应，可以选用含有氯苯那敏、氯雷他定和苯海拉明等制剂的复方感冒药。

3. 伪麻黄碱 缓解鼻塞、鼻黏膜充血、水肿等，可以选用含伪麻黄碱制剂的感冒药，如美扑伪麻片。伪麻黄碱制剂一般不单独用于感冒。

4. 镇咳药 对于咳嗽较明显者可以选用右美沙芬、苯丙哌林、喷托维林等镇咳药，对于痰液多且黏稠者，需要加用化痰药物如羧甲司坦、乙酰半胱氨酸、愈创甘油醚等。右美沙芬：①成人：片剂、糖浆剂、颗粒剂，一次 15 ~ 30mg，3 ~ 4 次/天；缓释片剂，一次 30mg，2 次/天，不可掰碎服用。②2 岁以上儿童：宜选用儿童剂型，如颗粒剂、糖浆剂、口服溶液，不同剂型用法用量有差异。一般推荐剂量为：2 ~ 6 岁儿童一次 2.5 ~ 5.0mg，6 ~ 12 岁儿童一次 5 ~ 10mg，3 ~ 4 次/天。2 岁以下小儿不宜使用。苯丙哌林：口服一次 20 ~ 40mg，3 次/天。喷托维林：①成人：口服，一次 25mg，3 ~ 4 次/天。②儿童：一般用于 5 岁以上，口服，一次 6.25 ~ 12.50mg，2 ~ 3 次/天。

5. 咖啡因 可以缓解感冒引起的头痛，还能对抗氯苯那敏等引起的嗜睡。属于第二类精神药品，一般不单独应用。常用复方感冒制剂的特点及用法用量见表9-2。

表9-2 常用复方感冒制剂的特点及用法用量

药物	药物的主要成分及应用	药物用法用量
美酚伪麻片	主要含右美沙芬、伪麻黄碱等，用于感冒引起的鼻塞、流涕、喷嚏、咳嗽等症状的对症治疗	口服，一次1~2片，3~4次/天
复方氨酚烷胺片	主要含对乙酰氨基酚、金刚烷胺、氯苯那敏、咖啡因等，用于缓解感冒引起的发热、头痛、四肢酸痛、鼻塞、流鼻涕、咽痛等	口服，1粒/次，3次/天
感冒灵颗粒	主要含对乙酰氨基酚、氯苯那敏、三叉苦、金盏银盘等，用于缓解感冒引起的头痛、发热、鼻塞、流涕、咽痛等症状	口服，1袋/次，3次/天
连花清瘟胶囊	主要含连翘、金银花、板蓝根、鱼腥草、炙麻黄等，用于感冒引起的发热、肌肉酸痛、鼻塞流涕、咳嗽、头痛等症状	口服，4粒/次，3次/天
小柴胡颗粒	主要含柴胡、姜半夏、黄芩、甘草等用于肠道病毒感染引起的寒热往来、胸胁苦满、心烦喜吐、口苦咽干等症状	口服，一次1~2袋，3次/天

二、治疗药物的应用原则

1. 目前无特效抗病毒药物，针对上感等主要采取对症治疗为主，给药方式主要是口服药物治疗，连续用药不超过7日。

2. 一般根据症状选择一种复方制剂感冒药，禁止同时服用多种含有相同成分的抗感冒药，以免引起肝肾损害。

3. 心脏病、高血压、甲亢、青光眼、前列腺增生伴排尿困难、肺气肿等患者应慎用含有伪麻黄碱制剂的感冒药。

三、药物的不良反应

1. **胃肠道反应** 常见恶心、呕吐、腹痛等，应饭后服用。

2. **中枢抑制** 抗组胺药引起嗜睡、眩晕、手足震颤等，司机、高空作业人员等避免使用。

3. **血压升高** 鼻黏膜血管收缩剂伪麻黄碱等会引起血压升高，高血压、心脏病、甲状腺功能亢进、青光眼、前列腺增生患者慎用。

四、药物相互作用

1. 含有伪麻黄碱成分的复方感冒药避免与降压药、扩张支气管药同时服用，会影响降血压、扩张支气管的疗效。

2. 含有抗组胺药成分的药物与镇静催眠药、中枢抑制药等同时服用，会加重对中枢的抑制。

即学即练9-1

急性上呼吸道感染患者发热首选哪个药物缓解（   ）。

A. 地塞米松　　　　　B. 阿司匹林　　　　　C. 对乙酰氨基酚

答案解析

D. 利巴韦林　　　　　E. 氯苯那敏

任务二　肺　炎

PPT

肺炎（pneumonia）是指发生在终末气道、肺泡和肺间质的感染性疾病，引起肺炎的病原体主要是细菌，其他还包括病毒、真菌、支原体等，另外免疫损伤、过敏及理化因素也可引起肺炎。临床主要表现为寒战高热、咳嗽、咳痰、胸闷、气短、全身乏力等，体格检查见语音震颤增强、呼吸音减弱、肺部闻及湿啰音等。血常规检查可见白细胞计数 $> 10 \times 10^9/L$，以中性粒细胞升高为主，或 $< 4 \times 10^9/L$，肺部影像学检查见片状、斑片状浸润阴影或磨玻璃样阴影等可以确诊。可以根据痰液的不同大致确定病原菌，如铁锈色痰提示肺炎链球菌感染、砖红色痰提示肺炎克雷伯菌感染、金黄色脓痰提示金黄色葡萄球菌感染、黄绿色脓痰提示铜绿假单胞菌感染。肺炎按解剖部位可以分为大叶性肺炎、小叶性肺炎和间质性肺炎等。按患病环境分为社区获得性肺炎和医院获得性肺炎。社区获得性肺炎是指在医院以外罹患的感染性肺炎；医院获得性肺炎是指在入院时不处在潜伏期，而是入院48小时之后在医院发生的肺炎。

肺炎的治疗方式主要是采取综合治疗，包括药物治疗、对症支持治疗以及积极预防和处理并发症。注意休息，加强营养，多饮水、促排痰等，及早使用有效的抗菌药物是治疗的关键环节。

一、治疗药物 [e] 微课1

临床上针对肺炎的主要药物有如下几种：

（一）抗菌药物

1. β-内酰胺类　青霉素G是肺炎链球菌性肺炎的首选药物，还可以选用阿莫西林、头孢克洛、头孢呋辛等，主要针对革兰阳性菌和阴性菌。常用β-内酰胺类药物的特点及用法用量见表9-3。

表9-3　常用β-内酰胺类药物的特点及用法用量

药物	药物的主要特点	药物用法用量
青霉素钠	天然青霉素，对革兰阳性球菌作用强	轻症：80万 U/d，2 次/天，肌内注射 重症：1000万～3000万 U，1 次/天，静脉滴注
阿莫西林	半合成广谱青霉素，对革兰阳性菌和阴性菌有杀菌作用	一次 0.5g，口服，1 次/8 小时
头孢拉定	一代头孢菌素，对革兰阳性菌有较好的抗菌作用	一次 0.25～0.5g，口服，3～4 次/天
头孢呋辛	二代头孢菌素，对革兰阳性菌和阴性菌有很强的抗菌作用	0.75～1.5g 静脉滴注，1 次/8 小时；一次 0.5g，口服，2 次/天
头孢克洛	二代头孢菌素，适用于敏感菌引起的各种感染	一次 0.5g，口服，3 次/天
头孢曲松	三代头孢菌素，对革兰阴性杆菌产生的 β-内酰胺酶高度稳定	1～2g/d，静脉滴注，1 次/天
头孢哌酮	对铜绿假单胞菌作用强	一次 1～2g，静脉滴注，1 次/8 小时
阿莫西林/克拉维酸	青霉素类/酶抑制剂复合物	一次 1.2g，静脉滴注，1 次/8～12 小时；一次 625～1000mg，口服，3 次/天
氨苄西林/舒巴坦	青霉素类/酶抑制剂复合物	1.5～3g/d，静脉滴注，1 次/6～8 小时

2. 大环内酯类　用于支原体、衣原体、军团菌等引起的感染。常选用阿奇霉素、罗红霉素、克拉霉素等。用法用量：阿奇霉素：一次 0.5g，1 次/天；儿童 10mg/（kg·d），1 次/天，口服，连用 3 日。罗红霉素，一次 0.15g，2 次/天空腹口服，一般疗程 5～12 天。

3. 氨基糖苷类　适用于需氧革兰阴性菌及铜绿假单胞菌属等感染的治疗，常选用妥布霉素、阿米卡星等。阿米卡星：15mg/（kg·d），分2~3次肌内注射或静脉滴注给药，成人每日量不超过1.5g。西索米星：3mg/（kg·d），分3次肌内注射。一般疗程5~10天，不超过10天。

4. 氟喹诺酮类 广谱杀菌剂，对革兰阴性杆菌、支原体等作用强，常选用氧氟沙星、左氧氟沙星、环丙沙星、莫西沙星等，左氧氟沙星一次0.5g，口服/静脉滴注，1次/天；莫西沙星一次0.4g，口服/静脉滴注，1次/天。

5. 万古霉素类 适用革兰阳性菌引起的严重感染或者耐甲氧西林金黄色葡萄球菌（MRSA）感染。

（二）对症治疗药物

1. 解热药 发热患者采取物理降温，中度以上发热可以选用解热镇痛药，如对乙酰氨基酚、布洛芬等。出汗较多患者注意补充足够的液体。

2. 祛痰药 对于痰液较多且黏稠不易咳出者，宜选用祛痰剂如氨溴索、乙酰半胱氨酸、溴己新、羧甲司坦等，老年患者痰液较多且排痰困难者可以辅助应用吸引器吸痰。

3. 镇咳药 咳嗽剧烈的患者可以酌情使用镇咳药物，如右美沙芬、喷托维林等。避免使用强效镇咳药如可待因等。

4. 糖皮质激素 出现毒血症的肺炎患者在足量抗菌药物治疗下，适当给予糖皮质激素如地塞米松、甲泼尼龙等短期治疗以减轻毒血症状。

二、治疗药物的应用原则

1. 肺炎的治疗关键是针对病因治疗，尽早使用有效的抗菌药物，给予抗菌药物之前应重视病原学检查，做痰标本、血培养等。

2. 使用抗菌药物48~72小时后应对病情进行评价以便根据疗效调整用药。根据不同的病原菌、病情严重程度以及患者是否有基础疾病等采用个体化治疗方案。

3. 肺炎的抗菌药物治疗至少5天，大多数患者需要7~10天或者更长时间，体温正常48~72小时且主要呼吸道症状明显改善后可停用抗菌药物。老年患者或者基础病患者适当延长抗菌药物治疗时间。

4. 对于医院获得性肺炎，了解当地医院的病原学监测数据更为重要，结合本地区流行病学资料和患者的病情、个体情况，在感染发生4小时内尽早采取经验性抗生素治疗，根据实验室检查及痰液、血等细菌培养和药敏试验尽早转为针对性治疗。肺炎的经验治疗常用药物选择见表9-4。

表9-4 肺炎的经验治疗常用药物选择

肺炎类型		经验治疗选择药物
社区获得性肺炎（CAP）门诊治疗	无基础疾病的青壮年，常见致病菌有肺炎链球菌、肺炎支原体、流感嗜血杆菌等	①常用青霉素类，青霉素类/酶抑制剂复合物；②一、二代头孢菌素；③多西环素或米诺环素；④呼吸氟喹诺酮类（莫西沙星、吉米沙星和左氧氟沙星）；⑤大环内酯类
	有基础疾病或老年人常见致病菌有肺炎链球菌、流感嗜血杆菌、克雷伯杆菌等	①青霉素类/酶抑制剂复合物；②二、三代头孢菌素；③氟喹诺酮类；④上述药物联合四环素类多西环素、米诺环素或大环内酯类
社区获得性肺炎（CAP）需住院静脉滴注等治疗	无基础疾病的青壮年，常见致病菌有肺炎链球菌、流感嗜血杆菌、肺炎支原体、流感病毒等	①青霉素G、氨基青霉素，青霉素类/酶抑制剂复合物；②二、三代头孢菌素、头霉素类、氧头孢烯类；③上述药物联合多西环素、米诺环素或大环内酯类；④呼吸氟喹诺酮类；⑤大环内酯类
	有基础疾病或老年人，常见致病菌有肺炎链球菌、金黄色葡萄球菌、流感嗜血杆菌、肺炎克雷伯杆菌等	①青霉素类/酶抑制剂复合物；②三代头孢菌素或其酶抑制剂复合物、头霉素类、氧头孢烯类；③上述药物联合大环内酯类；④呼吸氟喹诺酮类

续表

肺炎类型		经验治疗选择药物
医院获得性肺炎（HAP）	我国常见的病原菌包括鲍曼不动杆菌、铜绿假单胞菌、肺炎克雷伯菌、金黄色葡萄球菌及大肠埃希菌等	①选择可能覆盖病原体的抗菌药物；②根据患者的年龄、病情等选择抗菌药物和给药途径。常用第二/三代头孢菌素、β-内酰胺类/β-内酰胺酶抑制剂、氟喹诺酮类或碳青霉烯类。在明确感染的病原体后，应尽量使用抗菌谱较窄且疗效确切的抗菌药物
重症肺炎	多发生于年老、体弱，全身状况较差以及有各种基础疾病的慢性和重危病患者，以及长期使用糖皮质激素或其他免疫抑制剂的患者，多由细菌、真菌、支原体、病毒或原虫等引起的肺实质炎症	应选择广谱的强力抗菌药物，采取足量、联合用药。重症 CAP 常用 β-内酰胺类联合大环内酯类或氟喹诺酮类；青霉素过敏者用氟喹诺酮类和氨曲南。医院获得性肺炎可用氟喹诺酮类或氨基糖苷类联合抗铜绿假单胞菌的广谱青霉素/β-内酰胺酶抑制剂、碳青霉烯类等，必要时可联合万古霉素、替考拉宁或利奈唑胺

三、药物的不良反应

1. 青霉素类 过敏反应多见，表现为皮疹、药热甚至过敏性休克，需要注意预防，用药前做皮试。其他如红肿硬结、青霉素脑病、赫氏反应等。

2. 头孢菌素类 肾损害、过敏反应、双硫仑反应等。用药期间禁止饮酒或含有酒精的饮料等。

3. 大环内酯类 胃肠刺激、肝损害、血栓性静脉炎等。

4. 喹诺酮类 胃肠反应如恶心、呕吐、腹痛等，饭后服用可减轻；中枢神经系统反应诱发癫痫、精神失常等，癫痫及精神病患者禁用；骨关节软骨损害等。孕妇、18 岁以下人群禁用。还可能导致血糖紊乱、心脏毒性及光敏反应等。

5. 氨基糖苷类 耳、肾毒性及神经肌肉阻滞等，用药期间注意监测听力、肾功能。

四、药物相互作用

1. β-内酰胺类抗生素 为繁殖期抗菌药物，不能与大环内酯类等速效抑菌剂合用，降低抗菌效果。

2. 氨基糖苷类 同时服用碳酸氢钠增强抗菌活性；不宜与多肽抗生素、两性霉素 B、第一、二代头孢、袢利尿剂合用，加重肾、耳毒性。氨基糖苷类引起神经肌肉阻滞，不宜与肌松药、新斯的明、抗组胺药物等同时服用。

3. 喹诺酮类 不宜同时与含多价金属阳离子的药物如硫糖铝、硫酸亚铁等合用，会影响喹诺酮类药物的吸收，影响疗效。用药期间多饮水，避免阳光照射引起光敏反应。不宜与氨茶碱、克林霉素等配伍应用，会产生沉淀，同时引起氨茶碱血药浓度升高和半衰期延长。喹诺酮类与 NSAIDs 合用容易引起中枢神经系统不良反应。

📖 **知识链接**

钟南山院士与"非典"、新冠肺炎

钟南山，男，汉族，中共党员，1936 年 10 月出生，福建厦门人，中国工程院院士，抗击"非典"特等功臣，"共和国勋章"获得者。2003 年初，"非典"疫情突如其来，他主动请缨："把最危重的'非典'患者集中收治到我们这里！"面对肆虐的非典疫情，他临危不惧，在"非典"病因不明的情况下，他以客观事实和临床经验为依据，证实"非典"是一种新型冠状病毒所致，精心制订治疗方案，挽救了很多患者的生命，表现了一个科学家严谨求真的治学态度。2019 年底，武汉爆发疫情，84 岁高龄的他临危受命、逆风而行进入疫情一线，为我国抗击新冠肺炎做出了巨大的贡献，他是当之无愧的人民英雄，真正为民的好大夫，值得我们大家学习敬仰！

任务三　支气管哮喘

PPT

支气管哮喘（bronchial asthma，简称哮喘）是一种异质性慢性呼吸道疾病，患病率在全球范围内有逐年增加的趋势，目前全球哮喘患者约达 3.58 亿。哮喘是多种炎症细胞以及细胞组分参与慢性气道炎症，进而引起气道高反应性的发生和发展。临床表现为反复发作的喘息、气急、胸闷、咳嗽，引起呼气性呼吸困难、发绀等症状，同时伴有气道高反应性和气流受限，随着病程延长可导致气道结构重塑。支气管哮喘在夜间及晨间多发，与接触变应原、冷空气或物理、化学刺激以及上呼吸道感染、运动等有关。支气管哮喘根据临床表现分为急性发作期、慢性持续期和临床控制期。哮喘的诊断主要是依据病史、完整的医疗记录，包括过去的 1 年中有哮喘症状或哮喘药物治疗史。主要辅助检查有支气管激发试验、支气管舒张试验、峰流速变异率测定以及变应原检测等，可以明确诊断。

支气管哮喘一般不能根治。主要是明确治疗目标，达到哮喘症状的良好控制，维持正常的活动水平，尽可能减少哮喘急性发作和降低死亡率，减少肺功能不可逆损害和药物相关不良反应的风险。对于支气管哮喘目前主要采取综合治疗措施，包括规范使用平喘抗炎药物、避免接触过敏原、生物靶向治疗、过敏原特异性免疫治疗等，哮喘持续期的治疗原则是以患者严重程度和控制水平为基础，选择相应的治疗方案，制订个体化的哮喘防治计划，并且进行疗效的监控。

岗位情景模拟 9-1

情景描述　患者，女，15 岁，一年多前患者开始出现咳嗽，为阵发性连声咳，夜间明显，伴喘息，无气急及呼吸困难，常秋冬交替之际感染后咳喘发作，每年发作 3～4 次，喘息发作时，予补液、雾化吸入治疗可缓解。缓解期间断服用"孟鲁司特"治疗，未规律用药。5 日前，天气变冷受凉后出现咳嗽、喘息发作。喉中有痰，可咳出，自予"布地奈德/福莫特罗复方吸入剂"治疗，喘息无明显缓解。查体：体温 37℃，脉搏 78 次/分，呼吸 20 次/分，胸廓外形正常，双肺可闻及哮鸣音。既往患有"湿疹"多年。胸片：两肺纹理增深；过敏原检测：粉尘螨 1mm，屋尘螨 1mm，海虾 1mm。

讨　论　1. 糖皮质激素类药物治疗支气管哮喘的机制是什么？

　　　　　2. 支气管扩张药主要分为哪几类？药理作用分别是什么？

答案解析

一、治疗药物

治疗哮喘的主要药物可以分为抗炎平喘药、支气管扩张药和抗过敏平喘药。

（一）抗炎平喘药物

1. 糖皮质激素　通过抑制气道炎症形成、抑制炎症介质的生成和释放、抑制气道高反应性、增强支气管及平滑肌细胞对儿茶酚胺的敏感性等发挥抗炎平喘作用，是哮喘持续状态或危重发作的重要抢救药物。吸入性糖皮质激素可在气道内充分发挥局部抗炎作用，减少全身不良反应，是目前控制哮喘发作的一线药物。对于慢性重度持续性哮喘，可以小剂量口服半衰期较短的激素（如泼尼松等）维持治疗。推荐采用每日或隔日清晨顿服给药的方式，以减少不良反应。泼尼松的每日维持剂量最好 <10mg。常用吸入性药物有倍氯米松、布地奈德等。常用治疗哮喘的糖皮质激素类药物及用法用量见表 9-5。

表 9-5　常用治疗哮喘的糖皮质激素类药物及用法用量

药物	主要特点	用法用量
泼尼松	属于中效制剂，可以采取口服、静脉注射给药，用于其他药不能控制的持续性哮喘和激素依赖性哮喘等	口服，一次 5~10mg，1 次/天，一旦哮喘控制，尽快减少口服剂量直至停药。对于急性发作期，根据急性发作严重程度选择剂量，推荐泼尼松，0.5~1.0mg/（kg·d）或等效剂量其他激素 5~7 天，症状减轻后迅速减量或完全停药
倍氯米松	呼吸道外用激素，适用于哮喘的长期抗炎治疗；雾化吸入混悬液用于哮喘急性发作	气雾剂：成人一次 50~100μg，3~4 次/天，每日最大剂量 ≤1000μg；儿童用量按年龄酌减，每日最大剂量 ≤400μg；控制后减量至最低有效量；吸入用混悬液：雾化器给药，2~4ml。①成人：一次 0.8mg、1~2 次/天；②儿童：一次 0.4mg，1~2 次/天
布地奈德	外用激素，适用于哮喘的长期抗炎治疗；雾化吸入混悬液用于哮喘急性发作	成人 100~1600μg/d，儿童 100~800μg/d，2 次/天，控制后减量至最低有效量。吸入用混悬液：①成人为一次 1~2mg，2 次/天；儿童为一次 0.5~1.0mg，2 次/天。②维持剂量：成人为一次 0.5~1.0mg，2 次/天；儿童为一次 0.25~0.50mg，2 次/天
氟替卡松	经口吸入给药，吸入用氟替卡松混悬液国内适应证只用于 4~16 岁儿童及青少年哮喘急性发作的治疗。剂量个体化	气雾剂：①16 岁以上人群：一次 50~500μg，2 次/天。②4~16 岁儿童：一次 50~100μg，2 次/天；吸入用混悬液：4~16 岁儿童及青少年为一次 1mg，2 次/天

2. 白三烯调节剂　白三烯受体拮抗剂孟鲁司特、扎鲁司特等，可减轻哮喘症状，可单独应用的长期控制性药物之一，可作为轻度哮喘的替代治疗药物和中重度哮喘的联合用药，尤其适用于伴有过敏性鼻炎、阿司匹林哮喘、运动性哮喘患者的治疗。孟鲁司特，一次 10mg，1 次/天，睡前服用。

（二）支气管扩张药物

通过迅速解除支气管痉挛从而缓解哮喘症状，包括 β₂ 受体激动药、抗胆碱药和茶碱类药物。

1. β₂ 受体激动药　通过激动气道的 β₂ 肾上腺素受体，激活腺苷酸环化酶，减少肥大细胞和嗜碱性粒细胞脱颗粒和介质的释放，从而起到舒张支气管、缓解哮喘症状的作用。这类药物能够迅速缓解支气管痉挛，通常在数分钟内起效，疗效可维持数小时，是缓解轻至中度哮喘急性症状的首选药物，也用于预防运动性哮喘。这类药物主要分短效和长效两种，短效类为治疗哮喘急性发作控制症状的首选药物。常用药物有沙丁胺醇、特布他林、班布特罗等。常用 β₂ 受体激动剂的特点及用法用量见表 9-6。

表 9 – 6 常用 β_2 受体激动剂的特点及用法用量

药物		药物的主要特点	药物用法用量
短效类	沙丁胺醇	主要有气雾剂、口服、注射等剂型，松弛平滑肌，用于哮喘、其他原因所致的支气管痉挛、喘息型支气管炎等	片剂，一次 2 ~ 4mg，3 次/天；缓释剂，一次 8mg，早、晚各一次；粉雾剂，一次 0.2 ~ 0.4mg，4 次/天
	特布他林	有气雾剂、口服、注射等剂型，用于支气管哮喘、慢性支气管炎和其他伴有支气管痉挛的肺部疾病等	片剂，一次 2.5 ~ 5.0mg，2 ~ 3 次/天；气雾吸入，一次 200 ~ 500μg，2 ~ 3 次/天；静脉注射，一次 250μg，必要时可重复注射一次，但 4 小时内 ≤500μg
长效类	克仑特罗	平喘作用强，持续时间长，用于支气管哮喘的治疗	片剂，一次 30μg，3 次/天；气雾剂，一次 10 ~ 20μg，3 次/天
	福莫特罗	作用时间长，用于哮喘持续状态、夜间发作性哮喘以及运动诱发哮喘等的治疗	粉吸入剂，一次 4.5 ~ 9μg，2 次/天；口服，一次 40 ~ 80μg，2 次/天
	班布特罗	特布他林的前体药，松弛支气管平滑肌，抑制内源性致痉挛物释放、减轻水肿及增加纤毛清除。用于哮喘、COPD 和喘息型支气管炎治疗	起始剂量，一次 10mg，睡前服用，1 次/天；根据临床效果，1 ~ 2 周后，可增加到 20mg，口服，一次 40 ~ 80μg，2 次/天

2. 茶碱类药物 通过抑制磷酸二酯酶，提高平滑肌细胞内的环磷腺苷酸浓度，拮抗腺苷受体，增强呼吸肌的力量以及增强气道纤毛清除功能等，从而起到舒张支气管和气道抗炎作用。还具有强心、利尿、兴奋呼吸中枢和呼吸肌等作用，低浓度茶碱具有一定的抗炎作用。这类药物可以用于心源性哮喘和支气管哮喘的治疗。多索茶碱的作用与氨茶碱相同，不良反应较轻。二羟丙茶碱的作用较弱，不良反应较少。氨茶碱：片剂，一次 0.1 ~ 0.2g，3 次/天，极量一次 0.5g，1g/d；静脉注射，一次 0.25 ~ 0.5g，0.5g/d，每 25 ~ 100mg 用 5% 葡萄糖 20 ~ 40ml 注射液稀释后缓慢静脉推注，注射速度 <10mg/min；静脉滴注，一次 0.25 ~ 0.5g，0.5g/d，每 25 ~ 100mg 用 5% ~ 10% 葡萄糖注射液稀释后缓慢滴注，极量一次 0.5g，1g/d；胆茶碱：片剂，一次 0.1 ~ 0.2g，3 次/天，极量一次 0.5g，1g/d；二羟丙茶碱，静脉滴注，一次 0.25g，0.5g/d，用 5% ~ 10% 葡萄糖注射液稀释后缓慢滴注，1 次/12 小时。

3. 抗胆碱药 通过阻断节后迷走神经通路，降低迷走神经张力而舒张支气管、减少痰液分泌，但较 β_2 受体激动药弱，常用药物有短效抗胆碱药异丙托溴铵和长效抗胆碱药噻托溴铵，异丙托溴铵与 β_2 受体激动剂组成复合制剂联合用于控制哮喘的急性发作，具有互补作用。噻托溴铵主要用于哮喘合并慢性阻塞性肺疾病以及慢性阻塞性肺疾病的长期治疗。目前临床上主要采用气雾剂和雾化吸入的给药方法。异丙托溴铵溶液一次 1ml，3 ~ 4 次/天；噻托溴铵粉雾剂 1 粒/次，1 次/天。

（三）抗过敏平喘药

1. 肥大细胞膜稳定剂 色甘酸钠稳定肥大细胞膜，阻止过敏介质释放，在抗原和外源性刺激接触前用药，对于外源性刺激引起的哮喘有较好的预防作用。色甘酸钠气雾剂一次 3.5 ~ 7.0mg，4 次/天。

2. 第二、三代抗组胺药物 如氯雷他定、特非那丁、左西替利嗪等，主要用于伴有变应性鼻炎的哮喘患者。氯雷他定片一次 10mg，1 次/天。

二、治疗药物的应用原则

支气管哮喘治疗的最终目标是达到病情控制，降低未来风险。尽早开始规律的控制治疗对于取得最佳的疗效至关重要。

1. 急性发作期的治疗原则 是去除诱因，尽快解除支气管痉挛，缓解呼吸困难，纠正低氧血症，恢复肺功能，预防进一步恶化或再次发作，防治并发症；根据发病程度给予支气管扩张药物、糖皮质激素等。

2. 慢性持续期的长期治疗 是长期规律使用吸入性药物用药控制，如吸入型糖皮质激素、长效 β_2 受体激动剂、缓释茶碱、白三烯调节剂等或联合给药。

3. 临床缓解期的治疗 是巩固疗效，防止或减少复发。有明确过敏原的患者可以采取脱敏治疗等，预防性使用色甘酸钠等防止哮喘急性发作。

三、药物的不良反应

1. 糖皮质激素 吸入给药引起声音嘶哑、咽部不适和念珠菌感染，用药后及时用清水含漱口咽部可以减轻。长期使用可以引起胃溃疡、骨质疏松症、高血压、糖尿病、青光眼、皮肤变薄、肌无力等。伴有结核病、糖尿病、真菌感染、骨质疏松、青光眼、严重抑郁或消化性溃疡的哮喘患者避免应用。

2. β_2受体激动剂 引起头痛、头晕、骨骼肌震颤、低血钾、心律失常等，增加肌糖原致代谢紊乱如血乳酸、丙酮酸升高，产生酮体等。

3. 白三烯受体拮抗剂 使用时要注意出现精神症状的不良反应。

4. 茶碱类 口服可出现胃肠道反应，引起恶心、呕吐、腹痛等，饭后服用可减轻；中枢兴奋症状如失眠、震颤、激动等，可以使用镇静药物对抗；安全范围窄，静脉注射过快可导致急性中毒，引起心律失常、血压下降及多尿等，须稀释后缓慢静注；血药浓度的个体差异大，从小剂量开始给药。

5. 抗胆碱药物 主要有口干、便秘等，妊娠早期、患有青光眼、前列腺肥大的患者应慎用此类药物。

四、药物相互作用

1. β_2受体激动药与抗胆碱药、茶碱类药物、糖皮质激素药物合用发挥协同作用，疗效增强。

2. 扩张支气管药物不宜与 β 受体阻断药物如普萘洛尔等合用，降低疗效。

3. 茶碱类与 β_2受体激动药合用有协同作用，但是增强心律失常等不良反应，需要注意监测心率、血压等心功能情况。

即学即练 9-3

支气管哮喘急性发作，控制症状的首选药物是（　　　）。

A. 沙丁胺醇气雾吸入　　　　B. 氨茶碱静脉注射　　　　C. 注射氢化可的松
D. 孟鲁司特口服　　　　　　E. 异丙托溴铵

答案解析

任务四　肺结核

PPT

肺结核（pulmonary tuberculosis）是指发生在肺组织、气管、支气管和胸膜的结核分枝杆菌感染，是一种慢性呼吸道传染病。飞沫呼吸道传播是肺结核最重要的传播途径。临床表现为咳嗽、咳痰，可伴咯血、痰中带血，全身表现为低热、乏力、盗汗、食欲缺乏、体重减轻等。主要的辅助检查有：痰结核菌检查、结核菌素皮肤试验、胸部 X 线检查、肺部 CT 检查等。

📱 **知识链接** ....

"3月24日"世界防治结核病日

1882 年 3 月 24 日，德国细菌学家罗伯特·科赫发现引起结核病的病原菌是结核分枝杆菌。这一重大发现为结核病的诊断和治疗带来了希望。为纪念这一特殊贡献，世界卫生组织从 1996 年起，将每年的 3 月 24 日确定为世界防治结核病日，其对于人类抗结核病斗争具有非常重要的历史意义。全球每年都会在 3 月 24 日世界防治结核病日期间组织开展各类宣传活动，提升公众对结核病的认识，督促全世界人民为终止结核病流行而不断努力。我们医学生要积极行动起来，广泛宣传和普及结核病防治知识、倡导健康文明的卫生行为习惯、继续强化个人是自己健康第一责任人的意识，进一步提升全民健康素养，推进早日实现终止结核病流行的目标。

....

肺结核的治疗包括抗结核分枝杆菌化学治疗、对症治疗和心理疗法，同时注意休息，补充足够的能量、蛋白质及营养素等，规范使用抗结核药物治疗是结核病的主要治疗手段。

一、治疗药物 e 微课2

常用的一线抗结核药物有异烟肼、利福平、乙胺丁醇、吡嗪酰胺、链霉素，疗效较好、不良反应少。二线治疗药物有对氨基水杨酸、丙硫异烟胺、阿米卡星、氧氟沙星等。

（一）抗结核药物

1. 异烟肼（H，INH） 对结核分枝杆菌有高度的选择性，低浓度抑菌，高浓度杀菌，对细胞内、外结核分枝杆菌有强大的杀灭作用，是治疗各型结核病的首选药物，需要与其他抗结核药物联合应用。用法用量如下。①成人：预防，0.3g/d，顿服；治疗，与其他抗结核药合用，5 ~ 8mg/（kg·d），0.3 ~ 0.4g/d，顿服；或15mg/（kg·d），最多0.9g，2 ~ 3 次/周。②儿童：10 ~ 15mg/（kg·d），一日总量不超过 0.3g，顿服。某些严重结核病（如结核性脑膜炎）患儿，可 30mg/（kg·d），一日总量不超过 0.5g。对于重症病例，采用静脉滴注给药，用氯化钠注射液或 5% 葡萄糖注射液溶解并稀释后静脉滴注，0.3 ~ 0.6g/d。

2. 利福平（R，RFP） 对结核分枝杆菌有强大的抗菌作用，对繁殖期和静止期结核分枝杆菌均有效，单用易耐药，常与异烟肼、乙胺丁醇合用发挥协同作用。用法用量如下。①成人：与其他抗结核药合用，0.45 ~ 0.60g/d，顿服，最大日剂量不超过 1.2g。②老年人：口服，10mg/（kg·d），顿服。③1 月龄以上儿童：口服，10 ~ 20mg/（kg·d），空腹，顿服或分 2 次服，一日总量不超过 0.6g。

3. 乙胺丁醇（E，EMB） 对繁殖期结核分枝杆菌有较强的抗菌作用，对静止期无效，对耐药的结核分枝杆菌仍有抗菌活性，与其他一线药物异烟肼、利福平等合用，增强疗效，延缓耐药性的产生。用法用量：成人，需与其他抗结核药物联合使用。结核初治：15mg/（kg·d），顿服；或一次最高 2.5g，每周 2 ~ 3 次。结核复治：25mg/（kg·d），顿服，最高一日 1.25g，连续 2 ~ 3 个月后，继以 15mg/（kg·d），顿服；非典型结核分枝杆菌感染：15 ~ 25mg/（kg·d），顿服。儿童，13 岁以上儿童用量与成人相同。

4. 吡嗪酰胺（Z，PZA） 能进入含有结核分枝杆菌的巨噬细胞，在酸性环境中抗结核菌作用增强，与其他结核药物交叉耐药，常与利福平、异烟肼合用治疗非典型结核分枝杆菌感染和结核病的复治。用法用量：成人，与其他抗结核药联合，15～30mg/（kg·d），顿服；或1.5g/d，间歇疗法，可增至2.0g/d、顿服，或分2～3次服用。儿童通常不用，如必须应用时需充分权衡利弊。

5. 链霉素（S，SM） 最早用于结核病的治疗药物，易产生耐药性，仅与其他抗结核病药物联合应用治疗浸润性、粟粒性肺结核。用法用量如下。①成人：肌内注射，1.0g/d，分1～2次；或一次0.75g，1次/天；如临床情况许可，可改用间歇给药，即改为每周2～3次，一次1.0g；老年患者一次0.50～0.75g，1次/天。②儿童：肌内注射，20mg/（kg·d），1次/天，一日最大量不超过1.00g。③新生儿：10～20mg/kg，肌内注射，1次/天。

（二）对症治疗药物

1. 解热药 发热患者选用解热镇痛药，如对乙酰氨基酚、布洛芬退热。

2. 止血药 对于咯血患者，小量咯血者嘱其安静休息、镇静，必要时使用止血药氨甲环酸、止血敏等；大量咯血者选用垂体后叶素止血。氨甲环酸片一次0.5～1.0g，2～4次/天；垂体后叶素5～10U加入5%葡萄糖溶液500ml，缓慢静脉滴注。

3. 糖皮质激素 急性粟粒性肺结核或肺结核伴有高热等严重毒血症状或高热不退者，可以辅助应用糖皮质激素如泼尼松等药物缓解，待患者度过危险期后立即停药。泼尼松片一次5～10mg，2～4次/天。

▶▶ 岗位情景模拟 9-2

情景描述 患者，女，24岁，反复咳嗽、咳痰伴胸痛、疲乏无力、消瘦、盗汗2个月余。查体：体温37.8℃，脉搏78次/分，呼吸20次/分，血压106/70mmHg，右侧胸廓饱满，触诊语音震颤减弱，右下肺叩诊呈实音。胸部CT线检查见右侧肺上叶见一3cm×2.6cm大小不规则的厚壁空洞，痰涂片结核分枝杆菌检查阳性。

讨　　论 1. 该患者诊断是什么？诊断依据是什么？
　　　　　2. 请为该患者推荐用药并且进行用药指导。

答案解析

二、治疗药物的应用原则

抗结核药物化疗的应用原则：①早期用药，一旦确诊尽早用药，可获得较好疗效；②联合用药，采用两种以上药物联合应用，提高疗效，降低毒性，延缓耐药性产生；③规律用药，需要采取足够疗程，一般为6～12个月不等，分为强化期和巩固期治疗；④适量用药，根据不同的病情、个体差异等，选用的抗结核病药物既要保证疗效，药物的毒性反应又要尽可能减轻；⑤全程督导治疗，在家属、医务人员的督导下完成抗结核分枝杆菌的全程规范化治疗，满足连续用药的疗程，保证化疗成功。

1. 初治活动性肺结核（含痰涂片阳性和阴性） 为强化期2个月和巩固期4个月。通常选用2HRZE/4HR方案，即强化期使用异烟肼、利福平、吡嗪酰胺、乙胺丁醇，1次/天，共2个月；巩固期使用异烟肼、利福平，1次/天，共4个月。若强化期2个月后痰检仍阳性，可以适当延长强化期或巩固期的治疗。对粟粒型肺结核或结核性胸膜炎适当延长，强化期为3个月，巩固期6～9个月，总疗程9～12个月。在异烟肼高耐药地区，可选择2HRZE/4HRE方案。

2. 复治活动性肺结核治疗方案 为强化期和巩固期延长，常用方案为 2HRZSE/6HRE、3HRZE/6HR、2HRZSE/1HRZE/5HRE。复治结核应进行药敏试验，对上述方案治疗无效的复治肺结核要积极寻找原因，采取有效治疗。

3. 其他对症支持治疗 发热患者选用对乙酰氨基酚、布洛芬等退热；对于咯血患者，需要卧床休息，可以使用止血药物如氨甲环酸等，大咯血时使用垂体后叶素缓慢静脉滴注，注意保持呼吸道的通畅，必要时可做气管插管或气管切开治疗。

三、药物的不良反应

1. 异烟肼 可发生周围神经炎症状，如四肢麻木、感觉异常等，补充维生素 B_6 可以防止和减轻。

2. 乙胺丁醇 引起球后视神经炎，表现为视力下降、红绿色盲、视野缩小等，连续用药期间需要定期做眼科检查。

3. 利福平 常见胃肠道反应，如恶心、呕吐、食欲缺乏等；将排泄物染成橘红色，需要提前告知患者。

4. 链霉素 常见耳、肾毒性，长期用药需要定期做听力检查、监测肾功能等。

5. 吡嗪酰胺 会导致高尿酸血症，引起关节痛及胃肠道反应等，痛风患者慎用。

6. 异烟肼、利福平、吡嗪酰胺均有肝毒性，表现为恶心、食欲缺乏、疲乏、黄疸等，用药期间定期检查肝功能，肝病患者慎用。

四、药物相互作用

1. 利福平是肝药酶诱导剂，会加速与之合用的氢化可的松、华法林、口服避孕药等代谢，降低疗效；加速强心苷类、奎尼丁、普萘洛尔等药物的排泄，缩短半衰期。

2. 异烟肼为肝药酶抑制剂，会加强香豆素类、降压药、抗胆碱药、三环抗抑郁药的疗效；抗酸药氢氧化铝抑制异烟肼的吸收。

3. 乙胺丁醇不宜用于 13 岁以下小儿，与神经毒性药物合用会增加神经毒性。

4. 吡嗪酰胺与别嘌醇、秋水仙碱、丙磺舒等合用增加血尿酸浓度，影响痛风治疗效果。

即学即练 9-4

对结核分枝杆菌有特异杀灭作用，用于治疗各型肺结核的首选药物是（   ）。

A. 左氧氟沙星　　　　　B. 链霉素　　　　　C. 青霉素

D. 庆大霉素　　　　　E. 异烟肼

答案解析

任务五　慢性阻塞性肺疾病

PPT

慢性阻塞性肺疾病（chronicobstructive pulmonarydisease，COPD，简称慢阻肺）是一种严重危害人类健康的呼吸道常见病、多发病；主要以持续气流受限为特征，气流受限多呈进行性发展，与气道和肺组织对烟草、烟雾等有害气体或有害颗粒的异常炎症有关。临床常见症状为反复咳嗽、咳痰，随着疾病进展出现气促或呼吸困难，合并感染时可咳黄脓痰等。后期出现低氧血症和（或）高碳酸血症，可并发慢性肺源性心脏病和呼吸衰竭。慢阻肺的典型体征主要是桶状胸、语音震颤减弱，叩诊过清音，呼吸音减弱等，可以进行肺功能检查、胸部 X 线检查等确诊。慢阻肺病程可分为急性加重期和稳定期，急性加重是慢阻肺患者死亡的主要原因。

慢阻肺的治疗原则是预防疾病进展，控制症状，减少急性发作的频次和程度，提高运动耐量，改善患者的健康状况，主要采取药物对症支持治疗、戒烟、康复治疗、呼吸支持治疗以及使用流感疫苗和肺炎链球菌疫苗以减少肺部感染等综合治疗方法。

📱 知识链接

健康中国——控烟行动

习近平总书记在党的十九大报告中明确提出了实施健康中国战略，健康中国行动提出了实施控烟行动，目标到 2022 年和 2030 年，全面无烟法规保护的人口比例达到 30% 和 80% 以上。吸烟被世界卫生组织（WHO）认为是危害人类健康的"第五大威胁"。吸烟是引起慢性支气管炎、慢性阻塞性肺疾病、肺气肿、肺癌等肺部疾病的危险因素。采取积极有效的办法戒烟可以阻止病情的进一步发展，减轻吸烟对机体组织的伤害。同时戒烟也可以减少污染，保护环境。对于慢阻肺患者，戒烟是预防慢阻肺的最重要措施，在疾病的任何阶段戒烟都有助于防止慢阻肺的发生和发展。

一、治疗药物

1. 支气管舒张剂 抗胆碱药物如异丙托溴铵、噻托溴铵等，可以松弛支气管平滑肌、扩张支气管、缓解气流受限，是控制慢阻肺症状的主要治疗药物；其他，β_2 受体激动药如沙丁胺醇、特布他林、福莫特罗等，磷酸二酯酶抑制剂如氨茶碱、茶碱缓释片、多索茶碱等。

2. 糖皮质激素 吸入激素和 β_2 受体激动药联合应用可以改善症状，减少急性发作频次。如布地奈德福莫特罗吸入剂、沙美特罗替卡松粉吸入剂等。

3. 祛痰剂 肺部痰液多黏稠不易咳出的患者加用祛痰剂，如氨溴索、羧甲司坦、溴己新、乙酰半胱氨酸等。氨溴索片，一次 30～60mg，3 次/天；羧甲司坦片，一次 0.5g，3 次/天；溴己新片，一次 8～16mg，3 次/天；乙酰半胱氨酸，喷雾给药一次 1～3ml，2～3 次/天。

4. 抗菌药物 有肺部感染指征时，如呼吸困难加重、咳黄脓痰、痰量多等，应依据常见病原菌及药敏情况针对性选用抗菌药物治疗。慢阻肺肺部感染常用抗菌药物见表 9－7。

表 9－7 慢阻肺肺部感染常用抗菌药物

药物	药物用法用量
阿莫西林克拉维酸钾	口服，一次 625mg（4:1）、2 次/天，或一次 375mg（2:1），3 次/天；感染较重者，一次 1.0g（7:1）、2 次/天，或一次 625mg（4:1），3 次/天 静脉滴注，一次 1.2g，3～4 次/天
头孢克洛	口服缓释片，一次 0.375～0.75g，2 次/天；片剂，一次 0.25～0.5g，3 次/天
头孢曲松	静脉滴注，一次 1.0～2.0g，1 次/天，或一次 0.5～1.0g，1 次/12 小时
头孢他啶	静脉滴注，一次 0.5～3g，1 次/12 小时
阿奇霉素	口服，第 1 日，一次 0.5g，第 2 日起一次 0.25g，1 次/天
左氧氟沙星	口服，一次 0.5g，1 次/天

续表

药物	药物用法用量
环丙沙星	口服，一次 0.5~0.75g，2 次/天；静脉滴注，一次 0.4g，1 次/8~12 小时
哌拉西林舒巴坦	静脉滴注，一次 3.375g，1 次/6 小时，或一次 4.5g，1 次/8 小时
阿米卡星	静脉滴注，15mg/（kg·d），1 次/天

二、治疗药物的应用原则

（一）稳定期的药物治疗

稳定期治疗目标主要为减轻症状和降低未来风险，药物治疗用于预防和控制症状，稳定期的药物治疗主要应规律应用 β_2 受体激动剂、抗胆碱能药物等扩张支气管药物，减少急性加重的频率和严重程度，提高运动耐力和生命质量。吸入性支气管扩张剂如长效或短效的抗胆碱能药物和 β_2 受体激动药是慢阻肺的首要治疗措施。噻托溴铵主要用于哮喘合并慢性阻塞性肺疾病以及慢性阻塞性肺疾病的长期治疗。COPD 稳定期的常用治疗药物见表 9-8。

表 9-8 COPD 稳定期的常用治疗药物

常用药物	主要特点	用法用量
异丙托溴铵	短效，用于预防和治疗慢阻肺引起的呼吸困难	气雾剂，一次 20~40μg，3~4 次/天；吸入剂一次 500μg，3~4 次/天
噻托溴铵	长效，用于慢阻肺的维持治疗	粉雾剂，一次 18μg，1 次/天 吸入剂，一次 5μg，1 次/天
沙丁胺醇	短效，主要用于缓解慢阻肺的支气管痉挛	气雾剂，1~2 撤/次，必要时
福莫特罗粉吸入剂	长效，用于缓解气道阻塞引起的呼吸困难	一次 4.5~9μg，1~2 次/天，早晨和晚间给药
布地奈德福莫特罗吸入剂	复合制剂，用于慢阻肺规范使用支气管扩张剂治疗仍有急性加重的对症治疗	160/4.5μg，一次 2 吸，2 次/天 320/9.0μg，一次 1 吸，2 次/天
沙美特罗氟替卡松粉吸入剂	复合制剂，用于缓解慢阻肺的对症治疗	一次 1 吸，2 次/天
茶碱缓释片	用于缓解喘息型支气管炎、阻塞性肺气肿等引起的喘息症状	一次 0.1~0.2g，2 次/天

（二）急性加重期的药物治疗

急性加重期治疗目标主要是减轻急性加重的病情，预防未来急性加重的发生。急性加重期优先吸入短效支气管扩张剂如特布他林或联合短效抗胆碱能药物，效果不佳时，考虑静脉滴注氨茶碱或二羟丙茶碱等。全身应用糖皮质激素可以缩短病程，改善肺功能和低氧血症，减少早期复发和治疗失败的风险。对呼吸困难、痰量较多、脓痰等情况时有针对性使用抗菌药物，对于反复发作者应做痰培养，调整抗菌药物，无铜绿假单胞菌感染危险因素者，可以选用阿莫西林克拉维酸钾、左氧氟沙星、莫西沙星，一般疗程为 5~7 日；对于有铜绿假单胞菌感染危险因素患者，选择环丙沙星、左氧氟沙星，或者是哌拉西林舒巴坦、替卡西林钠克拉维酸钾等抗铜绿假单胞菌的 β - 内酰胺类药物，同时加用氨基糖苷类抗菌药物，疗程适当延长；慢阻肺急性加重期痰液黏稠不易排出者，使用祛痰剂乙酰半胱氨酸、溴己新等，注意吸引排痰。氧合不好的，呼吸困难者可以配合应用氧疗，改善患者症状。

> **岗位情景模拟 9 - 3**
>
> **情景描述**　患者，男，71岁，10年前无明显诱因出现咳嗽、咳白色泡沫样痰，气喘，应用布地奈德福莫特罗和噻托溴铵维持治疗。一周前天气变冷感冒后出现上述症状加重，伴有明显胸闷、气促，活动后加重，感觉气管异物不适。查体：体温37.8℃，脉搏78次/分，呼吸20次/分，血压106/70mmHg，桶状胸，右肺呼吸音减弱，可闻及湿啰音。既往吸烟40余年，20支/d；肺部CT检查见右肺片状浸润阴影，细菌涂片检查见革兰阳性球菌。诊断为慢性阻塞性肺疾病伴肺部感染。
>
> **讨　　论**　1. 治疗慢性阻塞性肺疾病的常用药物有哪些？
>
> 　　　　　　2. 请为该患者推荐用药并且进行用药指导。
>
> 答案解析

三、药物的不良反应

1. 长期应用广谱抗菌药物和糖皮质激素容易引起继发性真菌感染，应密切注意真菌感染的临床征象，采取有效的防治真菌感染措施。

2. 祛痰药羧甲司坦引起皮疹、胃肠道反应（如恶心、呕吐、胃部不适、胃痛、腹泻等），乙酰半胱氨酸雾化吸入可引起支气管痉挛、恶心、呕吐、胃炎等不良反应。

3. 支气管扩张剂、糖皮质激素不良反应详见本章第三节。抗菌药物不良反应详见本章第二节。

四、药物相互作用

茶碱主要由肝脏细胞色素P450（CYP）1A2代谢，同时也由CYP3A4、CYP2E1代谢。对这些代谢酶有抑制或诱导作用的药物都可能影响茶碱清除率，导致其血药浓度升高或降低。

1. 与地尔硫䓬、维拉帕米、西咪替丁、美西律、大环内酯类抗菌药物（如红霉素、罗红霉素、克拉霉素）、氟喹诺酮类（如依诺沙星、环丙沙星、氧氟沙星、左氧氟沙星）、克林霉素、林可霉素等合用会升高茶碱血药浓度，可能发生急性中毒。

2. 与肝药酶诱导剂如苯巴比妥、苯妥英、利福平等合用，降低茶碱疗效。

3. 茶碱与咖啡因或其他黄嘌呤类药并用，可增加其作用和毒性。

4. 茶碱与锂盐合用，可使锂的肾排泄增加，降低锂盐药效。

> **即学即练 9 - 5**
>
> 答案解析
>
> 慢性阻塞性肺疾病急性加重期，常用于控制症状的主要药物是（　　　）。
>
> A. 特布他林　　　　　　B. 氨溴索　　　　　　C. 青霉素
>
> D. 孟鲁司特　　　　　　E. 噻托溴铵

目标检测

一、选择题

（一）最佳选择题

1. 患者自行服用感冒药，如症状未缓解，连续用药不得超过（　　　）。

    A. 3 日　　　　　　　　B. 5 日　　　　　　　　C. 7 日

    D. 10 日　　　　　　　E. 2 周

2. 连花清瘟胶囊用于治疗急性上呼吸道感染常用的给药方法是（　　　）。

    A. 肌内注射　　　　　　B. 静脉滴注　　　　　　C. 吸入

    D. 口服　　　　　　　　E. 皮下注射

3. 治疗哮喘持续状态及危重发作的药物是（　　　）。

    A. 氢化可的松　　　　　B. 异丙肾上腺素　　　　C. 酮替芬

    D. 沙丁胺醇　　　　　　E. 孟鲁司特

4. 下列药物与呋塞米合用可加重耳毒性的药物是（　　　）。

    A. β – 内酰胺类　　　　B. 大环内酯类　　　　　C. 氨基糖苷类

    D. 喹诺酮类　　　　　　E. 尿激酶

5. 患儿，男，5 岁。因出现高热、咳嗽、鼻塞、全身酸痛、纳差、乏力等症状就诊，经相关实验室检查，诊断为 H_1 甲型流感。可以为患者选用的神经氨酸酶抑制剂是（　　　）。

    A. 金刚烷胺　　　　　　B. 金刚乙胺　　　　　　C. 奥司他韦

    D. 利巴韦林　　　　　　E. 阿昔洛韦

6. 可以治疗肺炎链球菌引起的轻度肺炎的首选药物是（　　　）。

    A. 左氧氟沙星　　　　　B. 罗红霉素　　　　　　C. 青霉素

    D. 庆大霉素　　　　　　E. 环丙沙星

7. 口服奥司他韦治疗流感宜及早用药，最好是在症状出现的（　　　）用药。

    A. 48 小时内　　　　　B. 72 小时内　　　　　C. 96 小时内

    D. 108 小时内　　　　 E. 120 小时内

8. 用于治疗社区获得性肺炎的青壮年患者的抗菌药物疗程一般为（　　　）。

    A. 3 日　　　　　　　　B. 5 日　　　　　　　　C. 7 ~ 10 日

    D. 2 周　　　　　　　　E. 1 个月

9. 支气管哮喘的治疗药物不能选用（　　　）。

    A. 沙丁胺醇　　　　　　B. 氨茶碱　　　　　　　C. 氢化可的松

    D. 倍氯米松　　　　　　E. 普萘洛尔

（二）配伍选择题

（10 ~ 12 题共用备选答案）

    A. 减轻鼻黏膜充血，缓解鼻塞　　B. 退热镇痛　　　　　C. 抗病毒

    D. 改善体液循环　　　　　　　　E. 减少打喷嚏或鼻溢液

10. 感冒药复方制剂中，含有伪麻黄碱成分的用途是（　　　）。

11. 感冒药复方制剂中，含有氯苯那敏的作用是（　　　）。

12. 感冒药复方制剂中，含有板蓝根的作用是（　　　）。

（13~14 题共用备选答案）

　　A. 对乙酰氨基酚　　　　　　B. 苯海拉明　　　　　　C. 伪麻黄碱

　　D. 布洛芬　　　　　　　　　E. 氨溴索

13. 从事驾车、高空作业的患者不宜服用的药物是（　　　）。

14. 服药期间禁饮酒，否则容易出现肝损伤的药物是（　　　）。

（15~16 题共用备选答案）

　　A. 多索茶碱　　　　　　　　B. 布地奈德　　　　　　C. 孟鲁司特

　　D. 沙丁胺醇　　　　　　　　E. 异丙托溴铵

患者，女，54 岁，青光眼病史 3 年。近日因支气管哮喘发作，给予扩张支气管、抗炎等治疗

15. 针对该患者病史应慎用的药物是（　　　）。

16. 为避免真菌感染，应告知该患者用药后需漱口的药物是（　　　）。

（17~19 题共用备选答案）

以下治疗慢性阻塞性肺疾病的药物

　　A. 羧甲司坦　　　　　　　　B. 克伦特罗　　　　　　C. 孟鲁司特

　　D. 色甘酸钠　　　　　　　　E. 氨茶碱

17. 属于黏痰调节剂的是（　　　）。

18. 属于肥大细胞膜稳定剂的是（　　　）。

19. 属于白三烯受体阻断剂的是（　　　）。

（三）综合分析选择题

（20~22 题共用题干）

　　患者，女，23 岁，淋雨后出现咳嗽、黄脓性痰，并伴有胸痛；发热 39℃，肺闻及湿性啰音；WBC > 15×10^9/L，诊断为耐药链球菌感染。

20. 根据患者的临床表现，可诊断为（　　　）。

　　A. 社区获得性肺炎　　　　　B. 肺结核　　　　　　　C. 哮喘

　　D. 支气管炎　　　　　　　　E. 医院获得性肺炎

21. 根据诊断结果，优先选用的治疗药物是（　　　）。

　　A. 妥布霉素　　　　　　　　B. 青霉素 G　　　　　　C. 异烟肼

　　D. 左氧氟沙星　　　　　　　E. 地塞米松

22. 根据选用的治疗药物，该药物禁用于（　　　）。

　　A. 胃溃疡　　　　　　　　　B. 高血压　　　　　　　C. 过敏者

　　D. 心脏病　　　　　　　　　E. 18 岁以下人群

（23~24 题共用题干）

　　患者，女，32 岁，1 年前诊断为支气管哮喘，间断口服沙丁胺醇 4mg，3 次/天，但用药不规律。近日因天气转冷，出现明显喘憋、话不成句、发绀，被紧急送往医院。

23. 该患者出现支气管哮喘急性发作，为快速控制症状应首选的治疗药物是（　　　）。

A. 沙丁胺醇片 　　　　B. 布地奈德气雾剂 　　　　C. 特布他林气雾剂

D. 沙美特罗氟替卡松粉吸入剂 　　E. 异丙托溴铵雾化吸入剂

24. 该患者支气管哮喘的长期维持治疗宜选用（　　　　）。

A. 沙丁胺醇片 　　　　B. 福莫特罗吸入剂 　　　　C. 克伦特罗气雾剂

D. 沙美特罗替卡松粉吸入剂 　　E. 茶碱片

（四）多项选择题

25. 对肾脏毒性较大、肾功能损害时需显著减量的是（　　　　）。

A. 多黏菌素 　　　　B. 万古霉素 　　　　C. 阿奇霉素

D. 异烟肼 　　　　E. 青霉素

26. 治疗结核病的一线药物有（　　　　）。

A. 异烟肼 　　　　B. 吡嗪酰胺 　　　　C. 乙胺丁醇

D. 乙胺嘧啶 　　　　E. 利福平

27. 对革兰阴性杆菌有效的抗菌药物包括（　　　　）。

A. 青霉素 　　　　B. 氨基糖苷类 　　　　C. 喹诺酮类

D. 第三代头孢菌素 　　　　E. 氨苄西林

二、实例解析题

患者，女，65 岁，因咳嗽、咳黄脓性痰就医，诊断为支气管炎。医师开具下列处方：

处方：5% 葡萄糖注射液 250ml + 阿奇霉素 0.5，iv qd

0.9% 氯化钠注射液 250ml + 克林霉素 0.6，iv q12h

请问该处方是否合理？解释原因？

书网融合……

知识回顾　　　微课1　　　微课2　　　习题

（熊晶晶）

学习引导

消化系统疾病包括食管、胃、肠、肝、胆等器官的疾病，临床非常见，严重危害患者的身体健康。随着社会发展，疾病谱也发生明显变化，以往在我国并未引起重视的胃食管反流已引起我国消化病学界的高度重视。消化性溃疡是最常见的消化系统疾病之一，发病率约占人口总数 10%。传统学说认为消化性溃疡是由胃酸和胃蛋白酶对胃、十二指肠的腐蚀作用与胃肠黏膜防御系统之间的不平衡所造成，但目前认为更重要的是胃窦部幽门螺杆菌（Helicobacter pylori，Hp）导致溃疡病。近年由于根除 Hp 治疗方案的普及，消化性溃疡的复发率明显降低。

常见消化系统疾病有哪些？这些疾病的治疗原则和常用治疗药物是什么呢？

本项目主要介绍消化性溃疡、胃食管反流病、急性肠胃炎、胆石症和胆囊炎、肠易激综合征的药物治疗。

📖 学习目标

1. **掌握**　消化性溃疡、胃食管反流病、急性肠胃炎、胆石症和胆囊炎、肠易激综合征的临床表现、药物治疗原则以及治疗药物的合理选用。
2. **熟悉**　上述疾病治疗药物的相互作用
3. **了解**　上述疾病药物治疗以外的其他治疗方法。

任务一　消化性溃疡

PPT

一、疾病概要

消化性溃疡病（peptic ulcer，PU）属于酸相关性疾病，包括胃溃疡（gastric ulcer，GU）和十二指肠溃疡（duodenal ulcer，DU），是指在各种致病因子的作用下，消化道黏膜发生的炎症与坏死性病变，以胃溃疡和十二指肠溃疡多见。消化性溃疡比较明确的病因与下列有关：①消化道黏膜伤害性因素增加，如胃酸和胃蛋白酶分泌过多、幽门螺杆菌（Helicobacter pylori，Hp）感染、长期食用刺激性食物及服用阿司匹林等非甾体抗炎药、胆汁反流、嗜好烟酒等。②消化道黏膜保护性因素削弱：如黏液－黏膜屏障、黏膜的血液循环减弱和上皮细胞更新及局部前列腺素减少等。③遗传及免疫因素和应激、心理因素等。传统的学说认为消化性溃疡是由胃酸和胃蛋白酶对胃、十二指肠的腐蚀作用与胃肠黏膜防御系统之间的不平衡所造成。近年研究明确，幽门螺杆菌及非甾体抗炎药是损害胃、十二指肠黏膜，导致消化性溃疡发病的最常见病因，其中，约90%的十二指肠溃疡和80%的胃溃疡均由幽门螺杆菌感染所致。

溃疡的典型表现是中上腹部的疼痛或不适感。疼痛常是一种隐痛、灼痛、胀痛或嘈杂感、饥饿样不适感，一般为轻度至中度持续性疼痛，可耐受；疼痛或不适症状的发作有一定规律：慢性、周期性和节律性。

1. 慢性以年为单位　症状可以在几年、十几年甚至几十年的时间内反复发作或持续存在。

2. 周期性以季为单位　症状的发作有一定的季节性，发于秋冬之交或冬春之交。除季节和气候突变影响外，过度疲劳、饮食失调也可引起发作。

3. 节律性以天为单位　腹痛症状的发作在一天内有其规律，例如胃溃疡，其上腹痛症状常发生在进食后30~60分钟，下一餐饭前缓解，其规律可以用"进食－腹痛－缓解"来表示；而十二指肠球部溃疡上腹痛的症状发生常在空腹时或夜间，进食后缓解，其规律可以用"腹痛－进食－缓解"来表示。

消化性溃疡除疼痛外常伴有反酸、嗳气、流涎、恶心、呕吐及其他消化不良症状。患者可有失眠、多汗、缓脉等自主神经功能失调的表现，症状较剧而影响进食者可有消瘦及贫血。缓解期一般无明显体征。活动期可有剑突下固定而局限的压痛点，胃溃疡压痛点常在中上腹或偏左；十二指肠球部溃疡常在中上腹或偏右。

消化性溃疡确诊主要依赖于内镜检查和上消化道造影。内镜检查是确诊消化性溃疡的最可靠的方法，并可通过活体组织检查协助鉴别良恶性溃疡。上消化道造影检查可见到腔外龛影等溃疡征象。

二、治疗原则

消化性溃疡的治疗目的是消除病因、缓解症状、愈合溃疡、防止复发和防治并发症。在常规治疗的同时应配合对并发症的治疗和溃疡愈合后的维持治疗（药物维持治疗期间的用量应少于治疗量）。合理使用止血药和镇静催眠药如地西泮等，及时复查，以判定疗效并防止漏诊某些早期癌变。

消化性溃疡治疗方法包括三方面，即药物治疗、一般治疗和外科手术，其中以药物治疗为主。

三、治疗药物

自20世纪70年代以来，消化性溃疡的药物治疗经历了H_2受体拮抗药、质子泵抑制剂和根除幽门螺杆菌三次里程碑式的进展，使溃疡愈合率显著提高，并发症发生率显著降低。

（一）抑制胃酸分泌药

1. 质子泵抑制剂（PPI）　PPI为目前最强的一类胃酸分泌抑制药，通过特异性的抑制H^+，K^+-ATP酶的活性，抑制胃酸生成的终末环节，可强烈抑制胃酸分泌，并且维持较长时间，因此对消化性溃疡更为有效，可以更迅速地控制症状并使溃疡愈合。这类药物主要包括奥美拉唑、兰索拉唑、泮托拉唑、雷贝拉唑以及艾司奥美拉唑等。近年来，雷贝拉唑和艾司奥美拉唑等新一代质子泵抑制剂在临床的使用越来越广泛，已成为活动期消化性溃疡治疗的首选药物，尤其适用于严重疼痛、合并出血或其他治疗失败的消化性溃疡患者。用H_2受体拮抗药无效的消化性溃疡患者，改用质子泵抑制剂治疗8周治愈率超过90%，12周达99%。质子泵抑制剂不耐酸，容易在酸性环境中被降解，故服药时不宜嚼碎。质子泵抑制剂标准剂量（PPIs）每日1次，早餐前服药，可使十二指肠溃疡2~4周愈合、胃溃疡4~8周愈合。常用质子泵抑制剂均为口服剂型，各药用法用量及疗程见表10-1。

2. H₂受体拮抗药（H₂RA） H₂受体拮抗药的作用机制为选择性竞争结合胃壁细胞膜上的H₂受体，使组胺不能与H₂受体结合，从而使壁细胞胃酸分泌减少，故治疗消化性溃疡有效。代表药物有西咪替丁、雷尼替丁、法莫替丁、尼扎替丁、罗沙替丁。西咪替丁能选择性抑制组胺途径胃酸的分泌，使空腹和进食后胃酸分泌削减95%和75%，对消化性溃疡起到缓解疼痛、促进溃疡愈合的作用。雷尼替丁作用比西咪替丁强5~10倍，且作用时间长、副作用较少。法莫替丁作用比雷尼替丁强7倍，比西咪替丁强30倍。H₂受体拮抗药主要用于消化性溃疡，尤其能抑制夜间基础胃酸分泌，对十二指肠溃疡疗效好。也可用于胃及食管反流性疾病、佐林格－埃利森综合征的治疗。常用H₂RA大多为口服剂型，各药用法用量及疗程见表10-1。

表10-1 常用抑制胃酸分泌药的用法用量及疗程

分类	常用药物	药物用法用量	疗程
质子泵抑制剂	奥美拉唑	口服，一次20mg，1次/天	GU 4~8周，DU2~4周
	兰索拉唑	口服，一次30mg，1次/天	GU 8周，DU4周
	泮托拉唑	口服，一次40mg，1次/天	GU 4~8周，DU2~4周
	雷贝拉唑	口服，一次20mg，1次/天	GU 4~6周，DU2~4周
	艾司奥美拉唑	口服，一次20mg，1次/天	GU 4~8周，DU2~4周
H₂受体拮抗药	西咪替丁	口服，一次400mg，2次/天	GU6~8周，DU4~6周
	雷尼替丁	口服，一次400mg，2次/天	GU6~8周，DU4~6周
	法莫替丁	口服，一次400mg，2次/天	GU6~8周，DU4~6周
	尼扎替丁	口服，一次300mg，1次/天	GU6~8周，DU4~6周
	罗沙替丁	口服，一次75mg，2次/天	GU6~8周，DU4~6周

（二）抗酸药

抗酸药作用是中和胃酸、抑制胃蛋白酶活性，多是一些无机弱碱，如碳酸氢钠、碳酸钙、氧化镁、铝碳酸镁、氢氧化铝、氢氧化镁、三硅酸镁等。疗效以凝胶溶液等液体制剂最好，粉剂次之，片剂较差。此类药物起效快，能迅速缓解溃疡疼痛，价格便宜。目前，抗酸药主要用于消化性溃疡的辅助治疗，尤其对于腹痛症状严重者，早期治疗阶段的联合用药可迅速控制疼痛的症状。但长期应用含钙、铋、铝的抗酸药可致便秘，镁制剂可致腹泻，常将两种或多种抗酸药制成复合制剂，以抵消其副作用。目前应用较多的复方抗酸制剂有复方氢氧化铝制剂、复方铝酸铋制剂、鼠李铋镁制剂等。常用抗酸药均为口服剂型，各药用法用量及疗程见表10-2。

表10-2 常用抗酸药的用法用量及疗程

药物	药物用法用量	疗程
铝碳酸镁	口服，一次500mg，3次/天	1周
碳酸钙	口服，一次500mg，2次/天	1周
氢氧化铝	口服，一次600mg，3次/天	1周
氧化镁	口服，一次200mg，3次/天	1周

（三）胃黏膜保护药

已知胃黏膜保护作用的减弱是溃疡形成的重要因素，近年来的研究认为加强胃黏膜保护作用、促进黏膜的修复是治疗消化性溃疡的重要环节之一。胃黏膜保护药主要通过促进胃黏膜细胞分泌黏液和碳酸氢盐，增加胃黏膜血流量，增加胃黏膜前列腺素合成或在黏膜表面形成保护层。主要药物有胶体果胶铋、枸橼酸铋钾、硫糖铝、米索前列醇、恩前列素、替普瑞酮等。常见胃黏膜保护药用法用量及疗程见表10-3。

铋剂可直接与黏液结合形成糖蛋白铋，覆盖在溃疡表面形成保护屏障，特别适合合并 Hp 感染的消化性溃疡患者。硫糖铝通过以下几方面保护胃黏膜：①与蛋白质大分子形成复合物，在溃疡面上形成保护膜，达到阻止胃酸、胃蛋白酶的渗透与侵蚀；②促进胃黏液和碳酸氢盐的分泌；③刺激前列腺素的合成与释放；④吸附胃蛋白酶和胆汁酸；⑤增加胃血流量；⑥激活巨噬细胞，促进上皮细胞的修复。前列腺素衍生物通过激动胃壁细胞上的前列腺素 E 受体，抑制食物、基础胃酸、组胺及促胃液素刺激所致的胃酸和胃蛋白酶分泌，对非甾体抗炎药引起的胃出血、溃疡、坏死有明显的抑制作用。

表 10-3　常见胃黏膜保护药用法用量及疗程

药物	药物用法用量	疗程
次枸橼酸铋	口服，一次 240mg，2 次/天	4~8 周
枸橼酸铋钾	口服，一次 600mg，2 次/天	4~8 周
硫糖铝	口服，一次 1000mg，2 次/天	4~6 周
米索前列醇	口服，一次 200mg，4 次/天	4~8 周
恩前列素	口服，一次 35μg，2 次/天	4~8 周

（四）Hp 感染的治疗药物

对于确诊为幽门螺杆菌感染者应当进行严格的正规治疗，Hp 感染常用的抗菌药物有庆大霉素、阿莫西林、克拉霉素、四环素、甲硝唑、替硝唑等，单用疗效差。目前的研究表明，三联用药和四联用药根治幽门螺杆菌具有疗程短、副作用少的特点。根治幽门螺杆菌常用的三联治疗方案分为以 PPI 为基础的方案和以铋剂为基础的方案两大类，即在 PPI 或铋剂的基础上加用两种抗菌药联合组成三联方案。常用根除 Hp 推荐的治疗方案有以下两种：

1. 三联方案

PPIs（标准剂量）+阿莫西林（1g）+克拉霉素（0.5g），2 次/天，连续 7 日。

PPIs（标准剂量）+甲硝唑（0.4g）+克拉霉素（0.5g），2 次/天，连续 7 日。

PPIs（标准剂量）+阿莫西林（1g）+呋喃唑酮（0.1g），2 次/天，连续 7 日。

PPIs（标准剂量）+阿莫西林（1g）+甲硝唑（0.4g），2 次/天，连续 7 日。

铋剂（标准剂量）+呋喃唑酮（0.1g）+克拉霉素（0.5g），2 次/天，连续 7 日。

铋剂（标准剂量）+甲硝唑（0.4g）+四环素（0.75~1g），2 次/天，连续 14 日。

铋剂（标准剂量）+甲硝唑（0.4g）+阿莫西林（0.5g），2 次/天，连续 14 日。

标准剂量的 PPI 包括奥美拉唑 20mg、兰索拉唑 30mg、雷贝拉唑 10mg、艾司奥美拉唑 20mg。Hp 根除率 80%~98%，主要用于肾功能减退、不耐受铋剂者，但根除率不及四联方案。其中，PPI+阿莫西林+克拉霉素的方案对敏感菌株根除率约为 88%，而 PPIs+甲硝唑+克拉霉素对敏感菌株根除率可达 97%。疗程为 7~14 日。7 日和 14 日方案均有效，但 14 日方案可将根除率提高 12%。

标准剂量的铋剂包括枸橼酸铋钾 600mg、果胶铋 240mg。该方案的疗程为 14 日。Hp 根除率 78%~90%。

2. 四联方案

PPIs（标准剂量）+铋剂（标准剂量）+甲硝唑（0.4g）+四环素（0.75~1g），2 次/天，连续7～14日。

PPIs（标准剂量）＋铋剂（标准剂量）＋呋喃唑酮（0.1g）＋四环素（0.75～1g），2次/天，连续7～14日。

PPIs（标准剂量）＋铋剂（标准剂量）＋克拉霉素（0.5g）＋阿莫西林（1g），2次/天，连续7～14日。

目前根除 Hp 的四联方案主要为 PPI、铋剂和两种抗菌药的组合，疗程一般 7～14 日，Hp 根除率高于三联方案。该方案一定程度上克服甲硝唑和克拉霉素耐药的影响，并可能防止继发耐药。

（五）促进胃肠动力药

一些消化性溃疡患者有明显的恶心、呕吐和腹胀，多是由于消化道动力不足而导致胃潴留、排空迟缓、胆汁反流或胃食管反流等，可给予促胃动力药，如多潘立酮、莫沙必利、甲氧氯普胺等。

（六）解除平滑肌痉挛药

解除平滑肌痉挛药物主要有溴丙胺太林、阿托品、颠茄片、山莨菪碱（654-2）等。

四、治疗药物的应用原则

由于消化性溃疡部位不同，选药存在差异。消化性溃疡主要指胃和十二指肠的慢性溃疡。但从其发病原因上看，胃溃疡和十二指肠球部溃疡发病机制并不完全相同，因此用药也各有不同：胃溃疡应以使用增强防御因子的药物为主，而十二指肠球部溃疡则应用减弱攻击因子的药物为主。对容易复发的病例需长期维持治疗。

在具体临床药物使用上，胃溃疡主要选择胃黏膜保护药和促进胃内容物排空的药物，减轻胃的负担，可用硫糖铝、枸橼酸铋钾、复方铝酸铋等，选择其中一种药物，再加上促胃肠动力药如多潘立酮。如果胃黏膜检查出幽门螺杆菌，可采用根除 Hp 推荐的治疗方案。如胃溃疡患者反酸较明显，则可加用抗酸药及抑制胃酸泌的药物。如果胃疼痛症状仍不缓解，则可加适量解痉药。

关于十二指肠球部溃疡的用药，主要是应用抑制胃酸分泌的药物和抗酸药，如症状严重而不能改善者，可换用质子泵抑制药如奥美拉唑。治疗时间一般以 6～8 周为一个疗程，奥美拉唑以 4 周为一个疗程，个别需服药 8 周。

坚持长期服药。切不可症状稍有好转便骤然停药，因骤然停药会引起反跳，进而使原有溃疡恶化，使病情加重、复发。正确的做法是停药前先减量，也不可频繁更换药物。疼痛缓解后还得巩固治疗 1～3 个月，甚至更长时间。

▶▶ **岗位情景模拟**

情景描述 患者，男，25 岁，被诊断患有十二指肠溃疡，Hp 阳性，口服奥美拉唑 40mg/d、克拉霉素 1000mg/d、甲硝唑 800mg/d 治疗。一周后患者感到上腹疼痛症状完全缓解，反酸、嗳气现象消失，食欲恢复如发病前。患者自认为十二指肠溃疡已愈合，要求停止用药。

讨　论 1. 你认为患者的要求是否合理，能否停止药物治疗？

2. 此时应如何指导患者用药？请说明理由。

答案解析

五、药物的不良反应

1. 质子泵抑制药　是较强的抑酸药，若过量或长期服用，可使患者持续处于低胃酸状态。不良反应主要有头痛、头晕、口干、恶心、腹胀、失眠；偶有皮疹、外周神经炎、血清氨基转移酶或胆红素增高等，长期或高剂量使用质子泵抑制剂可引起髋骨、腕骨、脊椎骨骨折。

2. H_2受体拮抗药　不良反应较小，发生率低于3%。常见心血管反应有心动过缓、心动过速、低血压、房室传导阻滞。长期用药可见转氨酶水平升高、血小板减少性紫癜、粒细胞缺少、男性性功能紊乱等，偶见幻觉、定向力障碍，司机等慎用。其他不良反应有乏力、腹泻、头痛等。西咪替丁可通过血脑屏障，偶有精神异常；对雄激素受体有亲和力，可引起男性乳房发育、阳痿。应用这类药物时，应注意定期观察肝、肾功能的变化，并根据肌酐清除率调整用量。

3. 抗酸药　多为重金属类盐，长期反复使用安全性尚待进一步评价，一般服用时间不超过3个月是安全的。各种抗酸药中和胃酸的作用相差很大，长期应用最常见的不良反应是腹泻或便秘、胃部不适、口干、皮疹、头晕等，所有抗酸药均产生暂时性代偿性盐酸分泌增多，对习惯性便秘者不宜应用。

4. 铋剂　服药期间舌苔、粪便变黑；偶见恶心、皮疹、轻微疼痛。前列腺素衍生物的不良反应主要是稀便、腹痛、腹泻；可引起子宫收缩及流产，孕妇禁用。

六、药物相互作用

1. 抗胆碱药（如阿托品、颠茄片、山莨菪碱等）能松弛胃肠道平滑肌，延长胃排空时间，胃排空药（如甲氧氯普胺、多潘立酮及莫沙必利等）能促进胃肠蠕动，改变胃排空速度，故两药不宜同时服用。

2. 胃黏膜保护药（如胶体铋剂、枸橼酸铋钾、硫酸铝等）的作用方式独特，既不中和胃酸也不抑制胃酸分泌，而是在一定胃液 pH 条件下能在溃疡面形成保护膜，将胃酸、胃蛋白酶与溃疡面隔开，使溃疡组织修复、再生而愈合。而抗酸药、中和胃酸药（如氢氧化铝）或减少胃酸分泌的药物（如雷尼替丁、法莫替丁），均干扰黏膜保护药作用。

3. 多巴胺受体拮抗药（如多潘立酮）能促进胃肠蠕动，改变胃排空速度，使药物在肠内通过较快，缩短吸收时间，减少 H_2受体阻断药（雷尼替丁）的吸收，并缩短血药浓度峰值的到达时间。

4. 避免服用溃疡原性药物。所谓溃疡原性药物，即对胃黏膜有损害作用的药物。包括水杨酸盐及非甾体类抗炎药（NSAIDs），如阿司匹林、吲哚美辛等；糖皮质激素，如泼尼松、地塞米松等。如因疾病需要必须服用上述药物，应尽量采用肠溶剂型或小剂量间断饭后服用。同时进行充分的抗酸治疗和加强黏膜保护，减少对胃的不良反应。

5. 氧化铝不宜与喹诺酮类、四环素、异烟肼、地高辛、氯丙嗪、华法林等合用。

6. 克拉霉素与他汀类药物同服可增加横纹肌溶解风险。

即学即练 10-1

治疗消化性溃疡的口服抑酸剂包括（　　）。

A. 胃黏膜保护剂　B. 质子泵抑制剂　C. 胆碱受体阻断剂

D. 胃泌素受体阻断剂　E. 组胺 H_2受体阻断剂

答案解析

消化性溃疡的饮食治疗

饮食疗法曾经是消化性溃疡唯一或主要的治疗手段。Sippy 饮食疗法一直在临床上沿用达数十年之久。Sippy 饮食主要由牛奶、鸡蛋、奶油组成，还包括了一些"软"的非刺激性食物，其原理在于这些食物能够持久地稀释和中和胃酸。对 PU 患者的饮食持下列观点：①细嚼慢咽，可增加唾液分泌，后者能稀释和中和胃酸，并具有提高黏膜屏障作用。②定时进食，以维持正常消化活动节律。③在急性活动期，以少吃多餐为宜，每天进餐 4～5 次即可。④饮食宜注意营养，但无需规定特殊食谱。⑤餐间避免零食，睡前不宜进食。⑥在急性活动期，应戒烟酒，并避免咖啡、浓茶和辣椒、酸、醋等刺激性调味品或辛辣的饮料以及损伤胃黏膜的药物。⑦饮食不过饱，以防止胃窦部的过度扩张而增加胃泌素的分泌。

任务二　胃食管反流病

PPT

一、疾病概要

胃食管反流病（gastroesophageal reflux disease，GERD）是一种因胃、十二指肠的内容物反流入食管引起不适症状和（或）并发症的疾病。胃食管反流及其并发症是多因素促成的，是食管抗反流机制减弱和反流物对食管黏膜攻击作用的结果。胃酸与胃蛋白酶是反流物中损害食管黏膜的主要成分。

主要临床表现有：①反流和胃灼热是胃食管反流病的典型症状，常在餐后 1 小时出现，弯腰、平卧或腹压增高时易发生。②非心源性胸痛，反流食物引起食管痉挛，造成胸骨后疼痛，类似心绞痛。可放射到后背、胸肩部等，可伴有或不伴有反流和胃灼热。③咳嗽和反流性哮喘，反流物刺激食管可引起，是少部分患者首发表现，有阵发性、夜间发作的特点，无季节性。④吞咽困难，多为间歇性发作，可出现在吞咽食物后。

长期的胃食管反流病所致的食管并发症包括糜烂性食管炎、上消化道出血、食管狭窄和食管癌等。

二、治疗原则

GERD 的治疗目的是缓解症状、愈合食管黏膜损伤、提高生活质量、预防复发和防治并发症。治疗方法有一般治疗、药物治疗、内镜和手术治疗，其中，药物治疗是胃食管反流病最主要的方法。

一般治疗原则为改变生活方式，包括禁烟和限制饮酒，避免进食高脂食物、巧克力、浓茶和辛辣食品等，避免过饱、餐后仰卧和睡前进食等；不穿紧身衣服、不系紧身腰带。

药物治疗的目的在于增强抗反流屏障作用，提高食管清除能力，改善胃排空和幽门括约肌功能，防止十二指肠反流，抑制胃酸分泌，降低反流损害，保护食管黏膜、促进修复，以达到解除症状、治愈炎症、预防并发症、防止复发的目标。药物治疗以抑酸为中心，分为控制发作和维持治疗两个阶段。

三、治疗药物

目前有效治疗药物包括四类：抑制胃酸分泌药、促胃动力药、抗酸药、黏膜保护药。其中抑制胃酸分泌药是最常用、最有效的药物。

(一) 抑制胃酸分泌药

主要包括质子泵抑制剂和 H_2 受体拮抗药两大类。PPI 特异性不可逆抑制 H^+，K^+-ATP 酶，作用于酸分泌的最后共同通道，使 H^+ 不能由壁细胞内转运到细胞外，故可长时间、高效抑制基础胃酸以及刺激后胃酸分泌，明显减少反流物的酸度和数量。PPI 被认为是目前最主要的控制症状和维持治疗的药物。H_2RA 与组胺竞争结合胃壁细胞 H_2 受体，抑制食物、组胺、五肽胃泌素等刺激壁细胞引起的胃酸分泌，尤其能减少夜间基础胃酸分泌，适用于轻、中症患者。用法用量上，PPI 标准剂量具体见本项目任务一，1～2 次/天，口服给药 8 周，然后维持治疗 8～12 周。

(二) 促胃肠动力药

胃食管反流是一种动力障碍性疾病，常存在食管、胃运动功能异常，H_2RA 及 PPI 治疗无效时，可应用促胃肠动力药。促胃肠动力药可增加下食管括约肌压力、改善食管蠕动功能、促进胃排空，从而达到减少胃内容物食管反流及食管在反流物暴露的时间。该类药物治疗 GERD 的疗效与 H_2RA 相似，但对于伴随腹胀、嗳气等动力障碍症状者效果明显优于抑酸剂。因此只适用于轻症患者，或作为辅助治疗。常用促胃肠动力药的用法用量见表 10-4。

1. 多巴胺受体拮抗剂 代表药物有甲氧氯普胺和多潘立酮，可拮抗食管、胃、肠道多巴胺受体，使胆碱受体相对亢进，促进食管、胃平滑肌动力，促进食管清除、加快胃排空，阻止胃内容物反流。本类药物对十二指肠、空肠、回肠蠕动的促进作用可减少十二指肠反流。甲氧氯普胺具有激动 $5-HT_4$、拮抗 $5-HT_3$、拟胆碱作用，其作用于脑干多巴胺受体还可起到止吐作用。

2. 5-HT 受体激动剂 代表药物有莫沙必利、西沙必利、替加色罗等。莫沙必利和西沙必利为选择性 $5-HT_4$ 受体激动剂，作用于肠肌间神经丛，释放乙酰胆碱使下食管括约肌压力升高，食管蠕动增强，胃排空加快，可有效减少反流次数和缩短反流时间，为新型胃肠动力药。替加色罗则选择性激动 $5-HT_3$ 受体。

表 10-4 常用促胃肠动力药的用法用量

分类	常用药物	药物用法用量
多巴胺受体拮抗剂	甲氧氯普胺	口服，一次 10mg，3 次/天
	多潘立酮	口服，一次 10mg，3 次/天
5-HT 受体激动剂	莫沙必利	口服，一次 5mg，3 次/天
	西沙必利	口服，一次 10mg，3 次/天
	替加色罗	口服，一次 6mg，2 次/天

3. 其他 阿托品、哌仑西平可阻断乙酰胆碱的功能，解除平滑肌和血管痉挛，降低胃肠运动，可增加食管下括约肌压力，加速胃排空。

(三) 抗酸药

常为弱碱盐，可迅速中和胃酸，提高胃内和食管下段 pH 值，降低反流物酸性和胃蛋白酶活性，减轻酸性反流物对食管黏膜的损伤，并轻度增加下食管括约肌压力。具体药物可见本项目任务一。

(四) 胃黏膜保护剂

胃黏膜保护药可覆盖在病变表面，形成保护膜，减轻症状，促进食管愈合。常用药物有硫糖铝、胶体铋剂、麦滋林－S、考来烯胺、铝碳酸镁及吉法酯等。部分胃黏膜保护药如考来烯胺、铝碳酸镁有一定的吸附作用，提高吸附并结合胃蛋白酶直接抑制其活性，还具有抗酸药样作用，中和胃酸能力强，可使胃液 pH 长时间维持在合适水平，临床应用广泛。属藻酸盐制剂的藻朊酸泡沫剂，如海藻酸铝镁，可与胃液作用形成浮游于胃液上的泡沫状物，隔绝胃内酸性或碱性物与食管下端接触，有利于食管炎症修复。

四、治疗药物的应用原则

药物治疗是治疗胃食管反流病的最主要方法。目前胃食管反流病的药物治疗以抑制胃酸分泌为主，分控制发作和维持治疗两阶段。控制发作治疗药物应足量、足疗程，必要时多种药物联合使用，根据病情采用递减法或递增法。控制发作目前多主张递减法，即首先使用疗效较高的药物，如 PPI 加促胃肠动力药，迅速控制症状，治愈炎症，再减量维持；递增法则是从疗效较低的药物开始应用。维持治疗则以按需为主要策略。

递减法适用于中重度 GERD 患者尤其是内镜检查有糜烂性食管炎者。初始治疗可选用一种标准剂量 PPI 制剂，2 次/日，餐前服用。必要时加用促胃肠动力药，如多潘立酮 10mg，3 次/日，餐前口服。糜烂性食管炎患者需正规治疗 8～12 周，炎症愈合后可逐步减少药物的剂量和种类。无糜烂、溃疡的中、重度 GERD 患者亦需在临床症状完全消失数天至数周逐步减少 PPI 用量，一般先减至原始剂量的一半，数日至数周后再减量一半并逐步过渡至隔日 1 次或与 H_2RA 交替使用。症状缓解后促胃肠动力药也可逐渐减量。

GERD 具有慢性复发倾向，停用抑制胃酸分泌药 6 个月复发率达 80%，因此维持治疗是必须的。PPI 和 H_2RA 均可用于维持治疗，其中以 PPI 效果较好。维持治疗剂量因人而异，以调整至患者无症状的最低剂量为最佳剂量；维持治疗时间遵循个体化原则，一般应在正规治疗、复查胃镜食管炎已愈合后，维持 6～12 个月，重症患者时间应延长，甚至终生维持。有效的维持治疗应能完全缓解症状并防止复发及并发症发生。

五、药物的不良反应

1. **多潘立酮** 偶见轻度腹部疼挛、口干、皮疹、头痛、腹泻、神经过敏、倦怠、嗜睡、头晕等；有 10%～15% 的患者可引起可逆性血催乳素水平升高、溢乳、男子乳房女性化等，但停药后即可恢复正常。

2. **甲氧氯普胺** 可引起怠倦、焦虑、锥体外系反应等副作用。

3. **西沙必利** 可引起患者 Q－T 间期延长并致严重心律失常，如尖端扭转型室性心动过速等，导致患者猝死。

4. **其他药物** 不良反应见本章第一节。

六、药物相互作用

1. 甲氧氯普胺与乙醇或中枢抑制剂等合用时，镇静作用加强，与抗胆碱药和镇痛药合用有拮抗作用。

2. 多潘立酮、莫沙必利与抗胆碱药合用有拮抗作用，故不宜合用。

3. 乙醇、β 受体激动剂、地西泮、维拉帕米、茶碱、黄体酮、前列腺素、多巴胺等可加重胃食管反流的症状。

即学即练 10 −2

关于胃食管反流病的药物治疗，下列说法正确的为（　　　）。

A. 长期使用质子泵抑制剂影响钙吸收，建议补充枸橼酸钙

B. 法莫替丁可引起白细胞计数增高

C. 反流性食管炎患者抑酸治疗为主

D. 幽门螺杆菌（Hp）感染对 GERD 症状严重性、是否复发及疗效无影响

E. 避免饱餐和餐中饮水、睡前 3 小时内进食

答案解析

任务三　急性胃肠炎

PPT

一、疾病概要

急性胃肠炎引起的胃肠道急性、弥漫性炎症。急性胃肠炎多发生在夏秋季节，起病急，常在 24 小时内发病。沙门菌属是引起急性胃肠炎的主要病原菌。急性胃肠炎可分为急性胃炎、急性肠炎等类型。急性胃炎主要表现为恶心、呕吐，伴有上腹部疼痛不适等，病变部位主要在胃。急性肠炎主要表现为腹痛、腹泻，一日数次或数十次，粪便为糊状或为黄色水样，带有泡沫或少量黏液，有的呈洗肉水样，病变部分主要在肠。

主要病理变化为胃肠黏膜呈急性炎症、水肿、充血及分泌物增加，可伴有腹部绞痛、发热、全身酸痛等症状。急性胃肠炎发病快，来势猛，如不及时治疗，可因失水过多出现酸中毒，甚至发生休克，应及时治疗。

二、治疗原则

明确诊断，消除病因，对症治疗，谨慎使用止泻镇痛药，防止出现脱水、电解质紊乱状况，确定致病菌后给予抗菌治疗。一般治疗原则包括注意饮食卫生，防止食物、饮水被污染，不食腐败变质、被病原微生物或其毒素污染的食物，戒酒，卧床休息，进食清淡流质饮食，必要时禁食 6～24 小时，一旦恶心、呕吐较轻或停止，应该口服葡萄糖、电解质溶液以防脱水，如呕吐持久或存在严重脱水，则需要经静脉适当补充电解质。

三、治疗药物 微课1

（一）止泻药

1. 洛哌丁胺　又名苯丁哌胺，作用于肠壁的阿片受体，直接抑制胃肠平滑肌的收缩，阻止乙酰胆碱和前列腺素的释放，从而抑制肠蠕动，达到减少排便次数的目的。适用于治疗急慢性腹泻，其止泻作用强而迅速。

2. 地芬诺酯 又名苯乙哌啶，系哌替啶的衍生物，直接作用于肠道平滑肌，通过抑制肠黏膜感受器，消除局部黏膜的蠕动反射而减弱蠕动，同时可增加肠的节段性收缩，从而延长肠内容物与肠黏膜的接触，促进肠内水分的回吸收，适用于急慢性功能性腹泻。肝病患者慎用。

3. 蒙脱石 系从天然蒙脱石中提取，为具有双八面体层纹状结构的微粒，对消化道内的病毒、细菌及其产生的毒素有固定、抑制作用，使其失去致病作用；此外对消化道黏膜还具有很强的覆盖保护能力，修复、提高黏膜屏障对攻击因子的防御功能，具有平衡正常菌群和镇痛作用。

4. 鞣酸蛋白 服用后在胃内不分解，在小肠处分解出鞣酸，使肠黏膜表层蛋白凝固，形成一层保护膜，减少渗出、减轻刺激及肠蠕动，有收敛、止泻作用。

表 10-5 常用止泻药的用法用量

作用机制分类	常用药物	药物用法用量
减少肠蠕动	洛哌丁胺	口服，一次4mg，3次/天
	地芬诺酯	口服，一次5mg，3次/天
收敛、吸附、保护黏膜	蒙脱石	口服，一次3g，3次/天
	鞣酸蛋白	口服，一次2g，3次/天
	药用炭	口服，一次4g，3次/天
	碱式碳酸铋	口服，一次0.9g，3次/天

（二）解痉药

山莨菪碱又名654-2，为M胆碱受体拮抗剂，有选择性解除痉挛的作用，常用于胃肠绞痛，并能扩张血管、改善微循环，治疗感染性休克。青光眼、脑出血者禁用。

（三）微生态制剂

代表药物有双歧杆菌、复方嗜酸乳杆菌片、双歧三联活菌胶囊等，是根据微生态原理制备的制剂。其目的是调整微生态失调，保持生态平衡，提高人体的健康水平，以达到防病、治病的效果。可用于细菌、病毒等多种病原体引起的腹泻，肠易激综合征和肠道菌群失调引起的腹泻。

（四）抗菌药

1. 盐酸小檗碱 又称黄连素，为一种季铵生物碱。小檗碱对金黄色葡萄球菌、淋球菌和弗氏痢疾杆菌、志贺氏痢疾杆菌均有抗菌作用，并有增强白细胞吞噬作用的功能。适用于肠道细菌感染，对食物不洁引起的急性胃肠炎初期及轻症患者疗效显著。

2. 诺氟沙星 又名氟哌酸。通过作用于细菌DNA螺旋酶的A亚单位，抑制DNA的合成和复制而导致细菌死亡。抗菌谱广，抗菌作用强，对肠道细菌感染有显著疗效。

3. 庆大霉素 庆大霉素能与细菌核糖体30s亚基结合，阻断细菌蛋白质合成。主要用于治疗细菌感染，尤其是革兰阴性菌引起的感染。药物经口服进入胃肠后，一般不被胃肠吸收，在胃肠内形成高浓度药液，对致病菌起直接杀灭作用。

四、治疗药物的应用原则

治疗以补液治疗为主，适当选用镇吐、解痉镇痛、止泻等对症治疗药物，对伴有高热或其他感染症状的患者，合理选用抗菌药物短期应用，出现休克者积极抗休克治疗。

1. 一般治疗 尽量卧床休息，口服葡萄糖-电解质液以补充体液的丢失。如果持续呕吐或明显脱水，则需静脉补充 5% ~10% 葡萄糖盐水及其他相关电解质。鼓励摄入清淡流质或半流质食品，以防止脱水或治疗轻微的脱水。

2. 对症治疗　必要时可注射止吐药，如甲氧氯普胺，一次 10 ~20mg，一日剂量不超过 0.5mg/kg；解痉药如颠茄浸膏，一次 10 ~30mg，3 次/日；山莨菪碱，一次 5 ~10mg，3 次/日；止泻药如蒙脱石散，每次 1 袋，2 ~3 次/日。

3. 抗菌治疗　对于感染性腹泻，可适当选用有针对性的抗菌药，如黄连素一次 0.3g，口服，3 次/天；庆大霉素 8 万 U/次，口服，3 次/日；诺氟沙星一次 300 ~400mg，口服，2 次/天等，但应防止抗菌药滥用。

五、药物的不良反应

1. 山莨菪碱　常见的不良反应为口干、面红、视近物模糊。用量较大时可出现心率加快、排尿困难等。用量过大会出现抽搐甚至昏迷等中枢神经兴奋症状。出血性疾病、脑出血急性期、青光眼、前列腺肥大、尿潴留患者禁用。

2. 甲氧氯普胺　可通过血脑屏障导致锥体外系症状，一旦出现应立即停药。

3. 氨苄西林　以过敏反应较为常见。红霉素的不良反应有腹部不适、恶心、呕吐和皮疹等。氧氟沙星等喹诺酮类药物有可能影响骨骼发育，孕妇和 18 周岁以下儿童禁用，哺乳期妇女用药期间应停止哺乳。

六、药物相互作用

1. 盐酸小檗碱（黄连素）　为季铵生物碱，不宜与鞣酸蛋白合用。鞣酸蛋白大量服用可能会引起便秘，也不宜与铁剂同服。

2. 药用炭可影响儿童的营养吸收，3 岁以下儿童如长期患腹泻或腹胀禁用，另外也不宜与维生素、抗生素、生物碱、乳酶生及各种消化酶同时服用，因药用炭能吸附上述药物，影响疗效。

3. 微生态制剂　感染性腹泻通常应用抗菌药进行治疗，为防止使用抗菌药引起的菌群失调，一般可以使用微生态制剂帮助恢复菌群的平衡。微生态制剂多为活菌制剂，不宜与抗菌药、药用炭、黄连素和鞣酸蛋白同时应用，以避免效价的降低。如需合用，至少间隔 3 小时。

即学即练 10 -3

【配伍选择题】

A. 山莨菪碱　　　　　B. 甲氧氯普胺　　　　　C. 蒙脱石

D. 黄连素　　　　　　E. 复方嗜酸乳杆菌片

1. 止泻药有（　　）

2. 解痉药有（　　）

答案解析

3. 微生态制剂有（　　）

4. 止吐药有（　　）

PPT

任务四 胆石症和胆囊炎

一、疾病概要

胆石症又称胆结石，是指胆道系统包括胆囊或胆管内发生结石的疾病。按发病部位分为胆囊结石和胆管结石。结石在胆囊内形成后，可刺激胆囊黏膜，不仅可引起胆囊的慢性炎症，而且当结石嵌顿在胆囊颈部或胆囊管后，还可以引起继发感染，导致胆囊的急性炎症。胆石症的病因有：运动和体力劳动少，不吃早餐，高脂肪、高糖类、高胆固醇饮食，肥胖、肝硬化、胆囊动力下降、糖尿病、克罗恩病等。腹部超声是胆囊结石首选的检查方法。

胆囊炎是较常见的疾病，为胆囊部位发生的急性化学性和细菌性炎症，发病率较高，女性高于男性，常与胆石症合并存在。急性胆囊炎的临床症状如下。①疼痛：右上腹剧痛或绞痛，多见于结石嵌顿、梗阻于胆囊颈部所致的急性胆囊炎；疼痛常突然发作，十分剧烈，或呈绞痛样，多发生在进食高脂食物后，好发在夜间；胆囊管非梗阻性急性胆囊炎时，右上腹疼痛一般不剧烈，多为持续性胀痛，随着胆囊炎症的进展，疼痛亦可加重，疼痛呈现放射性，最常见是放射至右肩部和右肩胛骨下角等处。②恶心、呕吐：是最常见的症状，如恶心、呕吐顽固或频繁，可造成脱水、虚脱和电解质紊乱，多见于结石梗阻胆囊管时。③发热：轻症患者常有畏寒和低热；重症患者可有寒战和高热，热度可达39℃以上，并可出现谵语、谵妄等症状。④黄疸：较少见，一般程度较轻。慢性胆囊炎的症状有持续性右上腹钝痛或不适感；有恶心、嗳气、反酸、腹胀和胃部灼热等消化不良症状；右下肩胛区疼痛；进食高脂或油腻食物后症状加重；病程长，病情经过有急性发作和缓解相交替的特点，急性发作时与急性胆囊炎症状同，缓解期有时可无任何症状。

二、治疗原则

迄今尚无证据表明使用药物或其他非手术疗法能完全溶解或排尽结石，胆石症的治疗主要是手术切除胆囊。饮食上要遵循清淡、高维生素、低脂肪原则，三餐定时定量，加强健身运动，控制体重，培养良好健康的生活方式。

胆囊炎需积极预防和治疗细菌感染及并发症，注意饮食卫生，防止胆道寄生虫病的发生，并积极治疗肠蛔虫症；生活起居有节制，注意劳逸结合、寒温适宜，保持乐观情绪及大便通畅；若有结石，或经常发作，可考虑手术治疗；低脂饮食，以减少胆汁分泌，减轻胆囊负担。

胆石症和胆囊炎药物治疗主要用于缓解疼痛，消除感染、梗阻等并发症。

三、治疗药物

（一）镇痛药

常用的镇痛药为吗啡、哌替啶，主要通过激动阿片受体，对中枢神经系统、心血管系统及内脏平滑肌产生广泛的作用。使用该类药物缓解胆绞痛时需合用 M 胆碱受体阻断药（如阿托品）。

（二）溶石药

代表药物有鹅去氧胆酸、熊去氧胆酸等。鹅去氧胆酸可减少胆固醇的分泌，还能抑制羟甲基戊二酰辅酶 A 还原酶，降低胆固醇合成，从而降低胆汁中胆固醇含量以及促进胆固醇结石的溶解，用于治疗胆固醇胆结石。成人分早晚两次按每日 12~15mg/kg 给药，进餐或喝牛奶时服用。熊去氧胆酸通过降低胆固醇饱和度，促进胆固醇从结石表面溶解，抑制肠道吸收胆固醇，从而达到溶石作用，故仅对胆固醇结石有效，也可用于预防药物引起的结石形成和治疗脂肪变性（回肠切除术后）。成人每日早晚饭后按 8~10mg/kg 给药。最短疗程为 6 个月。如 6 个月后超声检查和胆囊造影没有改善，可以停药。如结石已部分溶解，应继续服药。

（三）排石后解痉药

代表药物匹维溴铵，作为钙通道阻滞剂可解除消化道平滑肌痉挛，无抗胆碱作用和心血管不良反应，可用于排石后胆绞痛。成人餐时口服，一次 50mg，3 次/天，整片吞服，不可掰开或咀嚼服用，非卧位服用。

（四）抗菌药

用于胆石症和胆囊炎的抗菌药主要有头孢菌素类和氟喹诺酮类。抗菌药使用是为了预防菌血症和化脓性并发症，通常以氨苄西林、克林霉素和氨基糖苷类联合应用，或选用第二代头孢霉素如头孢孟多或头孢呋辛治疗，或选用氟喹诺酮类的药物。抗菌药的更换应根据血培养、手术时的胆汁培养和胆囊壁的细菌培养，以及药物敏感试验的结果而定。

四、治疗药物的应用原则

1. 对于大多数无症状的胆石症患者可定期观察，但因胆囊癌的发生风险相应增加，故应定期做 B 超检查。

2. 胆石症排石出现胆绞痛合并胆道感染时应急诊就医，合理使用抗菌药。

3. 胆囊炎需要及时就医处理，解除梗阻、降低胆囊张力，合理使用抗菌药。

4. 除非有明确的细菌感染指征，否则不要随意使用抗菌药。

五、药物的不良反应

1. **阿片类镇痛药**　主要有恶心、呕吐、颅内压升高、低血压、呼吸抑制、眩晕、嗜睡、排尿困难、便秘、成瘾性等不良反应。

2. **熊去氧胆酸**　主要有腹泻，偶有便秘、过敏反应、头痛、头晕、胰腺炎、心动过速等不良反应；长期使用可增加外周血小板数量。孕妇慎用，胆道完全梗阻和严重肝功能不全者禁用。

3. **鹅去氧胆酸**　易引起腹泻，长期应用可升高转氨酶，梗阻性肝胆疾病者和孕妇禁用。

4. **匹维溴铵**　主要有腹痛、腹泻、便秘，偶见瘙痒、皮疹、恶心、口干等不良反应。

5. **氟喹诺酮类抗菌药**　可能影响骨骼发育，孕妇和 18 周岁以下患者禁用，哺乳期妇女用药期间应暂停哺乳。

六、药物相互作用

吗啡与硫酸镁合用可增强中枢抑制，增加呼吸抑制和低血压风险，与甲氧氯普胺合用，因引起肠道蠕动减慢、括约肌痉挛，导致甲氧氯普胺的药效降低。

任务五　肠易激综合征

PPT

一、疾病概要

肠易激综合征（irritable bowel syndrome，IBS）是一组持续或间歇发作，以腹痛、腹胀、排便习惯和（或）大便性状改变为临床表现，而缺乏胃肠道结构和生化异常的肠道功能紊乱性疾病。罗马Ⅲ型诊断标准将其列为功能性肠病的一类，发病率高，可发生于任何年龄，但多见于 20～50 岁，女性高于男性，有家族聚集倾向，常与其他胃肠道功能紊乱性疾病如功能性消化不良并存伴发。按照大便的性状将肠易激综合征分为腹泻型、便秘型、混合型和不定型四种临床类型，我国以腹泻型多见。

肠易激综合征是多种因素共同作用的结果，病理生理机制涉及胃动力异常、内脏高敏感性、中枢神经系统对肠道刺激的感知异常、脑 - 肠轴调节异常和肠道微生态失衡等。目前尚不能以单一病理生理机制来解释其复杂症状，故至今尚无一种药物或单一疗法对其完全有效。

二、治疗原则

肠易激综合征治疗目的是改善症状，消除患者顾虑，提高生活质量。治疗原则是建立在良好医患关系的基础上，根据主要症状类型进行对症治疗和根据症状严重程度进行分级治疗。注意治疗措施的个体化和综合运用。

三、治疗药物

（一）解痉药

目前使用较为普遍的是选择性肠道平滑肌钙离子通道拮抗剂如匹维溴铵或离子通道调节剂。抗胆碱能药如阿托品、颠茄、莨菪碱类也能改善腹痛症状，可作为缓解腹痛的短期对症治疗，不适于长期用药。

（二）泻药

对便秘为主的患者，可使用作用温和的导泻药，可试用容积性泻剂如甲基纤维素和渗透性轻泻剂如聚乙二醇、乳果糖等。刺激性泻剂应慎用。

（三）止泻剂

常用止泻药有洛哌丁胺、地芬诺酯、蒙脱石散、药用炭等，可改善腹泻。根据患者病情选用适当的止泻药。洛哌丁胺和地芬诺酯止泻效果好，适用于腹泻症状较重者，但使用时间不宜过长。轻症患者使用吸附性止泻药如蒙脱石散、药用炭等。

（四）促胃肠动力药

代表药物莫沙必利、依托必利、普卡必利、西沙必利等，能够促进小肠和结肠蠕动，适用于有腹胀和便秘型患者。马来酸曲美布汀是消化道双向调节剂，对各种类型的肠易激综合征都有较好的效果。

（五）内脏镇痛剂

生长抑素及其类似物如奥曲肽，具有缓解躯体和内脏疼痛的作用。选择性 $5-HT_3$ 受体阻滞剂如阿洛司琼、雷莫司琼，能改善腹泻型患者的腹痛及大便次数。$5-HT_4$ 受体激动药普卡必利可减轻患者腹痛、腹胀症状，使排便通畅。

（六）抗精神病药

常用药物有三环类抗抑郁药如阿米替林、选择性 $5-HT$ 再摄取抑制剂帕罗西汀等。对腹痛症状重而上述治疗无效，尤其是具有明显精神症状的患者，适当予以镇静剂、抗抑郁药、抗焦虑药有一定帮助。此类药物起效慢，应向患者耐心解释，提高患者的依从性，以免患者对药物不依从而影响效果。尽可能采用最小有效剂量，疗效不佳时再逐渐增加剂量，切忌频繁换药。

（七）微生态制剂

常用药物有乳酸杆菌、双歧杆菌、酪酸菌等制剂，能调整宿主肠道微生物群生态平衡，适用于伴有肠道菌群失调的 IBS 患者。

四、治疗药物的应用原则

明确患者的诱发因素并设法去除；指导患者建立良好的饮食和生活习惯。避免食用诱发症状的食物。

告知患者肠易激综合征的性质，解除患者顾虑。对伴有失眠、焦虑的患者可适当给予抗精神病药。

五、药物的不良反应

1. **普卡必利**　不良反应较轻，可有头痛、疲倦、便秘、腹泻等。

2. **止泻药**　不良反应见本章第三节。

3. **泻药**　常见的胃肠道不良反应是腹泻，滥用泻药所致的腹泻可产生严重的代谢紊乱。

4. **曲美布汀**　主要有腹泻、腹痛、口干、皮疹、怠倦和头晕等不良反应。

5. **三环类抗抑郁药**　常见不良反应为阿托品样作用的口干、便秘、视物模糊、心悸、眼压升高、尿潴留等。

6. **肠道微生态制剂**　主要不良反应为过敏反应，有继发感染的可能，偶见大便干燥、腹胀。

六、药物相互作用

微生态制剂多为活菌制剂，不宜与抗菌药、鞣酸蛋白、药用炭、蒙脱石散等同时应用，以避免疗效降低。如需合用，至少应间隔 2~3 小时。

即学即练 10 -5

下列哪些药物不宜与双歧杆菌同时服用（　　　）。

A. 阿莫西林　　　　　　B. 左氧氟沙星　　　　　　C. 蒙脱石散

D. 药用炭　　　　　　　E. 组胺 H_2 受体阻断剂

答案解析

目标检测

答案解析

一、选择题

（一）最佳选择题

1. 导致消化性溃疡病的最常见病因是（　　　）。

　　A. 吸烟　　　　　　　　B. 遗传因素　　　　　　　C. 化学物质的刺激

　　D. 强烈的精神刺激　　　E. 胃窦部幽门螺杆菌感染

2. 治疗幽门螺杆菌感染的一线方案典型组方中不包括的药物是（　　　）。

　　A. 铋剂　　　　　　　　B. 甲硝唑　　　　　　　　C. 克拉霉素

　　D. 质子泵抑制剂　　　　E. 组胺 H_2 受体阻断剂

3. 消化性溃疡抗 Hp 的三联疗法正确的是（　　　）。

　　A. 兰索拉唑 + 阿莫西林 + 法莫替丁

　　B. 奥美拉唑 + 阿莫西林 + 阿奇霉素

　　C. 兰索拉唑 + 克拉霉素 + 甲硝唑

　　D. 胶体次碳酸铋 + 哌仑西平 + 替硝唑

　　E. 胶体次碳酸铋 + 硫糖铝 + 甲硝唑

4. 消化性溃疡抗 Hp 的四联疗法正确的是（　　　）。

　　A. 兰索拉唑 + 阿莫西林 + 克拉霉素 + 胶体次碳酸铋

　　B. 奥美拉唑 + 甲硝唑 + 阿奇霉素 + 胶体次碳酸铋

　　C. 雷尼替丁 + 阿莫西林 + 胶体次碳酸铋 + 甲硝唑

　　D. 西咪替丁 + 胶体次碳酸铋 + 哌仑西平 + 替硝唑

　　E. 兰索拉唑 + 克拉霉素 + 甲硝唑 + 硫糖铝

5. 消化性溃疡抗 Hp 的四联疗法使用疗程为（　　　）。

　　A. 8～12 周　　　　　　B. 6～8 周　　　　　　　C. 1～2 周

　　D. 4～6 周　　　　　　E. 8～10 周

6. 消化性溃疡发病机制中的防御因子为（　　　）。

　　A. 前列腺素 E　　　　　B. 酒精　　　　　　　　　C. Hp 感染

　　D. 大面积烧伤　　　　　E. 胆盐

7. 在消化性溃疡形成中起到关键作用的因素为（　　　）。

　　A. Hp 感染　　　　　　B. 胃酸　　　　　　　　　C. 黏膜屏障的完整性

D. 黏膜血流减少   E. 前列腺素 E 分泌过少

8. 匹维溴铵的作用机制为（　　）。

A. M 受体阻断剂   B. β 受体阻断剂   C. M 受体激动剂

D. 钙拮抗剂   E. 钠拮抗剂

（二）配伍选择题

（9～11 题共用备选答案）

常用抗消化性溃疡药的种类

A. 哌仑西平   B. 考来烯胺   C. 三硅酸镁

D. 奥美拉唑   E. 溴丙胺太林

9. 属于抗酸药的是（　　）。

10. 属于解痉、镇痛药的是（　　）。

11. 属于胃黏膜保护剂的是（　　）。

（12～13 题共用备选答案）

常用抗消化性溃疡药的合理应用

A. 抗酸药   B. 质子泵抑制剂   C. 胃黏膜保护剂

D. 促胃肠动力药   E. 组胺 H_2 受体阻断剂

12. 服用时不宜嚼碎的是（　　）。

13. 餐后口服、不宜与促胃肠动力药联合应用的是（　　）。

（三）综合分析选择题

（14～16 题共用题干）

患者，男性，27 岁，间断上腹痛 3 年，表现为餐后痛，1～2 小时后缓解，以冬春季多发。

14. 此患者最可能的诊断为（　　）。

A. 浅表性胃炎   B. 萎缩性胃炎   C. 十二指肠溃疡

D. 反流性食管炎   E. 胃溃疡

15. 该患者可以使用的药物，不包括（　　）。

A. 兰索拉唑   B. 氢氧化铝   C. 氯化钾片

D. 法莫替丁   E. 胶体果胶铋

16. 该患者 Hp 阳性，根除 Hp 的方案为（　　）。

A. PPI + 克拉霉素 + 阿莫西林 + 铋剂

B. PPI + 西咪替丁 + 阿莫西林 + 铋剂

C. PPI + 克拉霉素 + 阿莫西林 + 铝碳酸镁

D. 法莫替丁 + 克拉霉素 + 阿莫西林 + 铋剂

E. 以上都不对

（四）多项选择题

17. 可能加重反流症状的药物为（　　）。

A. 钙通道阻滞剂   B. 镇静剂   C. 雌激素

D. 茶碱类   E. α 受体激动剂

二、简答题

1. 简述治疗消化性溃疡的常用药物。

2. 简述急性胃肠炎的常见致病因素及防治原则。

三、实例解析题

　　患者，女，24岁，胃灼热约3周，疼痛通常发生在餐后躺在床上看手机时，且常伴有恶心及异味液体流入口中。患者平时喜欢吃冷饮、冰激凌、巧克力等食品。当患者吃完冰激凌、巧克力后若很快上床睡觉，也会出现这些症状。患者曾服用铝碳酸镁后症状缓解。

　　问题　1. 请为该患者制订合适的治疗方案，并说明依据。

　　　　　2. 该患者的哪些症状符合胃食管反流病？

书网融合……

知识回顾　　　　微课　　　　习题

（王建美）

血液系统疾病的药物治疗

血液系统疾病是以血液、造血器官，以及出凝血机制的病理变化为主要表现特征的多种疾病统称。其中贫血最为常见，世界卫生组织统计：全球约 30 亿人患不同程度贫血，每年因患贫血引发各类疾病而死亡的人数上千万。我国卫健委调查统计，中国的贫血患病率约为 20.1%，女性及未成年人口发病率达 1/3。与此同时，肿瘤等疾病原因导致的缺铁性贫血也居高不下。那么常见的血液系统疾病还有哪些呢？各种血液系统疾病的治疗原则和常用治疗药物是什么呢？

本项目主要介绍血液系统常见疾病包括缺铁性贫血、巨幼细胞贫血、再生障碍性贫血的药物治疗。

学习目标

1. **掌握** 缺铁性贫血、巨幼细胞贫血、再生障碍性贫血的临床表现、药物治疗原则以及治疗药物的合理选用。
2. **熟悉** 上述疾病的治疗药物作用和相互作用。
3. **了解** 上述疾病的一般治疗方法。

任务一 缺铁性贫血 微课1

PPT

一、疾病概要

贫血是指外周血单位容积中的红细胞计数（RBC）、血红蛋白（Hb）以及血细胞比容（HCT）低于人群正常最低值的一种病理状态。其中以 Hb 为主要衡量指标。诊断标准：成年男性 Hb < 120g/L，成年女性 Hb < 110g/L，孕妇 Hb < 100g/L。

缺铁性贫血（irondeficiencyanemia，IDA）是一种当体内的铁储备耗尽时，血红蛋白合成减少而引起的小细胞低色素性贫血症状，其在贫血中最为常见。其病因是机体需铁量增加（如妊娠期、哺乳期、儿童生长发育期）、铁摄入不足（如偏食）、铁吸收或利用减少（如胃酸缺乏、食物相互作用等）及铁丢失增加（如月经量过多、胃溃疡等失血性疾病）。机体长期缺铁会历经铁负平衡期、缺铁造血期，最终达到缺铁性贫血期。妊娠期和育龄期女性、婴幼儿和儿童为该病的高危人群；正常机体每日铁摄入量应为 1～1.5mg，孕妇、哺乳期妇女为 2～4mg，以维持体内铁平衡。该病常见症状是头晕、头痛、乏力、易倦、心悸、活动后气短、口角炎、舌乳突萎缩、舌炎、恶心等；严重的缺铁可引起特殊表现如反甲、烦躁不安、注意力不集中、异食癖等，部分患者还会有颅内压增高等表现。缺铁性贫血患者 Hb 低于正常值且血常规呈小细胞低色素性贫血，平均红细胞体积（MCV）＜80fl，平均红细胞血红蛋白量（MCH）＜27pg，平均红细胞血红蛋白浓度（MCHC）＜32%。

二、治疗原则

该病的治疗关键在于明确诊断、去除病因并补充铁剂。除药物治疗外也要给予辅助治疗，加强营养摄入，多食含铁丰富的食品，必要时可静脉输血或红细胞悬液。

知识链接

靠吃红枣补血，不靠谱！

人体内铁的来源主要是日常食物，动物血、肝脏铁含量及吸收率均较高，其次是鸡蛋、鱼类、禽类、水产品（蚌肉、蛏子、蛤蜊），最后还有些植物性的食物如黑芝麻、菌类、桑葚干和红枣。进食铁含量丰富的食物时，搭配富含维生素 C 的食物，能促进铁的吸收。很多人谈起补血，就想到红枣，其实红枣的含铁量只有猪肝的1/10，吸收率也较低。在中医药典中，红枣有补中益气、养血安神的功效，日常可适量吃，但不能依靠红枣来纠正缺铁性贫血。

一般来说，日常三餐都有 50～100g 肉类，1 周有 1 次动物血或动物肝脏 25～50 g，就可以满足铁的需要。孕妇及确诊有缺铁性贫血的人，每周可再增加 1 次食用动物血或肝脏。

三、治疗药物

（一）铁剂

铁是血红蛋白、肌红蛋白、细胞色素系统、电子传递链主要的复合物，过氧化酶及过氧化氢酶等的重要组成部分。人体十二指肠和空肠上段吸收 Fe^{2+}，进入血液循环形成血红蛋白。铁剂治疗分无机铁和有机铁两类，络合物的铁的吸收率大于无机铁，故能将铁离子还原的物质（如谷胱甘肽）和能与铁离子络合的物质（如氨基酸、枸橼酸、苹果酸等）都有利于铁的吸收。

1. 口服铁剂　临床上常用的口服补铁剂有硫酸亚铁、枸橼酸铁铵、富马酸亚铁、葡萄糖酸亚铁等，其中硫酸亚铁为无机铁代表，富马酸亚铁为有机铁代表。无机铁的不良反应较为明显。维生素 C 和稀盐酸可促进食物中铁离子的吸收。常用口服铁剂的特点和用法用量见表 11－1。

表 11－1　常用口服铁剂的特点和用法用量

药物	药物的主要特点	药物用法用量
硫酸亚铁	疗效快，吸收率高，胃肠道刺激性强	餐后服，成人 0.3～0.6g，3 次/天；小儿 0.1～0.3g，3 次/天
葡萄糖酸亚铁	作用温和，铁利用率高，起效快	预防：成人 0.3g，1 次/天；儿童 0.1g，1 次/天。治疗：成人 0.3～0.6g，3 次/天；儿童 0.1～0.2g，3 次/天
乳酸亚铁	易吸收	餐后服，成人 0.15～0.6g，3 次/天
枸橼酸铁铵	含 Fe^{3+}，无刺激性，吸收稍差，适合儿童或无法吞咽的患者，含铁量低，不适于重症，易损坏牙齿，吸管吸服	10% 溶液；成人 10～20ml，3 次/天；小儿 1～2ml（kg·d）

续表

药物	药物的主要特点	药物用法用量
琥珀酸亚铁	含铁量高，吸收率高，胃肠刺激性轻	餐后服；成人 0.1~0.2g，3 次/天； 儿童 0.05~0.1g，1~2 次/天
富马酸亚铁	含铁量高，起效快，副作用（恶心、呕吐）较少	0.2~0.4g，3 次/天； 疗程：轻症 2~3 周，重症 3~4 周

2. 注射铁剂

（1）右旋糖酐铁　氢氧化铁与右旋糖酐的复合物，可溶性铁，适用于口服铁剂不耐受或需要快速纠正缺铁症状的患者。深部肌内注射，易发生过敏反应，首剂量 25mg，60 分钟后无不良反应注射余量。每次 100~200mg，每周 2~3 次。

（2）山梨醇铁　枸橼酸铁与山梨醇复合物。一般不做首选铁剂。主要用于预防和治疗各种不宜口服铁剂者，如溃疡性结肠炎；或口服治疗无效的缺铁性贫血；或者是需要迅速纠正贫血状况者。1ml 含铁 50mg，建议用量 1.5~2ml，深部肌内注射，隔 1~3 日一次。

（二）造血生长因子

促红细胞生成素（EPO），又称红细胞刺激因子、促红素，由肾脏和肝脏分泌的可促进骨髓造血细胞分化、增殖和定向成熟的一种糖蛋白类激素，可促进红细胞生成。用于治疗肾功能不全合并的贫血、获得性免疫缺陷综合征本身或治疗引起的贫血、恶性肿瘤伴发的贫血及风湿病导致的贫血等多种贫血。初始剂量 50~100U/kg，每周 3 次，皮下注射；维持剂量依据白细胞比容或血红蛋白水平调整。

四、治疗药物的应用原则

1. 须在明确贫血病因的情况下进行铁剂治疗，首选含铁量高、容易吸收、胃肠道反应小的口服铁剂，安全且疗效可靠。口服铁剂有效表现为 5 日外周血中网织细胞计数升高，7~10 日达高峰；2 周后血红蛋白浓度上升，2 个月左右恢复正常；血红蛋白恢复正常后，应剂量减半继续服药 3~6 个月，待铁蛋白恢复正常后停药。

2. 铁剂治疗原则"小量、长期"。口服铁剂摄入量为 150~200mg/d，为减少胃肠道刺激，需分 2~3 次餐后服用。

3. 注射铁剂不良反应多。适用于口服铁剂不耐受者；原有消化道疾病，口服铁剂可加重病情者，如患有十二指肠溃疡等；吸收障碍者，如慢性腹泻、胃大部分切除；需迅速获得疗效者，如晚期妊娠、择期手术患者。注射用铁的总量需按公式计算：铁的总剂量（mg）=［需达到的血红蛋白浓度（g/L）－患者的血红蛋白浓度（g/L）］×30+500（mg）。给药途径是臀部肌内注射。注射铁剂治疗过程中不宜同时口服铁剂，避免发生中毒反应。

▶▶ **岗位情景模拟 11-1**

情景描述　患者，女，25 岁，面色苍白、头晕、乏力 1 年余，加重伴心悸 1 个月来诊。1 年前无明显诱因头晕、乏力，家人发现面色不如从前红润，近 1 个月来伴活动后心悸加重，曾到医院检查血红蛋白低（具体不详），给硫酸亚铁口服，因胃难受仅用 1 天，病后进食正常，不挑食，二便正常，无便血、黑便、尿色异常、鼻出血和牙龈出血。睡眠好，体重无明显变化。既往体健，无胃病史，无药物过敏史。月经初潮14岁，7天/27天，末次月经半月前，近2年月经量多，半年来更明显。

查体：T 36℃，P 104次/分，R 18次/分，BP 120/70mmHg，一般状态好，贫血貌，皮肤黏膜无出血点，浅表淋巴结不大，巩膜不黄，口唇苍白，舌乳头正常，心肺无异常，肝脾不大。

化验检查：Hb 60g/L，RBC 3.0×10^{12}/L，MCV 70fl，MCH 25pg，MCHC 30%，WBC 6.5×10^9/L，分类：中性分叶细胞70%，淋巴细胞27%，单核细胞3%，PLT 260×10^9/L，网织红细胞1.5%，尿蛋白（－），镜检（－），大便潜血。

讨　　论　1. 根据上述症状，患者所患何病？

　　　　　2. 该疾病选用什么药物治疗？治疗原则有哪些？

答案解析

五、药物的不良反应

1. 口服铁剂可引起恶心、腹痛、腹泻等胃肠道反应。铁剂与肠道内硫化氢发生反应生成硫化铁，减轻原本硫化氢对肠道蠕动的刺激作用，可致便秘、黑便。小儿误服≥1g铁剂可引起急性中毒甚至死亡，有呕吐、腹痛、血性腹泻、休克、呼吸困难等症状。中毒早期需用磷酸盐或碳酸盐溶液洗胃，并使用去铁胺（约5g，灌胃）以结合剩余铁剂。急性中毒可肌内注射去铁胺。长期过量服用铁剂，可引起慢性中毒；严重时出现皮肤色素沉着、肝硬化和心衰等症状。

2. 给予5%的注射铁剂患者会有头痛、面部潮红、关节肌肉痛、发热等变态反应，偶尔会引起过敏性休克。铁过敏者禁用。

3. 促红素会引起血压升高，偶可诱发脑血管意外、癫痫发作，其他不良反应为瘙痒、发热、恶心、头痛、关节痛、血栓等。血液透析难以控制的高血压、某些白血病、铅中毒患者及孕妇禁用。对本品过敏者禁用。癫痫患者、脑血栓形成者慎用。应用期间严格监测血压、血栓情况及血清铁含量。

六、药物相互作用

药物相互作用见表11-2。

表11-2　缺铁性贫血治疗药物相互作用一览表合用药物

合用药物	相互作用
抗酸药、磷酸盐、鞣酸蛋白	影响吸收
氯霉素	影响疗效
考来烯胺、考来替泊等阴离子交换树脂	络合反应影响吸收
西米替丁、胰酶、去铁胺等	影响铁的吸收
四环素类、氟喹诺酮类、青霉胺及锌制剂	影响药物吸收
维生素C	增加铁离子的吸收，但易有胃肠道反应

即学即练11-1

使用铁剂治疗缺铁性贫血应（　　　）。

A. 首选铁剂肌内注射　　B. 首选口服铁剂　　C. 血红蛋白恢复正常立即停药

D. 与抗酸药同用　　E. 与钙剂同用

答案解析

任务二　巨幼细胞贫血 ^e微课2

PPT

一、疾病概要

巨幼细胞贫血（megaloblastic anemia）是由机体缺乏叶酸、维生素 B_{12} 或某些影响核苷酸代谢的药物导致细胞核脱氧核糖核酸（DNA）合成障碍所致的大细胞性贫血，临床特点：外周血中 MCV 和 MCH 高于正常值，骨髓中出现巨幼细胞（巨幼红细胞、巨幼粒细胞和巨核细胞）。叶酸和维生素 B_{12} 是机体核酸合成中的重要辅酶，其缺乏可造成 DNA 合成障碍，减慢细胞内 DNA 合成，而对胞质内 RNA 合成影响小，细胞核和细胞质发育失衡，促使细胞体积增大，形成巨幼细胞。巨幼细胞在骨髓内未成熟而被破坏，产生贫血。在我国叶酸缺乏者多见于经济落后地区，以山西、陕西、四川等地多见。维生素 B_{12} 缺乏多见于偏食或食用过长时间烹煮食品，以及有内因子抗体者。巨幼细胞贫血患者除有贫血症状外，还会有如舌痛、舌面光滑、舌乳头萎缩、口角炎和口腔黏膜溃疡、食欲缺乏、食后腹胀、腹泻或便秘等胃肠道症状。

二、治疗原则

积极治疗如胃肠道疾病、自身免疫性疾病等原发病；积极纠正、去除如婴幼儿喂养不当、偏挑食、摄入不足等病因；用药后继发者需酌情停药；治疗过程需持续补充叶酸和维生素 B_{12}。

三、治疗药物

巨幼细胞贫血的治疗药物有叶酸、维生素 B_{12} 及亚叶酸铁。叶酸适用于各种巨幼细胞贫血；营养不良、婴儿期、妊娠期对叶酸需求量增加所致的营养性巨幼细胞贫血，治疗时以叶酸为主。维生素 B_{12} 为辅。维生素 B_{12} 适用于由吸收障碍（如胃切除患者）引起的巨幼细胞贫血及恶性贫血。巨幼细胞贫血治疗药物适用和用法用量见表 11 - 3。

表 11 - 3　巨幼细胞贫血治疗药物的适用和用法用量

药物	药物的主要适用	药物用法用量
叶酸	巨幼细胞贫血，营养性巨幼细胞贫血首选	口服：成人一次 5～10mg，5～30mg/d，儿童一次 5mg，3 次/天，单疗程：14 天；肌内注射：成人一次 15～30mg，1 次/天；单疗程：20～30 天
维生素 B_{12}	恶性贫血，巨幼细胞贫血	恶性贫血患者：肌内注射，100μg，1 次/天，14 日后增至 100μg，2 次/天，连续使用周期 28 日，血红细胞恢复正常后，每月 1 次，维持治疗；巨幼细胞贫血患者：肌内注射：成人一次 25～100μg，每周 2 次或隔日肌注 50～200μg；小儿一次 25～50μg，隔日 1 次，共用 14 日。次序量一次 25～50μg，1 次/月
亚叶酸钙	巨幼细胞贫血	肌内注射，一次 1mg，1 次/天

四、治疗药物的应用原则

1. 骨髓检查 24 小时内，不宜给予叶酸或维生素 B_{12} 治疗，以免影响检查结果。

2. 应明确诊断和病因，有针对性地选择治疗药物。

3. 治疗期间密切观察血常规变化，使用叶酸治疗前，必须了解有无维生素 B_{12} 缺乏的情况，否则会加重维生素 B_{12} 缺乏所致的神经系统病变。

五、药物的不良反应

1. 叶酸口服不良反应较少，注射易引起不良反应，慎用。长期服用叶酸，少数患者会引起胃肠道反应，如恶心、厌食、腹胀等，可肌注亚叶酸铁改善。使用剂量过大时会出现黄色尿样。

2. 维生素 B_{12} 偶见过敏反应，严重可致过敏性休克，应立即停药并给予抗过敏药物。恶性肿瘤患者禁用，该药物可促恶性肿瘤生长。

3. 其他严重巨幼细胞贫血用药治疗后，应监测血钾，以防出现血钾突然下降。

六、药物相互作用

药物相互作用见表 11 - 4。

表 11 - 4　巨幼细胞贫血治疗药物相互作用

合用药物	相互作用
维生素 B_{12}	补益作用
维生素 C	促进四氢叶酸生成，提高其及衍生物稳定性
维生素 B_{12} 和维生素 C	不可同时混用，后者可降低前者血药浓度
甲氨蝶呤、乙胺嘧啶、甲氧苄啶等	抑制二氢叶酸还原酶，有碍叶酸利用

即学即练 11 - 2

治疗巨幼细胞贫血时，叶酸和（　　）合用。

A. 维生素 B_{12}　　　　B. 维生素 C　　　　C. 钙片

D. 复方新诺明　　　　E. 同时补铁

答案解析

任务三　再生障碍性贫血 微课 3

PPT

一、疾病概要

再生障碍性贫血（aplastic anemia，AA）简称再障，一种由于化学、物理、生物因素及其他不明原因所致的骨髓干细胞及（或）造血微环境损伤，以致红骨髓"向心性萎缩"，被脂肪髓所代替，从而导致骨髓造血功能衰竭的疾病。临床表现为进行性贫血，皮肤黏膜及脏器出血及感染综合征。

临床上根据病情严重程度将其分为重型再生障碍性贫血（SAA）和非重型再生障碍性贫血（NSAA）。SAA 起病急、进展快、病情严重，少数患者由 NSAA 进展而来。患者除贫血症状加重外，患者还伴有发热（39℃以上），部分患者至死亡均处于高热状态。患病过程呼吸道感染最为常见，其次易发生消化道、泌尿生殖系统及皮肤黏膜等感染；常合并败血症。NSAA 起病慢，进展缓，病情较轻。患者有贫血症状和轻微可控感染症状，感染部位多为上呼吸道，其次为支气管、扁桃体等。

二、治疗原则

1. 治疗基础 预防感染，避免出血，避免接触任何可能对骨髓有抑制作用的物质。

2. 对症去因治疗 纠正贫血、控制感染、控制出血、去除导致再障的病因，联合如免疫抑制治疗、刺激造血治疗、造血干细胞移植等治疗手段，对于患者年龄小于 40 岁，且无感染及其他并发症、有合适供体的重型再障患者，可考虑造血干细胞移植。

📖 知识链接

造血干细胞移植治疗再生障碍性贫血的现状

造血干细胞移植（HSCT）是彻底治愈再生障碍性贫血的有效方法，同胞全相合异基因造血干细胞移植（MSD～HSCT）和全相合无关供者异基因造血干细胞移植（MUD～HSCT）是目前国内外首选的移植方式，但是仅少部分患者能找到匹配的供者，这严重限制了移植工作的开展。近年来在国内外学者的努力下，单倍体造血干细胞移植（Haplo～HSCT）和脐血移植（UCBT）有了很大的进展。异基因造血干细胞移植治疗再生障碍性贫血的研究近年来取得很大的进步，但是移植后移植物抗宿主病、移植失败等仍是患者非复发死亡的主要原因，严重影响患者生存。同胞全合异基因造血干细胞移植仍是目前首选的移植方式；对于非同胞全合供者的重型再生障碍性贫血患儿，一线治疗可以选择无关供者相合异基因造血干细胞移植；缺乏全合供者时，单倍体移植和脐血移植亦为不错的选择。

三、治疗药物

常用的治疗药物主要有免疫抑制剂、雄激素、造血生长因子等。NSAA 首选雄激素，常用药物有丙酸睾酮、司坦唑醇、十一酸睾酮；SAA 的治疗一般应用联合应用免疫抑制药 ATG/ALG + 泼尼松、环孢素、GM－CSF/G－CSF、EPO。常用再生障碍性贫血治疗药物的特点及用法用量见表 11－5。

表 11－5 常用再生障碍性贫血治疗药物的特点及用法用量

药物	药物的主要特点	药物用法用量
丙酸睾酮	雄激素，疗效高，副作用少，建议使用时间 2 年以上	肌内注射，100～200mg，1 次/天或隔日 1 次，3～6 个月为 1 疗程
司坦唑醇	雄激素，疗效高，副作用少，建议使用时间 2 年以上	分次口服，6～12mg/d，3～6 个月为 1 疗程
十一酸睾酮	雄激素，疗效高，副作用少，建议使用时间 2 年以上	口服，120～160mg/d，3 次/天，3～6 个月为 1 疗程
ATG/ALG + 泼尼松	免疫抑制剂联合糖皮质激素，刺激骨髓造血，干扰细胞免疫，也可防治药物过敏反应	静脉注射，5 天，ATG 3～5mg/（kg·d）或 ALG 10～15mg/（kg·d）；泼尼松 1mg/（kg·d），口服，3 个月
环孢素	免疫抑制剂，具有肝肾毒性	口服，3～6mg/（kg·d），疗程 1 年，维持剂量：2～5mg/（kg·d）
GM－CSF/G－CSF	造血生长因子，若在免疫抑制剂后使用，剂量可减，治疗时监测中性粒细胞恢复情况调整减量，持续治疗 3 个月以上为宜	静脉注射，5μg/（kg·d）
EPO	造血生长因子，促红细胞生长	首剂：50～100 IU/kg，8 周后 HCT 上升不达 40% 者，逐增 300～350IU/kg，反之则减

四、治疗药物的应用原则

1. 重症型再障（SAA） 的主要治疗药物为联合免疫抑制药，常用抗胸腺细胞球蛋白（ATC）和抗人细胞免疫球蛋白（ALG），适用于无法施行骨髓移植的患者，ALG/ATC 与环孢素联合产生协同效应，组成强化免疫抑制方案；此方案是儿童重型再障的首选治疗方案。造血生长因子适用于全部再障，特别是重型再障。

2. 非重型再障（NSAA） 可选用雄激素、中药、环孢素、造血生长因子等治疗，其中雄激素最优。雄激素治疗患者应逐渐减半量治疗 3~5 个月后停止使用，以免复发。

糖皮质激素只适用于有免疫因素的再障，或有出血倾向、溶血现象，无高血压、高血脂及潜在精神疾病的患者。当糖皮质激素治疗无效，可选用 ATG/ALG 治疗。

> ▶▶ **岗位情景模拟 11-2**
>
> **情景描述** 患者，男性，35 岁，头晕、乏力伴出血倾向半年，加重 1 周，半年前无诱因出现头晕、乏力，间断下肢皮肤出血点，刷牙出血，服过中药不见好转。病后无鼻出血和黑便，二便正常，进食好，无挑食和偏食，无酱油色尿，睡眠可，体重无变化。既往体健，无放射线和毒物接触史，无药敏史。查体：T 36℃，P 100 次/分，R 20 次/分，BP 120/70mmHg，贫血貌，双下肢散在出血点，浅表淋巴结未触及，巩膜不黄，舌乳头正常，胸骨无压痛，心肺无异常，肝脾未触及，下肢不肿。
>
> 化验检查：Hb 45g/L，RBC 1.5×10^{12}/L，网织红细胞 0.1%，WBC 3.0×10^9/L，分类：中性分叶细胞 30%，淋巴细胞 65%，单核细胞 5%，PLT 35×10^9/L，中性粒细胞碱性磷酸酶（NAP）阳性率 80%，积分 200 分，血清铁蛋白 210μg/L，血清铁 170μg/dl，总铁结合力 280μg/dl，尿常规（-），尿 Rous 试验阴性。
>
> **讨 论** 1. 该患者所患何病并阐明原因？
>
> 2. 治疗原则及药物选择是什么？
>
> 答案解析

五、药物的不良反应

1. 首次使用 ATG/ALG，必须做皮试。注射过程中需密切关注有无不良反应，如发热，多样性皮疹，关节和肌肉酸痛等。ATG/ALG 治疗 7~14 日后，会有 30% 患者易出现血清病或血清病样反应，主要表现为高热、皮疹、关节酸痛和蛋白尿等，严重者可出现喉头水肿。

2. 雄激素、环孢素治疗会产生向心性肥胖、水肿、毛发增多、女性男性化等不良反应。环孢素长时间大剂量使用有可逆性肝、肾损伤，初始剂量宜≤35mg/（kg·d），逐渐递增剂量。用药期间应监测血常规、肝肾功能。雄激素除雄性化作用外，还会有局部刺激、肝脏毒性等。长期注射丙酸睾酮可引起局部硬结，故应注意注射部分交替并局部热敷，以防硬结。

3. 重组 EPO 会引起气急、流感样症状、血压升高，偶可诱发脑血管意外或癫痫发作。

六、药物相互作用

药物相互作用见表 11 – 6。

表 11 – 6 再生障碍性贫血治疗药物相互作用

合用药物	相互作用
环孢素 + 雄激素	联合实用疗效更高，血常规恢复更完全
环孢素 + 其他免疫抑制剂	协同作用，减少药量，患者耐受力提升
环孢素 + 雄激素	肝损伤加重
糖皮质激素 + 雄激素	水钠潴留，高血压加重
环孢素 + EPO	发热

即学即练 11 –3

重型再障的治疗药物包括（　　　）。

A. ATG 或 ALG　　　　　　B. 环孢素　　　　　　C. GM – CSF

D. 泼尼松　　　　　　　　E. EPO

答案解析

目标检测

答案解析

一、选择题

（一）最佳选择题

1. 巨幼细胞性贫血的发病机制是（　　　）。

　　A. 影响 RNA 合成，血红蛋白合成受影响

　　B. 影响 DNA 合成，血红蛋白合成受影响

　　C. 影响 RNA 合成，红细胞核合成受影响

　　D. 影响 DNA 合成，红细胞核合成受影响

　　E. 影响 DNA 合成，红细胞核和血红蛋白合成皆受影响

2. 维生素 B_{12} 缺乏与叶酸缺乏的营养性巨幼细胞性贫血区别在（　　　）。

　　A. 贫血症状　　　　　　B. 肝脾大　　　　　　C. 血常规（红系巨幼样变）

　　D. 消化系统症状　　　　E. 神经系统症状

3. 营养性缺铁性贫血的主要原因为（　　　）。

　　A. 先天储铁不足　　　　B. 生长发育快　　　　C. 铁摄入量不足

　　D. 铁吸收障碍　　　　　E. 铁的丢失过多

4. 营养性缺铁性贫血给予铁剂治疗后如有效，则网织红细胞应于给药后（　　　）。

　　A. 3 ~4 天后升高　　　　B. 1 周后升高　　　　C. 2 周后升高

　　D. 3 周后升高　　　　　E. 4 周后升高

5. 为促进铁的吸收，服用铁剂最好的方法为（　　　）。

  A. 与维生素 C 同服，餐前服用

  B. 与维生素 C 同服，两餐间服用

  C. 与牛奶同服，餐前服用

  D. 与维生素 C 同服，餐后服用

  E. 与葡萄糖同服，餐后服用

6. 营养性缺铁性贫血铁剂治疗需应用至（　　　）。

  A. 症状消失　　　　　　　　　　　　B. 血红蛋白量恢复正常

  C. 血红蛋白量恢复正常后再用 2 个月　　D. 血红蛋白及红细胞计数均正常

  E. 血红蛋白量恢复正常后再用 6 个月

7. 单纯母乳喂养的小儿，易患何种贫血（　　　）。

  A. 营养性缺铁性贫血　　　　　　　　B. 维生素 B_{12} 缺乏性巨幼细胞性贫血

  C. 维生素 B_6 缺乏性贫血　　　　　　D. 叶酸缺乏性巨幼细胞性贫血

  E. 感染性贫血

8. 缺乏叶酸和维生素 B_{12} 引起贫血的机制是（　　　）。

  A. 叶酸和维生素 B_{12} 参与血红蛋白的合成

  B. 叶酸和维生素 B_{12} 是 DNA 合成中必须的物质

  C. 叶酸和维生素 B_{12} 参与一些碱基的合成

  D. 叶酸和维生素 B_{12} 是核酸的成分

  E. 叶酸和维生素 B_{12} 参与细胞分裂

9. 营养性巨幼细胞性贫血出现神经系统症状主要是由于（　　　）。

  A. 缺乏叶酸　　　　　　B. 缺乏维生素 B_{12}　　　　　C. DNA 合成障碍

  D. 缺乏四氢叶酸　　　　E. 缺乏维生素 C

10. 各种营养性贫血的共同临床表现（　　　）。

  A. 多见于婴幼儿时期

  B. 食欲缺乏、呕吐、腹泻、异食癖

  C. 神经精神发育倒退

  D. 肝脾大、淋巴结肿大

  E. 舌炎、喉部痰鸣音

11. 维生素 B_{12} 吸收的部位为（　　　）。

  A. 胃　　　　　　　　　B. 小肠　　　　　　　　　C. 结肠

  D. 直肠　　　　　　　　E. 乙状结肠

12. 1 岁患儿营养性贫血 2 个月，RBC 2.4×10^{12}/L，HB 70g/L，RBC 大小不等明显，大细胞中心淡染区扩大，本例应选用下列哪组药物治疗（　　　）。

  A. 铁剂 + 维生素 C + 稀盐酸

  B. 铁剂 + 叶酸 + 维生素 B_{12} + 维生素 C

  C. 维生素 B_{12} + 维生素 C + 稀盐酸

  D. 叶酸 + 稀盐酸 + 维生素 C

  E. 叶酸 + 维生素 C + 维生素 B_{12}

13. 8 个月小儿，以奶粉喂养为主，未加辅食，反复腹泻 3 个月，2 个月来面色渐苍白，对周围反应差，舌唇颤抖，红细胞计数 $2 \times 10^{12}/L$，血红蛋白 75g/L。经维生素 B_{12} 0.1mg，每日一次肌注及维生素 C 治疗 4 周后，反应已正常，颤抖消失，红细胞计数 $3.5 \times 10^{12}/L$，血红蛋白 95g/L，此情况属（　　）。

    A. 正常治疗反应，维持原有治疗

    B. 治疗效果欠佳，宜加大维生素 B_{12} 剂量

    C. 治疗效果差，应加服叶酸

    D. 治疗效果差，应输血治疗

    E. 治疗效果差，应加用铁剂治疗

（二）配伍选择题

（14～15 题共用备选答案）

    A. RBC 大小不等，小细胞为多，中央苍白区大

    B. RBC 较小呈球形

    C. RBC 大小不等，大细胞为多，中央苍白区不明显

    D. RBC 大小不等，可见异型、靶形和有核红细胞

    E. RBC 大小不等，大红细胞苍白区明显

14. 营养性缺铁性贫血（　　）。

15. 营养性巨幼细胞性贫血（　　）。

（16～17 题共用备选答案）

    A. 智力及动作发育落后有倒退现象

    B. 兴奋、多动

    C. 注意力不集中，记忆力减退

    D. 腱反射减弱

    E. 感觉异常

16. 缺铁性贫血神经系统表现（　　）。

17. 营养性巨幼细胞性贫血神经系统表现（　　）。

（三）多项选择题

18. 缺铁性贫血患儿缺铁的原因包括（　　）。

    A. 先天储铁不足   B. 铁摄入量不足   C. 生长发育快

    D. 铁的吸收障碍   E. 铁的丢失过多

19. 营养性巨幼细胞性贫血有以下特点（　　）。

    A. 多见于婴幼儿

    B. 红细胞数减少比血红蛋白降低为著

    C. 重症可有皮肤出血点

    D. 病史中有精神神经发育的障碍

    E. 用维生素 B_{12} 或（和）叶酸治疗有效

二、简答题

1. 简述缺铁性贫血治疗药物的应用原则。

2. 简述再生障碍性贫血的常见治疗药物。

三、病例分析题

患者，女，40 岁，缺铁性贫血，血红蛋白含量为 90g/L，若住院医给予右旋糖酐铁注射，每支右旋糖酐铁注射剂含铁元素 50mg，使血红蛋白恢复到 150g/L，计算方法为何，且需注射约多少支？

书网融合……

知识回顾　　微课 1　　微课 2　　微课 3　　习题

（张　蕾）

泌尿系统疾病的药物治疗 e 微课1

学习引导

泌尿系统由肾脏、输尿管、膀胱、尿道及有关的血管、神经等组成。主要功能是生成和排泄尿液，并以此排泄人体代谢废物，对维持机体内环境的稳定起重要作用。肾脏也是一个内分泌器官，主要作用是调节血压、红细胞生成和骨骼生长等。常见泌尿系统疾病有哪些呢？各种泌尿系统疾病的治疗原则和常用治疗药物是什么呢？

良性前列腺增生症（BPH）是导致老年男性排尿障碍最常见的一种良性疾病。虽是良性病变，但严重影响患者生活质量。良性前列腺增生症的治疗原则和常用治疗药物是什么呢？

本项目主要介绍泌尿系统常见疾病包括：慢性肾小球肾炎、肾病综合征、慢性肾衰竭、泌尿系统感染性疾病，以及前列腺增生的治疗原则和常用治疗药物。

学习目标

1. **掌握** 慢性肾小球肾炎、肾病综合征、慢性肾衰竭、泌尿系统感染性疾病、前列腺增生的临床表现、药物治疗原则以及治疗药物的合理选用。

2. **熟悉** 上述疾病治疗药物的相互作用。

3. **了解** 上述疾病药物治疗以外的其他治疗方法。

任务一 慢性肾小球肾炎

PPT

一、疾病概要

慢性肾小球肾炎（chronic glomerulonephritis）简称慢性肾炎，系指蛋白尿、血尿、高血压、水肿为基本临床表现，起病方式各有不同，病情迁延，病变缓慢进展，可有不同程度的肾功能减退，最终将发展为慢性肾衰竭的一组肾小球病。由于本组疾病的病理类型及病期不同，主要临床表现可各不相同，疾病表现呈多样化。可发生于任何年龄，但以青中年为主，男性多见。

慢性肾炎多数起病缓慢、隐袭。仅有少数慢性肾炎是由急性肾炎发展所致（直接迁延或临床痊愈若干年后再现）。慢性肾炎的病因、发病机制和病理类型不尽相同，但起始因素多为免疫介导炎症。导致病程慢性化的机制除免疫因素外，非免疫非炎症因素占有重要作用，如：高血压、高血脂等。

📖 **知识链接** --

急性肾小球肾炎

急性肾小球肾炎是以急性肾炎综合征为主要临床表现的一组原发性肾小球肾炎。其特点为急性起病，出现血尿、蛋白尿、水肿和高血压，可伴一过性氮质血症，具有自愈倾向。常见于链球菌感染后，而其他细菌、病毒及寄生虫感染亦可引起。多见于儿童，男性。通常于前驱感染后 1~3 周起病，潜伏期相当于致病抗原初次免疫后诱导机体产生免疫复合物所需的时间，呼吸道感染者的潜伏期较皮肤感染者短。本病起病较急，病情轻重不一，轻者呈亚临床型（仅有尿常规异常）；典型者呈急性肾炎综合征表现，重症者可发生急性肾衰竭。本病大多预后良好，常可在数月内临床自愈，但有部分患者可遗留慢性肾病。

二、治疗原则

慢性肾炎的治疗应以防止或延缓肾功能进行性恶化、改善或缓解临床症状及防治心脑血管并发症为主要目的。积极控制高血压，应用抗血小板药。同时患者应注意休息，避免劳累。限制食物中蛋白、脂肪、盐和磷的摄入量。在治疗过程中，是否重视保护肾脏、治疗是否恰当、及时避免恶性因素都将影响预后。

三、治疗药物

慢性肾炎采用综合治疗，主要是一般对症治疗。治疗药物宜联合应用中西医结合。积极控制高血压是十分重要的环节，应选择能延缓肾功能恶化、具有肾功能保护作用的抗高血压药，力争把血压控制在理想水平。糖皮质激素和细胞毒性药物一般不主张积极应用。如果患者肾功能正常或仅轻度受损、病理类型较轻，而且蛋白尿较多，无禁忌证者可试用，但无效者应及时逐步撤去。

常用的治疗药物如下：

（一）抗高血压药

1. 血管紧张素转换酶抑制药（ACEI） ACEI 为慢性肾炎患者控制高血压首选药物。ACEI 除能够降低血压外，还有减少蛋白尿和延缓肾功能恶化的肾脏保护作用。另外，ACEI 可减少或抑制血管紧张素Ⅱ促进心肌、血管平滑肌增生肥大和血管壁中层增厚的作用，有助于防止慢性肾炎高血压患者血管壁增厚和心肌肥大。如：贝那普利一次 10~20mg，1 次/天。

2. 血管张素Ⅱ受体持抗剂（ARB） ARB 通过拮抗血管紧张素Ⅱ受体，使血管紧张素Ⅱ收缩血管与刺激肾上腺释放醛固酮的作用受抑制，导致血压下降。在降低血压的同时，还有减少蛋白尿和延缓肾功能恶化的肾脏保护作用。如：氯沙坦一次 50~100mg，1 次/天。

3. 钙通道阻滞药 钙通道阻滞药通过降低血管平滑肌内 Ca^{2+} 浓度，扩张血管而降压。在降压的同时对肾脏有保护作用。如：非洛地平一次 2.5~5mg，1 次/天。

4. β受体拮抗药 降压缓慢、平稳。如：阿替洛尔一次 12.5~25mg，2 次/天。

5. α₁受体拮抗药 哌唑嗪，首剂一次 0.5mg，2 次/天，逐渐增加至一次 1~2mg，3 次/天。

6. 利尿药 氢氯噻嗪一次 12.5~50mg，1~3 次/天。有水、钠潴留、依赖性高血压患者，应限盐（NaCl <6g/d）。

（二）抗血栓药

阿司匹林（小剂量，40~80mg）、双嘧达莫可抑制血小板聚集，防止血栓形成；华法林可对抗维生素K的作用，妨碍凝血因子Ⅱ、Ⅶ、Ⅸ、Ⅹ的合成，作用缓慢持久；肝素可增强抗凝血酶Ⅲ的活性，作用迅速强大，可预防高危患者发生静脉血栓栓塞性疾病。

四、治疗药物的应用原则

1. 高血压和蛋白尿是加速肾小球硬化、促进肾功能恶化的重要因素，积极控制高血压和减少蛋白尿是慢性肾炎治疗非常重要的两个环节。高血压的治疗目标：力争把血压控制在理想水平（<130/80mmHg）。尿蛋白的治疗目标：争取减少至<1g/d。

2. 慢性肾炎常有水、钠潴留引起的容量依赖性高血压，故高血压患者应限盐（NaCl<6g/d）；可选用噻嗪类利尿剂，如氢氯噻嗪12.5~25mg/d。内生肌酐清除率（Ccr）<3ml/min时，噻嗪类无效者则改用祥利尿剂，但一般不宜过多和长久使用。

3. 对血液有高凝状态的患者，可用阿司匹林、肝素等抗栓药物。

4. 糖皮质激素，一般不主张积极应用，但是如果患者肾功能正常或仅轻度受损、病理类型较轻，而且蛋白尿较多，无禁忌证者可试用，但无效者应及时逐步撤去。

五、药物的不良反应

1. **ACEI** 刺激性干咳最多见，影响了其应用。其他常见不良反应有首剂低血压、血管神经性水肿、肾功能受伤、高血钾等；此外，含有巯基的卡托普利尚有皮疹、瘙痒、味觉迟钝等不良反应，但均比较短暂，可自行消失。

2. **ARB** 不良反应少且短暂，较少引起干咳和血管神经性水肿。常见头晕、心悸、胚胎毒性、类流感样综合征及高血钾等。

3. **β受体拮抗药** β受体拮抗药使心脏抑制，心排血量减少，肾血流量减少。可诱发或加重支气管哮喘。窦性心动过缓、重度房室传导阻滞、某些心衰患者禁用。由于个体差异较大，应从小剂量开始，长期用药时不可突然停药，应逐渐减量，以防出现反跳现象。

4. **阿司匹林** 阿司匹林小剂量应用时不良反应较少。有胃肠反应、凝血障碍、过敏反应等。禁用于活动性溃疡、出血性疾病、孕妇，慎用于哮喘患者。饭后服药、服用肠溶片可减轻胃肠反应，出现凝血障碍可用维生素K防治。

六、药物相互作用

治疗药物相互作用见表12-1。

表12-1 慢性肾小球肾炎治疗药物相互作用一览表

合用药物	相互作用
β受体拮抗药与钙通道阻滞药合用	加重心肌和传导系统抑制
ACEI与钙通道阻滞药合用	降压效果增强，减轻各自的不良反应

任务二　肾病综合征

PPT

一、疾病概要

肾病综合征（nephrotic syndrome，NS）是由多种病因引起肾脏损害，肾小球基底膜通透性增加，导致大量蛋白尿［成人蛋白尿 >3.5g/d，儿童 >50mg（kg·d）］、低白蛋白血症（<30g/L）、明显水肿和（或）高脂血症等的疾病。大量蛋白尿是肾小球疾病的常见临床表现，而肾小管间质及肾血管疾病很少出现大量蛋白尿。根据病因分为原发性和继发性，排除继发性因素后，即为原发性肾病综合征。原发性肾病综合征的发病机制尚未完全明了。继发性肾病综合征可由糖尿病肾病、系统性红斑狼疮、肝炎病毒相关性肾炎、肾淀粉样变、药物或毒物损伤以及过敏、肿瘤及遗传性疾病等引起。不同年龄及性别，其继发性肾病综合征的原因各有侧重。

知识链接

表 12 –2　肾病综合征的分类和常见病因

分类	儿童	青少年	中老年
原发性	微小病变型肾病	系膜增生性肾小球肾炎	膜性肾病
		微小病变型肾病	
		局灶性节段性肾小球硬化系膜毛细血管性肾小球肾炎	糖尿病肾病
继发性	过敏性紫癜肾炎	系统性红斑狼疮肾炎	肾淀粉样变性
	乙型肝炎病毒相关性肾	过敏性紫癜肾炎	骨髓瘤性肾病
	炎系统性红斑狼疮肾炎	乙型肝炎病毒相关性肾炎	淋巴瘤或实体肿瘤性肾病

二、治疗原则

肾病综合征的治疗总体应最大限度长期维持蛋白尿缓解，减少肾病综合征的复发，减慢肾小球硬化的速度，延缓肾脏病的进展及其并发症的发生，从而改善生活质量和延长肾脏存活时间。肾病综合征的病理类型有差别，应实施不同的治疗方案。治疗可分为一般治疗和对症治疗。一般治疗应注意休息、控制饮食。有严重水肿及低蛋白血症的患者应以卧床休息为主。肾病综合征严重低白蛋白血症时，蛋白的摄入量为0.8~1.0g/（kg·d），热量需要126~146kJ/（kg·d），水肿时应低盐饮食(<3g/d)。对症治疗包括利尿消肿、减少蛋白尿、降脂、积极处理并发症。

三、治疗药物

（一）利尿消肿药 🅴 微课2

1. 噻嗪类利尿剂 噻嗪类利尿剂主要作用于髓袢升支厚壁段和远曲小管前段，通过抑制钠和氯的重吸收增加钾的排泄而利尿。如：氢氯噻嗪，口服一次25mg，3次/天，长期服用应防止低钾、低钠血症。

2. 保钾利尿剂 保钾利尿剂主要作用于远曲小管后段，排钠、排氯，但潴钾，适用于低钾患者。单独使用时利尿作用不显著，可与噻嗪类利尿剂合用。如：氨苯蝶啶一次50mg，3次/天，醛固酮拮抗剂螺内酯一次20mg，3次/天。

3. 袢利尿剂 袢利尿剂主要作用于髓袢升支，对钠、氯和钾的重吸收具有较强的作用。如：呋塞米20～120mg/d，布美他尼（丁尿胺）1～5mg/d，分次口服或静脉注射。

4. 渗透性利尿剂 渗透性利尿剂通过一过性提高血浆胶体渗透压，可使组织中水分回吸收入血。常用不含钠的右旋糖酐40（低分子右旋糖酐）或淀粉代血浆（706代血浆），分子量均为2.5万～4.5万，250～500ml静脉点滴，隔日1次。

5. 提高血浆胶体渗透压药物 血浆或白蛋白等静脉输注可提高血浆胶体渗透压，促进组织水分回吸收并利尿。呋塞米60～120mg加于葡萄糖溶液中缓慢静脉滴注，有时能获得良好的利尿效果。

（二）减少蛋白尿药物

持续性大量蛋白尿本身可导致肾小球高滤过、加重肾小管间质损伤，使肾小球硬化，是影响肾小球疾病预后的重要因素。ACEI或ARB除有效控制血压外，均可通过降低肾小球内压和直接影响肾小球基底膜对大分子的通透性，产生不依赖于降低全身血压的减少尿蛋白作用。用ACEI或ARB降低尿蛋白时，所用剂量一般比常规降压剂量大才能获得良好疗效。

（三）降脂药

一般而言，存在高脂血症的肾病综合征患者因其发生心血管疾病的风险增高，可以考虑给予降脂药物辛伐他丁、普伐他丁等治疗。

（四）糖皮质激素

通过抑制免疫炎症反应，抑制醛固酮和抗利尿激素分泌，影响肾小球基底膜通透性等综合作用而发挥其利尿、消除尿蛋白的疗效。使用原则和方案如下。①起始足量：常用药物为泼尼松1mg/（kg·d），口服8周，必要时可延长至12周。②缓慢减药：足量治疗后每2～3周减原用量的10%，当减至20mg/d时病情易复发，应更加缓慢减量。③长期维持：最后以最小有效剂量（10mg/d）再维持半年左右。

（五）免疫抑制剂

激素无效，或激素依赖，或复发的难治性肾病综合征患者，加用细胞毒药物或免疫抑制剂治疗，常用药物：环磷酰胺（CTX）、环孢素（CsA）、吗替麦考酚酯（MMF）、他克莫司（FK506）。

四、治疗药物的应用原则

1. 对于肾病综合征患者利尿治疗的原则是不宜过快、过猛，以免造成血容量不足、加重血液高黏滞倾向，诱发血栓、栓塞并发症。

应用激素及细胞毒药物治疗肾病综合征可有多种方案，原则上应以增强疗效的同时最大限度地减少副作用为宜。

五、药物的不良反应

1. 糖皮质激素　长期应用激素的患者可出现感染、药物性糖尿病、骨质疏松等副作用，少数病例还可能发生骨头无菌性缺血性坏死，需加强监测，及时处理。

2. 环磷酰胺　环磷酰胺的毒副作用绝大多数与剂量相关，严重不良反应包括骨髓抑制、性腺毒性、泌尿系统和肾毒性、致癌性、肝脏毒性，较轻的有脱发、口腔炎、胃肠道反应、皮肤色素沉着等。

3. 利尿剂　利尿剂的不良反应以血容量不足、低钾血症、低钠血症最常见。

六、药物相互作用

药物相互作用见表 12 - 3。

表 12 - 3　肾病综合征治疗药物相互作用一览表

合用药物	相互作用
呋塞米与氢氯噻嗪合用	引发低钾血症
呋塞米与强心苷类药物合用	引起严重的心律失常
呋塞米与氨基糖苷类	耳毒性

即学即练 12 - 2

下列治疗肾病综合征的药，有肾毒性的是（　　　）。

A. 氢氯噻嗪　　　　　B. 呋塞米　　　　　C. 环孢素

答案解析　D. 螺内酯　　　　　E. 泼尼松

任务三　慢性肾衰竭

PPT

一、疾病概要

慢性肾衰竭（chronic renal failure，CRF）为各种慢性肾脏病持续进展的共同结局。它是以代谢产物潴留，水、电解质及酸碱代谢失衡和全身各系统症状为表现的临床综合征。我国慢性肾衰竭发病率约为100/百万人口，男女发病率分别为55%和45%，高发年龄为40～50岁。

二、治疗原则

早期诊断、有效治疗原发疾病和去除导致肾功能恶化的因素，是慢性肾衰竭防治的基础，也是保护肾功能和延缓慢性肾脏病进展的关键。

慢性肾衰竭的治疗，要采取各种措施延缓、停止或逆转慢性肾衰竭发生，防止进展至终末期肾病。

其基本对策如下。①坚持病因治疗：如对高血压病、糖尿病肾病、肾小球肾炎等，坚持长期合理治疗。②避免和消除肾功能急剧恶化的危险因素。③阻断或抑制肾单位损害渐进性发展的各种途径，保护健存肾单位。

当肾小球滤过率（GFR）小于 10ml/min 并有明显尿毒症表现，则应进行肾脏替代治疗。对糖尿病肾病患者，可适当提前至肾小球滤过率 GFR 10~15ml/min 时安排替代治疗。肾脏替代治疗包括血液透析、腹膜透析和肾移植。

三、治疗药物 🄴微课3

（一）纠正酸中毒和水、电解质紊乱药物

1. 纠正代谢性中毒 碳酸氢钠口服，轻者 1.5~3.0g/d；中、重度患者 3~5g/d，必要时可静脉输入。对有明显心衰的患者，要防止碳酸氢钠输入量过多，应控制给药速度，以免心脏负荷加重。也可根据患者情况同时口服或注射呋塞米 20~200mg/d，以增加尿量，防止水、钠潴留。

2. 水、钠紊乱的防治 为防止出现水、钠潴留需适当限制钠摄入量，一般氯化钠摄入量不应超过 6~8g/d。有明显水肿、高血压者，钠摄入量限制在 2~3g/d。个别严重病例可限制为 1~2g/d（氯化钠 2.5~5g/d）。也可根据需要应用袢利尿剂（呋塞米、布美他尼等），呋塞米一次 20~200mg，2~3 次/天。

3. 高钾血症的防治 首先应积极预防高钾血症的发生。肾小球滤过率 <25ml/min 时，应适当限制钾的摄入。其次，在限制摄入的同时，还应注意及时纠正酸中毒，并适当应用利尿剂（呋塞米、布美他尼等），增加尿钾排出。

（二）抗高血压药

对高血压进行及时、合理的治疗，不仅是为了控制高血压的症状，也是为了保护心、肾、脑等靶器官。ACEI、ARB、钙通道阻滞剂（CCB）、袢利尿剂、β 受体拮抗剂、血管扩张剂等均可应用，以 ACEI、ARB、CCB 应用较为广泛。一般透析前患者应控制血压 130/80mmmHg 以下，维持透析患者血压不超过 140/90mmHg。ACEI 及 ARB 可使血钾升高及一过性血肌酐升高，在使用过程中，应注意观察血清钾和肌酐水平的变化。

（三）减少蛋白尿药物

不论何种原发病所致的慢性肾衰竭患者，控制蛋白尿不仅可延缓慢性肾衰竭的进展，还可减少或减轻心血管并发症，是改善患者长期预后的重要环节。肾素－血管紧张素系统（RAS）阻断剂对控制蛋白尿有较好疗效。

（四）治疗贫血药

在排除失血、造血原料缺乏等因素，血红蛋白（Hb）<100g/L 可考虑开始应用重组人促红细胞生成素（rHuEPO）治疗。一般开始用量为每周 80~120U/kg，分 2~3 次皮下或静脉注射，并根据患者 Hb 水平、Hb 升高速率等调整剂量；以皮下注射更为理想，即可达到较好疗效。

功能性缺铁是影响重组人促红细胞生成素疗效的重要原因。在应用重组人促红细胞生成素时，应同时重视补充铁剂。口服铁剂有琥珀酸亚铁、硫酸亚铁等。部分透析患者口服铁剂吸收较差，可静脉给药。

（五）矿物质代谢异常防治药

肾小球滤过率 <30ml/min 时，除限制磷摄入外，可应用磷结合剂口服，如碳酸钙（含钙40%）、醋酸钙（含钙25%）、司维拉姆、碳酸镧等。对明显低钙血症患者，可口服 1，25-(OH)$_2$D$_3$（骨化三醇），0.25μg/d，连服 2~4 周。

（六）肠道毒物清除药物

利用口服氧化淀粉、活性炭制剂或大黄制剂等通过胃肠道途径增加尿毒症毒素排出。

四、治疗药物的应用原则

1. 及时、有效地控制血压，对保护靶器官（肾脏）具有重要作用，也是延缓、停止或逆转慢性肾衰竭进展的主要因素之一。慢性肾病 1~4 期患者血压应控制在 120~130mmHg/75~80mmHg。

2. 将蛋白尿控制在 0.5g/d 以下或明显减轻蛋白尿，可改善慢性肾衰竭患者长期预后。其中，RAS系统阻断剂：ACEI/ARB 具有良好的降压作用，同时可通过扩张出球小动脉来降低高滤过、减轻蛋白尿，也有抗氧化、减轻肾小球基底膜损害的作用。

3. 糖尿病肾衰竭患者随着肾小球滤过率下降，胰岛素灭活减少，需相应调整胰岛素用量，一般应逐渐减少。

4. 预防和控制感染。慢性肾衰竭患者极易并发感染，特别是肺部、尿路感染。平时应注意防止感冒，预防各种病原体的感染，一旦合并感染，应及时使用适合的抗生素，必要时按照药敏试验用药，禁用或慎用肾毒性药物，按照肾功能情况调整用药剂量。

5. 防治心血管并发症。心血管并发症是慢性肾衰竭患者的主要并发症和死亡原因之一。不仅要针对传统的危险因素，如高血压糖尿病、脂质代谢异常、高尿酸血症、高同型半胱氨酸血症等，同时也要针对蛋白尿、肾小球滤过率下降、RAS 系统过度激活、钙磷代谢紊乱、贫血、低蛋白血症等非传统危险因素进行纠正。

▶▶ 岗位情景模拟 12-1

情景描述 患者，男性，45 岁，双下肢水肿 1 年余入院。入院查血压138/88mHg，心率 76 次/分。24 小时尿蛋白 3180mg，血清白蛋白 18.8g/L，血肌酐 280μmol/L，血钾 5.20mmol/L，血红蛋白 90g/L，血细胞比容 0.28。考虑：慢性肾小球肾炎、慢性肾衰竭，给予利尿、消肿、排毒、护肾、纠正贫血、抗凝、降压（ARB 如：缬沙坦 80mg，口服，1 次/天）、降尿蛋白对症治疗。

答案解析

讨　　论 若你是该院药师，请问该治疗方案是否合理，并解释说明。

五、药物的不良反应

1. 铁剂 抗贫血药铁剂的主要不良反应有：①胃肠道反应；②便秘或排黑便。口服铁剂对胃肠道有刺激性，可引起恶心、腹痛、腹泻，主要与其含有的游离铁离子有关。餐后服用可以减轻症状，但在一定程度上会影响铁剂的吸收，因此建议从小剂量开始服用。

2. 磷结合剂 碳酸钙和醋酸钙是最常用的磷结合剂，其主要不良反应为高钙血症。

3. 利尿剂 主要不良反应有血容量不足、低钾血症、低钠血症等。

4. 降压药 ACEI/ARB 不良反应详见本项目任务一。

六、药物相互作用

药物相互作用见表 12 – 4。

表 12 – 4　慢性肾衰竭治疗药物相互作用一览表

合用药物	相互作用
ACEI 与钙通道阻滞药合用	"取长补短"，协同作用
ACEI 与 ARB 合用	降压同时延缓慢性肾衰竭进展

即学即练 12 –3

下列可用于清除肠道毒物的药物有（　　　）。
A. 口服氧化淀粉　　　B. 活性炭制剂　　　C. 甘露醇
D. 螺内酯　　　E. 大黄制剂

答案解析

任务四　泌尿系统感染性疾病

PPT

一、疾病概要

泌尿系统感染根据感染发生部位可分为上尿路感染（主要是肾盂肾炎）和下尿路感染（主要是膀胱炎），是由细菌等微生物引起的泌尿系统急慢性炎症反应。女性居多，其中已婚妇女、孕妇、老年人发病率高。革兰阴性杆菌为尿路感染最常见致病菌，其中以大肠埃希菌最常见，约占全部尿路感染的85%，其次为克雷伯杆菌、变形杆菌、柠檬酸杆菌属等。

临床表现如下。①膀胱炎：占尿路感染的60%以上，分为急性单纯性膀胱炎和反复发作性膀胱炎。主要表现为尿频尿急、尿痛、排尿不适、下腹部疼痛等，部分患者迅速出现排尿困难。②肾盂肾炎：急性肾盂肾炎可发生于各年龄段，育龄女性最多见。临床表现与感染程度有关，通常起病较急。慢性肾盂肾炎临床表现较为复杂，全身及泌尿系统局部表现可不典型，有时仅表现为无症状性菌尿。③无症状细菌尿：是指患者有真性细菌尿，而无尿路感染的症状，可由症状性尿感演变而来或无急性尿路感染病史。④导管相关性感染：是指留置导尿管或先前48小时内留置导尿管者发生的感染。

二、治疗原则

根据药敏试验结果选择敏感的抗生素：由于引起泌尿道感染的细菌多为革兰阴性杆菌，在未有药敏试验结果之前，应选用对革兰阴性杆菌有效的抗菌药物；选用肾脏毒性小、尿中浓度高的药物，肾盂肾炎时选用血中和尿中浓度均高的药物；杀菌药效果好于抑菌药；急性单纯性下尿路感染初发患者，可口服毒性小、价格低的抗菌药物，小剂量短疗程；重症肾盂肾炎、慢性肾盂肾炎、复杂性尿路感染、混合感染及出现耐药菌株时，可联合用药，应注射给药，长疗程；在使用抗菌药物的过程中应注意调节尿液的酸碱度，以增强药物的疗效。

三、治疗药物

(一) 常用药物分类

1. β-内酰胺类抗生素　为繁殖期杀菌药。

2. 氨基糖苷类抗生素　为静止期杀菌药

3. 喹诺酮类　为杀菌药。

4. 磺胺类药物和甲氧苄啶（TMP）　为慢效抑菌药，两者合用时，使细菌叶酸代谢受到双重阻断，可使杀菌作用增强数十倍数。

(二) 治疗药物选择

1. 急性膀胱炎

（1）单剂量疗法　常用磺胺甲噁唑一次 2.0g、甲氧苄啶一次 0.4g、碳酸氢钠一次 1.0g，1 次/天；左氧氟沙星一次 0.4g，1 次/天；阿莫西林一次 3.0g，1 次/天。

（2）短疗程疗法　目前更推荐此法，与单剂量疗法相比，短疗程疗法更有效；耐药性并无增高；可减少复发，增加治愈率。可选用磺胺类、喹诺酮类、半合成青霉素或头孢菌素类等抗生素，任选一种药物，连用 3 天，约 90% 的患者可治愈。对于妊娠妇女、老年患者、糖尿病患者、机体免疫力低下及男性患者不宜使用单剂量及短程疗法，应采用较长疗程。

2. 肾盂肾炎　首次发生的急性肾盂肾炎的致病菌 80% 为大肠埃希菌，在留取尿细菌检查标本后应立即开始治疗，首选对革兰阴性杆菌有效的药物。72 小时显效者无需换药，否则应按药敏结果更改抗生素。常用药物有喹诺酮类（如氧氟沙星一次 0.2g，2 次/天；环丙沙星一次 0.25g，2 次/天）、半合成青霉素类（如阿莫西林一次 0.5g，3 次/天）、头孢菌素类（如头孢呋辛一次 0.25g，2 次/天）等。

严重感染全身中毒症状明显者应静脉给药。常用药物，如氨苄西林一次 1.0 ~ 2.0g，4 小时/次；头孢噻肟钠一次 2.0g，8 小时/次；头孢曲松钠一次 1.0 ~ 2.0g，12 小时/次；左氧氟沙星一次 0.2g，12 小时/次。必要时联合用药。

3. 再发性尿路感染　再发性尿路感染包括重新感染和复发。

（1）重新感染　每晚临睡前排尿后服用小剂量抗生素 1 次，如复方磺胺甲噁唑 1 ~ 2 片或呋喃妥因一次 50 ~ 100mg 或氧氟沙星一次 200mg，每 7 ~ 10 天更换药物一次，连用半年。

（2）复发　复发且为肾盂肾炎者，特别是复杂性肾盂肾炎，在去除诱发因素（如结石、梗阻、尿路异常等）的基础上，应按药敏选择强有力的杀菌性抗生素，疗程不少于 6 周。反复发作者，给予长程低剂量抑菌疗法。

4. 无症状性菌尿　无症状性菌尿是否治疗目前有争议，一般认为有下述情况者应予治疗：①妊娠期无症状性菌尿；②学龄前儿童；③曾出现有症状感染者；④肾移植、尿路梗阻及其他尿路有复杂情况。根据药敏结果选择有效抗生素，主张短疗程用药，如治疗后复发，可选长程低剂量抑菌法。

5. 妊娠期尿路感染　妊娠期尿路感染宜选用毒性小的抗菌药物，如阿莫西林、呋喃妥因或头孢菌素类等。妊娠期的急性膀胱炎治疗时间一般为 3 ~ 7 天。孕妇急性肾盂肾炎应静脉滴注抗生素治疗，可用半合成广谱青霉素或第三代头孢菌素，疗程为两周。反复发生尿路感染感者，可用呋喃妥因长程低剂量抑菌疗法。　🄴微课4

> **岗位情景模拟 12 -2**
>
> **情景描述**　患者，女，42岁，主诉发热、腰痛、尿频、尿急、尿痛。尿常规显示尿蛋白（＋）、尿白细胞（＋）。诊断为"肾盂肾炎"，给予抗感染治疗6周，病情好转但常复发，后经静脉肾盂造影发现泌尿道结石。
>
> **讨　论**　请针对此患者的治疗提出建议。
>
> 答案解析

四、治疗药物的应用原则

1. 选用致病菌敏感的抗生素。无病原学结果前，一般首选对革兰阴性杆菌有效的抗生素，尤其是首发尿路感染。治疗3天症状无改善者，应按药敏结果调整用药。

2. 抗生素在尿和肾内的浓度要高。

3. 选用肾毒性小、副作用少的抗生素。

4. 单一药物治疗失败、严重感染、混合感染、耐药菌株出现时应联合用药。

5. 对不同类型的尿路感染给予不同疗程治疗。

五、药物的不良反应

1. 青霉素类　有过敏反应、局部刺激，超大剂量应用可出现青霉素脑病。出现过敏性休克首选肾上腺素，也可选用糖皮质激素及H_1受体拮抗药。

2. 头孢菌素类　过敏反应较青霉素少见，过敏性休克处理同青霉素。有肾毒性，第一代明显，应避免与高效能利尿药合用，与氨基糖苷类合用肾损害增强。凝血障碍可用维生素K防治。长期用药可致菌群失调。其他有胃肠反应等。

3. 氨基糖苷类　有耳毒性、肾毒性、过敏反应、神经肌肉接头阻滞等。与高效能利尿药、头孢菌素合用毒性增加；与地西泮、骨骼肌松弛药合用加重神经肌肉接头阻滞，可用新斯的明或钙剂解救。

4. 喹诺酮类　有胃肠道反应、中枢神经系统反应、关节损害、结晶尿、肝损害、心脏毒性等。孕妇、未成年人禁用，有癫痫病史者慎用。

5. 磺胺类　泌尿系统损害，可大量饮水或同服等量碳酸氢钠。胃肠刺激，饭后服用可减轻。与TMP合用可减少耐药性产生。其他有过敏反应、造血系统抑制等。孕妇禁用。

六、药物相互作用

药物相互作用见表12-5。

表12-5　泌尿系统感染治疗药物相互作用一览表

合用药物	相互作用
TMP与磺胺类药物合用	协同增效
β-内酰胺类与氨基糖苷类合用	协同作用
头孢菌素与氨基糖苷类合用	肾毒性增加

任务五　前列腺增生

PPT

一、疾病概要

良性前列腺增生（benign prostatic hyperplasia，BPH）简称前列腺增生。病理学表现为细胞增生，是引起男性老年人排尿障碍原因中最为常见的一种良性疾病。前列腺增生发病机制至今病因仍不完全清楚。目前一致公认老龄和有功能的睾丸是前列腺增生发病的两个重要因素，两者缺一不可。随着年龄逐渐增大，前列腺也随之增生，男性在 45 岁以后前列腺可有不同程度的增生，多在 50 岁以后出现临床症状。

知识链接

前列腺癌

前列腺癌（carcinoma of the prostate）是老年男性的常见疾病，不同国家和种族的发病率差别很大，在欧美发病率最高。在亚洲，前列腺癌的发病率最低，但是，近年发病率呈升高的态势。前列腺癌的病因尚不清楚，可能与种族、遗传、环境、食物、吸烟、肥胖和性激素等有关。

85% 的患者发病年龄超过 65 岁，高发年龄在 70～74 岁，而 50 岁以下的男性很少罹患此病。前列腺癌多数无明显临床症状，常在体检时直肠指检或检测血清特异性抗原（PSA）值升高被发现，也可在前列腺增生手术标本中发现。可以表现为下尿路梗阻症状，如尿频、尿急、尿流缓慢、尿流中断、排尿不尽，甚至尿潴留或尿失禁。血尿少见。

二、治疗原则

前列腺增生未引起明显梗阻者一般不需处理，可观察等待。梗阻较轻或不能耐受手术者可采用药物治疗或非手术微创治疗。当排尿梗阻症状严重、残余尿量 >50ml，或出现前列腺增生的并发症如反复尿潴留、反复泌尿系感染、膀胱结石、继发上尿路积水，药物治疗疗效不佳而全身状况能够耐受手术者，具有外科治疗适应证，应采用外科手术治疗。

三、治疗药物　微课 5

1. α₁受体阻断剂　通过阻滞分布在前列腺和膀胱颈部平滑肌细胞表面的 α₁ 受体，松弛平滑肌从而缓解膀胱出口动力性梗阻，改善排尿症状。如：酚苄明、哌唑嗪、特拉唑嗪、多沙唑嗪、阿夫唑嗪、坦洛新、西洛多辛。

2. 5α还原酶抑制剂 通过在前列腺内阻止睾酮转变为有活性的双氢睾酮，而使前列腺体积部分缩小，改善排尿症状。如：非那雄胺、依立雄胺、度他雄胺。

3. 植物制剂 普适泰，由几种花粉提炼而来，机制复杂。

四、治疗药物的应用原则

1. α₁受体阻断剂 禁用于：严重肝功能不全、肾衰竭者，低血压、直立性低血压，近期发生心肌梗死者，肠梗阻或胃肠道出血患者，阻塞性尿道疾病患者。

2. 5α还原酶抑制剂 对体积较大的前列腺效果较明显，5α还原酶抑制剂与α₁受体阻滞剂联合治疗效果更佳，但联合用药必须有明确指征。

五、药物的不良反应

1. α₁受体阻断剂 直立性低血压。

2. 5α还原酶抑制剂 性欲减退、阳痿、射精障碍、射精量减少。

【药物相互作用】 药物相互作用见表12-6。

表12-6 前列腺增生治治疗药物相互作用一览表

合用药物	相互作用
坦洛新与降压药合用	血压下降

即学即练 12-5

下列可用于治疗前列腺增生的药物有（   ）。

A. 特拉唑嗪　　　　　B. 多沙唑嗪　　　　　C. 非那雄胺

D. 普适泰　　　　　　E. 阿夫唑嗪

答案解析

目标检测

答案解析

一、选择题

（一）最佳选择题

1. 关于慢性肾炎的叙述，错误的是（   ）。

　　A. 多数由急性肾炎直接迁延而来

　　B. 最终发展为慢性肾衰竭

　　C. 患者以中青年为主，男性多见

　　D. 一般不主张积极使用糖皮质激

　　E. 起始因素多为免疫介导

2. 降压药的不良反应错误的是（   ）。

　　A. 呋塞米——低血钾　　　　　B. ACEI——咳嗽　　　　　C. 氢氯噻嗪——肾素活性增高

D. 钙通道阻滞剂——首剂现象 E. 硝酸甘油——头痛

3. 贝那普利的用法是（   ）。

A. 10mg，1 次/天　　　　　　B. 10mg，2 次/天　　　　　　C. 20mg，2 次/天

D. 10mg，3 次/天　　　　　　E. 20mg，1 次/天

4. 泌尿道感染最常见的致病菌是（   ）。

A. 大肠埃希菌　　　　　　B. 变形杆菌　　　　　　C. 葡萄球菌

D. 铜绿假单胞菌　　　　　　E. 病毒

5. 妊娠期尿路感染可选用（   ）。

A. 阿莫西林　　　　　　B. 四环素　　　　　　C. 氯霉素

D. 喹诺酮类　　　　　　E. 复方磺胺甲噁唑

6. 5α 还原酶抑制剂的作用特点不包括（   ）。

A. 可以松弛前列腺平滑肌

B. 减小增大的前列腺体积

C. 降低血清前列腺特异抗原（PSA）水平

D. 无心血管不良反应

E. 阻止病程进展

（二）配伍选择题

（7～10题共用备选答案）

A. 碳酸氢钠　　　　　　B. 抗组胺药　　　　　　D. 前列腺素

C. 糖皮质激素　　　　　　E. 氢氯噻嗪

7. 与呋塞米合用时耳毒性增加，易出现耳鸣、头晕、眩晕的是（   ）。

8. 合用降低呋塞米的利尿作用，并增加电解质紊乱尤其是低钾血症发生机会的药物是（   ）。

9. 与呋塞米合用增加低氯性碱中毒机会的是（   ）。

10. 袢利尿药和噻嗪类利尿药的利尿作用均可被非甾体抗炎药抑制，这是因为这两类利尿药依赖（   ）。

（三）多项选择题

11. 因升高血钾，高血钾时不能用的药物是（   ）。

A. 呋塞米　　　　　　B. 氢氯噻嗪　　　　　　C. 螺内酯

D. ACEI　　　　　　E. 胰岛素

12. 哪些药物每日服用一次即可（   ）。

A. 卡托普利　　　　　　B. 贝那普利　　　　　　D. 氨氯地平

C. 硝苯地平　　　　　　E. 氢氯噻嗪

13. 药物联用可以增强降压疗效或有互补作用（   ）。

A. ACE 与利尿药

B. ACE 与钙通道阻滞药

C. 利尿药与钙通道阻滞药

D. β受体拮抗剂与维拉帕米等钙通道阻滞药

E. β受体括抗剂与硝苯地平

14. 慢性肾炎不主张积极应用（   ）。

A. 降压药　　　　　　　B. 糖皮质激素　　　　　C. 细胞毒性药物

D. 抗血小板药　　　　　E. ACEI

15. 慢性肾炎首选 ACEI 降压的原因包括（　　）。

A. 减少醛固酮分泌，减轻水钠潴留　　　　　B. 减少尿蛋白

C. 肾保护作用　　　　　　　　　　　　　　D. 逆转高血压所致血管增厚

E. 逆转高血压所致心肌肥厚

二、简答题

1. 肾病综合征的治疗原则有哪些？

2. 泌尿系统感染常用的抗菌药有哪些？

3. 前列腺增生可用哪些药物来治疗？

三、实例解析题

患者，男，20岁，全身疲倦、乏力、腰痛1年，1个月前测血压时发现血压升高（160/90mmHg）。尿常规检查：尿蛋白（＋）。1年前查体时未见血压升高。在某医院诊断为慢性肾炎，给予贝那普利10mg，1次/天。

问题　1. 请问选用药物是否合理？

　　　2. 是否可以合用利尿药？

书网融合……

知识回顾　　微课1　　微课2　　微课3　　微课4　　微课5　　习题

（杨春燕）

项目十三　　变态反应性疾病的药物治疗 _{微课}

学习引导

春暖花开时节，就是我们感受鸟语花香的季节。可是有些人一接触到花粉就会很不舒服，有明显的过敏症状（如全身瘙痒、皮疹、哮喘等），那么这些人应该怎么去预防过敏的出现呢？出现了过敏应该怎么有效的治疗呢？

本项目主要介绍变态反应性疾病的特点、基本的药物治疗原则、治疗药物的选用、治疗药物的不良反应及药物间相互作用。

学习目标

1. 掌握　变态反应性疾病的药物治疗原则及治疗药物的合理选用。
2. 熟悉　变态反应性疾病治疗药物的不良反应及相互作用。
3. 了解　变态反应性疾病的一般治疗方法。

一、疾病概要

变态反应（allergic response）也称超敏反应（hypersensitive reaction），是指已被抗原致敏的机体再次接触到相同抗原刺激后发生的以组织损伤或生理功能紊乱为主的病理免疫性反应，临床上分为Ⅰ型、Ⅱ型、Ⅲ型和Ⅳ型。Ⅰ型变态反应又称速发型超敏反应，反应迅速，消退也快，有明显的个体差异和遗传倾向，是临床最常见的类型，如过敏性哮喘、过敏性鼻炎、荨麻疹、过敏性肠炎和过敏性休克等。Ⅱ型变态反应又称细胞毒型超敏反应，由 Ig G 或者 Ig M 类抗体与靶细胞表面相应抗原结合后，在补体、吞噬细胞和 NK 细胞参与作用下引起的以细胞溶解或组织损伤为主的病理性超敏反应，如输血反应、自身免疫性血小板减少和溶血性贫血、新生儿溶血性贫血（Rh 因子不相容）、药物过敏性粒细胞减少或血小板减少等。Ⅲ型超敏反应又称血管炎型超敏反应，由抗原－抗体复合物沉积在组织的毛细血管床所致，引起补体系统活化和局部炎症，如血清病、肾小球肾炎、类风湿关节炎、系统性红斑狼疮等。Ⅳ型超敏反应又称迟发型超敏反应，反应发生迟缓，常在 1～2 天后出现。本类反应无抗体参加，主要是抗原刺激 T 淋巴细胞产生淋巴因子，通过不同途径所致，如结核菌素皮试、接触性皮炎、急性移植排斥反应等。

变态反应性疾病的预防和治疗是密切相关的两个方面，一方面要尽可能找出变应原，避免再次接触；另一方面，应针对疾病的发生发展过程，积极干预，终止其发病，从而提高患者的生活质量。

📱 知识链接

自体活性物质

　　自体活性物质，也称局部激素，存在于体内许多组织中，具有明显和广泛的生物活性，可作用于局部或附近的许多靶器官，从而产生特定的生理效应或病理反应。自体活性物质包括组胺、前列腺素、白三烯、5－羟色胺和血管活性肽类（P物质、激肽类、血管紧张素、利尿钠肽、血管活性肠肽、降钙素基因相关肽、神经肽Y和内皮素等）以及一氧化氮和腺苷等。变态反应性疾病主要由组胺、前列腺素、白三烯、5－羟色胺引起，如荨麻疹、支气管哮喘、过敏性休克等。

二、治疗原则

　　①支持疗法：进行适当的室外锻炼，增强抵抗力，不受凉或过于劳累，必要时可给予人体丙种球蛋白6ml，肌内注射；使用易致敏的药物或免疫血清前必须进行皮肤过敏试验；根据患者出现的临床症状采取非药物治疗措施。②避免接触变应原：查清变应原，避免再次接触是最有效的防治措施；如用药引起的应立即停药，并尽快促进体内药物排泄；如季节性过敏，应针对性提前做好预防。③特异性脱敏疗法：通过多次小量特异性抗原的刺激，使患者体质逐渐改变，从而增强其对变应原的耐受能力。④非特异性药物治疗：根据变态反应的发生机制和患者出现的临床症状选用相应的治疗药物，并注意预防和控制继发感染的出现。

三、治疗药物

（一）Ⅰ型变态反应

　　其主要生物活性介质是组胺，因此抗组胺药是Ⅰ型变态反应的常用治疗药物，必要时还可联合应用糖皮质激素等药物。

　　1. H₁受体阻断药　本类药物具有与组胺相似的化学结构，能与组胺竞争 H_1 受体，产生拮抗作用。根据其起效速度、药代动力学特征及对 H_1 受体的选择性和镇静作用的有无，可分为三代。

　　（1）第一代抗组胺药　为传统抗组胺药，对 H_1 受体阻断作用强，具有良好的止痒效果，同时有明显的嗜睡、镇静等不良反应，但因其价格便宜、治疗过敏性皮肤病疗效可靠、对人体各系统和器官无明显的毒副作用，目前仍十分广泛使用。代表药物有苯海拉明、异丙嗪、氯苯那敏、赛庚啶。

　　（2）第二代抗组胺药　又称为非镇静抗组胺药，对 H_1 受体阻断作用更强、特异性更高，较难透过血－脑屏障，几乎没有或有较轻的中枢神经系统抑制作用；且大多数半衰期延长，作用可维持24小时，每日只需服药1次，因而逐步取代了第一代 H_1 受体阻断药，尤其适用于慢性荨麻疹及驾驶员、高空作业者等特殊职业者。代表药物有氯雷他定、西替利嗪等。目前，临床使用的抗过敏药有十余种，主要为第二代抗组胺药物。

　　（3）第三代抗组胺药　为第二代抗组胺药的衍生物或代谢产物，具有抗过敏、抗炎作用。与第二代抗组胺药物相比，副作用更少、疗效更好，特别是心脏副作用显著降低。但因其价格比较昂贵，临床仍主要使用第二代抗组胺药。本类药物主要用于过敏性鼻炎、过敏性皮肤病等，可以明显改善流鼻涕、打喷嚏、瘙痒等症状。代表药物有地氯雷他定、左旋西替利嗪和非索非那丁等。

　　常用的 H_1 受体阻断药及特点见表13－1。

表 13 −1　常用 H_1 受体阻断药作用特点比较

常用药物	抗组胺	镇静催眠	防晕止吐	抗胆碱	剂量（mg/d）
第一代					
苯海拉明	+ +	+ + +	+ +	+ + +	75 ~ 150
异丙嗪	+ + +	+ + +	+ +	+ + +	37.5 ~ 75
氯苯那敏	+ + +	+	−	+ +	12 ~ 24
赛庚啶	+ + +	+ +	+	+ +	6 ~ 12
第二代					
氯雷他定	+ + +	−	−	−	10
西替利嗪	+ + +	−	/	/	10
第三代					
地氯雷他定	+ + +	−	/	+	5
左旋西替利嗪	+ + +	−	/	+	5
非索非那丁	+ + +	−	/	+	120

注：作用强 + + +，作用中等 + +，作用弱 +，无作用 −，无资料/

2. 过敏介质阻释药

（1）色甘酸钠　通过稳定肥大细胞细胞膜而减少过敏介质的释放，无对抗组胺、白三烯等过敏介质的作用。主要用于预防过敏性支气管哮喘、过敏性鼻炎及过敏性结膜炎等。预防过敏性支气管哮喘，干粉喷雾吸入，一次 20mg，80mg/d；症状减轻后，每日 40 ~ 60mg/d；维持量 20mg/d。干粉鼻吸入，一次 10mg，4 次/天，用于过敏性鼻炎。口服，100 ~ 600mg/d，3 次/天，连服 3 ~ 6 个月，用于肠道变态反应性疾病。2% 滴眼液滴眼，每日数次，用于过敏性结膜炎。

（2）酮替芬　对过敏性支气管哮喘疗效显著，预防效果优于色甘酸钠。口服，一次 1mg，2 次/天，治疗可连服 2 ~ 6 周。

3. 糖皮质激素

主要通过抑制过敏介质释放、抑制细胞因子的生成、抑制炎症细胞的迁移和活化、解除小动脉痉挛、降低毛细血管通透性等，从多方面干扰免疫反应。代表药物有氟替卡松、氢化可的松、地塞米松等；是目前哮喘治疗最有效的抗炎药物。此类药物适用于各型变态反应，短期效果显著，但不良反应较多，故虽为Ⅰ型变态反应最有效的治疗药物，一般却只作为次选药，主要用于严重的变态反应，如过敏性休克。

4. 其他治疗药

（1）肾上腺素受体激动药　常用药物有肾上腺素、麻黄碱。肾上腺素是过敏性休克的首选药。当静脉滴注速度低于每分钟 120mg/kg 时主要激活 β_1 受体，使心肌收缩力加强、心率加快，也激活 β_2 受体，使支气管平滑肌舒张和肌肉血管舒张，抑制肥大细胞脱颗粒，减少过敏介质释放。β_2 受体激动剂如特布他林、沙丁胺醇等具有舒张支气管平滑肌，调节肥大细胞和嗜酸性粒细胞的介质释放、降低血管通透性等作用，可有效缓解哮喘的急性症状，已成为支气管哮喘急性期治疗的首选药物之一。麻黄碱可兴奋交感神经，药效比肾上腺素持久；可松弛支气管平滑肌、收缩血管；有显著的中枢兴奋作用，临床主要用于治疗习惯性支气管哮喘和预防哮喘发作。麻黄碱对严重支气管哮喘治疗效果不及肾上腺素，但在鼻黏膜充血和鼻塞时，治疗效果优于肾上腺素。

（2）茶碱类　常用药为氨茶碱，主要用于哮喘的维持治疗，对痉挛的支气管平滑肌有明显的舒张作用，能有效改善慢性哮喘的症状。口服茶碱缓释制剂可作为急性哮喘发作时的辅助治疗药物；静脉滴注氨茶碱可用于哮喘持续状态的治疗。

（3）抗胆碱药　常用药为阿托品、东莨菪碱和异丙托溴铵等，其通过阻断 M 受体解除平滑肌痉挛而起作用。

（4）维生素 C 和葡萄糖酸钙　除可解除支气管平滑肌痉挛外，还能降低毛细血管通透性与减少渗出，从而改善靶器官的反应性。

> ▶▶ **岗位情景模拟**
>
> **情景描述**　张先生，40 岁，最近跟家人到海边游玩，吃了不少海鲜，随后皮肤出现了片状红色突起，瘙痒难忍。然后到医院就诊，诊断为荨麻疹。
>
> **讨　论**　1. 请分析该患者可选用哪些药物治疗？
>
> 　　　　　2. 如果选用 H_1 受体阻断药进行治疗，有什么注意事项？
>
> 答案解析

（二）Ⅱ型变态反应

该类反应可用糖皮质激素和静脉用免疫球蛋白治疗。在自身免疫性溶血性贫血治疗时，应用糖皮质激素抑制淋巴细胞功能和免疫球蛋白生成。大剂量静脉用免疫球蛋白治疗自身免疫性血小板减少症有效，但对自身免疫性贫血的治疗效果差。某些新生儿溶血性黄疸可在初产妇分娩后 72 小时内应用 Rh 免疫抗体 $300\mu g$ 肌内注射于母体，可以有效预防其发生。此外，Ⅱ型变态反应性疾病若为血型抗体所引起，在有条件的前提下可实施血浆交换或换血疗法，除掉细胞毒性抗体和致敏红细胞。

（三）Ⅲ型变态反应

可选用糖皮质激素发挥其抗炎和抑制机体的病理免疫反应作用，并能稳定中性粒细胞溶酶体膜，减轻组织损伤和炎症反应；也可配伍使用细胞毒性免疫抑制药，不仅巩固疗效、更快地缓解病情，还能避免长期大剂量使用糖皮质激素导致的严重不良反应。

（四）Ⅳ型变态反应

治疗应根据病种而定，如传染性变态反应，应针对病原体给以相应的有效治疗；如结核病给予抗结核药治疗；急性移植排斥反应则采用糖皮质激素或更特异的免疫抑制药，如细胞毒性免疫抑制药或环孢素 A，可抑制细胞介导的高敏感性反应。

四、治疗药物的应用原则

1. 及时治疗，连续规律用药，缓解变态反应性疾病的症状，减轻患者痛苦。

2. 控制或干扰变态反应发生和发展的某个环节，从而减轻生理功能紊乱或组织损伤。

3. 非特异性变态反应应减少糖皮质激素、免疫抑制药等的使用，并注意观察其不良反应。

4. 应根据患者的病情及工作种类合理选用药物，如驾驶车辆、高空作业的患者，应选用无嗜睡作用的第二代抗组胺药。

五、药物的不良反应

1. H_1 受体阻断药　第一代 H_1 受体阻断药常见的不良反应为嗜睡、头晕、口干、乏力、注意力不集中等，异丙嗪及苯海拉明尤为明显，因而驾驶员、高空作业、机械操作人员应禁用或慎用。此外，少数药物还可引起心动过速、瞳孔散大、胃肠道反应等，可能与药物的抗胆碱作用有关。因此，青光眼、尿潴留及幽门梗死者禁用。偶见骨髓抑制、粒细胞减少、贫血，多因长期服用而发生。严重肝、肾损害者慎用，小儿中毒可发生红斑、高热。第二代 H_1 受体阻断药的不良反应主要是室上性心动过速和心脏骤停等心脏毒性反应，严重者可致心性猝死，尤以特非那定、阿司咪唑报道最多。心脏毒性反应多与药物配伍不当、盲目增加剂量、患者合并心脏疾患有关，故在使用时应予以注意：①心脏疾病患者避免使用。②电解质紊乱者避免使用，因电解质紊乱可影响心室肌的除极导致心电图 Q-T 间期延长。③尽量不超过该类药物的推荐剂量，病情较重者可以联合不同类型的 H_1 受体阻断药以提高疗效；为防止耐受现象发生，H_1 受体阻断药可交替使用。④过量中毒时，应洗胃、催吐，密切进行心电图监护，可以采用适当的抗心律失常药治疗，但应避免使用可延长 Q-T 间期的抗心律失常药。孕妇及哺乳期妇女禁用第二代 H_1 受体阻断药。有些人在服用 H_1 受体阻断药后不但无效，反而会使过敏加重，为抗过敏药的致敏现象，须立即停止用药，并及时去医院治疗。

> **即学即练**
>
> 第一代 H_1 受体阻断药最常见的不良反应是（　　）。
>
> A. 致畸　　　　　　　B. 烦躁、失眠　　　　　C. 肾毒性
>
> D. 镇静、嗜睡　　　　E. 消化道反应
>
> 答案解析

2. 色甘酸钠　毒性极低，不良反应少见，偶有皮疹、排尿困难，喷雾吸入可致刺激性咳嗽。对于支气管哮喘病应在发病季节前 2~3 周提前用药，极少数人在开始用药时出现哮喘加重，此时可先吸入少许支气管扩张药，如沙丁胺醇。少数患者干粉吸入后，咽部及气管有刺痛感，甚至导致支气管痉挛，出现气急、咳嗽等，可与 0.1mg 异丙肾上腺素合用。当色甘酸钠与糖皮质激素合用时，可减少糖皮质激素用量，但停药后应恢复或加大激素剂量，否则将有严重的哮喘发作。

3. 茶碱类　不良反应除胃肠道反应、中枢神经兴奋症状外，静脉注射速度过快或浓度过高可引起严重心律失常、血压下降甚至死亡。因此，临床应用要严格掌握剂量，定时监测血药浓度，及时调整浓度及滴速。有效安全血药浓度应保持在 5~15μg/ml，如超过 20μg/ml 则不良反应明显增多。对氨茶碱中毒者，目前尚无特效拮抗剂，应及早进行对症处理，采取镇静退热、吸氧排毒、抗休克等治疗措施。

4. 肾上腺素受体激动药　如麻黄碱、β_2 受体激动药等，有可能兴奋心脏 β_1 受体，引起心律失常或心肌缺血。沙丁胺醇的心血管副作用较显著。长期使用可产生耐受性，停药 1~2 周后机体可恢复敏感性。

5. 糖皮质激素　吸入时在口咽部的不良反应包括声音嘶哑、咽部不适和念珠菌感染。吸药后及时用清水含漱口咽部，选用干粉吸入或加用储雾器可减少上述不良反应。长期使用糖皮质激素可引起物质代谢和水盐代谢紊乱、抑制机体的正常免疫功能而引起并发症，需定期进行实验室检查，以减少不良反应，必要时需停药；长期使用后，应逐渐减量至停药以减少或避免停药反应。其他免疫抑制药也可抑制机体正常免疫功能，易诱发感染、增加肿瘤发生率及影响生殖系统功能。

6. 钙制剂　可能引起恶心、呕吐，可致高钙血症，静脉注射时可有全身发热，注射过快可产生心律失常甚至心脏骤停。需应用等量葡萄糖溶液稀释，并避免漏出血管外。

六、药物相互作用

药物相互作用见表 13-2。

表 13 – 2 治疗过敏性疾病药物相互作用一览表

合用药物	相互作用结果
H_1受体阻断药与四环素类抗生素合用	影响吸收
H_1受体阻断药与乙醇合用	增强中枢抑制作用
第一代 H_1受体阻断药与复方感冒制剂合用	重复用药，中枢抑制作用增强
第一代 H_1受体阻断药与抗胆碱药、三环类抗抑郁药合用	加重口渴、便秘、青光眼、记忆功能障碍等副作用
第二代 H_1受体阻断药与大环内酯类抗生素、咪唑类抗真菌药合用	可引起血药浓度升高，导致室性心律失常
第二代 H_1受体阻断药与抗心律失常药/钙通道抑制剂、镇静催眠药合用	增加心律失常的危险

目标检测

答案解析

一、选择题

（一）最佳选择题

1. 关于变态反应的叙述正确的是（   ）。

    A. 不是过敏反应　　　　　　B. 与免疫系统无关　　　　　　C. 与剂量有关

    D. 对机体有益　　　　　　　E. 异常的免疫反应

2. H_1受体阻断药药理作用是（   ）。

    A. 能与组胺竞争 H_1受体，使组胺不能与 H_1受体结合而起拮抗作用

    B. 有相反的药理作用，发生生理对抗效应

    C. 和组胺起化学反应，使组胺失效

    D. 能稳定肥大细胞，抑制组胺的释放

    E. 以上都不正确

3. 关于变态反应性疾病的防治原则叙述错误的是（   ）。

    A. 对症治疗　　　　　　　　B. 阻断过敏介质治疗　　　　　C. 常规进行抗生素治疗

    D. 特异性免疫治疗　　　　　E. 发现和阻断变应原

4. 药物过敏通常最有效的治疗是（   ）。

    A. 立即停药　　　　　　　　B. 静脉注射人丙种球蛋白　　　C. 糖皮质激素

    D. 抗组胺药　　　　　　　　E. 肾上腺素

5. H_1受体阻断药对下列哪种变态反应最有效（   ）。

    A. 过敏性休克　　　　　　　B. 支气管哮喘　　　　　　　　C. 过敏性皮疹

    D. 风湿热　　　　　　　　　E. 过敏性结肠炎

6. 中枢镇静作用最强的 H_1受体阻断药是（   ）。

    A. 苯海拉明　　　　　　　　B. 氯苯那敏　　　　　　　　　C. 氯雷他定

    D. 赛庚啶　　　　　　　　　E. 阿司咪唑

7. 荨麻疹患者服用以下哪种药物不影响驾驶（   ）。

    A. 氯苯那敏　　　　　　　　B. 阿司咪唑　　　　　　　　　C. 苯海拉明

    D. 苯巴比妥　　　　　　　　E. 异丙嗪

（二）配伍选择题

（8～11题共用备选答案）

A. Ⅰ型变态反应　　　　　B. Ⅱ型变态反应　　　　　C. Ⅲ型变态反应

D. Ⅳ型变态反应　　　　　E. 以上都不是

8. 新生儿溶血性贫血属于（　　　）。

9. 过敏性鼻炎属于（　　　）。

10. 急性移植排斥反应属于（　　　）。

11. 肾小球肾炎属于（　　　）。

（12～15题共用备选答案）

A. 阿司咪唑　　　　　　　B. 肾上腺素　　　　　　　C. 氯苯那敏

D. 苯海拉明　　　　　　　E. 色甘酸钠

12. 用于预防Ⅰ型变态反应所致哮喘的药物是（　　　）。

13. 过敏性休克的首选药物是（　　　）。

14. 对中枢无明显抑制作用的 H_1 受体阻断药是（　　　）。

15. 防晕动病药是（　　　）。

（三）多项选择题

16. 苯海拉明的药理作用包括（　　　）。

A. 局麻作用　　　　　　　B. 镇吐作用　　　　　　　C. 镇静作用

D. 抗胆碱作用　　　　　　E. 对抗组胺 H_1 受体效应

17. H_1 受体阻断药可以治疗的疾病有（　　　）。

A. 呕吐　　　　　　　　　B. 荨麻疹　　　　　　　　C. 晕动症

D. 过敏性休克　　　　　　E. 过敏性鼻炎

二、简答题

1. 简述变态反应性疾病的分型及治疗药物。

2. 简述变态反应的药物治疗的原则。

三、实例解析题

春天来了，小张与朋友到植物园去踏青游玩，进园不久，就感觉眼睛不适，还不停地打喷嚏、流鼻涕。游园结束后，其他同事都没有这些反应，只有他全身皮肤发痒、肿胀，并有呼吸困难等症状，回家后便出现恶心、呕吐、咳嗽等症状，随后去医院就医。小张有哮喘病史，医生通过综合分析小张的症状和病史，诊断其为过敏性哮喘发作。

问题　1. 过敏性哮喘属于哪一种类型的变态反应？

　　　2. 针对该过敏症状应该给小张用什么药物治疗？

　　　3. 小张可以用什么药物预防过敏？

书网融合……

知识回顾　　　　微课　　　　习题

（刘红霞）

学习引导

内分泌代谢疾病是因分泌腺体异常、激素的分泌异常、靶细胞对激素的反应异常等引起的疾病，严重威胁着人类健康，尤其是中老年人，具有患病率高、致残率高和死亡率高的特点。那么常见内分泌系统代谢疾病有哪些？常见内分泌系统代谢疾病的治疗原则和常用治疗药物有哪些？

本项目主要介绍内分泌系统常见疾病，包括甲状腺功能亢进症、甲状腺功能减退症、糖尿病、骨质疏松症及痛风的药物治疗。

学习目标

1. **掌握** 甲状腺功能亢进症、甲状腺功能减退症、糖尿病、骨质疏松症及痛风的临床表现、药物治疗原则以及治疗药物的合理选用。
2. **熟悉** 上述疾病治疗药物的相互作用。
3. **了解** 上述疾病的预防及药物治疗以外的其他治疗方法。

任务一 甲状腺功能亢进症

PPT

甲状腺分泌两种有生物活性的甲状腺激素（TH），甲状腺素（四碘甲状腺原氨酸，T_4）和三碘甲状腺原氨酸（T_3）。其中 T_4 在血液循环中约有 0.03% 的游离形式（有活性）和 99.97% 的结合形式（无活性），主要与甲状腺结合球蛋白（TBG）结合，少量与甲状腺转运蛋白和白蛋白结合，是真正反映甲状腺功能的指标。35% ~40% T_4 在外周会被脱碘酶 D_1、D_2 亚型转化为 T_3，约 45% 被脱碘酶 D_3 亚型转化为无活性的反 T_3（rT_3）。T_3 约有 0.3% 的游离形式和 99.7% 的结合形式，与血清蛋白结合力弱，比 T_4 代谢快。T_3 的效价是 T_4 的 4~5 倍，约 80% 来自于外周 T_4 的转化，是甲状腺激素对各种靶器官作用的主要激素，反映甲状腺素对周边组织的功能。总之，T_3 作用快、强、短，T_4 作用慢、弱、长。

一、疾病概要

甲状腺功能亢进症（hyperthyroidism）是指甲状腺组织增生、功能亢进、产生和分泌甲状腺激素过多引起的一组临床综合征，简称甲亢。患者表现为怕热多汗、易饿、消瘦乏力等物质代谢加速、分解代谢加强的表现，且因兴奋神经和心血管系统，易出现心悸、血压升高、失眠、大便次数增多等症状，患病率约为1%。甲亢最常见的病因是自身免疫的 Graves 病（毒性弥漫性甲状腺肿；85%），其次是医源性。

二、治疗原则

甲亢的患者要注意休息，补充足够热量和糖、蛋白质和 B 族维生素等营养物质，同时采用药物治疗及外科手术。根据病因、甲状腺肿大小、是否有眼突、年龄、是否怀孕及患者身体状况、意愿等选择治疗方案。甲亢药物治疗的目的是控制甲亢症状，使血清甲状腺激素水平降低至正常，促进免疫监护的正常化，或者为手术前准备性治疗。

失眠较重的患者可合用镇静催眠药；心悸明显者合用 β 受体阻断剂；有压迫症状或怀疑甲状腺恶性肿瘤的患者采用手术治疗。

三、治疗药物

甲亢的治疗药物包括硫脲类药物、碘制剂、放射性碘（RAI）及 β 受体阻断剂。

（一）硫脲类药物 微课1

甲亢患者主要选择硫脲类药物治疗，尤其是孕妇。硫脲类药物的作用机制是抑制甲状腺内过氧化物酶，阻碍吸聚到甲状腺内无机碘的氧化及碘酪氨酸的偶联，阻碍甲状腺激素的合成。但不影响已合成的甲状腺激素的释放，因此，在治疗的前 4~6 周需合用 β 受体阻断剂或碘化物，以缓解症状。本类药可单独用于治疗，也可作为甲状腺次全切除的术前准备及放射性碘的辅助治疗。

硫脲类代表药物有甲巯咪唑、丙硫氧嘧啶（PTU）。本类药可维持甲状腺功能正常，但不会改变疾病的自然进程，停药后自发性缓解率为 60%。

1. 甲巯咪唑（他巴唑） 是硫脲类的首选药物，适于各种类型的甲亢。口服后由胃肠道迅速吸收，吸收率为 70%~80%；分布于全身，但浓集于甲状腺；其生物学效应能持续相当长时间；原药及代谢物的 75%~80% 经尿排泄；易透过胎盘屏障并经乳汁分泌。其给药途径及剂量为：成人口服，开始剂量一般为 20~30mg/d，根据病情在 15~40mg/d 范围内调整，分次口服，也可单次服用；病情控制后，逐渐减量，维持量按病情需要 5~15mg/d，疗程一般 1~1.5 年。小儿开始时按体重 0.4mg/kg，分次口服；维持量根据病情决定。

2. 丙硫氧嘧啶 PTU 适于各种类型的甲亢，是妊娠早期患者的首选药物。由于抑制 T_4 向 T_3 的转化、起效快，也用于甲状腺危象的治疗。使用甲巯咪唑出现严重不良反应的患者（除粒细胞缺乏和肝炎外）亦选用本药。口服后由胃肠道迅速吸收，分布于全身，但浓集于甲状腺；半衰期 1~2 小时，但生物作用时间较长；原药及代谢物由尿排泄，较少透过胎盘屏障，并经乳汁分泌。其给药途径及剂量为：成人口服，开始剂量一般为 300mg/d，根据病情在 150~400mg/d 范围内调整，2~3 次/天；病情控制后减至一次 50mg，2~3 次/天维持。甲状腺危象时剂量 600~800mg/d，1 次/6 小时；病情控制后，逐渐减量，维持 50~150mg/d，根据病情调整。小儿开始时按体重 4mg/（kg·d），分次口服，维持量酌减。

（二）碘制剂

碘是合成 TH 的原料，小剂量主要用于地方性甲状腺肿的预防和治疗。短期服用大剂量碘剂，可抑制甲状腺素的合成、释放，与硫脲类合用可用于甲状腺危象的治疗。大剂量碘能使甲状腺血供减少，进而甲状腺体积缩小、组织变硬，可用于甲亢术前准备。因碘的作用主要为抑制甲状腺激素的释放，暂时抑制碘的有机化，数周后即出现"脱逸"现象，治疗甲亢时间短（最多 2 周），且服用时间长，导致作用消失、病情加重，不作为常规抗甲状腺药。碘剂包括碘、碘化油和碘酸钾等。

（三）放射性碘

RAI 是美国最常用的方法。尽管无痛、有效、经济、快捷，但由于担忧放射性、恶性肿瘤及高发的甲状腺功能减退，在我国使用较少。

（四）β 受体阻断剂

无内在拟交感胺活性的 β 受体阻断剂（比索洛尔、美托洛尔、阿替洛尔、普萘洛尔）都可对症治疗，用于缓解甲亢患者的症状，但仅普萘洛尔可减少外周组织 T_4 转化为 T_3 及改善患者的神经肌肉症状。β 受体阻断剂与硫脲类药物合用起效迅速、疗效显著。甲亢初期选用普萘洛尔以尽快控制症状，症状控制后伴有哮喘、慢性阻塞性肺病（COPD）及依从性不好的患者换用美托洛尔。当存在 β 受体阻断剂禁忌证时，可换用钙通道阻滞剂地尔硫草、维拉帕米。

四、治疗药物的应用原则

1. 轻度、中度甲亢的药物治疗 首选肝毒性小、无苦味、价格低、患者依从性好的甲巯咪唑；合用 β 受体阻断剂或钙通道拮抗剂可减轻患者的很多症状。

2. 甲状腺危象的药物治疗 2%～8% 的甲亢患者会出现甲状腺危象，作用机制尚不清楚。此时，首选 PTU，可合用 β 受体阻断剂或钙通道拮抗剂可减轻患者的很多症状。

3. 浸润性突眼的药物治疗 Graves 病的眼征是此病最显著的病变，25%～50% 的患者只有眼睛的一些改变，3%～5% 的患者会发生严重的突眼。用硫脲类药物或放射性碘治疗控制甲状腺功能亢进症时，突眼初期 3 个月内使用糖皮质激素疗效较好。轻症患者选用低剂量泼尼松，35～80mg/d，持续 1 个月，随后 2 个月逐渐减量；急症治疗进展性突眼伴视力下降时，可全身给予糖皮质激素。

4. 妊娠期甲亢的药物治疗 首选 PTU，或在孕中期进行手术。

▶▶ 岗位情景模拟 14-1

情景描述 患者，女，28 岁。近日因心悸、月经量减少、皮肤潮红、体乏、易怒到医院就诊。实验室检查发现，TSH0.007uIU/ml（正常范围 0.55～4.78uIU/ml），FT_4 1.80 ng/dl（0.89～1.76ng/dl），T_3、T_4、FT_3 均正常。

讨 论 1. 请分析病因，给出诊断。

2. 向患者推荐什么药物治疗？

答案解析

五、药物的不良反应

1. 硫脲类药物 多发生在用药前 2 个月，较常见的有皮肤瘙痒和皮疹。严重不良反应为血液系统异常，轻度的有白细胞减少，严重的有粒细胞缺乏症（体温升高、咽喉痛等感冒样症状）以及再生障碍性贫血，需定期检查血常规。

皮疹轻微时，不必停药，同服抗组胺药或局部使用糖皮质激素控制症状。如同时出现荨麻疹或皮疹与其他全身不良反应时（如发热、关节痛），应停药。叮嘱患者一旦出现发热、咽痛症状，立即就医。

2. 碘剂 长期服用出现口内铜腥味、喉部烧灼感、鼻炎、皮疹等。少数对碘过敏者，可立即或几小时后出现血管神经性水肿、上呼吸道黏膜刺激性症状，严重者可引起喉头水肿、窒息。

3. β受体阻断剂 见项目八。

六、药物相互作用

药物的相互作用见表 14 – 1。

表 14 – 1 甲亢治疗药物相互作用一览表

合用药物	相互作用
硫脲类与有抑制甲状腺功能和引起甲状腺肿的药物合用	产生抑制作用
硫脲类与口服抗凝药合用	后者疗效增强
碘剂与抗甲状腺药物、锂盐合用	甲状腺功能减退症和甲状腺肿大
碘剂与普利类、保钾利尿药合用	高血钾
碘剂与放射性碘合用	减少甲状腺对^{131}I的吸收

即学即练 14 – 1

患者在服用甲巯咪唑片时，出现了发热、咽喉痛等感冒症状，应（　　）。
A. 换用丙硫氧嘧啶　　B. 服用对乙酰氨基酚　　C. 换用钙通道阻滞药
D. 停药，立即就医　　E. 换用大剂量碘剂

答案解析

任务二　甲状腺功能减退症

PPT

一、疾病概要

甲状腺功能减退症（hypothyroidism）是由各种原因导致的低甲状腺素血症或甲状腺素抵抗而引起的全身性低代谢综合征，简称甲减。根据2010年我国十城市甲状腺疾病患病率调查，以 TSH >4.2 mIU/ L 为诊断切点，我国甲减的患病率为 17.8%，其中亚临床甲减患病率为 16.7%，临床甲减患病率为 1.1%，女性高于男性，随着年龄增长患病率升高。本病发病隐匿，病程长，大多患者缺乏特异症状和体征。

甲减根据病变部位分为：原发性、中枢性、消耗性及甲状腺激素抵抗综合征。原发性甲减约占 99%，其中自身免疫异常（最常见病因桥本甲状腺炎，可遗传）、甲状腺手术和放射性碘治疗占90%以上。桥本甲状腺炎是由于免疫监视功能受损，导致正常的抑制性T淋巴细胞不能发挥作用，并在浆细胞的作用下生成过多的甲状腺自身抗体，破坏了甲状腺细胞，使甲状腺内碘的有机化受损或阻断了碘的有机结合过程。中枢性或继发性甲减是由下丘脑和（或）垂体病变引起的促甲状腺激素释放激素（TRH）或促甲状腺激素（TSH）产生和分泌减少所致，常见病因有垂体外照射、垂体大腺瘤、颅咽管瘤及垂体缺血性坏死。消耗性甲减（罕见）见于血管瘤等肿瘤患者，是肿瘤细胞表达 3 – 碘化甲腺氨酸脱碘酶，加速甲状腺素降解而引起甲减。甲状腺激素抵抗综合征（RTH）是由于基因突变，导致T_3与受体结合障碍，甲状腺激素的生物活性降低，发病率为1/50000。血清 TSH 和FT_4、总TT_4是诊断原发性甲减的

一线指标，其中以 TSH 和 FT_4 最关键。长期未矫正的甲减可造成黏液性水肿昏迷。

二、治疗原则

甲减的治疗原则是药物治疗，同时注意合理饮食。治疗目标是逆转症状和体征，使 TSH 和 FT_4 恢复正常，但想完全逆转很难实现。

三、治疗药物 [e]微课2

治疗甲减的常用药物有左甲状腺素钠、碘塞罗宁钠及甲状腺片。

1. 左甲状腺素钠　左甲状腺素钠是治疗甲减的首选药物，一般需终生服用，剂量取决于病情、年龄、体重及个体差异。吸收效果依次为：早餐前 1 小时 > 睡前 > 早餐前 30 分钟 > 餐时。半衰期 7 天，每日服用 1 次。

成人口服剂量为 1.6 ~ 1.8μg/（kg·d），一般开始剂量为 25 ~ 50μg/d，每 2 ~ 4 周增加 25μg，直到完全替代剂量 75 ~ 125μg/d。高龄患者、心功能不全者及严重黏液性水肿患者，开始剂量为 12.5 ~ 25μg/d，每 4 ~ 8 周增加 25μg，不必达到完全替代剂量，一般 75 ~ 100μg/d 即可。

黏液性水肿昏迷患者：静脉注射，首次剂量为 200 ~ 400μg，以后 50 ~ 100μg/d，直到患者清醒改为口服给药。

婴儿及儿童的完全替代剂量：6 个月内 6 ~ 8μg/（kg·d），6 ~ 12 个月 6μg/（kg·d）；1 ~ 5 岁 5μg/（kg·d）；6 ~ 12 岁 4μg/（kg·d）。开始剂量为完全替代剂量的 1/3 ~ 1/2，以后每 2 周逐渐增量。

2. 碘塞罗宁　即 T_3，常用钠盐，吸收较好，半衰期短（1.5 天），需多次给药，价格贵，有潜在的心脏毒性，不是常规用药。主要用于需要短期甲状腺激素替代治疗的患者和 T_4 转化为 T_3 受损的患者，使用时需监测 TSH 和 TT_3 或 FT_3 的水平。

3. 甲状腺片　又称干甲状腺，含 T_3 和 T_4 的比例不恒定，用药需高度个体化。

四、治疗药物的应用原则

（一）亚临床甲减的药物治疗

轻度亚临床甲减患者（TSH < 10mIU/L），如伴甲减症状、甲状腺过氧化物酶抗体（TPOAb）阳性、血脂异常或动脉粥样硬化，给予左甲状腺素钠；重度患者（TSH ≥ 10mIU/L），给予左甲状腺素钠，至 TT_4、FT_4 达到正常范围。

（二）原发性甲减的药物治疗

原发性甲减首选左甲状腺素钠，使症状和体征消失，TT_4、FT_4 达到正常范围。

（三）妊娠性甲减的药物治疗

妊娠期甲减和亚甲减均首选左甲状腺素钠，使妊娠早期 TSH 达 0.1 ~ 2.5mIU/L，中期达 0.2 ~ 3.0mIU/L，晚期达 0.3 ~ 3.0mIU/L；使血清 FT_4、TT_4 处于妊娠特异正常范围内。

（四）黏液性水肿昏迷的药物治疗

黏液性水肿昏迷是甲减的危重急症，死亡率高，除应用 T_4 外，有时还需静脉注射 T_3。

（五）中枢性甲减的药物治疗

中枢性甲减的治疗目标是 TT_4、FT_4 达到正常范围，不能把 TSH 作为监测指标。

（六）甲状腺激素抵抗综合征的药物治疗

甲状腺激素抵抗综合征患者可通过升高 TSH 和甲状腺激素来代偿基因突变导致的缺陷，甲状腺功能正常者不需治疗；伴有甲减症状的患者选用甲状腺激素；伴有甲亢的患者可对症和选择三碘甲腺乙酸治疗。

> **岗位情景模拟 14 - 2**
>
> **情景描述** 患者，女，52 岁。近日因畏寒、声音嘶哑、体重增加、便秘到医院就诊。实验室检查：TSH45.74uIU/ml（正常范围 0.55 ~ 4.78uIU/ml），TT_3 0.08ng/ml（0.6 ~ 1.81ng/ml）；TT_4 0.50μg/ml（4.5 ~ 10.9μg/dl）；FT_3 0.62pg/mg（2.3 ~ 4.2pg/ml）；FT_4 0.19ng/dl（0.89 ~ 1.76ng/dl）；TG Ab > 500.0U/ml（0 ~ 60U/ml）；TPOAb > 1300.0（0 ~ 60U/ml）。
>
> **讨 论** 1. 请分析病因，给出诊断。
>
> 2. 向患者推荐什么药物治疗？
>
> 答案解析

五、药物的不良反应

1. 左甲状腺素钠 长期过量可引起甲亢症状，如心悸、手震颤、多汗、体重减轻、失眠等症状。老年和心脏病患者可发生心绞痛和心肌梗死。

2. 碘塞罗宁钠 同上。

六、药物相互作用

药物相互作用见表 14 - 2。

表 14 - 2 甲减治疗药物相互作用一览表

合用药物	相互作用
左甲状腺素钠、碘塞罗宁与肝药酶诱导剂、抑制剂合用	前者需调整剂量
左甲状腺素钠与香豆素类药物合用	后者抗凝增强
左甲状腺素钠与硫糖铝、氢氧化铝、碳酸钙、考来烯胺和铁剂合用	降低甲状腺素在胃肠道的吸收，服用时应间隔 4 ~ 5 小时
左甲状腺素钠与雌激素和避孕药合用	增加甲状腺素的剂量
左甲状腺素钠、碘塞罗宁与胺碘酮、普萘洛尔合用	增加前者剂量
左甲状腺素钠、碘塞罗宁与降糖药合用	后者活性减小

> **即学即练 14 - 2**
>
> 答案解析
>
> 对于黏液性水肿昏迷的患者，应（ ）。
>
> A. 静脉注射 T_4 B. 口服大剂量 T_4 C. 服用甲巯咪唑
>
> D. 口服 T_3 E. 口服甲状腺片

PPT

<h1 style="text-align:center">任务三　糖尿病</h1>

一、疾病概要

糖尿病是一种由于胰岛素分泌受损和活性降低，造成胰岛素相对或绝对不足的慢性疾病。《中国 2 型糖尿病防治指南（2020）》中报告：根据 WHO 的糖尿病诊断标准，中国成人的糖尿病患病率为 11.2%，几乎是 1980 年患病率 0.67% 的 17 倍。糖尿病分为 1 型（5%）、2 型（90%）、妊娠型及特殊糖尿病（5%）。1 型糖尿病是一种自身免疫性胰腺 B 细胞破坏引起的疾病，发病高峰在儿童及青少年期，少数患者（主要是非洲裔或亚裔）没有自身免疫性疾病的证据，这些患者由于胰腺破坏进程慢，以致呈迟发或亚急性表现。2 型糖尿病是一种以肥胖、B 细胞功能缺陷、胰岛素抵抗和肝脏葡萄糖生成增多为特征的疾病。葡萄糖和胰岛素同时升高强烈提示胰岛素抵抗，肌肉对周围组织中葡萄糖吸收和利用的减少是胰岛素抵抗的主要原因，并导致餐后持续高血糖。肝脏生成葡萄糖是空腹血糖的主要来源。妊娠期糖尿病在孕妇中的发生率约 7%。特殊类型的包括胰岛 B 细胞功能遗传性缺陷及胰岛素作用遗传性缺陷、胰腺外分泌功能疾病、内分泌疾病、药物或化学物质诱导、感染和其他遗传综合征。

二、治疗原则

糖尿病管理的总体目标是防止急慢性并发症、控制血糖、避免低血糖，兼顾心肾代谢全面获益，主要控制糖化血糖蛋白（HbA1c）<6.5%。2 型糖尿病合并心肾疾病时，应综合年龄、病程、动脉粥样硬化性心血管疾病（ASCVD）病史、心衰（HF）严重程度、慢性肾脏病（CKD）分期、低血糖风险等因素设定个体化的控制目标。1 型糖尿病患者只有很少或没有胰腺储备，需外源性胰岛素治疗。缺乏胰岛素会引起肝脏内游离脂肪酸过度代谢并转化为酮体，导致酮血症和酮尿症，甚至酮症酸中毒。预防和治疗 2 型糖尿病的基石是干预生活方式，应贯穿于治疗的始终，其次为药物治疗。

知识链接

大庆研究（1986～2016）：匠人精神塑造的中国糖尿病研究丰碑

阜外医院内分泌心血管病中心李光伟教授和他的恩师潘孝仁领衔的"大庆糖尿病预防研究"从 1986 年选择大庆油田地区，开展了高质量的随机对照试验。通过 30 年的研究，全球首次证明，生活方式干预可以长期地预防糖尿病，糖尿病的预防可延伸至微血管病变、大血管病变及死亡的减少。

大庆研究是中华民族的骄傲，被誉为"世界糖尿病预防研究的里程碑"，我们要学习前辈不怕吃苦的精神，坚持不懈做好本职工作，为"健康中国 2030"保驾护航。

三、治疗药物

（一）胰岛素

胰岛素和健康生活方式对 1 型糖尿病的生存至关重要，对口服降糖药仍不能控制、应激状态（感染、外伤、中等大小以上手术）、妊娠期糖尿病患者及伴严重并发症或其他严重疾病的 2 型糖尿病患者也需要应用胰岛素。

根据作用时间，胰岛素分为速效、短效、中效、长效、超长效及预混胰岛素。速效胰岛素包括门冬胰岛素、赖脯胰岛素及谷赖胰岛素，低血糖风险小，适于使用胰岛素泵的患者。门冬胰岛素的六聚体结构比普通胰岛素松散，更易解离为单体起效；赖脯胰岛素及谷赖胰岛素是速效的胰岛素类似物。短效胰岛素即普通胰岛素（可溶性胰岛素），皮下注射后 30 分钟起效（六聚体解离为单体需 30 分钟）。中效胰岛素包括低精蛋白锌胰岛素。长效胰岛素包括精蛋白锌胰岛素。超长效胰岛素包括甘精胰岛素、地特胰岛素和德谷胰岛素。甘精胰岛素的等电点为 6.7，在生理条件下沉淀，24 小时内缓慢释放，低血糖风险小，但由于其酸性（pH4.0），注射时疼痛发生率高；地特胰岛素与白蛋白结合，从皮下组织吸收更慢，其药效学、药动学呈剂量依赖性；德谷胰岛素是长效胰岛素的类似物。预混胰岛素是短效或超短效与中效或长效胰岛素的混合物，使用方便，注射次数相对少，但混合方案有限。预混胰岛素标示的数值为短效胰岛素的比值。每日 2 次预混胰岛素，早餐前注射日剂量的 1/2～2/3，晚餐前注射剩余剂量。

胰岛素的主要给药途径是皮下注射。常规胰岛素（溶液）可以静脉、肌内或皮下注射；其他胰岛素大多数只能皮下注射（门冬胰岛素、赖脯胰岛素也可静脉注射）；Afrezza（人胰岛素）是目前唯一可吸入的粉末状胰岛素。胰岛素注射部位的吸收速率为：腹部＞手臂＞大腿＞臀部，一般上午上半身注射，下午下半身注射。即早上腹部注射，中午胳膊注射，晚饭大腿外侧注射，睡前臀部注射。

（二）口服及其他降糖药

1. 双胍类 二甲双胍主要通过减少肝糖异生降低空腹血糖，同时增强胰岛素刺激的骨骼肌和脂肪组织对葡萄糖的摄取，减少肠道对葡萄糖的吸收，可降低全因死亡率和血管并发症。二甲双胍还可激活人体能量感受器 AMP 蛋白激酶（AMPK），灭活乙酰辅酶 A，抑制脂质合成和增加脂肪酸的氧化，抑制肝糖原的分解及增加肌糖原的生成。此外，还可适度降低总胆固醇和甘油三酯，维持或改善高密度脂蛋白（HDL）水平，对心血管疾病及其预后有积极意义。2 型糖尿病患者应首选二甲双胍，可降低空腹血糖、餐后 2 小时血糖及 HbA1c（效果最佳 1%～2%），不会导致非糖尿病患者或单药治疗的糖尿病患者产生低血糖。由于碱性强，片剂餐前即刻服用，肠溶片餐前 30 分钟服用。成人剂量：起始剂量 0.25g，2～3 次/天，根据疗效及胃肠道症状调节剂量，最佳有效剂量为 2000mg/d，普通片推荐成人可用的最大剂量为 2550mg/d。其水溶性大，约 90% 通过肾小管排泄。因此，肾功能不全、肝病或有引起缺氧、急性或慢性代谢性酸中毒、糖尿病酮症酸中毒的诱因，或有乳酸酸中毒史的患者禁用。

2. 磺酰脲类促胰岛素分泌药 磺酰脲类促胰岛素分泌药通过抑制胰岛 B 细胞上 ATP 敏感的钾离子通道，增加钙内流，刺激胰岛素的分泌。可降低空腹、餐后 2 小时血糖及 HbA1c（1%～2%），适于胰岛 B 细胞有一定的分泌功能，无急性并发症（感染、创伤、急性心肌梗死、酮症酸中毒、高糖、高渗性昏迷等）、非妊娠期、无慢性肾功能不全的轻、中度 2 型糖尿病患者。

第 1 代磺酰脲类药物由于长效、低血糖及低钠血症风险高，已不常用。第 2 代药物中短效的格列吡嗪、格列齐特及长效的格列美脲常用；长效的格列本脲低血糖风险高；格列喹酮仅 5% 经肾排泄，适于肾功能轻度不全的患者；格列美脲与受体结合及解离速度较快，较少引起严重低血糖。

3. 非磺酰脲类促胰岛素分泌药 非磺酰脲类促胰岛素分泌药又称"餐时血糖调节剂"，以"快开 - 速闭"的作用机制，通过与受体结合以关闭 B 细胞膜中 ATP - 依赖性钾通道，使 B 细胞去极化，打开钙通道，快速促进胰岛素早期分泌，降低餐后血糖。具有吸收快、起效快、作用时间短的特点，可降低空腹血糖及餐后血糖。

本类药物包括米格列奈、瑞格列奈及那格列奈，餐前即刻服用。

4. 噻唑烷二酮类胰岛素增敏剂　噻唑烷二酮类药物通过结合并激活对胰岛素敏感组织（主要是脂肪组织，骨骼肌、肝组织中也有）中的过氧化物酶增殖激活受体γ（PPAR-γ），调节胰岛素反应基因表达，从而影响葡萄糖和脂肪的代谢。吡格列酮此外还可激活 PPAR-α，抑制肿瘤坏死因子-α诱导的血管细胞黏附分子的转录。吡格列酮的双重作用可升高 HDL，降低甘油三酯。PPAR-α 激活可参与抗炎作用；PPAR-α 和 PPAR-γ 激活可改善胰岛素敏感性和脂质谱。

本类药物包括罗格列酮和吡格列酮，可通过肝肾双通道排泄。

5. α葡萄糖苷酶抑制剂　α葡萄糖苷酶抑制剂竞争性抑制双糖类水解酶α葡萄糖苷酶的活性，减慢淀粉等多糖分解为双糖和单糖（如葡萄糖）的过程，延缓单糖吸收，降低餐后血糖峰值、体重及HbA1c（0.5%~0.8%），适于以碳水化合物为主食和餐后血糖升高的患者。餐前即刻整片（粒）吞服或与前几口食物一起嚼服可减小胃肠道不良反应。常用α葡萄糖苷酶抑制剂的主要特点及用法用量见表14-3。

表14-3　常用α葡萄糖苷酶抑制剂的特点及用法用量

药物	药物的主要特点	药物用法用量
阿卡波糖	水溶性大，生物利用度<2%	餐前即刻吞服或与第一口主食嚼服，一次50~100mg，3次/天
伏格列波糖		餐前口服，一次0.2mg，3次/天
米格列醇	吸收迅速，胃肠道不良反应小	餐前口服，初始剂量为25mg，3次/天；维持剂量：50mg，3次/天

6. 二肽基肽酶-4（DPP-4）抑制剂　DPP-4 抑制剂可抑制肠促胰岛素 GLP-1 和葡萄糖依赖性促胰岛素释放多肽的降解，中效、稳定地降低 HbA1c（0.8%~1%），显著降低心血管事件，能与其他降糖药任意搭配。其刺激胰岛素分泌具有血糖依赖性，发生低血糖反应较少，对体重、血压几乎无影响。

本类药物包括西格列汀、阿格列汀、维格列汀、沙格列汀及利格列汀等。常用 DPP-4 抑制剂的主要特点及用法用量见表14-4。

表14-4　常用DPP-4抑制剂的特点及用法用量

药物	药物的主要特点	药物用法用量
阿格列汀	选择性最高，副作用小；不经肝药酶代谢，76%经肾代谢	口服，一次25mg，1次/天
沙格列汀	不受食物影响，代谢产物有效	口服，一次5mg，1次/天
利格列汀	选择性高，双通道代谢	口服，一次5mg，1次/天
西格列汀	不受食物影响，生物利用度约87%	口服，一次100mg，1次/天
维格列汀	药物间相互作用少	口服，一次50mg，2次/天

7. 胰高糖素样肽-1（GLP-1）受体激动剂　GLP-1 受体激动剂以葡萄糖浓度依赖的方式增强胰岛素分泌、抑制胰高血糖素分泌，并能延缓胃排空，通过中枢性的食欲抑制作用来减少进食量。可降低餐后血糖、HbA1c（0.77%~1.62%），显著降低体重，改善心血管功能、降低心血管事件（不包括心衰）风险，减少蛋白尿。GLP-1 受体激动剂包括艾塞那肽、利拉鲁肽、贝那鲁肽、利司那肽和度拉糖肽，仅用于皮下注射。利拉鲁肽、贝那鲁肽和度拉糖肽是基于天然人 GLP-1 结构的药物，过敏反应小。常用 GLP-1 受体激动剂的主要特点及用法用量见表14-5。

表 14 - 5　常用 GLP - 1 受体激动剂的特点及用法用量

药物	药物的主要特点	药物用法用量
利拉鲁肽	长效，半衰期 13 小时；给药后 8 ~ 12 小时达峰	任意时间注射，起始剂量 0.6mg，至少 1 周后增至 1.2mg，1 次/天
艾塞那肽	短效	注射液：早餐和晚餐（或每日 2 次正餐前，间隔约 6 小时）前 1 小时内注射，起始剂量 5μg，2 次/天；1 个月后可增至 10μg
	周制剂	缓释剂：一次 2mg，1 次/周
度拉糖肽	周制剂	一次 0.75 ~ 1.5mg，1 次/周

8. 钠 - 葡萄糖协同转运蛋白 2（SGLT - 2）抑制剂　SGLT - 2 抑制剂可减少肾脏近端小管 S1 ~ S2 段（吸收 90% 的葡萄糖）对葡萄糖的重吸收，促进肾脏葡萄糖排泄，有利尿作用，利于心衰患者；同时减少 mTOR 信号转导，并激活 AMPK 信号通路，改善能量代谢，转化动用酮体等高效产能物质，改善心肌、肾脏工作效率和功能。其降糖效果相对弱效，HbA1c 降低 0.5% ~ 1.0%；此外，还可降低体重、收缩压、TG，升高 HDL - C 和 LDL - C，促进尿酸排泄，对肾脏"软终点"（蛋白尿）及"硬终点"（终末期肾病、血清肌酐倍增、肾脏或心血管死亡率）的降低均有效，是心血管、心衰、肾脏显著获益的降糖药。

本类药物包括卡格列净、达格列净、恩格列净。卡格列净主要抑制肾脏 SGLT - 2，同时选择性抑制肠道 SGLT - 1，具有"减入促排，双重降糖"的独特机制。常用 SGLT - 2 抑制剂的主要特点及用法用量见表 14 - 6。

表 14 - 6　常用 SGLT - 2 抑制剂的特点及用法用量

药物	药物的主要特点	药物用法用量
卡格列净		晨服，一次 100mg，1 次/天
达格列净	不受进食限制	晨服，一次 5 ~ 10mg，1 次/天
恩格列净		晨服，一次 10 ~ 25mg，1 次/天

四、治疗药物的应用原则

（一）1 型糖尿病的药物治疗

1 型糖尿病患者只能应用胰岛素治疗。目前常用 3 种模拟基础 - 餐时胰岛素释放的模式：胰岛素泵（最精确）、每日 1 ~ 2 次基础胰岛素联合餐时速效或短效胰岛素、预混胰岛素。基础胰岛素包括中效胰岛素和长效胰岛素。使用胰岛素泵的患者需根据胰岛素 - 碳水化合物比值或 1U 胰岛素可中和的碳水化合物量制订饮食计划。胰岛素泵可设置多种速率给予基础胰岛素，根据情况调整输注速率，可降低夜间低血糖，亦可增加睡醒前的基础速率，避免"黎明现象"。每日 1 ~ 2 次基础胰岛素可提供全天基础胰岛素水平，并在餐前使用速效（推荐）或短效胰岛素降低餐后血糖。遇到加餐、锻炼、急性病时调整剂量。预混人胰岛素 2 次/天，预混胰岛素类似物 2 ~ 3 次/天，根据睡前血糖和三餐前血糖水平调整剂量，每 3 ~ 5 天调整 1 次直至血糖达标。

（二）2 型糖尿病的药物治疗

2 型糖尿病患者在健康生活方式的基础上，首选二甲双胍。单药治疗而血糖不达标者（HbA1c ≥ 6.5%），采用 2 种甚至 3 种不同作用机制的药物联合治疗，也可加用胰岛素治疗。如果合并 ASCVD 或心血管风险高危的 2 型糖尿病患者，不论其 HbA1c 是否达标，只要没有禁忌证都应在二甲双胍的基础上，加用具有 ASCVD 获益证据的 GLP－1 受体激动剂或 SGLT－2 抑制剂。合并 CKD 或心衰的患者，不论其 HbA1c 是否达标，只要没有禁忌证，都应在二甲双胍的基础上加用 SGLT－2 抑制剂。合并 CKD 的 2 型糖尿病患者，如不能使用 SGLT－2 抑制剂，可考虑选用 GLP－1 受体激动剂。

（三）妊娠期糖尿病的药物治疗

妊娠期糖尿病只能用胰岛素治疗。

》》 岗位情景模拟 14－3

情景描述 患者，女，45 岁，吸烟 20 年，身高 160cm，体重 70kg，BMI 27.35；高血压，服用赖诺普利。2 个月前治疗阴道反复念珠菌感染（服用氟康唑）时，发现尿糖升高。随后到内分泌科检查，发现 HbA1c 为 8.3%。患者否认有多食、多尿症状，但感觉容易口渴、嗜睡。医生诊断为 2 型糖尿病。

讨　论 1. 患者的治疗目标是什么？
2. 应给予患者的初始治疗是什么？
3. 如果患者不耐受初始治疗方案中的药物，应如何调整用药方案？

答案解析

五、药物的不良反应

1. 二甲双胍　常见腹泻、腹痛、口苦、金属味、腹部不适；可减少维生素 B_{12} 的吸收。

2. GLP－1 受体激动剂　常见胃肠道不适、呕吐、消化不良、腹泻、胰腺炎、体重减轻和过敏性反应。

3. DPP－4 酶抑制剂　常见咽炎、鼻炎、上呼吸道感染、泌尿系统感染、严重超敏反应及关节痛。沙格列汀有心衰风险。

4. SGLT－2 抑制剂　常见生殖系统的感染，罕见酮症酸中毒（1 型患者）、急性肾损伤及骨折。

5. α 葡萄糖苷酶抑制剂　常见胃胀、腹胀、排气增加、腹痛、胃肠绞痛、肠鸣（服用后未消化的碳水化合物停滞于肠道，肠道细菌酵解，气体产生增多）。

6. 磺酰脲类促胰岛素分泌药　常见低血糖反应、体重增加、口腔金属味、食欲改变。

7. 非磺酰脲类促胰岛素分泌药　常见低血糖反应、体重增加、呼吸道感染、类流感样症状、咳嗽。

8. 噻唑烷二酮类胰岛素增敏剂　常见体重增加和水肿。此外，还有贫血、血红蛋白降低、血容量增加、血细胞比容降低；骨关节系统中常见背痛、肌痛、肌磷酸激酶增高；女性骨折风险增加；心力衰竭等。

9. 胰岛素　常见低血糖、过敏、体重增加及注射部位红肿、灼热、瘙痒、皮疹、水疱或皮下硬结。此外，还可引起注射部位皮下脂肪萎缩或增生（中国糖尿病患者皮下脂肪增生的患病率高达 53%，而皮下脂肪增生会严重影响胰岛素吸收和血糖控制）及胰岛素抵抗。

六、药物相互作用

药物相互作用见表 14－7。

表14-7 糖尿病治疗药物相互作用一览表

合用药物	相互作用
胰岛素与口服降糖药合用	产生协同作用，低血糖风险增加
二甲双胍与其他口服降糖药合用	产生协同作用，低血糖风险增加
肾上腺皮质激素、甲状腺素、生长激素与胰岛素合用	对抗胰岛素的降血糖作用
β受体阻断剂与胰岛素合用	产生协同作用
乙醇与二甲双胍合用	增强二甲双胍对乳酸的代谢
造影剂与二甲双胍合用	导致肾衰竭，诱发乳酸酸中毒

即学即练 14-3

对于伴有心血管疾病的肥胖糖尿病患者，应首选（　　）降糖药。

A. 二甲双胍 + 胰岛素　　　B. 二甲双胍 + 格列本脲　　　C. 二甲双胍 + 卡格列净

D. 二甲双胍 + 阿卡波糖　　　E. 二甲双胍 + 罗格列酮

答案解析

任务四　骨质疏松症

PPT

一、疾病概要

骨质疏松症（OP）是一种全身代谢性疾病，其特征为骨量下降，骨组织细微结构破坏，骨脆性增加，易骨折。为老年人致残、致死的主要原因之一，可防难治。OP包括原发性（雌激素对骨的保护和营养价值最高）、继发性和特发性。原发性OP包括绝经后（Ⅰ型，绝经后5~10年）和老年性（Ⅱ型，≥70岁）。继发性OP是由某些疾病或药物引起。特发性OP多见于青少年，无明确病因，与遗传密切相关。全球每3秒就有1例骨质疏松骨折发生，我国40~49岁OP患者（可改善）约32.9%，50岁以上约46.4%。

二、治疗原则

OP的防治措施主要包括基础措施［调整生活方式和骨健康基本补充剂（钙剂、维生素D）］、药物干预和康复治疗。倡导健康生活方式（加强营养、均衡饮食，充足日照，规律运动，戒烟限酒，避免过量饮用咖啡、碳酸饮料及影响骨代谢的药物）的同时，补充钙剂与维生素D。推荐成人钙摄入量800mg/d，≥50岁摄入量1000~1200mg/d；成人维生素D摄入量400IU/d，≥65岁摄入量600IU/d，骨质疏松防治800~1200IU/d。在此基础上合理使用药物3~5年才可显著降低骨折风险。

三、治疗药物 ⓔ 微课4

抗骨质疏松症药物按作用机制可分为骨吸收抑制剂、骨形成促进剂、其他机制类药物（雷奈酸锶、四烯四萘醌）及传统中药。

（一）骨吸收抑制剂

骨吸收抑制剂包括双膦酸盐类、降钙素类、选择性雌激素受体调节剂类（依普黄酮、雷洛昔芬）、雌激素类（绝经早期应用获益大、风险小）及 RANKL 抑制剂（长期用骨密度持续增加）。此处仅介绍前两类。

1. 双膦酸盐类药物　该类药物作用机制是直接改变破骨细胞的形态学，阻止破骨细胞的前体细胞黏附于骨组织，影响破骨细胞的数量和活性；与骨基质理化结合，直接干扰骨骼吸收；直接抑制骨细胞介导的细胞因子（IL－6、肿瘤坏死因子 TNF）的产生。其生物利用度低，蛋白结合率高，骨内半衰期长，目前临床上广泛用于抗骨质疏松症。此外，还可用于恶性高钙血症、变形性骨炎 Paget's 病（终生性疾病）及恶性肿瘤骨转移。但双膦酸盐类药物活性差异较大，一般需口服 3～5 年，注射 3 年（如骨折风险不高需考虑药物假期）。常用双膦酸盐类药物的特点及用法用量见表 14－8。

表 14－8　常用双膦酸盐类药物的主要特点及用法用量

药物	药物的主要特点	药物用法用量
依替膦酸二钠	小剂量［5mg/（kg·d）］抑制骨吸收，增加骨密度；大剂量［20mg/（kg·d）］抑制骨形成	两餐间服用，一次 0.2g，2 次/天
唑来膦酸	61% 入骨，39% 由尿排出	静脉给药，一次 5mg，1 次/年
帕米膦酸二钠	50%～60% 入骨，其余 72 小时由尿排出	静脉给药，一次 30mg，1 次/3 个月
阿仑膦酸钠	生物利用度 0.7%	口服，10mg/d 或 70mg/周

双膦酸盐碱性强、易发生配位反应，宜早晨空腹给药，至少 200ml 水送服，保持坐位或立位，服后 30 分钟内不宜进食和卧床。

2. 降钙素　降钙素是一种钙调节激素，能抑制破骨细胞的生物活性、减少破骨细胞数量，减少骨量丢失并增加骨量；还能明显缓解骨痛，对骨质疏松症及其骨折引起的骨痛有效。目前用于临床的有依降钙素（鳗鱼降钙素类似物）和鲑鱼降钙素，其特点及用法用量见表 14－9。

表 14－9　降钙素类药物的主要特点及用法用量

药物	药物的主要特点	药物用法用量
依降钙素	活性强，半衰期长	肌注，一次 20IU，1 次/周
鲑鱼降钙素	生物利用度 70%，半衰期 70～90 分钟	皮下注射或肌注，一次 100IU，1 次/天或 1 次/2 天或 3 次/周；鼻喷，一次 200IU，1 次/天

（二）骨形成促进剂

甲状旁腺激素（PTH）通过刺激肾小管对钙的重吸收和骨吸收，将钙维持在一个狭窄范围内。长期高血清 PTH 会导致骨吸收。间断给予重组人 PTH 刺激骨形成的能力＞骨吸收。我国唯一批准上市的药物特立帕肽，注射 1 次/天，一次 20μg，可增加骨密度，降低骨折风险，疗程不应超过 2 年。停药后需继续使用双膦酸盐类药物治疗。特立帕肽因费用高、皮下给药、长期安全性问题为二线药，禁用于 Paget's 病、骨骼疾病放射治疗史、肿瘤骨转移及合并高钙血症的患者。

四、治疗药物的应用原则

通常首选具有较广抗骨折谱的药物（如阿仑膦酸钠、唑来膦酸、利塞膦酸钠和 RANKL 抑制剂）。对低、中度骨折风险者（如年轻的绝经后妇女，骨密度水平较低但无骨折史）首选口服药物治疗。对口服不能耐受、禁忌、依从性欠佳及高骨折风险者（如多发椎体骨折或髋部骨折的老年患者、骨密度极低的患者）可考虑使用注射制剂（如唑来膦酸、特立帕肽或狄诺塞麦等）。如仅椎体骨折高风险，而髋部和非椎体骨折风险不高的患者，可考虑选用雌激素或选择性雌激素受体调节剂。新发骨折伴疼痛的患者可考虑短期使用降钙素。

>>> **岗位情景模拟 14 - 4**

情景描述　患者，女，50 岁。公司体检时提示 DXA 骨密度 T 值为 -2.8，确诊为骨质疏松症。

讨　　论　1. 如何对患者进行健康教育？

　　　　　　2. 该疾病选用什么药物治疗可以避免骨折？

答案解析

五、药物的不良反应

1. 双膦酸盐类　该类药物总体安全性较好。但需关注胃肠道不良反应（腹痛、腹泻、便秘、消化不良、食管炎以及有症状的胃食管反流病、食管溃疡）、一过样流感样症状、肾脏毒性及非典型股骨骨折。肿瘤患者使用双膦酸盐引起下颌骨坏死的发生率为 5.3% ~28%（正常人 1/10000）。

2. 降钙素类　常见面部及手部潮红。大剂量短期治疗时，少数患者易诱发继发性甲减。2012 年欧洲药品管理局提示，长期使用（≥6 个月）鲑鱼降钙素口服或鼻喷剂型与恶性肿瘤轻微增加相关，但无法肯定确切关系。因此，一般连续使用不超过 3 个月。

3. 特立帕肽　常见体重增加、心脏杂音、心悸、碱性磷酸酶升高、低血压、贫血、眩晕，头痛、恶心、呕吐、呼吸困难；出汗增加、疲乏、胸痛、无力及高钙。

六、药物相互作用

药物相互作用见表 14 - 10。

表 14 - 10　OP 治疗药物相互作用一览表

合用药物	相互作用
双膦酸盐类与牛奶、抗酸剂及含二价阳离子药合用	显著降低生物利用度
双膦酸盐类与氨基糖苷类药物合用	增加低血钙危险
降钙素与抑酸药合用	后者疗效增强

即学即练 14 - 4

年轻绝经后妇女，骨密度水平较低但无骨折史，应首选（　　）治疗。

A. 特立帕肽　　　　　　B. 鲑鱼降钙素鼻喷剂　　　　C. 伊班膦酸钠

答案解析　D. 雷洛昔芬　　　　　　E. 地舒单抗

任务五　痛　风

PPT

一、疾病概要

痛风是指因血尿酸过高而沉积在关节、组织中造成多种损害的一组疾病，异质性较强，严重者可并发心脑血管疾病、肾功能衰竭，最终可能危及生命。

二、治疗原则

改变生活方式是治疗痛风的核心，禁酒（啤酒、白酒）、饮食控制（海鲜、肉类的嘌呤含量高）、碱化尿液及生活调节（多食草莓、香蕉、橙橘）。在此基础上，避免滥用抗菌药物、长效糖皮质激素；规范使用降尿酸药物，长期有效控制血尿酸水平，减少痛风反复发作；痛风急性发作积极抗炎，必要时联合预防发作药物。

急性发作期患者可卧床休息，患肢制动，并尽早（越早使用，镇痛效果越好）给予药物控制炎症。对于反复发作的慢性痛风性关节炎，需要梳理除关节炎之外其他的合并症或并发症，关注抗炎药物的使用方法及可能的不良反应。痛风石较大、压迫神经或痛风石破溃、经久不愈者可考虑手术治疗，术后规范化降尿酸治疗。

知识链接

人体内尿酸作用的演变

1500 万年前人类为了生存，尿酸酶基因和启动子发生突变，导致肝脏不能将尿酸降解为尿囊素排出体外。增高的尿酸在人类食物中维生素 C 和钠含量较低时具有神经刺激、抗氧化和升高血压的作用（尿酸结构与咖啡因相近），然而随着生活水平的提高，高尿酸、痛风患者激增，严重影响患者的生活质量与生命。

2020 年 6 月西湖大学高晓飞团队发明了新型红细胞治疗技术，即抽取人体一定量血液，提取其中的造血干细胞，改造成为携带药物的红细胞，然后输回人体内，从而实现治疗疾病的目标。红细胞中设置一个转运通道，让更多的尿酸氧化酶"搭乘"红细胞进入体内，使尿酸迅速氧化转换成尿囊素，降低尿酸，保护患者的关节及脏器。

三、治疗药物

根据作用机制治疗痛风的药物分为：选择性抗急性痛风性关节炎药、抑制尿酸生成药、促进尿酸排泄药及促进尿酸分解药。

（一）选择性抗急性痛风性关节炎药

治疗急性痛风的药物有非甾体抗炎药、糖皮质激素及秋水仙碱。秋水仙碱起始剂量为 1.0mg，口服，1 小时后再服 0.5mg，12 小时后剂量为 0.5mg，1~2 次/天。

（二）抑制尿酸生成药

抑制尿酸生成药包括一线药别嘌醇、二线药非布司他及奥昔嘌醇。别嘌醇起始剂量为一次 50 ～ 100mg，1 ～ 3 次/天；2 ～ 3 周后增至 300mg/d，2 ～ 3 次/天。非布司他起始剂量 40mg，1 次/天；2 周后不达标，可增至 80mg，1 次/天。

（三）促进尿酸排泄药

促进尿酸排泄药包括苯溴马隆、丙磺舒（应用较少）。丙磺舒成人起始剂量为一次 0.25g，2 次/天。苯溴马隆成人起始剂量为一次 50mg，1 次/天，早餐前服用。晨尿 pH < 6.0 时，建议服用枸橼酸制剂、碳酸氢钠 3 ～ 6 个月，控制 pH 在 6.2 ～ 6.9。pH < 6.0 时，易形成尿酸结石、黄嘌呤结石；7.0 < pH < 9.0 时，易形成草酸钙结石、磷酸钙结石、磷酸镁铵结石；pH > 9.0 时，黄嘌呤结石会溶解。

四、治疗药物的应用原则

（一）无症状高尿酸血症期

不建议服用药物。

（二）急性发作期的药物治疗

秋水仙碱或非甾体抗炎药（NSAIDs）是痛风急性发作的一线治疗药物，需要尽早使用（24 小时内），若秋水仙碱和 NSAIDs 有禁忌证可短期单用糖皮质激素。急性发作前已服用降尿酸药的患者不需停降尿酸药。

（三）慢性期的药物治疗

慢性期选用抑制尿酸生成药和促进尿酸排泄药，一般患者将血尿酸控制在 360μmol/L（6mg/dl）以下，以缩小甚至消除痛风石。已出现痛风石、慢性痛风性关节炎或痛风性关节炎频繁发作的患者血尿酸控制在 300μmol/L 以下。但血尿酸需 ≥ 180μmol/L。在治疗期间，可选择 0.5mg 秋水仙碱，1 ～ 2 次/天，预防急性痛风发作。禁用者选择小剂量非甾体抗炎药。

▶▶ 岗位情景模拟 14 - 5

情景描述　患者，男，39 岁，业务员，体胖，平素饮酒、喜喝可乐。体检时发现血尿酸 426μmol/L，未就诊，近期因趾关节疼痛，无法走路就诊。检查发现趾关节处有单尿酸盐结晶。

讨　论　1. 请分析病因，给出诊断。

　　　　　　2. 该疾病选用什么药物治疗？

　　　　　　3. 作为药师如何对患者进行健康教育？

答案解析

五、药物的不良反应

1. 秋水仙碱　其不良反应有骨髓造血功能抑制、泌尿系统损伤及致畸。

2. 别嘌醇　可引发超敏反应（最常见剥脱性皮炎）、泌尿系统的损害及结石。建议亚裔人群在应用别嘌呤醇前，应该进行 HLA - B * 5801 等位基因快速 PCR 检测，如阳性则选择非布司他。

3. 非布司他　2019 年 FDA 报道非布司他可增加患者心血管死亡与全因死亡风险，仅限用于别嘌醇治疗无效或出现严重副作用的痛风患者。

4. 苯溴马隆　白种人有引起爆发性肝坏死的报道，欧洲指南多作为二线药物推荐。该药在美国未批准上市，法国 2003 年退市。但亚裔人中罕有爆发性肝坏死报道，可能与亚裔人群 CYP2C9 基因多态性不同有关。

六、药物相互作用

药物相互作用见表 14 – 11。

表 14 – 11　痛风治疗药物相互作用一览表

合用药物	相互作用
秋水仙碱与口服抗凝药、降压药合用	后者疗效降低
别嘌醇与利尿药（氯噻酮、依他尼酸、呋塞米、噻嗪类）及吡嗪酰胺合用	尿酸升高
别嘌醇与噻嗪类利尿药合用	肾毒性增加
别嘌醇与抗凝药合用	抗凝活性增强
非布司他与茶碱合用	后者血浆水平升高
非布司他与巯嘌呤、硫唑嘌呤合用	中毒
苯溴马隆与水杨酸制剂、吡嗪酰胺合用	前者疗效降低

即学即练 14 – 5

有心血管系统疾病的慢性痛风患者首选（　　　）治疗。

A. 别嘌醇　　　　　　　B. 非布司他　　　　　　C. 苯溴马隆

D. 秋水仙碱　　　　　　E. 糖皮质激素

答案解析

目标检测

答案解析

一、选择题

（一）最佳选择题

1. 服用时必须保持坐位或立位、空腹，服后 30 分钟内不宜进食和卧床的是（　　　）。

　　A. 鲑鱼降钙素　　　　　　B. 依普黄酮　　　　　　C. 雷洛昔芬

　　D. 阿仑膦酸钠　　　　　　E. 维生素 D

2. 可引起中性粒细胞胞质抗体相关性血管炎的抗甲状腺药是（　　　）。

　　A. 普萘洛尔片　　　　　　B. 复方碘口服液　　　　C. 左甲状腺素片

　　D. 甲状腺片　　　　　　　E. 丙硫氧嘧啶片

3. 可引起胰岛素自身免疫综合征的抗甲状腺药是（　　　）。

　　A. T_3　　　　　　　　　B. 复方碘口服液　　　　C. 甲硫咪唑

　　D. 左甲状腺素　　　　　　E. 丙硫氧嘧啶

4. 关于急性痛风的治疗，下列说法错误的是（　　　）。

　　A. 小剂量秋水仙碱治疗

　　B. 非甾体抗炎药治疗

　　C. 短期单用糖皮质激素治疗

　　D. 绝对禁用降尿酸药物

　　E. 发作前已服用降尿酸药物的患者，可不停用降尿酸药物

5. 下列药物使用前需要做基因检测的是（　　　）。

　　A. 别嘌醇　　　　　　　B. 非布司他　　　　　　C. 阿格列汀

　　D. 唑膦酸盐　　　　　　E. 秋水仙碱

6. 甲亢患者服用丙硫氧嘧啶150mg，3次/天。3个月后，患者出现体重增加、乏力、怕冷、突眼加重。此时，应（　　　）。

　　A. 加大剂量

　　B. 换用甲巯咪唑

　　C. 丙硫氧嘧啶减量，加服左甲状腺素钠

　　D. 手术治疗

　　E. 放射性碘治疗

7. 关于甲减患者激素替代疗法的说法，错误的是（　　　）。

　　A. 过量服用可导致甲亢

　　B. 片剂早餐前0.5小时空腹服用

　　C. 孕妇服用需联合甲巯咪唑

　　D. 剂量调整原则是TSH和甲状腺激素正常

　　E. 终生服药

（二）配伍选择题

（8～12题共用备选答案）

　　A. 阿卡波糖　　　　　　B. 二甲双胍　　　　　　C. 罗格列酮

　　D. 西格列汀　　　　　　E. 格列吡嗪

8. 不易引起低血糖，属于二肽基肽酶-4抑制剂的是（　　　）。

9. 主要用于以淀粉为主食的2型糖尿病患者，属于α-葡萄糖苷酶抑制剂的是（　　　）。

10. 通过双通道代谢，属于胰岛素增敏剂的降糖药是（　　　）。

11. 水溶性大，生物利用度低，适于以淀粉为主食的患者使用的降糖药是（　　　）。

12. 需餐中随服，2型糖尿病患者首选的药物是（　　　）。

（13～16题共用备选答案）

　　A. 碘及碘化物　　　　　B. 丙硫氧嘧啶　　　　　C. 左甲状腺素钠

　　D. 阿格列汀　　　　　　E. 卡格列汀

13. 可引起泌尿系统感染的药物是（　　　）。

14. 可引起中性粒细胞减少的药物是（　　　）。

15. 可引起心悸、心绞痛发作的药物是（　　　）。

16. 可引起咽炎、鼻炎、上呼吸道感染的药物是（　　　）。

（三）多项选择题

17. 治疗甲状腺功能亢进症的药物有（　　）。

　　A. 丙硫氧嘧啶　　　　　　　B. 左甲状腺素片　　　　　　C. 甲巯咪唑

　　D. 甲状腺片　　　　　　　　E. 大剂量碘剂

18. 阿仑膦酸钠适宜的给药方法包括（　　）。

　　A. 早餐前空腹服用　　　　　B. 用大量温开水送服　　　　C. 服用后 30 分钟内保持立位

　　D. 早餐后 30 分钟服药　　　 E. 宜与碳酸钙同服

19. 患者，男，30 岁，1 型糖尿病 20 年。空腹血糖波动在 2.9 ~ 9.1mmol/L，餐后 2 小时血糖波动在 4.1 ~ 10.4mol/L。该患者可长期应用（　　）。

　　A. 瑞格列奈加基础胰岛素

　　B. 基础胰岛素加餐时胰岛素

　　C. 持续皮下胰岛素泵输注

　　D. 艾塞那肽

　　E. 长效胰岛素

二、简答题

　　患者，男，60 岁，腹型肥胖。体检发现血糖高、颈后部皮肤变黑就诊，有磺胺过敏史。医师处方二甲双胍片（0.5g/次，3 次/天）控制血糖。作为药师如何对患者进行用药指导及健康教育。

三、实例解析题

　　患者，女，20 岁。近 3 个月来食欲大增，多汗，体重减轻，伴有乏力、心悸。查体发现双手震颤，心率 105 次/分。化验结果：TSH < 0.1mU/L，FT_3、FT_4 明显升高，肝肾功能基本正常，白细胞计数正常。

　　问题　1. 该患者能确诊为甲亢吗？

　　　　　2. 给丙硫氧嘧啶治疗合适吗？

　　　　　3. 除了丙硫氧嘧啶还可用什么药物进行治疗？

书网融合……

知识回顾　　　微课 1　　　微课 2　　　微课 3　　　微课 4　　　习题

（甄会贤）

项目十五 病毒感染性疾病的药物治疗

学习引导

迄今全世界已发现超过 3000 种病毒，其中 1200 多种可使人类致病。新型冠状病毒、SARS 病毒、埃博拉（Ebola）病毒、高致病性禽流感病毒、人获得性免疫缺陷病毒（HIV）、人疱疹 8 型病毒（HHV－8）等病毒发病率高、传染性强，对人类健康构成了巨大的威胁。有些病毒感染性疾病目前为止没有较好的疫苗；有些只能靠疫苗预防，一旦错过防疫期，后果不堪设想。那么，我们应该怎么应对这些微小的病毒引起的感染呢？

本项目主要介绍病毒性肝炎、获得性免疫缺陷综合征、带状疱疹、手足口病的药物治疗。

学习目标

1. **掌握** 病毒性肝炎、获得性免疫缺陷综合征、带状疱疹和手足口病的常用治疗药物和药物治疗原则。

2. **熟悉** 病毒性肝炎、获得性免疫缺陷综合征、带状疱疹和手足口病的临床表现、治疗药物相互作用及不良反应。

3. **了解** 病毒性肝炎、获得性免疫缺陷综合征、带状疱疹和手足口病的其他治疗方法。

任务一 病毒性肝炎

PPT

一、疾病概要 e 微课

病毒性肝炎是由多种肝炎病毒引起的，以肝脏病变为主要表现的一种常见的传染病，包括甲、乙、丙、丁、戊五种类型，分别由甲型肝炎病毒（Hepatitis A virus，HAV）、乙型肝炎病毒（Hepatitis B virus，HBV）、丙型肝炎病毒（Hepatitis C virus，HCV）、丁型肝炎病毒（Hepatitis D virus，HDV）和戊型肝炎病毒（Hepatitis E virus，HEV）感染引起。西方国家丙型肝炎较多，我国主要流行乙型肝炎。

病毒性肝炎临床上主要表现为食欲缺乏、厌油腻、恶心、上腹不适、乏力、肝区疼痛、肝功能异常等，部分患者还可出现黄疸和发热，无症状感染者也比较常见。急性病例多在 2～4 个月后恢复，部分乙、丙、丁型肝炎易转为慢性，少数可发展为肝硬化，甚至肝癌。目前，临床上尚无有效的抗肝炎病毒药物，大多只能达到抑制病毒的效果，无法根除肝炎病毒。甲型、乙型、戊型肝炎可通过注射相应的疫苗进行预防。

二、治疗原则

病毒性肝炎尚无满意的治疗药物及方法，其治疗原则是根据不同病原、不同临床类型及组织学损害区别对待。

（一）一般处理

1. 休息　急性肝炎的早期，应住院或就地隔离治疗并卧床休息；恢复期逐渐增加活动，但要避免过劳，以利康复。慢性肝炎活动期应适当休息，病情好转后应注意动静结合，不宜过劳。由急性肝炎或慢性肝炎转重者应卧床休息，住院治疗。

2. 饮食　病毒性肝炎患者宜进食高蛋白、低脂肪、高维生素类食物，碳水化合物摄取要适量，不可过多，以避免发生脂肪肝。恢复期要避免过食，绝对禁酒，不饮含有酒精的饮料、营养品及药物。

（二）药物治疗

各型肝炎患者有明显食欲缺乏、频繁呕吐并有黄疸时，除休息及补充营养外，可静脉滴注 10% ~ 20% 葡萄糖液及维生素 C 等。除了西医治疗外，也可根据患者病情采用相应的中医中药治疗。

1. 急性肝炎

（1）甲型肝炎　不转为慢性，主要采取支持与对症治疗。密切观察老年、妊娠、手术后或免疫功能低下患者的病情，若病情加重，应及时按重型肝炎处理。

（2）乙型肝炎　应区别是急性乙型肝炎还是慢性乙型肝炎急性发作，前者处理同甲型肝炎，后者按慢性乙型肝炎治疗。

（3）丙型肝炎　确诊为急性丙型肝炎者应争取早期抗病毒治疗。

（4）丁型肝炎　同乙型肝炎治疗。

（5）戊型肝炎　同甲型肝炎治疗。

2. 慢性肝炎　应根据患者具体情况，采取抗病毒、调整免疫、保护肝细胞、改善肝功能、抗纤维化及心理等治疗措施。目前认为，形成肝炎慢性化主要是由于病毒持续感染。因此，对慢性肝炎应重视抗病毒治疗。

3. 重型肝炎　以综合疗法为主，主要措施是加强护理，进行监护，密切观察病情。加强支持疗法，维持水和电解质平衡，补给新鲜血液或血制品、含高支链氨基酸的多种氨基酸、抑制炎症坏死及促肝细胞再生药物。改善肝微循环，降低内毒素血症，预防和治疗各种并发症（如肝性脑病、脑水肿、大出血、肾功能不全、继发感染、电解质紊乱、腹水及低血糖等）。在有条件的医院可进行人工肝支持系统及肝移植的治疗。

4. 慢性乙型和丙型肝炎病毒携带者　可照常工作，但应定期复查，随访观察，并动员其做肝穿刺检查，以便进一步确诊和做相应治疗。

三、治疗药物

药物治疗包括抗病毒和抗炎保肝两方面。急性肝炎大多具有自限性，一般无需使用抗病毒药物，尤其是甲型肝炎和戊型肝炎，两者都不易转为慢性，只需对症治疗即可；重型肝炎一般也无需使用抗病毒药物，尤其是干扰素，容易加重病情。慢性乙型肝炎最关键的治疗措施是抗病毒。此外，还有抗炎、抗氧化、保肝、抗纤维化、调节免疫等治疗。抗病毒治疗的主要适应证为慢性病毒性肝炎和急性丙型肝炎。

（一）抗病毒药

1. α干扰素（IFN-α）　IFN-a 为广谱的抗病毒药物，对乙型和丙型肝炎病毒均有作用。作用机制为：①产生抗病毒蛋白，抑制病毒复制。②调节免疫，增强和促进自然杀伤细胞、细胞毒性 T 细胞和巨噬细胞的活性。IFN-a 包括普通干扰素（短效）和聚乙二醇干扰素（长效 PEG-IFN）两种。普通干扰素，皮下或肌内注射，3~5MU/次，3 次/周或隔日 1 次；PEG-IFNα2a，皮下注射，180μg，每周 1 次，PEG-IFNα2b，皮下注射，1.5μg/kg，每周 1 次。疗程均为 1 年或更长时间。

📱 知识链接

聚乙二醇干扰素

普通 IFN-α 因分子量较小，易通过肾脏排出体外，半衰期只有约 4 小时，故为了维持抑制乙肝病毒的效果需多次给药，使用非常不便。为了延长 IFN-α 的药效，先灵葆雅公司通过 10 年的努力，研发出世界上第一个长效干扰素，随后罗氏公司研发出另一种长效干扰素 α-2a，即聚乙二醇化干扰素（PEG-IFN）。聚乙二醇可使普通干扰素的分子量变大，使之不易从肾脏排出，从而延长干扰素的药效，减少给药次数和不良反应的发生。聚乙二醇干扰素（PEG-IFN）的研制成功进一步提高了干扰素的抗病毒效果并减少了副作用，是病毒性肝炎治疗史上的一次重大突破。

2. 核苷酸类似物　通过抑制病毒的聚合酶或反转录酶，从而抑制病毒 DNA 的合成和增殖。代表药物有拉米夫定、阿德福韦酯、恩替卡韦、替比夫定和富马酸替诺福韦酯。初治的患者首选强效低耐药药物恩替卡韦、富马酸替诺福韦酯、富马酸丙酚替诺福韦治疗。正在应用非首选药物治疗的患者，建议换用强效低耐药药物，可进一步降低耐药风险，具体的耐药挽救治疗方案如表 15-1。常见核苷酸类药物用法用量见表 15-2。

表 15-1　核苷酸类似物耐药挽救治疗推荐

耐药种类	推荐药物
LAM（拉米夫定）或 LdT（替比夫定）耐药	换用 TDF（富马酸替诺福韦酯）或 TAF（富马酸丙酚替诺福韦）
ADV（阿德福韦酯）耐药，之前未使用 LAM 或 LdT	换用 ETV、TDF 或 TAF
ADV 耐药，且对 LAM/LdT 耐药	换用 TDF 或 TAF
ETV（恩替卡韦）耐药	换用 TDF 或 TAF
ETV 和 ADV 耐药	ETV 联合 TDF，或 ETV 联合 TAF

表 15-2　常见核苷酸类药物用法用量

药品名称	药物主要特点	用法用量
拉米夫定	依从性好，抗病毒效果确实	口服，饭前或饭后服用均可，一次 100mg，1 次/天
阿德福韦	依从性好，抗病毒效果确实，对拉米夫定耐药者有效	饭前或饭后口服均可，一次 10mg，1 次/天
恩替卡韦	作用持久，耐药性低	口服，空腹服用（餐前或餐后至少 2 小时），一次 0.5mg，1 次/天
替比夫定	作用持久	口服，餐前或餐后均可，600mg/d，1 次/天
替诺福韦	不被小肠吸收，半衰期长	与食物同服，300mg/d，1 次/天

（二）抗炎保肝药

HBV 感染后导致肝细胞炎症坏死是疾病进展的重要病理生理过程。甘草酸制剂、水飞蓟素制剂、多不饱和卵磷脂制剂和双环醇等具有抗炎、抗氧化和保护肝细胞等作用，有望减轻肝脏炎症损伤。对肝组织炎症明显或谷丙转氨酶（ALT）水平明显升高的患者，可以酌情使用，但不宜多种联合。

四、治疗药物的应用原则

1. 乙型肝炎抗病毒治疗的适应证：①HBV－DNA≥105 copies/ml（HBeAg 阴性者为 104 copies/ml）；②ALT≥2 倍正常上限值；③肝组织学显示 Knodell HAI≥4，或≥G2 炎症坏死。具有①合并有②或③的患者应接受抗病毒治疗。

2. 丙型肝炎抗病毒治疗的适应证：HCV－RNA 检测阳性的患者均应进行抗病毒治疗。

3. 核苷酸类似物治疗乙型肝炎的疗程不确定，倾向于长时间治疗。对于 HBeAg 阳性的慢性乙型肝炎使用核苷酸类似物的疗程均建议为 e 抗原血清转换后至少 1 年以上；对于 HBeAg 阴性的慢性乙型肝炎使用核苷酸类似物的疗程至少为 2 年以上。部分患者在停药后可出现病情反复。

4. α 干扰素联合利巴韦林是丙型病毒性肝炎治疗的标准治疗方案。其中，干扰素的疗程视病毒的基因型及治疗后 HCV－RNA 的变化幅度而定。

5. 乙型肝炎治疗需要定期（每 12 周）监测肝功能、乙肝五项和 HBV－DNA 水平。

6. 丙型肝炎治疗需要定期监测肝功能、HCV－RNA 水平、TSH 和血脂水平。

> **岗位情景模拟 15－1**
>
> **情景描述** 患者，女，24 岁。2 年前突感乏力、食欲缺乏，肝功能检查发现转氨酶升高，诊断为急性肝炎。经护肝药治疗效果不理想，近 1 月来因乏力、食欲缺乏等症状加重入院。查体：巩膜轻度黄染，颜面、胸部及颈部有数枚蜘蛛痣，肝位于肋下 2cm，质软、压痛，HBsAg（＋），HBeAg（＋），抗－HBc（＋），ALT 2000U/L，血清白蛋白30g/L，球蛋白40g/L。医生诊断为：慢性乙型病毒性肝炎。
>
> **讨 论** 1. 请简要说出医生的诊断依据。
> 　　　　 2. 请为该患者制订合适的治疗方案。
>
> 答案解析

五、药物的不良反应

1. **α 干扰素** ①治疗初期常见流感样症候群：有发热、寒战、乏力、肌痛等症状，治疗 2～3 次后逐渐减轻。对感冒样综合征可于注射后 2 小时给扑热息痛等解热镇痛剂，对症处理，不必停药；或将注射时间安排在晚上。②消化系统症状：如恶心、食欲缺乏、腹泻及呕吐。可对症处理，不需停药。③骨髓抑制：出现粒细胞及血小板计数减少，一般停药后可自行恢复。治疗过程中白细胞及血小板持续下降，要严密观察血常规变化。当白细胞计数 $<3.0\times10^9$/L，或中性粒细胞计数 $<1.5\times10^9$/L，或血小板计数 $<400\times10^9$/L 时，需停药，并严密观察，对症治疗，注意出血倾向。血常规恢复后可重新恢复治疗，但需密切观察。④精神症状：如焦虑、抑郁、兴奋、易怒、精神病。出现抑郁及精神病症状应停药。⑤出现失眠、轻度皮疹时对症治疗，可不停药。有时可出现脱发。⑥少见的不良反应：如癫痫、肾

病综合征、间质性肺炎和心律失常等。出现这些疾病和症状时，应停药观察。⑦诱发自身免疫性疾病：如甲状腺炎、血小板减少性紫癜、溶血性贫血、风湿性关节炎、红斑狼疮样综合征、血管炎综合征和I型糖尿病等，停药后可减轻。

2. 核苷酸类似物　可引起畸胎或胚胎致死效应，故治疗期间和治疗6个月内，所有育龄期妇女和男性均必须采取避孕措施。

六、药物相互作用

药物相互作用见表15-3。

表15-3　病毒性肝炎治疗药物相互作用一览表

合用药物	相互作用
INF-α 与利巴韦林合用	产生协同作用
拉米夫定与扎西他滨合用	干扰后者代谢
阿德福韦与环孢素、氨基苷类、万古霉素合用	引起肾功能损害

即学即练 15-1

针对病毒性肝炎的病因治疗药物有（　　　）。

A. 核苷类似物　　　　　B. 干扰素　　　　　C. 融合抑制剂
D. 抗肝脏纤维化药物　　E. 降转氨酶药物

答案解析

任务二　获得性免疫缺陷综合征

PPT

一、疾病概要

获得性免疫缺陷综合征（acquired immunodeficiency syndrome，AIDS）又称为艾滋病，是一种由人类免疫缺陷病毒（human immunodeficiency virus，HIV）感染所引起的传染病。目前，艾滋病已被列为我国乙类传染病，成为严重威胁公众健康的重要公共卫生问题。

AIDS 是由 HIV 病毒感染引起的传染病。HIV 病毒是一种变异性很强的病毒，我国以 HIV-1 为主要流行株。性接触、血液及血制品和母婴垂直传播是其主要传播途径。其中，男性同性恋者经肛门性交传播是近年来我国新增艾滋病感染者的主要感染途径。

知识链接

HIV 在人体细胞内的感染过程

①吸附、膜融合与穿入：HIV-1 侵入人体后，选择性地吸附于靶细胞表面的 CD_4 受体，在辅助受体的协助下进入宿主细胞。②反转录、入核与整合：病毒 RNA 在反转录酶作用下形成 cDNA，在 DNA 聚合酶作用下生成双链 DNA，在整合酶作用下，新生成的 DNA 整合到宿主细胞基因中，形成前病毒。这是 HIV 不能从体内彻底清除的原因之一。③转录与翻译：前病毒被活化后进入自身转录，生成、组装

并释放单股 RNA 和多种病毒蛋白，在蛋白酶作用下，裂解产生子代病毒蛋白和酶。④装配、成熟与出芽：病毒蛋白与 RNA 装配成核壳体，通过芽生的方式形成成熟的病毒颗粒，继续感染新的 T 淋巴细胞，被感染的淋巴细胞寿命缩短，最终使细胞免疫功能塌陷，免疫系统对感染和肿瘤的监督功能下降。

根据感染后临床表现及症状、体征，AIDS 感染的全程可分为以下几个时期：

1. 急性期　通常发生在初次感染 HIV 后 2～4 周。部分感染者出现 HIV 病毒血症和免疫系统急性损伤所产生的临床症状。临床以发热最为常见，可伴有皮疹、淋巴结肿大、恶心、呕吐及神经系统症状等，持续 1～3 周后缓解。此期可查到 HIV 抗原和 HIV RNA，2～6 周 HIV 抗体阳性。

2. 无症状期　可从急性期进入此期，或无明显的急性期症状而直接进入。此期持续时间一般为 6～8 年或更长，其时间长短与感染病毒的数量与类型、机体的免疫状况、感染途径、营养条件等因素有关。此期感染者体内 HIV 病毒不断复制，免疫系统受损，CD4$^+$ T 淋巴细胞计数逐渐下降，具有传染性。

3. 艾滋病期　为感染 HIV 后的最终阶段，出现各种致命性机会性感染和恶性肿瘤。主要表现为持续一个月以上的发热、腹泻、盗汗、体重明显减轻、全身性淋巴结肿大等，部分患者表现为神经精神症状。患者 CD4$^+$ 淋巴细胞计数多 < 200 个/μl。

二、治疗原则

目前尚未找到根治 AIDS 的措施，临床多采用综合治疗：心理治疗、预防及治疗机会性感染、抗 HIV 治疗、支持治疗等。其中，抗病毒治疗最关键，但预防更重要，如切断传播途径，减少 HIV 的传播、预防母婴传播。对艾滋病前期或已发展为艾滋病的患者，应加强支持疗法，包括输血及营养支持疗法（如给予高热量、多维生素饮食），对不能进食者，应静脉输液补充营养，维持水及电解质平衡。同时，根据病情注意休息。对无症状 HIV 感染者，仍可保持正常的工作和生活，根据具体病情进行抗病毒治疗，并密切监测病情的变化。

降低 HIV 感染的发病率和病死率、减少非艾滋病相关疾病的发病率和病死率，使患者获得正常的期望寿命，提高生活质量是治疗的目标。

三、治疗药物

目前国际上共有 6 大类 30 多种药物（包括复合制剂），分别为核苷类反转录酶抑制剂（NRTIs）、非核苷类反转录酶抑制剂（NNRTIs）、蛋白酶抑制剂（PIs）、整合酶抑制剂（INSTIs）、膜融合抑制剂（FIs）及 CCR5 抑制剂。国内的抗反转录病毒治疗药物有 NRTIs、NNRTIs、PIs、INSTIs 及 FIs 5 大类。

1. 核苷类反转录酶抑制剂（NRTIs）　此类药物进入被感染细胞后，磷酸化形成具有竞争抑制 HIV 反转录酶活性的三磷酸化合物，阻断 HIV 反转录，抑制病毒双股 DNA 的合成。代表药物有拉米夫定、替诺福韦、阿巴卡韦、齐多夫定、恩曲他滨等。

2. 非核苷类反转录酶抑制剂（NNRTIs）　此类药物通过与 HIV 反转录酶活性点附近的疏水区结合而干扰酶的活性。NNRTIs 对其他反转录病毒无效，也不抑制其他的 DNA 多聚酶，细胞毒性小，但易产生耐药性。代表药物有奈韦拉平、依非韦伦、依曲韦林、利匹韦林等。

3. 蛋白酶抑制剂（PIs）　PIs 通过抑制蛋白酶活性，使新产生的 HIV 不能成熟。PIs 抗病毒作用很强，能明显缓解 AIDS 患者的临床症状，延迟发病，降低死亡率。但对机体内已有的 HIV 无效。代表药物有利托那韦、替拉那韦、阿扎那韦、达茹那韦、洛匹那韦等。

4. 融合抑制剂（FIs）　此类药物通过作用于 CD4$^+$T 细胞外部防止 HIV 侵入细胞。HIV 与 CD4$^+$细胞受体结合时，病毒膜与 CD4$^+$细胞膜接近、融合、病毒颗粒进入细胞。FIs 通过抑制 HIV 病毒与宿主细胞的融合来干预这一侵入过程。代表药物是恩夫韦肽。

5. 整合酶抑制剂（INSTIs）　抑制反转录病毒复制过程，阻断催化病毒 DNA 与宿主染色体 DNA 的整合。代表药物有拉替拉韦、埃替拉韦等。

常用抗 HIV 病毒药物的用法和用量见表 15-4。

表 15-4　常用抗 HIV 病毒药物的用法和用量

药品名称	缩写	类别	用法用量
齐多夫定	AZT	NRTIs	口服，成人：一次 300mg，2 次/天；新生儿/婴儿：2mg/kg，4 次/天；儿童：160mg/m^2 体表面积，3 次/天。饭前或饭后服都可
拉米夫定	3TC	NRTIs	口服，成人：一次 150mg，2 次/天或一次 300mg，1 次/天；新生儿：2mg/kg，2 次/天；儿童：4mg/kg，2 次/天。饭前或饭后服均可
阿巴卡韦	ABC	NRTIs	成人：一次 300mg，2 次/天；新生儿/婴幼儿：不建议；儿童：8mg/kg，2 次/天。可单独服用，也可与食物同时服用
替诺福韦	TDF	NRTIs	成人：一次 300mg，1 次/天，与食物同服
恩曲他滨	FTC	NRTIs	成人：一次 0.2g，1 次/天，与食物同服
奈韦拉平	NVP	NNRTIs	饭前服用，2 次/天。成人：一次 200mg；新生儿/婴幼儿：5mg/kg；儿童：<8 岁，4mg/kg；>8 岁，7mg/kg
依非韦伦	EFV	NNRTIs	睡前服用，1 次/天。成人：一次 600mg；儿童：体重 15~25kg：200~300mg；体重 25~40kg：300~400mg；>40kg：600mg
利匹韦林	RPV	NNRTIs	一次 25mg，1 次/天，进餐时服用
利托那韦	RTV	PIs	成人：与食物同服，2 次/天；在服药初至少用 2 周的时间将服用量逐渐增加至一次 600mg，通常为：第 1~2 天，一次 300mg；第 3~5 天，一次 400mg；第 6~13 天，一次 500mg
替拉那韦	TPV	PIs	成人：一次 500mg，2 次/天，同服 RTV（一次 200mg，2 次/天），与食物同服
阿扎那韦	ATV	PIs	一次 400mg，1 次/天，与食物同服
达茹那韦	DRV	PIs	成人：一次 600mg，2 次/天，同服 RTV（一次 100mg，2 次/天），与食物同服
拉替拉韦	RAL	整合酶抑制剂	成人：一次 400mg，2 次/天，餐前或餐后服用均可

知识链接

鸡尾酒疗法

鸡尾酒疗法又称"高效抗反转录病毒治疗"（highly active anti-retroviral therapy，HAART），被誉为艾滋病治疗中的一个里程碑，由美籍华裔科学家何大一教授提出。该疗法因与鸡尾酒的配制相似而得名。"鸡尾酒"疗法将蛋白酶抑制剂及反转录酶抑制剂两类药物中的 2~3 种联合应用，分别作用于 HIV 复制周期中的不同环节，最大限度地抑制病毒在感染者体内进行复制，使受损的免疫系统得以重建，同时减少全身机会性感染和肿瘤的发生。这种疗法对病毒负荷量的降低能达到 99%，且 3 年内保持稳定。"鸡尾酒"疗法也有很多局限性：比如用药方法复杂、中晚期患者免疫功能受损严重、治疗费用昂贵等。

四、治疗药物的应用原则

1. 明确抗病毒的治疗目标　①病毒学目标：通过合理的抗病毒治疗，将患者血浆中 HIV - RNA 抑制到监测不到的水平，且长期维持。②免疫学目标：恢复或部分恢复被 HIV 破坏的人类免疫功能，重建或者改善免疫功能。③流行病学目标：减少 HIV 的传播。④终极目标：延长生命并提高生存质量。

2. 成人及青少年开始抗病毒治疗的时机　①急性期；②有临床症状；③无症状期 $CD4^+$ T 淋巴细胞 <500 个/μl，或 $CD4^+$ T 淋巴细胞 >500 个/μl 但存在以下情况：$CD4^+$ T 淋巴细胞每年降低 100 个/μl、病毒载量 >105copies/ml、合并 HBV/HCV 感染、妊娠、HIV 相关肾病、心血管疾病高风险。初治患者推荐方案为 2 种 NRTIs +1 种 NNRTIs。

3. 抗病毒治疗疗效评估　①病毒学指标：抗病毒治疗后，血浆病毒载量应在 4 周内下降 1 个 log 以上，3～6 个月后达到检测不到的水平。病毒学指标是疗效评估最重要的指标。②免疫学指标：治疗后 1 年 $CD4^+$ T 淋巴细胞数增加 100 个/μl 或抗病毒治疗后 3 个月 $CD4^+$ T 淋巴细胞数与治疗前相比增加 30%。③临床症状：体重增加是评估抗病毒治疗效果最敏感的指标，对于儿童可结合营养、身高和发育改善情况综合评估。

五、药物的不良反应

1. 消化道症状　多数患者在治疗的早期和换药时出现恶心、腹胀、腹泻等反应，持续时间一般不长，可通过改变饮食或对症处理来缓解。但要注意 AIDS 本身也可出现上述反应，如果腹泻持续时间较长，且排除联合用药原因，应加强检查，以确定有无继发感染。

2. 过敏反应　多数抗艾滋病药物均会引起皮疹，但皮疹的严重程度和持续时间各有不同，有时甚至会产生严重的后果。如服用奈韦拉平后，出现过敏反应停用，然后再次服用，其死亡率高达 4%。皮疹多为轻、中度斑丘疹，在治疗的第 4～6 周出现，位于颜面和躯干部，可伴有瘙痒，大多表现为自限性。抗组胺药物治疗有效。

3. 周围神经病变　核苷类药物多见，原因不明。应在症状出现的早期立即换药。

4. 肝脏毒性　大多数抗艾滋病药物都会影响肝脏，PIs 更加显著。肝炎、饮酒、吸毒等因素会增加肝脏毒性的风险。若怀疑有肝脏毒性时，应立即停药。对同时合并 HCV 或 HBV 感染的艾滋病患者，应先进行有效的抗肝炎病毒治疗。

5. 乳酸毒性反应　虽然少见但却有潜在的致命危险。临床以不明原因的躯体不适、恶心、呕吐、疲劳、呼吸急促为特征，随之可很快出现肝功能衰竭、心律失常而致命。长期应用核苷类似物者，持续存在轻、中度高乳酸血症，提示患者已有潜在线粒体功能的丧失，此时停药可使高乳酸血症缓慢消失，受损的线粒体功能亦可逐渐恢复。

6. 其他　依法韦恩可导致异常梦、白日梦、性格改变，严重者可产生包括自杀、妄想等症状。齐多夫定易于引起疲劳、头痛和贫血。服用茚地那韦的患者可出现皮肤干燥、嘴唇破裂、头发稀少等变化，换药后可改善或复原。服用茚地那韦的患者中，4%～10%出现肾结石，在服药后应立刻大量喝水。治疗1年以上的患者中，约50%的患者发生脂肪代谢障碍，以颜面、四肢、臀部等周围脂肪减少，胸、腹部脂肪堆积为特征。抗HIV药物还有导致骨质疏松的可能，治疗期间戒烟、戒酒、运动、饮食摄取适量的钙质、蛋白质、维生素D可以减缓骨损害。

六、药物相互作用

药物相互作用见表15-5。

表15-5　抗HIV药物间相互作用

合用药物	相互作用的结果
拉米夫定与扎西他滨合用	干扰后者代谢
乃韦拉平与酮康唑、美沙酮合用	降低后者血药浓度
茚地那韦与特非那定、西沙比利、阿司咪唑、三唑仑合用	升高后者血药浓度，致严重不良反应

>> **岗位情景模拟15-2**

　　情景描述　李先生，36岁，近日因水状腹泻、呕吐、发热、脐周无规律的疼痛、体重急剧下降而就诊。患者自述3年前因交通事故有过输血的经历。查体：CD4$^+$淋巴细胞计数90/mm^3，HIV抗体阳性。诊断为艾滋病。

　　讨　　论　试述案例中患者是如何感染艾滋病的？怎么治疗？

答案解析

任务三　带状疱疹

PPT

一、疾病概要

带状疱疹（belt-shaped herpes）是由长期潜伏在人体脊髓神经后根神经节或脑神经节内的水痘-带状疱疹病毒（varicella-zostervirus，VZV）经再激活引起的感染性皮肤病。多发生于50岁以上的中老年人。

VZV既是水痘又是带状疱疹的病原体，属于嗜神经及皮肤的疱疹病毒，只累及人。原发感染为水痘，多发生在儿童，带状疱疹多为成人。婴幼儿主要通过呼吸道黏膜入侵，或接触感染者的疱液或输入病毒血症期的血液感染水痘-带状疱疹病毒。对此病毒无免疫力的儿童被感染后发生水痘，部分患者感染后成为带病毒者而不发生症状，VZV在潜伏状态中是不传染的。由于病毒具有嗜神经性，感染后可长期潜伏于脊髓神经后根神经节的神经元内，当机体免疫功能下降时，潜伏病毒被激活而复制，沿感觉神经传播到该神经支配的皮肤细胞内增殖，引起局部皮肤节段性疱疹和神经痛。

带状疱疹的临床过程是多变的，好发部位依次为肋间神经、颈神经、三叉神经和腰骶神经支配区域，沿某一周围神经呈带状排列，多发生在身体的一侧，一般不超过正中线。通常在儿童和年轻的成年人中症状较轻。发疹前局部皮肤烧灼、感觉过敏或疼痛，同时可伴全身不适或发热。几天后局部皮肤出现不规则红斑，在此基础上出现簇集性粟粒样丘疹，继而变成水疱。病程一般 2～3 周，老人 3～4 周。水疱干涸、结痂脱落后留有暂时性淡红斑或色素沉着。在皮损消退后可长期遗留神经痛，重者可遗留神经麻痹。

知识链接

水　痘

水痘是由水痘－带状疱疹病毒所引起的儿童常见的急性出疹性传染病。皮疹可见于全身，呈向心性分布，躯干部较密集，常伴瘙痒感，分批出现，初期皮疹为红色斑疹、丘疹，24 小时后变为疱疹，2～3 天结痂，高峰期斑疹、丘疹、疱疹、结痂同时存在，形态椭圆，大小不一，周围红晕，愈后不留瘢痕，无色素沉着，可有发热，多为低热，伴全身不适、头痛、咽痛、纳差等症状。水痘为自限性疾病，10 天左右可自愈。患者是该病的唯一传染源，可通过飞沫、直接接触水痘疱疹液和污染的用具传播。本病传染性极强，各年龄段小儿均可发病，高发年龄为 6～9 岁，多流行于冬、春季节。本病可发生肺炎、脑炎等并发症。人群普遍易感，易感儿童接触后 90% 可发病，婴儿少见。

二、治疗原则

带状疱疹的治疗目标是：缓解急性期疼痛，限制皮损的扩散，缩短皮损持续时间，预防或减轻带状疱疹后神经痛（PHN）及其他急性或慢性并发症。临床多采用综合治疗：一般治疗、药物治疗、物理疗法等，其中药物治疗最关键，但预防也很重要，可加强带状疱疹患者的健康教育，避免接触尚未患过水痘的儿童和其他易感者。

（一）一般治疗

1. 及早就医，坚持用药，保持皮损处清洁，避免继发感染，适当休息，保证足够营养。

2. 穿宽松的衣服，有助于减少摩擦和水疱破裂的风险。如果水疱有渗液，可以冷敷，每日数次。

3. 炉甘石洗剂对皮肤有舒缓、冷却效果，可用于缓解可能有的瘙痒。紫外线、红外线等局部照射，可以促进水疱干涸和结痂，对缓解疼痛也可能有帮助。

（二）药物治疗

系统性的药物治疗有 3 个层面：抗病毒药物、镇痛和减少并发症。早期使用抗病毒药物可有效地抑制病毒的复制，降低带状疱疹的严重性、持续时间以及预防带状疱疹的并发症。

（三）物理疗法

局部热疗（如低能量氦氖激光治疗）可能有促进皮疹消退的作用。

三、治疗药物

（一）抗病毒治疗药物

抗病毒药物是带状疱疹临床治疗的常用药物，能有效缩短病程，加速皮疹愈合，减少新皮疹形成，减少病毒扩散到内脏。应在发疹后 24 ~ 72 小时内开始使用，以迅速达到并维持有效浓度，获得最佳治疗效果。目前批准使用的系统抗病毒药物有阿昔洛韦、伐昔洛韦、泛昔洛韦、溴夫定和膦甲酸钠。具体药物特点如下。

1. 阿昔洛韦　进入病毒感染的细胞后，与脱氧核苷竞争病毒胸苷激酶或细胞激酶，被磷酸化成活化型阿昔洛韦三磷酸酯，然后通过两种方式抑制病毒复制：①干扰病毒 DNA 聚合酶，抑制病毒的复制。②在 DNA 聚合酶作用下，与增长的 DNA 链结合，引起 DNA 链的延伸中断。阿昔洛韦既能口服又能静脉滴注给药。口服给药方法为：一次 400mg，5 次/天，服用 7 天。阿昔洛韦静脉内给药是治疗免疫受损患者带状疱疹的标准疗法，剂量为 5 ~ 10mg/kg，静滴，3 次/天。在给药期间应给予患者充足的饮水，防止阿昔洛韦在肾小管内沉淀，对肾功能造成损害。

2. 伐昔洛韦　是阿昔洛韦的前体药物，只能口服，口服吸收快，并在胃肠道和肝脏内迅速转化为阿昔洛韦，其生物利用度是阿昔洛韦的 3 ~ 5 倍，并且药代动力学比阿昔洛韦更好，服用方法也更简便，一次 0.3g，2 次/天，服用 7 天。与阿昔洛韦相比，能明显减少带状疱疹急性疼痛和 PHN 的发生率及持续时间。

3. 泛昔洛韦　是喷昔洛韦的前体药物，只能口服，口服后在胃肠道、血液中和肝脏内迅速转化为喷昔洛韦，在细胞内维持较长的半衰期。其间，病毒胸苷激酶将喷昔洛韦磷酸化成单磷酸喷昔洛韦，后者再由细胞激酶将其转化为三磷酸喷昔洛韦。三磷酸喷昔洛韦通过与三磷酸鸟苷竞争，抑制病毒 DNA 聚合酶活性，从而选择性抑制病毒 DNA 的合成和复制。一次 250mg，3 次/天，服用 7 天。同伐昔洛韦一样，是口服治疗无并发症带状疱疹最常应用的抗病毒药物。泛昔洛韦对免疫力正常患者的带状疱疹急性疼痛及 PHN 的治疗效果与伐昔洛韦相似。

4. 溴夫定　抗病毒作用具有高度的选择性，抑制病毒复制的过程只在病毒感染的细胞中进行。口服，一次 125mg，1 次/天，服用 7 天，适应于免疫功能正常的成年急性带状疱疹患者的早期治疗。

5. 膦甲酸钠　通过非竞争性方式阻断病毒 DNA 聚合酶的磷酸盐结合部位，防止 DNA 病毒链的延伸。适用于免疫功能损害患者耐阿昔洛韦单纯疱疹病毒（HSV）性皮肤黏膜感染。推荐剂量为 40mg/kg，每 8 或 12 小时一次，静滴时间不得小于 1 小时，连用 2 ~ 3 周或直至治愈。

（二）糖皮质激素类药物

在带状疱疹急性发作早期的治疗中，系统应用大剂量糖皮质激素可以抑制炎症过程，缩短急性疼痛的持续时间和皮损愈合时间，但对已发生 PHN 的疼痛无效。在没有系统性抗病毒治疗时不推荐单独使用皮质激素。推荐剂量泼尼松初始量 30 ~ 40mg/d，口服，逐渐减量，疗程 1 ~ 2 周。对 50 岁以上、相对健康的局部带状疱疹患者，抗病毒药和糖皮质激素联合治疗能改善患者的生活质量。

（三）抗神经痛药物

采用阶梯治疗方案。治疗过程中要注意个体化差异及药物不良反应。必要时应就诊于疼痛门诊。第一步：非甾体类镇痛药。如扑热息痛（对乙酰氨基酚）1.5～5g/d。阿司匹林用于治疗 PHN 的作用有限，布洛芬则无效。第二步：加服低效力的麻醉性镇痛药（如曲马多，200～400mg/d，可待因 120mg/d）。第三步除"外周"镇痛剂外，还可给予高效力的中枢阿片样物质（如：丁丙诺啡叔丁啡 1.5～1.6mg/d；口服吗啡 30～360mg/d）。最后一步适用于对基本治疗方法反应不佳的患者。对严重的神经痛，可以将步骤 1 或步骤 2 联合一种抗癫痫药（如卡马西平 400～1200mg/d，加巴喷丁 900～2400mg/d，普瑞巴林 150～600mg/d）。

（四）局部用药

局部可以用3%硼酸溶液或冷水湿敷进行干燥和消毒，每日数次，15～20 分/次。水疱少时可涂炉甘石洗剂。稍后，可以外用聚维酮碘、呋喃西林、苯扎氯铵溶液湿敷，去除结痂，预防继发感染。

（五）其他药物

1. 老年早期患者无明显禁忌证时，可给予泼尼松阻止病毒对神经节和神经纤维的毒性和破坏；肌内注射丙种球蛋白可提高患者的免疫功能。

2. 神经营养类药物如甲钴胺、维生素 B_1 和维生素 B_{12}，对于神经炎症和神经痛的患者也可用此类药物缓解。

四、治疗药物的应用原则

1. 带状疱疹的治疗以镇痛、消炎、保护局部、抗病毒、防止感染与并发症及营养神经为主。

2. 有抗病毒治疗指征时，及早使用抗病毒药物。具体见表 15－6。

3. 中老年及神经痛较明显的患者可早期应用糖皮质激素预防 PHN。

4. 治疗过程中，可给予带状疱疹患者免疫增强药提高其免疫力。

表 15－6　带状疱疹系统性抗病毒治疗的指征

紧急适应证	相对适应证
大于 50 岁患者任一部位的带状疱疹	低于 50 岁患者躯干、四肢的带状疱疹
所有年龄患者的头/颈部带状疱疹	
躯干/四肢严重的带状疱疹	
免疫功能低下或缺陷患者的带状疱疹	
伴有严重特应性皮炎或严重湿疹患者的带状疱疹	

▶▶ 岗位情景模拟 15－3

情景描述　患者，女，60 岁。因右胸背部疼痛、水疱7天，全身多处水疱 1 天就诊。右胸背部有带状分布的斑丘疹，红斑，簇集绿豆到黄豆大小的血疱、水疱，周围有红晕，水疱未破溃，内容物清，皮疹未超过体表中线。其他部位的水疱，散在分布，绿豆大小，紧张发亮，未见脓疱；右胸背部压痛明显。

讨　　论　1. 该患者最可能是什么病？有何依据？
　　　　　　2. 请结合本节所学内容，制订适合该患者的治疗方案。

答案解析

五、药物的不良反应

1. 抗病毒药　阿昔洛韦常见的不良反应为胃肠道功能紊乱、斑疹、头痛等。伐昔洛韦使用过程中偶见恶心、腹泻和头痛。阿昔洛韦主要经肾排泄，肾功能不全者需减量使用。

2. 糖皮质激素　长期使用水、盐、糖、蛋白质及脂肪代谢紊乱；降低机体免疫力；阻碍组织修复，延缓组织愈合；抑制儿童生长发育。

3. 神经痛治疗药　布普瑞巴林主要不良反应为头晕、嗜睡，肾功能不全者应减量；卡马西平的主要不良反应有眩晕、嗜睡、视物模糊、恶心呕吐、共济失调等。

六、药物相互作用

药物相互作用见表 15 - 7。

表 15 - 7　抗 HIV 药物相互作用

药物	相互作用
阿昔洛韦与青霉素类、头孢菌素类和丙磺舒合用	前者血药浓度升高
卡马西平与其他从肝脏代谢药物合用	加速自身和其他药物代谢

任务四　手足口病

PPT

一、疾病概要

手足口病（hand foot and mouth disease，HFMD）是由肠道病毒（Enterovirus，EV）感染引起的一种儿童常见传染病，多发生于 5 岁以下儿童，我国各地全年均有发生，且发生率有逐年上升趋势。由于该病在儿童中普遍易感，且缺乏有效的预防和治疗措施，接种安全、有效的针对性疫苗成为防控该病最经济有效的手段。

> **知识链接**
>
> **手足口疫苗使用常识**
>
> EV71 疫苗是全病毒灭活疫苗，建议 EV71 疫苗接种对象为≥6 月龄易感儿童，越早接种越好；鼓励在 12 月龄前完成接种程序，以便尽早发挥保护作用。对于 5 岁以上儿童，不推荐接种 EV71 疫苗。基础免疫程序为 2 剂次，间隔 1 个月。接种途径及剂量：上臂三角肌肌内注射，每次接种剂量为 0.5ml。如果既往感染的手足口病明确是由 EV71 病毒引起的，无需再接种 EV71 疫苗；如果所患手足口病是由其他肠道病毒引起的，或者无病原学诊断结果的，可选择接种。
>
> EV71 疫苗具有良好的安全性，接种疫苗后的局部反应主要表现为接种部位红、硬结、疼痛、肿胀、瘙痒等，以轻度为主，持续时间不超过 3 天，可自行缓解。全身反应主要表现为发热、腹泻、食欲缺乏、恶心、呕吐、易激惹等，呈一过性。

手足口病的致病血清型主要为柯萨奇病毒 A16 型（coxsackievirus A16，CV - A16）和肠道病毒 71

型（enterovirus A71，EV–A71）。密切接触是手足口病的重要传播方式，肠道病毒可通过感染者的粪便、唾液、咽喉分泌物和疱疹等广泛传播。其感染人体后，主要通过与咽部及肠道上皮细胞表面相应的受体结合进入细胞，在细胞内大量复制后释放入血，进一步扩散到皮肤及黏膜、神经系统、心脏、呼吸系统、肝脏等部位，引起一系列炎症反应。循环衰竭和神经源性肺水肿是重症手足口病患儿死亡的主要原因。患儿感染肠道病毒后，潜伏期2～10天，然后出现临床症状或体征。手足口病根据其发生发展过程可分为：

1. 出疹期（普通型） 该期主要临床表现为发热，手、足、口、臀等部位出疹，伴流涕、咳嗽、食欲缺乏等症状。典型皮疹为斑丘疹、疱疹、丘疹，皮疹周围有炎性红晕，不疼不痒，疱疹内液体较少，恢复时不结痂、不留瘢痕。绝大多数患儿在此期痊愈。

2. 神经系统受累期（重症病例重型） 少数患儿出现中枢神经系统损害，表现为头痛、嗜睡、吸吮无力、烦躁、易惊等。此期大多数患儿可痊愈。

3. 心肺功能衰竭前期（重症病例危重型） 多数发生在病程5天内，表现为呼吸和心率加快、血压升高、出冷汗、四肢末梢发凉等。应及时识别并正确治疗以降低死亡率。

4. 心肺功能衰竭期（重症病例危重型） 患儿可在第3期的基础上迅速进入此期，表现为心动过速、口唇发绀、呼吸急促、咳粉红色泡沫样痰、血压降低等。此期死亡率较高。

5. 恢复期 大多数患儿预后良好，一般在1周内可痊愈，无后遗症。

📖 知识链接

手足口病是怎么产生的？

人体中与肠道病毒结合的受体有多种，其中EV–A71和CV–A16的主要病毒受体为人类清道夫受体B2（Human scavenger receptor class B2，SCARB2）和P选择素糖蛋白配体–1（P–selectin glycoprotein ligand–1，PSGL–1）等。病毒和受体结合后经细胞内吞作用进入细胞，病毒基因组在细胞质内脱衣壳、转录、组装成病毒颗粒。肠道病毒主要在扁桃体、咽部和肠道的淋巴结大量复制后释放入血液，可进一步播散到皮肤及黏膜、神经系统、呼吸系统、心脏、肝脏、胰脏、肾上腺等，引起相应组织和器官发生一系列炎症反应，导致相应的临床表现。少数病例因神经系统受累导致血管舒缩功能紊乱及IL–10、IL–13、IFN–γ等炎性介质大量释放引起心肺衰竭。

即学即练 15–4

手足口病好发于哪些人群（　　）。

A. 5岁以下儿童　　　　B. 成人　　　　　　　C. 学龄儿童

答案解析　　D. 人群普遍易感　　E. 老年人

二、治疗原则

1. 普通病例 门诊治疗。注意隔离，避免交叉感染；清淡饮食；做好口腔和皮肤护理。

2. 重症病例 主要治疗方法包括对因治疗和对症治疗。对因治疗主要是抗病毒治疗；对症治疗具体措施包括降颅压、降温、镇静、止惊，可酌情应用糖皮质激素和丙种球蛋白治疗，并注意保护重要脏器的功能。住院治疗，治疗期间需要密切观察患者病情变化。

三、治疗药物

（一）对因治疗药物

1. IFN　①IFN – α2b 喷雾剂：100 万 IU/d，1 次/1 ~ 2h，可喷于口腔患处，以覆盖病损为宜，疗程 3 ~ 7 天，首日剂量可加倍。②IFN – α 雾化吸入：IFN – α1b 一次 2 ~ 4 μg/kg，或 IFN – α2b 雾化吸入一次 20 万 ~ 40 万 IUkg，2 次/天，疗程 3 ~ 7 天。③肌内注射：因其全身治疗可能会引起发热、疼痛等不良反应，可能会与因肠道病毒感染导致的发热混淆，目前已经不推荐常规使用，在没有条件采用 IFN 局部治疗时，可酌情选择 IFN – α 肌内注射，参考剂量为 IFN – α1b 一次 1 ~ 2 μg/kg，或 IFN – α2b 一次 10 万 ~ 0 万 IU/kg，1 次/天，疗程 3 ~ 5 天。

2. 利巴韦林　用氯化钠注射液或 5% 葡萄糖注射液稀释成每 1ml 含 1mg 的溶液后静脉缓慢滴注。小儿按 10 ~ 15mg/（kg·d），2 次/天，每次滴注 20 分钟以上，疗程 3 ~ 7 天。

（二）对症治疗药物

手足口病患儿的对症治疗包括控制高热、保持患儿安静、降低颅内压、纠正血压等。对于重症病例，还应控制补液量。

1. 降颅压药物　常用甘露醇，剂量为 20% 甘露醇一次 0.25 ~ 1.0g/kg，1 次/4 ~ 8 小时，20 ~ 30 分钟快速静脉注射；严重颅内高压或脑疝时，可增加频次至 1 次/2 ~ 4 小时。严重颅内高压或低钠血症患儿可考虑联合使用高渗盐水（3% 氯化钠）。有心功能障碍者，可使用利尿剂，如呋塞米，1 ~ 2mg/kg，静脉注射。

2. 影响血压药　处于心肺功能衰竭前期的患儿血流动力学改变为高动力高阻力型，血压升高，应使用扩血管药物治疗。可使用米力农，负荷量 50 ~ 75μg/kg，15 分钟输注完毕，维持量从 0.25μg/（kg·min）起始，逐步调整剂量，最大可达 1μg/（kg·min），一般不超过 72 小时。高血压者应将血压控制在该年龄段严重高血压值以下，可静脉注射酚妥拉明 1 ~ 20μg/（kg·min），或硝普钠 0.5 ~ 5μg/（kg·min），由小剂量开始逐渐增加剂量，直至调整至合适剂量，期间密切监测血压等生命体征。

心肺功能衰竭期血压下降时，可应用正性肌力及升压药物治疗，如：注射多巴胺 5 ~ 20μg/（kg·min）、去甲肾上腺素 0.05 ~ 2μg/（kg·min）、肾上腺素 0.05 ~ 2μg/（kg·min）或多巴酚丁胺 2.5 ~ 20μg/（kg·min）等，从低剂量开始，以能维持接近正常血压的最小剂量为佳。

血管加压素：20μg/kg，1 次/4h，静脉缓慢注射，用药时间视血流动力学改善情况而定；左西孟旦负荷剂量 6 ~ 12μg/kg 静脉注射，维持量 0.1μg/（kg·min）。

3. 解热、抗惊厥药物　常用退热药物有：布洛芬，口服，每次 5 ~ 10mg/kg；对乙酰氨基酚，口服，一次 10 ~ 15mg/kg；两次用药的最短时间间隔为 6 小时。

对于发生惊厥的患儿，可用抗惊厥药。常用药物有：如无静脉通路可首选咪达唑仑，肌内注射，一次 0.1 ~ 0.3mg/kg，体重 <40kg 者，一次最大剂量不超过 5mg，体重 >40kg 者，最大剂量不超过 10mg/次；地西泮缓慢静脉注射，一次 0.3 ~ 0.5mg/kg，一次最大剂量不超过 10mg，注射速度 1 ~ 2mg/min。

4. 其他药物　脑脊髓炎和持续高热等表现者以及危重病例可酌情使用静脉丙种球蛋白或糖皮质激素治疗。静脉丙种球蛋白 1.0g/（kg·d），连用 2 天。甲基泼尼松龙 1 ~ 2mg/（kg·d），或氢化可的松 3 ~ 5mg/（kg·d），或地塞米松 0.2 ~ 0.5mg/（kg·d），一般疗程 3 ~ 5 天。

四、治疗药物的应用原则

1. 手足口病目前没有特效的抗病毒药，主要采用病因治疗和对症治疗。

2. 体温超过 38.5℃者，采用物理降温（温水擦浴、使用退热贴等）或应用退热药物治疗。

3. 心肺功能衰竭期血压下降应用正性肌力及升压药物无效时，选用血管加压素或左西孟旦。

4. 干扰素 α 喷雾或雾化、利巴韦林静脉滴注早期使用可有一定疗效，若使用利巴韦林应关注其不良反应和生殖毒性。不应使用阿昔洛韦、更昔洛韦、单磷酸阿糖腺苷等药物治疗。

五、药物的不良反应

1. 解热药 对乙酰氨基酚、布洛芬等使用时可出现恶心、呕吐、上腹不适等胃肠道反应。

2. 镇静催眠抗惊厥药 咪达唑仑、地西泮等主要不良反应为嗜睡、头晕、乏力等，静脉注射速度过快可引起呼吸和循环抑制，甚至出现死亡。

3. 甘露醇 使用20%浓度时，应注意注射速度，过快易引起一过性头痛、眩晕、视物模糊等。

六、药物相互作用

药物相互作用见表15-8。

表15-8 手足口病治疗药物相互作用

药物	相互作用
地西泮等镇静催眠药与酒合用	加重其中枢神经反应
甘露醇与洋地黄类合用	增加后者毒性作用
利巴韦林与齐多夫定合用	产生拮抗作用

▶ 岗位情景模拟 15-4

情景介绍 患儿，男性，2岁，既往身体健康，家族中无特殊传染病史。近日，因口腔溃疡5天入院。主诉5天前无任何诱因发生口腔溃疡，疼痛明显。继而发现手掌、足底出现红色斑丘疹，瘙痒感不明显。自述无口腔溃疡病史。查体：低热，上腭、下唇可见散在米粒大小的溃疡，并覆有黄色假膜。手掌、足底可见对称分布的散在红色斑丘疹。诊断为手足口病。

讨 论 请结合本章所学内容，制订适合该患儿的治疗方案。

答案解析

目标检测

答案解析

一、选择题

（一）最佳选择题

1. 可导致性格改变、异常梦、白日梦的抗 HIV 药物是（ ）。

A. 依法韦恩   B. 茚地那韦   C. 齐多夫定

　　　　D. 扎西他滨　　　　　　　　E. 乃韦拉平

2. 即有抗病毒作用又有免疫调节作用的是（　　）。

　　　A. 干扰素　　　　　　　B. 阿昔洛韦　　　　　　C. 齐多夫定

　　　D. 阿德福韦酯　　　　　E. 茚地那韦

3. 乙型病毒性肝炎最关键的治疗措施是（　　）。

　　　A. 抗纤维化　　　　　　B. 增强免疫力　　　　　C. 降转氨酶

　　　D. 抗病毒　　　　　　　E. 对症治疗

4. 可用于治疗乙型肝炎病毒感染的药物是（　　）。

　　　A. 金刚烷胺　　　　　　B. 阿昔洛韦　　　　　　C. 更昔洛韦

　　　D. 恩替卡韦　　　　　　E. 奥司他韦

5. 齐多夫定是以下哪种疾病的首选药（　　）。

　　　A. 乙型肝炎　　　　　　B. 甲型肝炎　　　　　　C. 艾滋病

　　　D. 肺结核　　　　　　　E. 白血病

6. 艾滋病的医学全名为（　　）。

　　　A. 免疫缺陷综合征　　　　B. 获得性免疫缺陷综合征　　C. 先天性免疫缺陷综合征

　　　D. 继发性免疫缺陷综合征　　E. 获得性免疫缺陷传染病

7. 艾滋病的治疗原则是（　　）。

　　　A. 抗感染　　　　　　　B. 免疫调节和免疫重建　　C. 抗病毒、抗肿瘤治疗

　　　D. 综合治疗　　　　　　E. 以上各项均是

8. 带状疱疹的病原菌是（　　）。

　　　A. 单纯疱疹病毒　　　　B. 腺病毒　　　　　　　C. 柯萨奇病毒

　　　D. 水痘－带状疱疹病毒　　E. 肠道病毒

9. 带状疱疹神经痛治疗应首选的药物是（　　）。

　　　A. 阿糖腺苷　　　　　　B. 对乙酰氨基酚　　　　C. 阿昔洛韦

　　　D. 红霉素　　　　　　　E. 干扰素

10. 阿昔洛韦抗疱疹病毒机制是（　　）。

　　　A. 干扰病毒 DNA 连接酶　　B. 干扰病毒 DNA 旋转酶　　C. 干扰病毒 DNA 解旋酶

　　　D. 干扰病毒 DNA 多聚酶　　E. 拓扑异构酶

11. 属于带状疱疹的对症治疗药物是（　　）。

　　　A. 抗病毒药　　　　　　B. 镇痛药　　　　　　　C. 催眠药

　　　D. 抗感染药　　　　　　E. 局部治疗

12. 抗病毒药阿昔洛韦在静脉滴注时滴速必须缓慢，否则可能引起的不良反应是（　　）。

　　　A. 急性肝衰竭　　　　　B. 肺部纹理加重　　　　C. 急性肾衰竭

　　　D. 胰腺坏死　　　　　　E. 心功能不全

（二）配伍选择题

（13～16 题共用备选答案）

　　　A. 齐多夫定　　　　　　B. 依非韦伦　　　　　　C. 利托那韦

　　　D. 恩夫韦肽　　　　　　E. 拉替拉韦

13. 融合抑制剂（　　）。

14. 整合酶抑制剂（　　）。

15. 蛋白酶抑制剂（　　）。

16. 核苷酸类反转录酶抑制剂（　　）。

（三）多项选择题

17. 临床上选用的抗乙型病毒性肝炎药物有（　　）。

    A. 拉米夫定　　　　　　　B. α-干扰素　　　　　　C. 阿德福韦酯

    D. 阿昔洛韦　　　　　　　E. 恩替卡韦

18. 下列关于手足口病的叙述不正确的是（　　）。

    A. 无特效治疗药物　　　　B. 无可预防疫苗　　　　　C. 以支持疗法为主

    D. 可进行病因治疗　　　　E. 主要是抗菌治疗

二、简答题

简述干扰素的主要不良反应。

三、实例解析题

患者，男，45岁。4年前，因家境贫困外出打工，其间多次卖血。挣钱后回到家乡，结婚生子。低热伴乏力、纳差及消瘦月余入院。体格检查：唇周苍白，口腔黏膜布满白色膜状物，四肢大关节畸形。实验室检查：WBC 2.5×10^9/L，HGB 75g/L。诊断为艾滋病。

讨论：

1. 说出案例中患者所得艾滋病的感染途径。其家人有可能被感染吗？为什么？

2. 治疗艾滋病的药物有哪些？

书网融合……

知识回顾　　　微课　　　习题

（刘红霞）

项目十六　疼痛的药物治疗

学习引导

从小到大，谁都经历过疼痛。但长期以来人们对疼痛的认识比较片面，认为疼痛只是疾病的症状。其实，早在 1995 年，美国疼痛学会主席 James Campbell 就提出将疼痛列为继血压、呼吸、脉搏、体温之后的"第五大生命体征"，2002 年国际疼痛学会（IASP）指出：慢性疼痛是一种疾病。在我国，慢性疼痛患者超 3 亿人，目前，疼痛已成为继心脑血管疾病、肿瘤之后的第三大健康问题。慢性疼痛不仅在于疼痛本身，更重要的是长期的疼痛刺激会促使中枢神经系统发生病理性重构，使疾病的进展难以控制，严重影响人们的健康和生活质量。那么，作为一种主观体验，疼痛应如何判断？慢性疼痛的治疗原则和治疗药物是什么呢？

本项目主要介绍慢性疼痛的药物治疗。

学习目标

1. **掌握**　疼痛的药物治疗原则、治疗药物的合理选用、不良反应及防治；三级阶梯镇痛方法。
2. **熟悉**　疼痛的分级、疼痛治疗药物的相互作用。
3. **了解**　镇痛的辅助用药的类型及作用特点。

一、疾病概要

2020 年，IASP 将疼痛定义为"一种与实际或潜在的组织损伤相关的不愉快的感觉和情绪情感体验，或与此相似的经历"。根据痛觉冲动的发生部位，疼痛可分为内脏痛、躯体痛和神经性痛三种类型。躯体痛又可分为急性痛（亦称锐痛）和慢性痛（亦称钝痛）两种。

由于疼痛是一种难以准确定义的主观体验，因此，患者能够正确地评估自己的疼痛，并描述和传达疼痛的程度、性质、位置等信息，是疼痛诊断与治疗的前提与基础。目前，国际上推行疼痛的数字分级法，即将疼痛分为 0~10，用 0~10 的数字代表不同程度的疼痛，0 为无痛，10 为极度痛，让患者自己圈出最能代表自己疼痛程度的数字。其记分大致分为三级：1~3 为轻度疼痛，4~6 为中度疼痛，7~10 为重度疼痛，见图 16-1。轻度疼痛睡眠不受影响；中度疼痛会影响睡眠，患者会因疼痛而醒来；重度疼痛会严重影响睡眠，患者会因疼痛无法入睡。

控制疼痛的标准是：数字分级法的疼痛强度 <3 或达到 0；24 小时内突发性疼痛次数 <3 次；24 小时内需要镇痛药的次数 <3 次；国外学者提出将睡眠时无痛、静止时无痛及活动时无痛作为疼痛的控制标准。

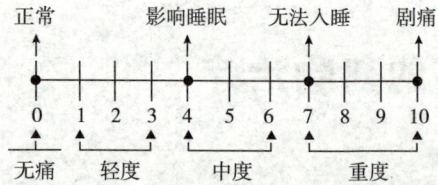

图 16 – 1　疼痛的数字分级法示意图

生理性疼痛作为一种早期的警告性或保护性信号，提醒身体内可能出现了问题，帮助预防可能存在的伤害。但剧烈疼痛和慢性持续性钝痛不仅给患者带来痛苦，还可引起生理功能严重紊乱，影响患者的情绪和心理健康，甚至导致休克、死亡。因此，本项目重点介绍慢性疼痛的药物治疗。

IASP 将慢性疼痛定义为：超过正常的组织愈合时间（一般为 3 个月）的疼痛。而在临床实际工作中，一般将持续时间超过 6 个月的疼痛才认为是慢性疼痛。慢性疼痛包括三叉神经痛、幻肢痛、带状疱疹后遗神经痛、癌症痛等顽固性慢性疼痛；其他慢性疼痛如偏头痛、腰背痛、关节炎所致疼痛等。慢性疼痛根据病因可分为非癌性疼痛和癌性疼痛。

二、治疗原则

目前，慢性疼痛的综合治疗原则已成为共识，具体的治疗方法包括去除病因、药物治疗、神经阻滞、外科手术治疗、针刺、物理疗法和心理治疗等，其中药物治疗是最基本、最常用的治疗手段。

三、治疗药物

慢性疼痛的治疗药物有非甾体抗炎药、中枢性镇痛药、M 受体阻断药和辅助用药。

（一）非甾体抗炎药（NSAIDs）

NSAIDs 通过抑制环氧酶（COX）减少前列腺素（PG）等炎性介质的合成而产生外周镇痛作用。环氧酶有两种亚型，分别为 COX – 1 和 COX – 2。COX – 1 作为"生理性酶"，多存在血管、胃肠、肾脏中，对于调节血小板功能、保护胃黏膜及维持肾脏灌注有重要作用。COX – 2 被称为诱导酶，当机体受到致炎因子刺激后，单核巨噬细胞、成纤维细胞迅速表达 COX – 2，可促进炎性反应，导致组织损伤。根据对环氧酶选择性的不同，可将 NSAIDs 分为非选择性 COX 抑制剂和选择性 COX – 2 抑制剂两类。①非选择性 COX 抑制剂：对 COX – 1 和 COX – 2 的抑制作用没有差别，因此，此类药物均具有胃肠、肝、肾等不良反应，表现为胃肠道溃疡、出血、穿孔、肝肾功能障碍等。②选择性 COX – 2 抑制剂：对 COX – 2 的抑制强度是 COX – 1 的 2 ~ 100 倍，在一定剂量下对 COX – 1 没有影响，避免或减弱了不良反应。

本类药物对头痛、牙痛、神经痛、关节痛、肌肉痛及月经痛等中度疼痛的钝痛效果较好，对轻度癌性痛也有较好镇痛作用，对外伤性剧痛及内脏平滑肌绞痛无效。临床常用药物有阿司匹林、对乙酰氨基酚、吲哚美辛、保泰松、布洛芬、塞来昔布等。

本类药物无依赖性，但不良反应较多，且存在封顶效应，即超过最大有效量镇痛作用不再增加，故应避免同时使用两种同类药物或超剂量使用一类药物，但一种药物治疗无效时可换另一种药物。临床常用 NSAIDs 的用途、用法和用量见表 16 – 1。

表 16–1 临床常用 NSAIDs 的用途及用法用量

分类	药物	用途	用法用量
水杨酸类	阿司匹林	感冒发热、神经痛、肌肉痛、关节痛、痛经和癌性痛的轻、中度疼痛	口服：一次 0.3 ~ 0.6g，3 次/天，必要时 4 小时 1 次
苯胺类	对乙酰氨基酚	感冒发热、神经痛、肌肉痛、关节痛、痛经和癌性痛的轻、中度疼痛	口服：一次 0.3 ~ 0.6g，3 次/天。疗程不宜超过 10 日
吡唑酮类	保泰松	风湿性和类风湿关节炎、强直性脊柱炎及急性痛风	口服：一次 0.1 ~ 0.2g，3 次/天。1 周后如无不良反应，可继续服用并递减至维持量 0.1 ~ 0.2g/d
吲哚乙酸类	吲哚美辛	急、慢性风湿性关节炎、痛风性关节炎的抗炎镇痛及偏头痛、痛经和癌性疼痛的轻、中度疼痛	口服：一次 25mg，2 ~ 3 次/天
芳基烷酸类	布洛芬	解热镇痛、风湿及类风湿关节炎引起的疼痛、神经痛、痛经等	口服：一次 0.2 ~ 0.4g，1 次/4 ~ 6 小时，成人最大限量 2.4g/d
芳基烷酸类	萘普生	风湿及类风湿关节炎引起的疼痛、强直性脊柱炎、急性痛风及扭伤、挫伤等所致疼痛	口服：开始时一次 0.5g，必需时间隔 6 ~ 8 小时后再服 0.25g，一日剂量不超过 1.25g
选择性 COX–2 抑制药	塞来昔布	急、慢性风湿性关节炎和类风湿关节炎	口服：一次 0.1 ~ 0.2g，2 次/天

（二）中枢性镇痛药

中枢性镇痛药包括阿片类和非阿片类。阿片类药物通过激动中枢的阿片受体产生强大的镇痛作用，多为麻醉性镇痛药，无封顶作用，是治疗中、重度疼痛的最常用药。除非阿片类药罗通定外，其余均是处方药。阿片类药物根据作用强度分为强效阿片受体激动药和弱效阿片受体激动药，前者包括吗啡、芬太尼、美沙酮、哌替啶、喷他佐辛等，后者包括可待因。一般年龄在 40 岁以上，疼痛病史超过 4 周、无阿片类药物滥用史的中、重度慢性疼痛患者，在其他镇痛方法无效时，可考虑使用强阿片类药物治疗。临床常用中枢性镇痛药的作用特点与用途、用法用量见表 16–2。

表 16–2 临床常用中枢性镇痛药的作用特点与用途、用法用量

药物	作用特点与用途	用法用量
强阿片类		
吗啡	镇痛作用强大，用于其他镇痛药无效的急性锐痛或长期用于癌性痛。久用易产生依赖性	口服：一次 5 ~ 15mg，15 ~ 60mg/d，极量：一次 30mg，100mg/d；皮下注射：一次 5 ~ 15mg，15 ~ 40mg/d；极量：一次 20mg；60mg/d；静脉注射：一次 5 ~ 10mg
吗啡控释片	主要用于晚期癌症患者镇痛	整片吞服，宜每 12 小时服用 10mg 或 20mg 开始，根据镇痛效果调整剂量
芬太尼	镇痛效力是吗啡的 80 倍，起效快，持续时间短，依赖性小，可用于各种剧痛	肌内注射：一次 0.05 ~ 0.1mg
美沙酮	镇痛作用与吗啡相似，起效慢，维持时间长，依赖性小，常用于创伤性、癌性剧痛，外伤手术后和慢性疼痛	口服：10 ~ 15mg/d，极量：20mg/d；肌内或皮下注射：10 ~ 15mg/d
哌替啶	镇痛效力是吗啡的 1/10 ~ 1/8，依赖性较吗啡小，临床用于各种剧痛。与阿托品合用于胆绞痛和肾绞痛	口服：一次 50 ~ 100mg，200 ~ 400mg/d，极量：一次 150mg，600mg/d；皮下或肌内注射：一次 25 ~ 100mg，100 ~ 400mg/d；极量：一次 150mg；600mg/d
喷他佐辛	为阿片部分受体激动药，镇痛效力较强，属于非成瘾性镇痛药，用于慢性剧痛	口服：一次 25 ~ 50mg，必要时 3 ~ 4 小时 1 次；肌内、皮下、静脉注射：一次 30mg

续表

药物	作用特点与用途	用法用量
弱阿片类		
可待因	镇痛效力为吗啡的 1/12 ~ 1/7,不易产生依赖性,常与对乙酰氨基酚合用治疗中等程度疼痛,如头痛、背痛等	口服:一次 15 ~ 30mg,3 次/天
非阿片类		
罗通定	属于非成瘾性镇痛药,用于慢性钝痛如消化性溃疡的疼痛、月经痛、分娩后宫缩痛等,因有催眠作用,尤适用于因疼痛而失眠的患者	口服:一次 60 ~ 120mg,1 ~ 4 次/天;肌内注射:一次 60 ~ 90mg
曲马多	成瘾性小,镇痛强度与喷他佐辛相当,为吗啡的 1/10 ~ 1/8,用于中度、重度急慢性疼痛,如术后疼痛、创伤痛、晚期癌性痛、神经痛等	口服:一次 100mg,1 日不超过 400mg;肌内、皮下、静脉注射:一次 50 ~ 100mg

(三) M 受体阻断药

通过阻断 M 受体松弛内脏平滑肌而缓解疼痛,尤其对痉挛状态的平滑肌作用明显。临床常用的药物有阿托品、山莨菪碱、溴丙胺太林、颠茄等。临床常用 M 受体阻断药的用途、用法用量见表 16 - 3。

表 16 - 3　临床常用 M 受体阻断药的用途、用法用量

药物	用途	用法用量
阿托品	胃肠痉挛引起的疼痛、肾绞痛、胆绞痛、胃及十二指肠溃疡疼痛等	口服:一次 0.5mg;皮下注射:一次 0.5mg
山莨菪碱	主要用于胃及十二指肠溃疡疼痛,也可用于三叉神经痛和坐骨神经痛等	肌内注射和静脉注射:一次 5 ~ 10mg
溴丙胺太林	用于胃及十二指肠溃疡疼痛	口服:一次 15mg,3 次/天
颠茄	用于胃及十二指肠溃疡疼痛,或轻度肾、胆绞痛	口服:一次 10 ~ 30mg,60 ~ 90mg/d;一次极量:50mg,150mg/d

(四) 辅助用药

1. 抗抑郁药　慢性疼痛患者常伴有抑郁,抗抑郁药可产生镇痛、镇静、改变心境的作用,是治疗慢性疼痛的常用辅助药物。常与阿片类药物联合用于神经性疼痛,其镇痛作用早于抗抑郁作用发生,有效的镇痛剂量低于治疗抑郁症所需剂量,因此应从小剂量开始使用,如患者能耐受,推荐 5 ~ 7 天增加一次剂量。常用药物有阿米替林、度洛西汀等。

2. 抗惊厥药　卡马西平、奥卡西平等可抑制神经元自发性放电,也常作为一种辅助镇痛药与阿片类药物联合治疗神经性疼痛。常用药物还有加巴喷丁、普瑞巴林等。

3. 糖皮质激素类药　通过强大的抗炎作用,减轻疼痛部位的充血和水肿、阻止炎性介质对组织的刺激而缓解疼痛。常用药物有泼尼松、泼尼松龙、倍他米松等。

4. 镇静催眠药　通过减轻疼痛患者的焦虑状态和烦躁情绪,提高睡眠质量等作用辅助镇痛。常用药物有地西泮、艾司唑仑等。

5. 局部麻醉药　0.25% ~ 0.5% 普鲁卡因溶液注射于与病变有关的神经周围或病变部位,用于疼痛的封闭疗法;利多卡因对慢性疼痛合并电击样痛效果好,5% 利多卡因贴剂镇痛效果长达 12 小时,且无全身作用。

四、治疗药物的应用原则

（一）口服给药

口服给药简单，无创伤，便于患者长期用药，因此，应尽可能采用口服给药途径，避免创伤性给药途径。若患者不能口服，则选用直肠或经皮的无创伤性给药途径。在上述方法不适合或无效时，可考虑其他肠道外给药途径。

（二）按阶梯给药

选择镇痛药时应根据疼痛程度按由弱到强的顺序逐级提高。辅助用药是针对有特殊适应证的患者，如有特殊性神经痛，又有心理情绪障碍或精神症状者可加用，通过与镇痛药联合使用，提高镇痛效果，降低加大镇痛药剂量带来的不良反应发生风险。三阶梯镇痛方法见表 16 - 4。

表 16 - 4　三阶梯镇痛方法

疼痛程度	治疗药物
轻度疼痛	非阿片类镇痛药 + 辅助药物
中度疼痛	弱阿片类镇痛药 + 非阿片类镇痛药 + 辅助药物
重度疼痛	强阿片类镇痛药 + 非阿片类镇痛药 + 辅助药物

（三）按时给药

即按照规定的间隔时间给药，以保证疼痛缓解的连续性。而不是按需要给药，即患者疼痛时才给药。

（四）个体化给药

镇痛药的使用应由弱到强逐级增加，注重患者的实际疗效。镇痛剂量应根据患者需要由小到大逐步增加至患者疼痛感觉被解除为止，不应对药量限制过严而导致用量不足。

知识链接

癌痛的"四阶梯治疗"新模式

晚期癌症患者疼痛发生率高达 75%，其中 40% ~ 50% 是中、重度疼痛。对于许多严重晚期癌性疼痛，常规应用"三阶梯"镇痛方案远不能满足癌痛患者的镇痛需求，仍有大量癌痛患者未得到有效控制。

近年来受到多模式镇痛理念的启发，以及疼痛介入治疗的进步，北京中医药大学东方医院打破"三阶梯"框架的束缚，增加第四阶梯疗法。第四阶梯疗法即在三阶梯疗法基础上增加疼痛介入治疗，主要包括区域阻滞技术、硬膜外患者自控镇痛、神经毁损阻断技术和鞘内药物输注系统等。癌性疼痛是一个动态的发展过程，镇痛方案必须个体化。在开展第四阶梯治疗的同时，应加强人文关怀和心理疏导，提升患者和医护人员战胜癌痛的决心和信心。

五、药物的不良反应

1. 非甾体抗炎药　①胃肠道反应：口服常引起恶心、呕吐、上腹不适、腹痛等，饭后用药、服用肠溶片可减轻或避免，停药后可逐步消失。长期大量使用可导致胃肠道溃疡、出血、穿孔等，故有活动性溃疡或消化道出血患者禁用。②造血系统影响：小剂量阿司匹林可抑制血小板聚集，长期使用抑制凝血酶原生成，引起出血。可用维生素 K 预防，手术前一周应停药。吲哚美辛可引起粒细胞减少、再生障碍性贫血，长期应用需定期检查血常规。③肝、肾功能损害：长期或大量应用对乙酰氨基酚等 NSAIDs 易引起肝、肾损害，需定期检查肝、肾功能。④过敏反应：少数患者可出现过敏反应，严重者可出现过敏性休克。同类药物之间存在交叉过敏。对阿司匹林过敏者可出现"阿司匹林哮喘"，可用糖皮质激素缓解。哮喘患者慎用。⑤瑞夷综合征：病毒感染伴发热的儿童和青少年患者服用阿司匹林后可致瑞夷综合征（Reye syndrome），表现为严重肝损害、急性脑水肿等危险，故儿童病毒性感染应慎用。⑥水杨酸中毒：长期大量服用阿司匹林可引起急性中毒，表现为头痛、眩晕、耳鸣、视力减退、谵妄、虚脱、昏迷甚至危及生命。抢救措施除洗胃、导泻外，还应口服或静滴 5% 碳酸氢钠溶液碱化尿液，以促进其排泄。

2. 阿片类镇痛药 ①耐受性和依赖性：依赖性是阿片类药物产生的最严重不良反应，如吗啡连续使用 3～5 日即产生耐受性，应用一周以上可致依赖，停药后出现戒断症状，表现为兴奋、失眠、流涕、流泪、震颤、出汗、呕吐、腹泻、肌肉疼痛、瞳孔散大、焦虑甚至虚脱、意识丧失等。②急性中毒：吗啡应用过量可引起急性中毒反应，表现为昏迷、呼吸深度抑制、瞳孔极度缩小、血压下降等。抢救措施：除人工呼吸、吸氧外，可用阿片受体阻断剂纳洛酮解救，0.4～0.8mg 静脉注射或肌内注射，必要时 2～3 分钟重复一次；或将纳洛酮 2mg 溶于 0.9% 氯化钠或 5% 葡萄糖注射液 500ml 中静脉滴注。哌替啶过量可抑制呼吸，偶尔出现震颤、肌肉痉挛、反射亢进甚至惊厥等中枢兴奋症状，抢救措施除应用纳洛酮外，还应配合使用巴比妥类药物。美沙酮因呼吸抑制作用时间过长，禁用于分娩镇痛。③其他：长期使用阿片类药物可致便秘，可适当选用软化或促进排便的药物；阿片类所致呕吐可选用止吐药缓解。

3. M 受体阻断药 常见的不良反应有口干、视物模糊、小便困难、心悸等，一般停药后逐渐消失、无需特殊处理。

岗位情景模拟

　　情景描述 沈先生，52 岁。13 年前在工厂工作时不小心右手小指末端粉碎性骨折，并导致截指。5 年前，常感到右手小指截指末端出现切割样疼痛，表现为持续性疼痛，且呈发作性加重，甚至影响睡眠。医生根据其疼痛程度先后嘱其服用了布洛芬、吲哚美辛、曲马多等镇痛药物。现在患者出现肾功能损害，需要进行透析治疗。

　　讨　　论 1. 该患者的疼痛是如何引起的？
　　　　　　　2. 解热镇痛抗炎药常引起哪些不良反应？
　　　　　　　3. 该患者出现的肾功能损害是否与用药有关？

答案解析

六、药物相互作用

疼痛治疗药物相互作用见表 16-5。

表 16-5 疼痛治疗药物相互作用

合用药物	相互作用
NSAIDs 与同类药合用	镇痛疗效不增强，而胃肠道反应增加，引起出血的危险概率增加，引起肝、肾损害的可能性加大
NSAIDs 与糖皮质激素合用	增加胃肠溃疡和出血的危险

续表

合用药物	相互作用
NSAIDs 与抗凝血药、溶栓药合用	增加出血的危险
NSAIDs 与呋塞米合用	降低后者利尿作用,加重肾损害
吲哚美辛、布洛芬与强心苷合用	后者血药浓度升高,应注意调整剂量
吗啡与局麻药合用	中枢抑制作用增强,应及时调整剂量
吗啡与苯二氮䓬类药物合用	中枢抑制作用增强,可引起呼吸暂停
哌替啶与单胺氧化酶抑制剂合用	可引起中枢兴奋、抑制甚至死亡

即学即练

疼痛治疗药物的应用原则包括(   )。

A. 口服给药　　　　　　　B. 按阶梯给药　　　　　　C. 按时给药

D. 个体化给药　　　　　　E. 加大剂量给药

答案解析

目标检测

答案解析

一、选择题

(一) 最佳选择题

1. 国际上推行的疼痛数字分级法,将疼痛分为(   )。

A. 1～3 级　　　　　　　B. 4～6 级　　　　　　　C. 7～10 级

D. 0～10 级　　　　　　　E. 1～10 级

2. 国际疼痛学会(IASP)认为超过(   )个月的疼痛被称为慢性疼痛。

A. 1　　　　　　　　　　B. 2　　　　　　　　　　C. 3

D. 5　　　　　　　　　　E. 6

3. 下列药物属于非处方药的是(   )。

A. 吗啡　　　　　　　　　B. 可待因　　　　　　　　C. 芬太尼

D. 曲马多　　　　　　　　E. 罗通定

(二) 配伍选择题

(4～8 题共用备选答案)

A. 哌替啶　　　　　　　　B. 可待因　　　　　　　　C. 曲马多

D. 塞来昔布　　　　　　　E. 对乙酰氨基酚

4. 选择性 COX-2 抑制剂是(   )。

5. 非选择性 COX 抑制剂是(   )。

6. 强阿片类镇痛药是(   )。

7. 弱阿片类镇痛药是(   )。

8. 非阿片类中枢性镇痛药是(   )。

（三）多项选择题

9. 疼痛辅助治疗药物包括（   ）。

    A. 抗惊厥药   B. 糖皮质激素类药   C. 抗抑郁药

    D. 镇静催眠药   E. 局部麻醉药

10. NSAIDs 引起的不良反应有（   ）。

    A. 过敏反应   B. 胃肠道溃疡   C. 粒细胞减少

    D. 凝血障碍   E. 肝肾功能损害

二、简答题

1. 简述疼痛的数字分级法。

2. 简述慢性疼痛的治疗药物及应用原则。

三、实例解析题

患者，女，70 岁。7 个月前行骨科手术，术后一直疼痛难忍，生活质量较差，口服非甾体抗炎药双氯芬酸钠肠溶片 50mg，3 次/日，疗效甚微，夜晚难以入睡，患者不堪忍受疼痛的折磨，到医院就诊，诊断为慢性疼痛。

问题　请为患者制订合理的治疗方案。

书网融合……

知识回顾　习题

（林　鑫）

项目十七　常见骨关节疾病的药物治疗

学习引导

世界卫生组织将骨关节疾病列为继心脑血管疾病、癌症、糖尿病"三大杀手"外对人体危害最广泛的问题。临床上包括骨性关节炎、退行性关节炎、风湿性关节炎、类风湿关节炎、股骨头坏死等。据世界卫生组织统计，全世界骨关节疾病的患病率：50岁以上的人群中患病率超过50%，55岁以上的人群中患病率为80%，60岁以上的中老年人，几乎都患有不同程度的骨关节疾病。目前全世界共有3.55亿骨关节疾病患者。每25人就有1人患关节炎。最令人头痛的是：久治不愈，极易反复。为什么用过那么多方法还是治不了骨关节疾病呢？治疗骨关节疾病的常用药物有哪些呢？

本项目主要介绍常见骨关节疾病中类风湿关节炎及骨性关节炎的药物治疗。

学习目标

1. **掌握**　类风湿关节炎及骨性关节炎的临床表现、药物治疗原则以及治疗药物的合理选用。
2. **熟悉**　上述疾病治疗药物的相互作用。
3. **了解**　上述疾病药物治疗以外的其他治疗方法。

任务一　类风湿关节炎 微课1

PPT

一、疾病概要

类风湿关节炎（rheumatoidarthritis，RA）是一种病因未明的以炎性滑膜炎为主的慢性、系统性疾病，是最常见的风湿免疫病之一。其特征是腕关节、掌指关节、近端指间关节等小关节的对称性、侵袭性关节炎，可伴有关节外器官损害，如肺间质病变、周围神经损害等，大多RA患者血清类风湿因子、抗CCP抗体阳性，RA可导致关节畸形及功能丧失。RA的发病可能与遗传、感染、性激素等有关。RA可发生于任何年龄，以中年女性发病为多，高发年龄为40~60岁，女性发病率为男性的2~3倍。类风湿关节炎患者可伴有低热、乏力、晨僵、对称性多关节肿痛等表现。

二、治疗原则

类风湿关节炎的治疗目的：保持关节功能。治疗手段：药物治疗、外科手术以及恢复期关节功能锻炼（锯齿模式、上或下台阶模式等）。其中药物治疗最为重要。早期确诊患者应尽早使用二线或慢作用抗风湿药（SAARDs）或病变修饰抗风湿药（DMARDs），以控制病变进展。治疗过程亦可联合用药，多种二线抗风湿药的联合应用可通过抑制类风湿关节炎免疫或炎症损伤的不同环节发挥治疗作用。联合用药副作用较少，尤其适用于重症患者。

🔖 知识链接

类风湿关节炎患者饮食禁忌

很多老年人都有类风湿关节炎，在发作的时候可以说是疼痛难忍，那么在平时生活中类风湿关节炎患者有哪些禁忌呢？下面就来介绍一下：如牛奶、羊奶等奶类和花生、巧克力、小米、干酪、奶糖等含酪氨酸、苯丙氨酸和色氨酸的食物，都应该少吃，尽量不要吃。肥肉、高动物脂肪和高胆固醇食物也要少吃，因为它产生的酮体、酸类、花生四烯酸代谢产物和炎症介质等，可抑制 T 淋巴细胞功能，容易引起和加重关节疼痛、肿胀、骨质疏松与关节破坏。还有甜食也要少吃，因为糖类易致过敏，可加重关节滑膜炎的发展，易引起关节肿胀和疼痛加重。少饮酒、少喝咖啡，茶等饮料也应少喝。

三、治疗药物

抗 RA 药物根据药物作用机制可分为：改善症状抗风湿药（SM－ARDs）和控制疾病的抗风湿药（DC－ART）。SM－ARDs 包括 NSAIDs、DMARDs 和糖皮质激素类药物。临床中常将 RA 药物分为一线、二线及三线药物；一线药物是 NSAIDs，如布洛芬、双氯芬酸、塞来昔布、萘丁美酮等；二线药物是DMARDs，如柳氮磺吡啶、羟氯喹、金制剂、青霉胺等；三线药物是糖皮质激素，如泼尼松、泼尼松龙等。

1. NSAIDs 具有减轻炎症及镇痛的双重作用，药物起效快，可缓解关节疼痛及晨僵等症状，但不能控制病情进展。常用的 NSAIDs 用法用量如表 17－1。

表 17－1 常用的 NSAIDs 的用法用量

药物	用法用量
布洛芬	口服，每次 0.4 ~ 0.6g，每日 3 或 4 次，RA 比 OA 用量稍大
吲哚美辛	口服，初量每次 25 ~ 50mg，2 ~ 3 次/天，最大量不超过 150mg/d
萘普生	口服，每次 0.25g，早晚各 1 次
双氯芬酸	口服，75 ~ 150mg/d，分 3 次服用，疗效满意后可逐渐减量
美洛昔康	口服，15mg/d，1 次/天
依托度酸	口服，400 ~ 1000mg/d，1 次/天，根据患者病情和临床疗效增减剂量

2. DMARDs 及植物药制剂 二线药物可减轻 RA 的关节症状及体征病，可以延缓关节病变进程，包括青霉胺、金制剂、柳氮磺吡啶（SSZ）、甲氨蝶呤（MTX）、硫唑嘌呤（AZA）等。RA 的植物药制剂，如白芍总苷、雷公藤等。常用的药物作用特点及用法用量如表 17－2。

表 17－2 常用的 DMARDs 的作用特点及用法用量

药物	药物作用特点	用法用量
青霉胺	可破坏血浆中的巨球蛋白，抑制淋巴细胞转化，抗体生成减少，稳定溶酶	初用，口服 125 ~ 250mg/d，1 ~ 2 个月逐渐增加，日剂量为 500 ~ 750mg，最大剂量不超过 1.0g/d，常用维持量为 250mg/d

续表

药物	药物作用特点	用法用量
柳氮磺吡啶	抑制前列腺素合成，抑制脂氧化酶代谢物的形成，抑制白细胞功能	口服，$1.5 \sim 3.0g/d$，分2次，与饭同服。初始宜小剂量，2周后递增剂量至日所需剂量
环磷酰胺（CTX）	影响 DNA 的结构和功能；免疫抑制作用	静脉给药，按体表面积每次 $500 \sim 1000mg/m^2$，每 $3 \sim 4$ 周1次。口服，100mg/d，维持量减半
甲氨蝶呤	可引起细胞内叶酸缺乏，抑制细胞增生和复制，抑制白细胞的趋向性，有抗炎症作用	治疗各种关节炎的起效期为 $6 \sim 8$ 周，评价疗效必须在8周后。口服初始剂量每次 7.5mg，每周1次，可酌情增加，最大剂量20mg，每周1次，分 $1 \sim 2$ 次服用。口服吸收不良者可改用肌内注射或静脉注射，$10 \sim 15mg$，1周1次
环孢素	可明显缓解 RA 的病情并可降低 ESR、CRP 及血清 RF 滴度	口服，$3 \sim 3.5mg/（kg·d）$，1次/天。$4 \sim 8$ 周后疗效不佳者，增量至5mg/（kg·d），病情稳定后减量
金制剂	降低免疫球蛋白的产生及抑制溶酶体酶释放	口服，3mg/d，1次/天，2周后增至6mg/d，1次/天，起效时间需 $3 \sim 9$ 个月
氯喹	减少炎症渗出，减轻关节症状，防止关节挛缩	氯喹：$0.25 \sim 0.5g/d$，2次/天；羟氯喹：$0.15 \sim 0.2g/d$，3次/天；$1 \sim 3$ 月起效，6个月无效停药
硫唑嘌呤（AZA）	影响 DNA 的合成	起始剂量100mg/d，1次服用，最大剂量为150mg/d；疗效明显后，剂量减至 50mg/d
来氟米特	明显减轻 RA 的关节肿痛和晨僵	20mg/d；病情可控后可 $10 \sim 20mg/d$
雷公藤	抑制外周血单核细胞和滑膜细胞产生 TNF、IL-1 和 IL-6	雷公藤多苷片，口服，$1 \sim 1.5mg/（kg·d）$。一次 10mg，每日4次，或一次 20mg，每日3次。必要时在医师密切观察下可短期 $1.8 \sim 2.0mg/（kg·d）$，病情控制后可减量或采用间歇疗法，疗程根据病种及病情而定

3. 糖皮质激素 主要抑制多种炎症因子引起的炎症，可有效减轻炎症肿痛、迅速缓解病情，但效用时间短，对病因和发病机制无影响。

四、治疗药物的应用原则

治疗 RA 应迅速给予 NSAIDs 缓解疼痛和炎症，尽快使用 DMARDs，以减少或延缓骨破坏。早期积极、合理使用 DMARDs 治疗是减少致残的关键。症状缓解后，为防止病情复发，不停药；但也可依据病情逐渐减量维持治疗，至最终停用。

1. NSAIDs 药物的选用主要根据药物的不良反应、药效时长等条件作为依据。无论何种 NSAIDs，剂量都应个体化；使用期间仅可单一足量使用；老年人宜选半衰期短的 NSAIDs 药物；COX-2 抑制剂适用于有溃疡病史的老年患者，以减少胃肠道不良反应。

2. DMARDs 具有改善和延缓病情进展的作用。从疗效和费用等方面考虑，首选 MTX。单一用药疗效不好或进展性、预后不良和难治性 RA 患者可采用 DMARDs 联合治疗。常用联合方案有：①MTX + SSZ；②MTX + 羟氯喹（或氯喹）；③MTX + 青霉胺；④MTX + 金诺芬；⑤MTX + AZA；⑥SSZ + 羟氯喹。国内还可采用 MTX 和植物药联合治疗。

3. 糖皮质激素 不作为 RA 治疗的首选药，停药易复发，长期应用可导致严重不良反应。

五、药物的不良反应

1. NSAIDs 主要发生在胃肠道。其中依托度酸的胃肠道不良反应较少，其他药物均较为常见。布洛芬胃肠道不良反应严重者可引发上消化道出血。吲哚美辛不良反应较多，易造成神经症状、肾脏受损等。双氯酚酸胃肠道不良反应常见，服用量过大时易引起胃溃疡、中性粒细胞减少、头痛等。

2. DMARDs ①青霉胺：不良反应较多，剂量大时更为明显，有蛋白尿、白细胞和血小板计数减少、胃肠道反应、骨髓抑制、皮疹、口异味、肝肾功能受损等。青霉素过敏者对本品亦过敏。②柳氮磺吡啶：恶心、呕吐、白细胞计数减少、皮疹、男性不育等，对磺胺过敏者禁用。③环磷酰胺（CTX）：骨髓抑制、白细胞及血小板计数下降、肝脏毒性、胃肠道反应、脱发、闭经和出血性膀胱炎等。④甲氨蝶呤：恶心、呕吐、口腔溃疡、腹泻、肝功能损害、骨髓抑制等，同时服用甲酰四氢叶酸钙可减少不良反应的发生，不影响疗效。⑤环孢素：主要不良反应为肾毒性，要注意监测肾功能，尽量避免与NSAIDs合用，防止加重肾毒性反应。⑥金制剂：皮疹和腹泻、口腔溃疡、白细胞及血小板计数减少、蛋白尿。⑦氯喹：胃肠道反应如恶心、呕吐、食欲缺乏等，长期使用须注意视网膜的退行性变和视神经萎缩。⑧来氟米特：胃肠道反应、皮疹及白细胞计数下降。⑨雷公藤：性腺抑制导致男性不育和女性闭经，恶心、呕吐、腹泻等。

六、药物相互作用

药物相互作用见表17-3。

表17-3 类风湿关节炎治疗药物相互作用

合用药物	相互作用结果
NSAIDs + MTX	MTX 毒性增加
糖皮质激素 + MTX	MTX 毒性加重，需减量
糖皮质激素 + CTX	增强免疫抑制作用

即学即练 17-1

类风湿关节炎可选用下列哪些药物（　　　）。

A. 阿司匹林　　　　B. 泼尼松　　　　C. 甲胺蝶呤

D. 雷公藤　　　　E. 环磷酰胺

答案解析

任务二　骨性关节炎　微课2

PPT

一、疾病概要

骨性关节炎（Osteoarthritis, OA），一种软骨疾病，是最常见的关节疾病，常发病于中老年人。骨性关节炎主要的问题是覆盖关节面的关节软骨发生退变，引起机体反应，关节周围可形成骨刺。该病早期软骨表面肿胀，丧失部分蛋白聚糖和其他的组织成分，软骨内出现裂隙和凹点，裂缝逐渐裂解至骨组织，骨端外露，骨与骨之间互相摩擦，骨组织受损，引起关节疼痛。其和RA等一些类型的关节炎不同，骨性关节炎不是系统性的，不分布于全身，常见于手指、足、膝、髋和脊柱关节，少见于腕、肘、肩及颞颌关节。临床表现主要是关节痛、关节僵硬等，随病情加剧后期会出现关节骨性肥大、关节功能减退，严重可致残疾或生活不能自理。

二、治疗原则

缓解疼痛、改善功能、延缓病程进展，提高患者生活质量。针对病因进行治疗，抑制软骨退变、增加合成，积极探索合理的治疗方法，从而达到缓解疼痛、改善功能的对症治疗。国际卫生组织推荐的骨性关节病治疗的金字塔模式，如图 17-1。

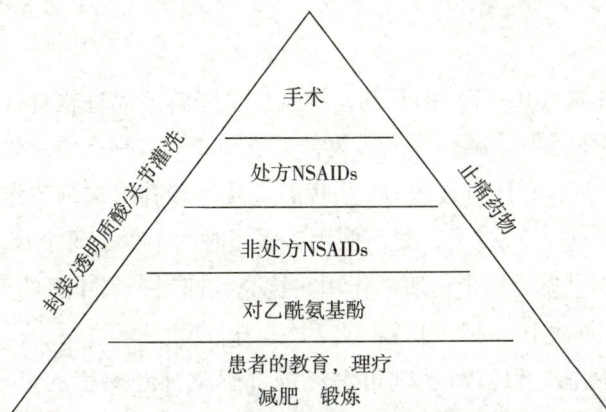

图 17-1　OA 治疗的金字塔

三、治疗药物

骨性关节炎的治疗措施包括：基础治疗、药物治疗和外科治疗。药物治疗主要分为控制症状类药物和软骨保护剂两类。

（一）控制症状类药物

1. 非甾体抗炎药（NSAIDs）　最常用的控制 OA 症状药物，具有抗炎、镇痛作用。NSAIDs 既有镇痛作用又有抗炎作用，NSAIIDs 应使用最低有效剂量，短疗程。

2. 对乙酰氨基酚　轻症可短期使用一般镇痛剂作为首选药物，对乙酰氨基酚，每次 0.3~0.6g，每日 2~3 次口服，每日剂量不超过 4.0g。

3. 阿片类药物　适用于急性疼痛患者，且对乙酰氨基酚及 NSAIDs 不能充分缓解疼痛或有用药禁忌时，可考虑用弱阿片类药物，这类药物耐受性较好而成瘾性小。如口服可待因或曲马多等，使用从低剂量开始，每隔数日缓慢增加剂量。

4. 糖皮质激素　关节腔内注射药物，此类药物主要应用于常规治疗效果不佳和不能耐受药物者。使用后可减少渗出、缓解疼痛。疗效可持续数周至数月。

5. 透明质酸　关节腔内注射药物，可减轻关节疼痛、保护软骨、增加关节活性。常用药物有透明质酸钠、玻璃酸钠等，疗效可持续数月。

（二）软骨保护剂

软骨保护剂类药物起效作用慢，治疗数周后才可见效。其具有降低基质金属蛋白酶、胶原酶等活性作用，具有抗炎、镇痛、保护关节软骨、延缓 OA 发展的作用，常用药物有氨基葡萄糖、硫酸软骨素等。

1. 氨基葡萄糖　可改善关节软骨的代谢，提高关节软骨的修复能力，保护损伤的关节软骨，缓解

227

OA 的疼痛症状，延缓 OA 的病理过程和疾病进程，具有症状调控和结构调控双重效应。氨基葡萄糖主要有硫酸氨基葡萄糖和盐酸氨基葡萄糖，两者氨基葡萄糖含量有所差异，但生物学作用相似。常用剂量≥1500mg/d，否则疗效欠佳，每日 2 ~ 3 次，持续 8 周以上显效，使用 1 年以上疗效更稳定，可联合 NSAIDs 使用。

2. 硫酸软骨素 能有效减轻 OA 的症状，减轻疼痛，改善关节功能，减少 NSAIDs 或其他镇痛药的用量。成人 1200mg/d，口服。

（三）生物制剂及其他

1. 双醋瑞因 白细胞介素（IL-1）抑制剂，抑制软骨降解、促进软骨合成，并抑制滑膜炎症。它不仅能有效地改善骨关节炎的症状，减轻疼痛，改善关节功能。且具有后续效应，连续治疗 3 个月以后停药，疗效至少可持续 1 个月；它还可延缓 OA 病程的进展，具有结构调节作用。该药不抑制前列腺素的合成。成人用量：每次 50mg，2 次/天，餐后服用，服用时间不少于 3 个月。

2. 多西环素 具有抑制基质金属蛋白酶的作用、抗炎、抑制一氧化氮的产生、减少骨重吸收作用，可使 OA 的软骨破坏减轻。每次 100mg，每日 1 或 2 次口服。

3. 辣椒碱 局部外用药物，辣椒碱乳剂可消耗局部感觉神经末梢的 P 物质，可减轻关节疼痛和压痛。

4. 双膦酸盐（BPs） 主要作用机制是抑制破骨细胞溶解矿物质，同时防止矿物质外流。还可抑制胶原酶和前列腺素，从而减少骨赘形成。

5. 维生素 A、C、E、D OA 的软骨损伤可能与氧自由基的作用有关，近年来研究发现，维生素 A、C、E 可能主要通过其抗氧化机制而有益于 OA 的治疗。维生素 D 则通过对骨的矿化和细胞分化的影响在 OA 治疗中发挥作用。

四、治疗药物的应用原则

1. NSAIDs 治疗过程中有胃肠道危险因素患者应用选择性环氧合酶（COX）-2 抑制剂或非选择性 NSAIDs + 米索前列醇或质子泵抑制剂。如患者有发生心血管不良事件的危险则应慎用 NSAIDs。药物种类及剂量的选择应个体化，充分考虑患者的基础情况，对老年患者应注意心血管和胃肠道的双重风险。

2. 关节腔内注射药物 此类药物主要应用于常规治疗效果不佳和不能耐受药物的患者。

3. 软骨保护剂类药物 起效慢且需长时间使用。

▶▶ 岗位情景模拟

情景描述 患者，女，65 岁，左侧膝关节于 4 年前开始疼痛，行走及伸屈时加重，平时服用"双氯灭痛、炎痛喜康"等药缓解症状，坚持正常工作。因症状加重，于市中医院拍片检查为退行性病变，经针灸、烤电等治疗无效，5 天前膝关节症状明显加重，肿胀疼痛，行走受限。患者自发病以来，精神尚可，睡眠欠佳。无特殊嗜好，既往无肝炎、结核病史，药物过敏史。

查体：T 36.8℃，P 70 次/分，R 21 次/分，BP 150/85mmHg，发育正常，眼、耳、鼻、咽无异常。气管居中，甲状腺不大；胸廓对称，无畸形，触诊语颤均等，无增强及减弱，心肺肝未见异常。

【专科检查】左侧髌周触诊压痛明显；髌骨研磨实验左（＋）右（－）；单足半蹲实验左（＋）右（－）。腘窝处压痛明显。

【辅助检查】尿常规（－）；血常规（－）；心电图（－）。

讨　　论　1. 请分析病因，给出诊断。

　　　　　2. 药物治疗方案？

答案解析

五、药物的不良反应

NSAIDs 主要不良反应有胃肠道症状，肾或肝功能受损、血小板功能受影响、增加心血管不良事件发生的风险。对乙酰氨基酚主要不良反应有胃肠道症状和肝毒性。关节腔内注射剂应严格遵守无菌技术，否则易出现感染。

六、药物相互作用

氨基葡萄糖与硫酸软骨素联用起协同作用。两者联用可增加软骨基质含量，能更有效地保护关节软骨、逆转损坏及促进损伤修复，延缓 OA 的发展。

即学即练 17 - 2

骨性关节炎中，哪个部位的关节最常见（　　）。

A. 手　　　　　　　　　　B. 足　　　　　　　　　　C. 膝

D. 髋　　　　　　　　　　E. 脊柱

答案解析

目标检测

答案解析

一、选择题

（一）最佳选择题

1. 主要用于治疗风湿性和类风湿关节炎的药物是（　　）。

A. 布洛芬　　　　　　　　B. 对乙酰氨基酚　　　　　C. 秋水仙碱

D. 丙磺舒　　　　　　　　E. 安乃近

2. 使用非甾体抗炎药治疗类风湿关节炎时，为预防其胃肠道副作用常并用（　　）。

A. 钙剂　　　　　　　　　B. 维生素 K　　　　　　　C. H_2受体拮抗剂

D. 碱性药　　　　　　　　E. 羟氨苄青霉素

3. 下列药物中，不属于抗风湿药的为（　　）。

A. 甲氨蝶呤　　　　　　　B. 依那西普　　　　　　　C. 硫唑嘌呤

D. 金诺芬　　　　　　　　E. 来氟米特

4. 类风湿关节炎的药物治疗中，抗风湿药物首选（　　）。

A. 柳氮磺胺吡啶　　　　　B. 来氟米特　　　　　　　C. 青霉胺

D. 甲氨蝶呤   E. 环孢素

5. 目前唯一被批准用于治疗类风湿关节炎的生物制剂为（   ）。

  A. 英夫利西单抗   B. 阿达木单抗   C. 阿那白滞素

  D. 阿巴西普   E. 利妥昔单抗

6. 骨性关节炎伴轻中度疼痛患者，首选（   ）。

  A. 布洛芬   B. 对乙酰氨基酚   C. 曲马多

  D. 糖皮质激素   E. 透明质酸钠

7. 骨性关节炎治疗的关键为（   ）。

  A. 早期预防   B. 遵医嘱用药   C. 早期就诊

  D. 减少运动   E. 避免不良姿势

8. 下列非甾体抗炎药中，胃肠道损害相对较大的为（   ）。

  A. 布洛芬   B. 萘普生   C. 美洛昔康

  D. 双氯芬酸   E. 塞来昔布

9. 与华法林同时使用，可能增加 INR 值的药物为（   ）。

  A. 塞来昔布   B. 尼美舒利   C. 美洛昔康

  D. 洛索洛芬   E. 依托度酸

（二）配伍选择题

（10～12 题共用备选答案）

  A. 布洛芬   B. 塞来昔布   C. 甲氨蝶呤

  D. 利妥昔单抗   E. 泼尼松

10. 属于非选择性 COX-2 抑制剂的药物是（   ）。

11. 属于选择性 COX-2 抑制剂的药物是（   ）。

12. 属于抗风湿药的药物是（   ）。

（三）多项选择题

13. 属于治疗类风湿关节炎的药物是（   ）。

  A. 双氯芬酸钠   B. 青霉素   C. 青霉胺

  D. 雷公藤多苷片   E. 甲氨蝶呤

14. 关于类风湿关节炎，下列说法正确的为（   ）。

  A. 药物剂量应个体化

  B. 联合使用 2 种 NSAIDs

  C. 老年人宜选用半衰期长的 NSAIDs

  D. 有溃疡病史的老年人，宜服用选择性 COX-2 抑制剂

  E. NSAIDs 必须与 DMARDs 联合使用

15. 关于类风湿关节炎的糖皮质激素治疗，下列说法正确的为（   ）。

  A. 小剂量使用

  B. 短期使用

  C. 密切监测血压及血糖变化

  D. 关节腔注射，1 年内不宜超过 5 次

E. 使用糖皮质激素时，需同时补充钙剂和维生素 D

16. 骨性关节炎全身使用非甾体抗炎药的用药原则为（　　）。

　　A. 用药前进行风险评估

　　B. 剂量个体化

　　C. 尽量使用最低有效剂量

　　D. 为达到良好的镇痛效果，尽量使用负荷剂量

　　E. 用药 3 个月，根据病情检查肝肾功能

17. 关于骨性关节炎，下列说法正确的为（　　）。

　　A. 重在预防　　　　　　　　B. 早期就诊　　　　　　　　C. 急性期减少运动

　　D. 慢性期制订适宜的运动计划　　E. 加强体育锻炼

18. 骨性关节炎的用药注意事项，下列说法正确的为（　　）。

　　A. 只有在 1 种 NSAIDs 足量使用 1 ~ 2 周后，无效才更改为另 1 种

　　B. 老年人宜选用半衰期短的 NSAIDs 药物

　　C. 避免同时服用两种以上 NSAIDs

　　D. 磺胺过敏者禁用塞来昔布

　　E. 塞来昔布抑制血小板活性

二、简答题

1. 简述类风湿关节炎的药物治疗的原则。

2. 简述骨性关节炎的治疗措施及治疗药物。

三、实例解析题

　　患者，女性，56 岁。患类风湿关节炎 2 年，反复发作，常用布洛芬治疗，效果欠佳。3 个月前住院，有典型的掌指关节肿痛、晨僵伴低热。住院后查血沉、类风湿因子均高于正常。

　　问题　1. 结合患者病情简述类风湿关节炎的治疗原则。

　　　　　2. 此种情况建议的治疗方案是什么并阐述理由。

书网融合……

知识回顾　　微课1　　微课2　　习题

（张　蕾）

项目十八　抗菌药物的合理应用

学习引导

抗菌药物治愈并挽救无数患者生命的同时，也出现了由于抗菌药物不合理应用导致的不良后果，如细菌耐药性的快速增长，已成为全球瞩目的重要医学事件。早在 2020 年 6 月，世界卫生组织就发布消息，由于 2019 年冠状病毒大流行导致抗生素的使用增加，最终将导致更高的细菌耐药率。正确合理应用抗菌药物是提高疗效、降低不良反应发生率以及减少或减缓细菌耐药性发生的关键。那么抗菌药物体内过程的特点有哪些呢？如何预防细菌耐药性和不良反应的发生呢？如何做好抗菌药物的合理使用呢？

本项目主要介绍抗菌药物体内过程的特点、细菌耐药性的发生和预防对策、抗菌药物的不良反应和防治、抗菌药的临床应用基本原则、联合应用、预防应用。

学习目标

1. **掌握**　抗菌药的临床应用基本原则和体内过程。
2. **熟悉**　常见抗菌药物不良反应及防治原则。
3. **了解**　细菌耐药性和预防对策。

任务一　抗菌药物体内过程的特点

PPT

药物体内过程包括药物的吸收、分布、生物转化和排泄等过程，简称为 ADME 过程。临床制订用药方案时，应当根据抗菌药物体内过程的规律进行。

1. 吸收　不同抗菌药物的吸收程度和吸收速率不尽相同。如阿莫西林、克林霉素、多西环素、磺胺类药物、利福平、异烟肼等的生物利用度可达 90% 以上，而氨基糖苷类、万古霉素、多黏菌素类、两性霉素 B 等生物利用度仅为 0.5%～3%。口服青霉素 G 和氨苄西林后，分别吸收 10%～15% 和 30%～50%，头孢菌素类的多数药物口服吸收亦很少。天然四环素类因易与钙、铁、镁、铝、铋等金属离子螯合而影响其吸收，生物利用度一般在 70% 以下，其活性也可被碱性物质所抑制，因此不宜与抗酸药合用。口服和肌内注射抗菌药的血药峰浓度一般于 1～4 小时内即可达到，静脉给药因无吸收过程，用药后即刻达到血药峰浓度。重症患者宜采用静脉途径给药。

2. 分布　影响药物分布的因素很多，如药物的理化性质、体液 pH、血浆蛋白结合率、器官血液量、药物与组织的亲和力以及屏障作用等。许多抗菌药物吸收后主要分布在血液、浆膜腔和血液供应丰富的组织中，而在脑组织、脑脊液、骨组织、前列腺、痰液中难以达到有效浓度。因而在治疗感染性疾病选择药物时，不但要考虑致病菌的差异性，还要考虑感染器官的差异性。抗菌药物吸收后在各组织中的分布差异是选择药物的重要依据。胸腔、腹腔、关节腔和各种体液中浓度一般为血药浓度的 50% ~ 100%。

（1）脑脊液 由于血脑屏障的存在，大多数抗菌药能够透过正常血脑屏障进入脑脊液中的量极少，但某些药物对血脑屏障的穿透性好。给药剂量和患者对药物的敏感度与脑脊液中药物浓度有关。

（2）前列腺 大多抗菌药在前列腺组织中浓度较低，但红霉素、氟喹诺酮类、磺胺甲基异噁唑等应用后可达到有效浓度。

（3）骨组织 林可霉素、克林霉素、万古霉素、磷霉素、氟喹诺酮类的多数药物在骨组织中有较高的浓度，可达血浓度的 0.3 ~ 2 倍。

（4）胆汁 分泌至胆汁中的药物以四环素类、大环内酯类、林可霉素类、利福平等浓度较高。

（5）支气管 除磺胺嘧啶、甲硝唑、氯霉素、异烟肼等外，痰及支气管分泌液中的药物浓度大多低于同时期血药浓度，以氟喹诺酮类、红霉素、氯霉素、利福平、甲氧苄啶等的浓度较高。

3. 代谢 大部分抗菌药物经肝脏代谢，主要经过肝脏代谢的药物包括大环内酯类、林可霉素、克林霉素、氯霉素、利福平等，肝功能不全时药物代谢减慢，在肝功能减退时使用以上药物须及时调整剂量。

4. 排泄 大部分抗菌药物经肾排泄，有些药物也可经胆汁、唾液、泪液、痰液、乳汁等排泄。大多数青霉素类、头孢菌素类、氨基糖苷类、氟喹诺酮类等药物主要以原形经肾排泄，在尿中药物浓度高，有利于尿路感染的治疗。但第一、二代头孢菌素和氨基糖苷类药物有肾毒性，临床用药应定期进行肾功能检查，避免与肾毒性药物合用，肾功能减退者慎用。

即学即练 18 - 1

易渗入骨组织中治疗骨髓炎的有效药物是（ ）。

A. 红霉素 B. 四环素 C. 克林霉素

D. 阿奇霉素 E. 罗红霉素

答案解析

任务二 细菌耐药现象及预防

PPT

耐药性（tolerance）又称抗药性（drug resistance），是指微生物、寄生虫以及肿瘤细胞对于化疗药物作用的敏感性下降，化疗作用降低的现象。细菌耐药性可分为固有耐药、获得性耐药和多重耐药。固有耐药又称天然耐药，是由细菌染色体基因决定，具有稳定的遗传性，发生率较低。如肠道革兰阴性杆菌对青霉素 G 耐药、铜绿假单胞菌对多数抗生素均不敏感、链球菌对氨基糖苷类抗生素耐药等。获得性耐药是指细菌在多次接触抗菌药物后，由质粒介导产生耐药。细菌的获得性耐药质粒将耐药基因转移给染色体代代相传，成为固有耐药。多重耐药是指细菌对多种结构不同（作用机制不同）抗菌药物同时耐药，多重耐药决定了联合用药的必然性。

一、耐药性的产生与发展

基因的变异是产生耐药性的主要原因。细菌耐药机制主要有：①抗菌药物作用靶位的改变；②抗菌药物被细菌产生的酶灭活；③细菌细胞膜通透性的改变，使抗菌药物不能进入细菌细胞或被细菌细胞膜的药物泵排出细胞；④形成细菌生物被膜，为细菌躲避抗菌药物作用提供场所；⑤以上几种机制的结合。细菌耐药性既可在细菌间传播，也可通过人或环境进行传播。

细菌耐药发生发展过程与临床抗菌药物的使用密切相关，随着青霉素的广泛使用，金葡菌的耐药性迅速增加，当时主要通过质粒介导的诱导性 A 类 β-内酰胺酶水解青霉素。为解决这一问题，1961年甲氧西林问世并投入临床使用，不久之后报道出现耐甲氧西林金葡菌（MRSA）。后来研发的万古霉素对 MRSA 一直相当敏感，但在 20 世纪 90 年代末期，又有对万古霉素敏感性降低的金葡菌的报道。20 世纪 50 年代中期，革兰阴性菌和葡萄球菌出现耐药性开始引起人们的注意。同样，对其他抗菌药物，细菌也不断表现出新的耐药性。迄今为止，细菌产生的 β-内酰胺酶已从普通酶发展到广谱酶、超广谱酶、碳青霉烯酶、水解酶、β-内酰胺酶抑制剂的酶等，细菌耐药已经成为全球严峻的公共卫生挑战。

📱 知识链接

我国主要的耐药菌

国家卫健委全国细菌耐药监测网（CARSS）2018 年监测结果显示：革兰阳性菌分离率排名前 5 位的是：金黄色葡萄球菌（占革兰阳性菌 32.5%）、肺炎链球菌（占革兰阳性菌 10.7%）、表皮葡萄球菌（占革兰阳性菌 10.5%）、屎肠球菌（占革兰阳性菌 9.6%）和粪肠球菌（占革兰阳性菌 9.5%）。

革兰阴性菌分离率排名前 5 位的是：大肠埃希菌（占革兰阴性菌 28.9%）、肺炎克雷伯菌（占革兰阴性菌 20.4%）、铜绿假单胞菌（占革兰阴性菌 12.4%）、鲍曼不动杆菌（占革兰阴性菌 9.9%）和阴沟肠杆菌（占革兰阴性菌 4.0%）。抗菌药物的不合理使用是细菌对其产生耐药的重要原因，因此，遏制细菌耐药的关键是合理使用抗菌药物。

细菌耐药导致患者治疗失败、医疗费用增加、病死率上升，更为严重的是耐药菌的进一步发展可能使人类重新面临感染性疾病的威胁。WHO 在 2011 年发出"抵御耐药性——今天不采取行动，明天就无药可用"的号召，且在 2015 年发布《全球耐药控制行动》。随后，国家卫健委等 14 个部门联合发布了《遏制细菌耐药国家行动计划（2016—2020 年）》，从国家层面对抗菌药物合理应用和遏制细菌耐药实施综合治理策略和措施。遏制细菌耐药的关键是合理使用抗菌药物。

▶▶ 岗位情景模拟 18-1

情景描述 患者，男，56 岁。发热 3 天，最高体温达 40.0℃，伴血压下降。诊断为：重症肺炎；高血压 I 级（中危组）。辅助检查：总胆汁酸 38.3μmol/L、γ-谷氨酰胺转肽酶 148IU/L；血常规：白细胞计数 8.574×10^9/L，中性粒细胞 79.0%；C 反应蛋白 78.80mg/L；真菌 D-葡聚糖 41.7pg/ml；痰细菌培养：肺炎克雷伯杆菌（+++），药敏实验结果显示：对哌拉西林他唑巴坦等耐药。

用药医嘱：

氟康唑注射液 0.2g　ivgtt bid 3.21 ~ 3.31

哌拉西林他唑巴坦注射液　4.5g　ivgtt tid　3.22 ~ 4.1

莫西沙星注射液 0.4g　ivgtt qd　3.21 ~ 3.22

讨　论

1. 该患者莫西沙星治疗一天后无药物不良反应，换用哌拉西林他唑巴坦，是否合理？

2. 目前患者使用哌拉西林他唑巴坦注射液抗感染效果明显，但痰细菌培养出肺炎克雷伯杆菌（＋＋＋），药敏实验结果显示：对哌拉西林他唑巴坦等均耐药。下一步如何处理？

答案解析

二、耐药性的预防对策

1. 细菌耐药监测　细菌耐药监测有助于掌握临床重要病原菌对抗菌药物的敏感性，为抗感染经验治疗、耐药菌感染防控以及抗菌药物的选择提供依据。

2. 以合理用药为中心，遏制细菌耐药　一方面严格掌握用药的适应证，用抗菌药物前应尽一切可能进行病原学的检查，非细菌感染不能使用抗菌药物；另一方面则是需要根据感染病原菌及其药物敏感性、患者病理生理状况和抗菌药物本身特征选择恰当的抗菌药物，制订正确的给药方案。

3. 新抗菌药物的寻找和研制　加强阐释细菌致病和耐药机制研究，为制订耐药控制策略与研究开发新药物、新技术提供科学数据。寻找和研制具有抗菌活性，尤其对耐药菌有活性的新抗菌药。支持耐药菌感染诊断、治疗与控制研究，包括新的治疗方案、优化剂量、耐药菌感染治疗策略以及临床少用抗菌药物的再评价等，提高临床治疗感染性疾病的能力水平。

4. 其他　①规范抗菌药物临床应用管理。加强医务人员抗菌药物合理应用能力建设。②医疗机构中严格执行消毒隔离制度，防止耐药菌的交叉感染。③原则上尽量选用窄谱抗菌药，一般疗程 7 ~ 10 天，如 3 天无效应更换药品。④联合用药应有明确指征。⑤加强抗菌药物监督管理。⑥坚决制止在经济利益驱动下滥用。⑦广泛宣传抗菌药物合理应用知识，提高公众对细菌耐药危机的认识。

即学即练 18 -2

细菌对青霉素产生耐药性的主要机制是（　　）。

A. 细菌产生了新的靶点　　　　　　　B. 细菌细胞内膜对药物通透性改变

C. 细菌产生了大量 PABA（对氨苯甲酸）　　D. 细菌产生水解酶

E. 细菌的代谢途径改变

答案解析

任务三　抗菌药物的不良反应及防治

PPT

抗菌药物在抗感染治疗中起到重要作用的同时，也带来了某些不良反应，严重时甚至会致残或致死。因此，了解和掌握抗菌药的特性，避免和减少不良反应的发生极为重要。

一、抗菌药物常见的不良反应

（一）毒性反应

1. 肝、肾毒性反应 唑类抗真菌药、大环内酯类、磺胺类、四环素类可引起黄疸、转氨酶升高、甚至肝功能减退、肝变性坏死。肾脏是大多数抗菌药物的主要排泄器官，药物可在肾皮质有较高浓度的积聚，因此，肾毒性相当常见。引起肾毒性的抗菌药物主要有氨基糖苷类、第一代头孢菌素类、第二代头孢菌素类及两性霉素 B 等。

2. 神经系统毒性反应 第八对脑神经损害是氨基糖苷类最严重的毒性反应，所有的氨基糖苷类药物都有一定的耳毒性，如听力减退、耳鸣或耳部饱满感。氟喹诺酮类与细胞内抑制神经元的 GABA 受体相结合，从而阻滞 GABA 而导致中枢神经兴奋，可表现为失眠、幻觉和惊厥。碳青霉烯类的亚胺培南也抑制 GABA 神经元而引发中枢兴奋不良反应，如头晕、抽搐、肌痉挛及精神症状。引起其他神经系统反应的药物有异烟肼和乙胺丁醇，可引起周围神经炎，给予维生素 B_6 可以防治。

3. 血液系统毒性 氯霉素和磺胺类能抑制骨髓，引起白细胞减少症，发生再生障碍性贫血。四环素类可使血浆凝血酶原活性减低，导致溶血性贫血。

（二）变态反应

变态反应可表现为过敏性休克、光敏反应、药物热、支气管哮喘、喉头水肿、荨麻疹等。青霉素、头孢菌素类、氨基糖苷类等容易发生此类反应。

（三）二重感染

引起二重感染的常见致病菌为革兰阴性杆菌、真菌、葡萄球菌属。可引起口腔及消化道感染、肺部感染、尿路感染、血流感染等，发生率为2%。一般出现于用药后 3 周内，多见于长期应用广谱抗菌药物者、婴儿、老年人、有严重原发病者及进行腹部大手术者。β 内酰胺类中第三代头孢菌素、亚胺培南或氨苄西林等治疗时间过长，易引起口腔、肠道白色念珠菌感染。四环素类、林可霉素类可引起假膜性肠炎。

（四）胃肠道反应

几乎所有抗菌药物都可能引起胃肠道反应，主要表现为恶心、呕吐、腹泻、腹胀、腹痛、食欲缺乏等。特别是四环素类、第三代头孢菌素类、大环内酯类、喹诺酮类、硝基咪唑类、克林霉素及抗真菌药。

（五）其他不良反应

少数人使用抗菌药物后可引起肛周糜烂及肛门瘙痒，停药后症状消失。氯霉素可致灰婴综合征。某些抗菌药物停用后可引起后遗效应，如氨基糖苷类引起的永久性耳聋。一些抗菌药可引起"三致"反应，如利福平可能会导致畸胎，氯霉素和某些抗菌药有致突变和致癌作用等。使用含有甲硫四唑侧链的头孢菌素数日之后，如果饮用酒精类饮料，有时会出现双硫仑样反应，临床表现为颜面潮红、恶心、呕吐、出汗、心动过速、呼吸加快，偶有低血压和意识模糊的症状。

二、抗菌药物不良反应的防治原则

应用任何抗菌药物前均应充分了解其可能发生的各种反应及相应防治对策。

（一）毒性反应的防治原则

慎用毒性较强的抗菌药物。剂量宜按生理和病理状况（特别是肝肾功能）而确定。氨基糖苷类、氯霉素、万古霉素，应定期监测血药浓度，尤其是用于新生儿时；应用氨基糖苷类抗生素时检查听力、肾功能。疗程必须适当，并及时停药。联合用药时要警惕毒性的协同作用。

（二）变态反应的防治原则

了解患者的过敏史或药物不良反应史，使用青霉素类制剂前须详细询问过敏史，对青霉素过敏者禁用；初次使用青霉素类制剂需做皮试确定是否过敏，已停用 24 小时以上或更换生产批号时应重做皮试；鉴于 90% 的过敏性休克于给药后 30 分钟内发生，故用药后至少应观察 30 分钟，无反应者方可离去。过敏性休克一旦发生，应立即皮下或肌内注射 0.1% 肾上腺素 0.3～0.5mg。其他选用药物有血管活性药物、抗组胺药物、糖皮质激素等。

（三）二重感染的防治原则

避免长时期大剂量使用抗菌药物尤其是广谱抗菌药物。除非有明确指征的严重混合感染可选用广谱抗生素外，对一般感染应根据症状诊断和药敏实验，使用具有高度选择性的窄谱抗生素。合理控制使用抗生素的剂量和时间。如长期大剂量应用广谱抗生素，出现原因不明的发热或肺炎，应用抗生素治疗无效时，应考虑二重感染，可试用抗真菌药物，如两性霉素 B、酮康唑等。

（四）其他

对于特殊人群，老年人病多，用药品种也较多，医生应提醒患者可能出现的不良反应；至于小儿，尤其新生儿，对药物的反应不同于成人，其剂量应按体重或体表面积计算，用药期间应加强观察；孕妇用药应特别慎重，尤其是妊娠前 3 个月应避免用任何药物。肝病和肾病患者，除选用对肝肾功能无不良影响的药物外，还应适当减量。应用对脏器功能有损害的药物时，须按规定检查器官功能，如应用利福平、异烟肼时检查肝功能。注意不良反应的早期症状，以便及时停药和处理，防止进一步发展。

▶▶ 岗位情景模拟 18－2

情景描述 患者，男性，58 岁。因上呼吸道感染入院，给予静脉滴注头孢哌酮钠治疗。治疗 3 日晚餐时，因朋友盛情难却饮酒 1 杯，随即出现颜面潮红、头颈部血管剧烈搏动、眩晕、心悸、气促、呼吸困难、恶心、心前区不适、濒死感等症状。

查体：T 36.5℃，R 25 次/分、P 123 次/分，BP 80/50mmHg，神清，烦躁。心电图示窦性心动过速。

讨　论　1. 该患者发生了什么不良反应。

2. 如何对患者进行用药指导？

答案解析

三、合理应用治疗药物监测

治疗药物监测（TDM）是以药代动力学为指导，通过对患者血液或其他体液中的药物浓度监测，获取有关药代动力学参数，以制订合理的、个性化给药方案；包括药物剂量、给药途径和给药间隔，以提高疗效和降低不良反应，达到安全、有效治疗的目的。治疗药物监测是临床药学的重要组成部分。对于某些毒性大的抗菌药物进行治疗药物监测，并予以个体化给药，对于提高感染性疾病治愈率、减少或避免毒性反应的发生具有重要的临床意义。

大多数抗菌药物（如青霉素类、头孢菌素类、大环内酯类）的毒性较低，治疗安全范围大，在有效治疗剂量或浓度范围内不致发生毒性反应，因此不需将此类抗菌药物列为常规治疗药物监测。需要进行药物监测的有如下几种情况：①药物毒性大，其治疗浓度与中毒浓度接近者，例如氨基糖苷类、万古霉素类；②新生儿期使用易发生严重反应者，如氯霉素；③肾功能减退时易发生毒性反应者，如氟胞嘧啶、磺胺甲噁唑、甲氧苄啶等；④某些特殊部位的感染，如中枢神经系统感染，确定感染部位是否已达到有效浓度，或者是否浓度过高而可能引起不良反应。特殊情况下，毒性较低的抗菌药物也需进行药物监测，如肾功能减退患者伴严重感染需大剂量使用青霉素时，为防止药物在脑脊液浓度过高而发生中枢神经系统毒性反应，可进行脑脊液及血药浓度测定。

即学即练 18－3

孕妇和 8 岁以下儿童禁用的抗生素为（　　）。
A. 头孢噻肟　　　　B. 四环素　　　　C. 阿奇霉素
D. 青霉素　　　　E. 阿莫西林

答案解析

任务四　抗菌药物应用的基本原则与抗菌药物的联合应用

抗菌药物的应用应遵循"安全、有效、经济"的原则。合理应用抗菌药物是提高疗效、降低不良反应发生率以及减少或延缓细菌耐药发生的关键。抗菌药物临床应用是否合理，基于以下两方面：有无抗菌药物应用指征，选用的品种及给药方案是否适宜。

一、抗菌药物治疗性应用的基本原则

（一）诊断为细菌性感染者方有指征应用抗菌药物

根据患者的症状、体征及血、尿常规等实验室检查结果或影像学检查结果，诊断为细菌性、真菌性感染者方有指征应用抗菌药物；或由结核分枝杆菌、非结核分枝杆菌、衣原体、支原体、螺旋体、立克次体及部分原虫等病原微生物所致的感染亦有指征应用抗菌药物。缺乏细菌及上述病原微生物感染的相关证据，以及病毒性感染者，均不能应用抗菌药物。

（二）根据病原种类及药物敏感试验结果选用抗菌药物

抗菌药物品种的选用，原则上应根据病原菌种类及病原菌对抗菌药物敏感性，即细菌药物敏感试验结果而定。对临床诊断为细菌性感染的患者应在开始抗菌治疗前，及时进行病原学检测，以尽早明确病原菌和药敏结果，并据此调整抗菌药物治疗方案。危重患者在未获得病原菌种类及药敏结果前，可根据患者的感染部位、发病情况、基础疾病、发病场所等推断最可能的病原菌，先进行抗菌药物经验治疗，获知病原菌种类及药敏结果后，结合先前的治疗反应调整用药方案。

（三）综合病原菌种类、抗菌药物特点及患者病情，制订抗菌治疗方案

各种抗菌药物的药效学和人体药动学特点不同，因此各有不同的临床适应证。临床治疗应根据病原

菌种类、感染部位、感染严重程度和抗菌药物药效学和药动学特点，以及患者的生理、病理情况制订抗菌治疗方案。主要细菌感染的抗菌药物选择方案见表18-1。

表18-1　主要细菌感染的抗菌药物选择方案

病原菌	首选	可选
金黄色葡萄球菌		
MSSA	苯唑西林、氯唑西林	头孢唑林、头孢克洛、氨苄西林-舒巴坦、克林霉素
MRSA	万古霉素、去甲万古霉素	替者拉宁、利奈唑胺、达托霉素、夫西地酸、磷霉素、利福平、SMZ-TMP（后四者用于联合治疗）
CA-MRSA		
轻、中度感染	SMZ-TMP 或多西环素，或利福平	克林霉素（D 试验阴性者）
严重感染	万古霉素或替考拉宁	利奈唑胺或达托霉素
肺炎链球菌		
青霉素敏感	青霉素	氨苄西林、阿莫西林
青霉素中介	大剂量青霉素、氨苄西林或阿莫西林（用于非脑膜感染）	左氧氟沙星、莫西沙星
青霉素耐药	头孢曲松、头孢噻肟、左氧氟沙星、莫西沙星	万古霉素
化脓性链球菌（A、C、G、F 群）	青霉素或青霉素 V（对严重 A 群菌感染，可加用克林霉素）	氨苄西林、阿莫西林、头孢唑林、红霉素、阿奇霉素、克拉霉素
草绿色链球菌（心内膜炎）	青霉素+庆大霉素	对青霉素过敏者用万古霉素（或去甲万古霉素）
白喉棒状杆菌	红霉素	克林霉素
淋病奈瑟菌		
不产酶株	青霉素、头孢克肟、头孢泊肟	氨苄西林
产酶株	头孢曲松、大观霉素	氟喹诺酮类
脑膜炎奈瑟球菌	青霉素	头孢曲松、头孢呋辛、头孢噻肟
流感嗜血杆菌		
非产酶株	氨苄西林、头孢呋辛	SMZ-TMP、氟喹诺酮类
产酶株	阿莫西林克拉维酸、氨苄西林舒巴坦	头孢噻肟、头孢曲松
大肠埃希菌		
全身性感染	第三代或第四代头孢菌素±氨基糖苷类	哌拉西林-他唑巴坦、头孢哌酮-舒巴坦、氟喹诺酮类±氨基糖苷类
急性非复杂性下尿路感染	呋喃妥因、磷霉素	头孢氨苄、头孢拉定、头孢克洛、氟喹诺酮类、SMZ-TMP
上尿路感染	氨苄西林-舒巴坦、阿莫西林-克拉维酸	头孢唑林、头孢呋辛、第三代头孢菌素、氟喹诺酮类
伤寒沙门菌	氟喹诺酮类、头孢曲松	氯霉素、阿莫西林、SMZ-TMP
铜绿假单胞菌	头孢吡肟、头孢他啶、碳青霉烯类、环丙沙星+氨基糖苷类 严重感染头孢吡肟或头孢他啶+妥布霉素	头孢哌酮-舒巴坦±氨基糖苷类、哌拉西林-他唑巴坦、氨曲南±氨基糖苷类
肺炎支原体	红霉素、阿奇霉素、克拉霉素、氟喹诺酮类	多西环素
肺炎衣原体	红霉素、多西环素	氟喹诺酮类

岗位情景模拟 18 −3

情景描述 患儿，男，5 日龄。昨起拒食、反应差，今日皮肤明显黄染入院。体检：颈周、前胸多个小脓疱，心肺无异常，肝右肋下 2.5cm，脾肋下 1cm，诊断为新生儿败血症，给予头孢曲松治疗。

讨　　论 1. 该治疗方案是否妥当？原因是什么？

2. 患者分泌物涂片、血培养找到革兰阳性球菌，可换用哪种抗菌药物？

答案解析

二、抗菌药物预防性应用的基本原则

（一）内科预防用药

用于尚无细菌感染征象但暴露于致病菌感染的高危人群。应针对一种或两种最可能细菌的感染进行预防用药，不宜盲目地选用广谱抗菌药或多药联合预防多种细菌多部位感染。应限于针对某一段特定时间内可能发生的感染，而非任何时间可能发生的感染。原发疾病可以治愈或缓解者，预防用药可能有效，原发疾病不能治愈或缓解者，应权衡利弊决定是否预防用药。麻疹和水痘等病毒性疾病、普通感冒、昏迷、休克、中毒、心力衰竭、肿瘤、应用肾上腺皮质激素等患者不应预防使用抗菌药物。

📖 **知识链接**

新冠肺炎的治疗中抗菌药物的合理使用

国家卫健委发布新型冠状病毒肺炎诊疗方案（试行第七版）对于"抗菌药物治疗"明确指出：避免盲目或不恰当使用抗菌药物，尤其是联合使用广谱抗菌药物。

然而，新冠肺炎重症感染者，由于全身免疫力低下，后期常出现合并细菌、真菌感染，导致病情加重甚至死亡。危重症患者的诊治难度仍是临床关注焦点所在，在探索治疗新冠病毒药物的同时，也应准确应对重症患者面临的合并细菌感染、合理把控抗菌药物的使用。

WHO 提出，对于病情危重的患者，可能一开始就需要使用较强的抗生素，给予较为广谱的抗菌药物，覆盖较多的病原菌。在病原学检测结果出来后，再决定是否给予降阶梯治疗或调整治疗方案。

（二）外科手术预防用药

外科手术预防用药主要是预防手术部位感染。手术期抗菌药物预防用药，应根据手术切口类别、手术创伤程度、可能的污染细菌种类、手术持续时间、感染发生机会和后果严重程度、抗菌药物预防效果的循证医学证据、对细菌耐药性的影响等因素，综合考虑决定是否预防用抗菌药物。清洁手术通常不需预防用抗菌药物。外科预防用抗菌药物为预防术后切口感染，应针对金黄色葡萄球菌选药。应尽量选择单一抗菌药物预防用药，避免不必要的联合使用。对头孢过敏者，革兰阳性杆菌可用万古霉素、去甲万古霉素或克林霉素，革兰阴性杆菌可用氨曲南、磷霉素或氨基糖苷类。针对 MARS 选用万古霉素预防感染时应严格控制用药持续时间。不应随意选用广谱抗菌药物作为围手术期预防用药。严格控制氟喹诺酮类药物作为外科围手术期预防用药。

三、抗菌药物在特殊病理、生理状况患者中应用的基本原则

1. 肾功能减退的感染患者，尽量避免使用肾毒性抗菌药物，确有应用指征时，严密监测肾功能情

况。根据感染的严重程度、病原菌种类及药敏试验结果等选用无肾毒性或肾毒性较低的抗菌药物。使用主要经肾排泄的药物，须根据患者肾功能减退程度以及抗菌药物在人体内清除途径调整给药剂量及方法。

2. 肝功能减退的感染患者，抗菌药物的选用及剂量调整需要考虑肝功能减退对该类药物体内过程的影响程度，以及肝功能减退时该类药物及其代谢物发生毒性反应的可能性。

3. 老年人组织器官呈生理性退行性变，宜选用毒性低并具杀菌作用的抗菌药物，无用药禁忌者可首选青霉素类、头孢菌素类等 β - 内酰胺类抗菌药物。具有肾、耳毒性的氨基糖苷类药物应避免使用。

4. 新生儿及儿童肝、肾均未发育成熟，氨基糖苷类、糖肽类、四环素类、喹诺酮类应避免应用。

5. 妊娠期抗菌药物的应用需考虑药物对母体和胎儿两方面的影响，FDA 按照药物在妊娠期应用时的危险性分为 A、B、C、D 及 X 类。妊娠期感染时避免应用如氨基糖苷类、四环素类等抗菌药，可选用青霉素类、头孢菌素类等 β - 内酰胺类抗菌药物。

6. 哺乳期患者接受抗菌药物后，某些药物可自乳汁分泌，无论乳汁中药物浓度如何，均存在对乳儿潜在的影响，并可能出现不良反应。故治疗哺乳期患者时应避免用氨基糖苷类、喹诺酮类、四环素类、氯霉素、磺胺类等药物。哺乳期患者应用任何抗菌药物时，均宜暂停哺乳。

四、抗菌药物的联合应用 🅔 微课

（一）抗菌药物联合应用的指征

多数细菌感染只应使用单一药物，单一抗菌药物可有效治疗的细菌感染不需联合用药，否则将导致药物毒性的增加、治疗费用的增加甚至药物拮抗效应的出现。要严格掌握联合用药的原则和指征，熟悉药物相互作用，以达到协同抗菌，减少不良反应，延缓细菌耐药性产生的目的。仅在下列情况时有指征联合用药：

1. 病原菌尚未查明的严重感染，包括免疫缺陷者的严重感染，选用药物的抗菌谱宜广，以后根据病原学检查与药敏试验结果进行调整。

2. 单一抗菌药物不能控制的严重感染，需氧菌及厌氧菌混合感染，2 种及 2 种以上复数菌感染，以及多重耐药菌或泛耐药菌感染。

3. 需长疗程治疗，且病原菌易对某些抗菌药物产生耐药性的感染，如结核病、某些侵袭性真菌病。常用的抗结核药如链霉素、异烟肼、利福平等较长期单独使用时，结核分枝杆菌易产生耐药性，需要 3 种及 3 种以上药物联合用药。

4. 毒性较大的抗菌药物，联合用药时剂量可适当减少，但需有临床资料证明其同样有效。如治疗隐球菌脑膜炎时，两性霉素 B 与氟胞嘧啶合用抗菌活性加强，两性霉素 B 的剂量可适当减少，以减少其毒性反应。

（二）联合用药可能产生结果

多种抗菌药物联合用药可能产生协同、相加、无关、拮抗四种效果。抗菌药物依其作用性质可分为四大类：Ⅰ 类为繁殖期杀菌剂，如 β - 内酰胺类、万古霉素类等；Ⅱ 类为静止期杀菌剂，如氨基糖苷类、多黏菌素等，它们对静止期、繁殖期细菌均有杀灭作用；Ⅲ 类为速效抑菌剂，如四环素类、氯霉素类、大环内酯类抗生素等；Ⅳ 类为慢效抑菌剂，如磺胺类等。Ⅰ 类和 Ⅱ 类合用常可获得协同作用，如青霉素、氨苄西林与链霉素、庆大霉素合用治疗草绿色链球菌或肠球菌心内膜炎。Ⅰ 类与 Ⅲ 类合用可能出现拮抗作用，如青霉素类与氯霉素、四环素类合用。Ⅱ 类和 Ⅲ 类合用可获得增强或相加作用。Ⅳ 类与 Ⅰ 类可以合用，如复方磺胺甲噁唑与万古霉素或去甲万古霉素联合治疗 MRSA 肺炎。

联合用药时宜选用具有协同或相加作用的药物联合，如青霉素类、头孢菌素类或其他 β - 内酰胺类与氨基糖苷类联合。联合用药通常采用 2 种药物联合，仅个别情况适用于 3 种及 3 种以上药物联合使用，如结核病的治疗。此外必须注意联合用药后药物不良反应亦可能增多。

即学即练 18 - 4

下列哪种情况有抗菌药联合用药指征（   ）。
A. 慢支急性发作
B. 病原菌尚未查明的严重细菌感染
C. 急性肾盂肾炎
D. 急性细菌性肺炎
E. 支原体肺炎

答案解析

目标检测

答案解析

一、选择题

（一）最佳选择题

1. 联合使用抗菌药物的指征不包括（   ）。
    A. 单一抗菌药物不能有效控制的混合感染
    B. 需要较长时间用药，细菌有可能产生耐药性者
    C. 合并病毒感染者
    D. 联合用药以减少毒性较大的抗菌药物的剂量
    E. 病原菌尚未查明的严重感染

2. 以下何种情况不宜大剂量使用抗菌药物（   ）。
    A. 病情严重
    B. 心内膜炎
    C. 新生儿、早产儿的感染
    D. 脑膜炎
    E. 感染者免疫缺陷

3. 以下哪项不符合合理用药目的（   ）。
    A. 避免或减轻不良反应
    B. 选择合适的抗菌药
    C. 消除细菌耐药性
    D. 节约医疗费用
    E. 提高疗效

4. 肾功能减退时，需调整给药剂量的药物为（   ）。
    A. 氨基糖苷类
    B. 克林霉素
    C. 利福平
    D. 大环内酯类
    E. 红霉素

5. 妊娠、哺乳期、老年人和儿童在应用抗菌药时，相对最安全的品种是（   ）。
    A. 氟喹诺酮类
    B. 氨基糖苷类
    C. β - 内酰胺类
    D. 四环素类
    E. 磺胺类

6. 耐甲氧西林金葡菌（MRSA）的治疗应选用（   ）。
    A. 青霉素
    B. 头孢唑啉
    C. 头孢拉定
    D. 万古霉素
    E. 红霉素

（二）配伍选择题

（7 ~ 11 题共用备选答案）
    A. 链霉素
    B. 四环素
    C. 红霉素

D. 青霉素   E. 氯霉素

7. 易引起耳毒性的药物是（　　）。

8. 可产生二重感染的药物是（　　）。

9. 可出现赫氏反应的药物是（　　）。

10. 可致灰婴综合征的药物是（　　）。

11. 静脉给药可引起血栓性静脉炎的药物是（　　）。

（三）多项选择题

12. 下列关于抗菌药物治疗性应用叙述正确的是（　　）。

    A. 尽早查明感染病原，根据病原种类选择抗菌药

    B. 轻症感染应选用口服吸收完全的抗菌药物

    C. 尽量提倡联合用药，增加抗菌效力

    D. 应根据药代动力学和药效学相结合的原则给药

    E. 抗菌药物一般宜用至体温正常、症状消退后 72～96 小时即可

13. 通常不宜常规预防性应用抗菌药物的情况（　　）。

    A. 普通感冒   B. 麻疹   C. 应用肾上腺皮质激素者

    D. 休克   E. 中毒

14. 为保证抗菌药物合理应用，下列哪些措施是必要的（　　）。

    A. 提倡预防用药

    B. 根据药敏选药

    C. 制订相关管理法规

    D. 开展抗菌药物使用知识的普及宣传

    E. 禁止抗菌药物的非临床应用

二、简答题

1. 抗菌药物治疗性应用的基本原则？

2. 试述抗菌药物联合用药的目的及指征？

三、实例解析题

    李某，女，63 岁，因尿频、尿急、尿痛一周到当地诊所就诊。诊所医生按尿路感染给予克林霉素 0.4～0.6g，一日 4 次口服。连续服药 4 周后，原有症状未见好转，又出现恶心、呕吐、腹痛、腹泻等症状；继续给予解痉、止泻等药物对症处理，但上述症状未见缓解。患者自行转至当地人民医院诊治：诊断同前，但停用上述药物，改用环丙沙星 0.5g，每日 2 次口服，2 天后病情明显改善，服药一周后全部症状消失。请讨论该患者的两种药物治疗方案的合理性，并说明理由。

书网融合……

知识回顾   微课   习题

（曹光秀）

学习引导

中毒是指某些有毒有害物质（如化学品、食品、药物等）接触人体或进入人体后，损害组织、破坏神经及体液的调节功能，使机体正常生理功能发生严重障碍，引起一系列代谢紊乱，甚至危及生命的过程。随着全球工业的发展，人类生存环境污染日益严重，人类直接或间接接触化学物质的情况增多，中毒的发生率明显增高。中毒已经成为当下严重的临床问题。

临床常见的物质中毒有哪些？各种中毒的治疗原则和常用治疗药物是什么？

本项目主要讲述临床常见的有机磷酸酯类、镇静催眠药、金属和类金属等药物中毒的基本症状与药物治疗方法。

学习目标

1. **掌握**　有机磷酸酯类中毒、镇静催眠药中毒、金属和类金属中毒的临床表现、药物治疗原则、治疗药物合理选用。
2. **熟悉**　有机磷酸酯类中毒、镇静催眠药中毒、金属和类金属中毒的治疗药物作用和相互作用。
3. **了解**　有机磷酸酯类中毒、镇静催眠药中毒、金属和类金属中毒的一般治疗方法。

任务一　中毒与解救概述

PPT

一、基本概念

毒物（toxicant）是指能损害机体的组织与器官、并能在组织与器官内发生生物化学或物理化学作用、扰乱或破坏机体的正常生理功能，使机体发生病理变化的物质。毒物引起的疾病，称为中毒（poisoning）。

二、中毒的分类

（一）根据临床表现分类

1. 急性中毒　短时间内（一般不超过 24 小时）由毒物迅速引起机体的病理改变和疾患，称为急性中毒。因急性中毒病情急，变化快，如不能及时治疗可能危及生命，抢救治疗应分秒必争，树立"时间就是生命"的观念。

2. 慢性中毒　指小量毒物长期地逐渐进入体内。机体暴露在有毒环境中，分持续暴露或间断暴露两种，后者如工作中的毒物接触，当毒物蓄积到一定浓度时再出现症状，常表现为神经衰弱、贫血等非特异性症状，容易误诊。因急性中毒更常见，本章主要讲述急性中毒。

三、中毒表现

虽然各类急性中毒的机制、临床表现和治疗方案有差异，但基本原则相似。大多数急性中毒的常见临床表现有头晕、出汗、恶心、呕吐、胸闷、腹部不适、腹痛、腹泻、昏迷等，但一些中毒有自己的独特表现。出现下述情况应考虑为一些毒物的急性中毒。

1. 昏迷伴有口唇红润，见于急性一氧化碳、氰化物中毒。
2. 昏迷伴有皮肤及口唇青紫，见于亚硝酸盐、亚甲蓝（美蓝）中毒。
3. 昏迷伴有双侧瞳孔缩小，见于阿片类药物、海洛因类毒品、有机磷农药、毒蘑菇、某些安眠药中毒。
4. 昏迷伴有双侧瞳孔扩大，见于肉毒杆菌、阿托品类药物、氰化物中毒。
5. 出现三流现象（流泪、流鼻涕、流口水），见于有机磷农药中毒。
6. 呼吸有异常气味，大蒜气味见于有机磷中毒、苦杏仁味见于氰化物中毒、酒味见于酒精中毒。
7. 持续的剧烈抽搐，见于毒鼠强、氟乙酰胺中毒。

四、急性中毒的一般救治原则

急性中毒发病急骤、严重、变化迅速，如不及时抢救可危及生命。急性中毒的一般救治原则如下。

1. 评估患者情况、复苏、稳定生命体征　急性中毒时复苏与稳定生命体征是极其重要的，必要时应先于清除毒物进行。呼吸、心跳停止时应立即行心肺复苏术，使患者的基本生命指征趋于稳定。

2. 立即终止接触毒物　使中毒患者迅速脱离染毒环境。皮肤黏膜接触者，立即去掉污染衣服等，用清水彻底清洗接触部位的皮肤、黏膜。

3. 迅速阻滞毒物的继续吸收　立即清洗染毒皮肤及器官，及早催吐、洗胃、导泻和吸氧。常见中毒使用的洗胃液及使用注意事项见表 19 – 1。

表 19 – 1　常见中毒使用的洗胃液及使用注意事项

洗胃液	常见中毒	注意事项
牛奶蛋清植物油	强酸、强碱、腐蚀性毒物	
液状石蜡	汽油、煤油、甲醇等	口服液状石蜡后再用清水洗胃
1∶5000 高锰酸钾	镇静催眠药、有机磷	对硫磷中毒禁用
1% 药用碳悬液	河豚毒素、生物碱	

续表

洗胃液	常见中毒	注意事项
2%碳酸氢钠	有机磷杀虫药、苯、汞等	美曲膦酯及强酸中毒时禁用
10%氢氧化镁悬液	硝酸、盐酸、硫酸等	
3%~5%醋酸、食醋	氢氧化钠、氢氧化钾等	
生理盐水	砷、硝酸银等	
5%~10%硫代硫酸钠	氰化物、汞、砷	
0.3%过氧化氢	阿片类、氰化物、高锰酸钾等	

4. 尽快明确毒物接触史 接触史包括毒物名称、理化性质与状态、接触时间和吸收量及方式，若不能立即明确，须及时留取洗胃液或呕吐物、排泄物及可疑染毒物送毒物检测。

5. 尽早足量使用特效解毒剂 原则：早期、足量、尽快达到治疗有效量，注意防止副作用；选择正确的给药方法，使特殊解毒剂在最短的时间发挥最好的疗效。目前常见的特殊解毒剂有：

（1）螯合剂，如二巯丙醇（dimercaprol）、依地酸钙（calcium disodium edetate），用于解救汞、砷、铅等金属或类金属中毒。

（2）阿托品和氯解磷定用于解救有机磷农药中毒。

（3）乙酰胺用于解救氟乙酰胺中毒。

（4）亚硝酸钠和硫代硫酸钠用于解救氰化物中毒。

（5）小剂量亚甲蓝用于苯胺、硝基苯、亚硝酸盐类等引起的高铁血红蛋白血症中毒。

6. 促进已吸收毒物排出

（1）通过输液、补液，使用渗透性利尿药，增加尿量，改变尿液 pH 值等加速毒物或其活性代谢产物排出。

（2）采用吸氧或者吸高压氧，可促进一氧化碳从碳氧血红蛋白中解离，经肺排出。

（3）可使用体外清除技术进行血液净化，增加毒物的清除速度，其方法有血液透析、腹膜透析、活性炭血流灌注、连续肾替代疗法、连续静脉血液滤过、连续静脉血液透析滤过等。

7. 有效的支持及对症治疗 多毒物至今尚无特殊的解毒药，只能通过积极的对症支持治疗帮助危重患者渡过难关，为重要器官功能恢复创造条件。因此，对症治疗是急性中毒解救的关键。具体措施包括：

（1）氧疗法 保持呼吸道通畅，充分供氧，必要时气管插管、呼吸支持（给予有效的吸氧疗法，正确选用鼻导管、面罩、呼吸机、高压氧给氧）。

（2）纠正低血压、抗休克 补充循环血容量、使用血管活性药和正性肌力药。

（3）补充营养 输液或鼻饲供给营养。

（4）抗惊厥治疗 用巴比妥类、地西泮等药物。

（5）抗感染 用适当抗微生物药防治感染。

（6）对脑水肿、肺水肿、呼吸衰竭、休克、心律失常、肾衰竭、电解质及酸碱平衡紊乱等情况给予积极救治。

任务二　有机磷酸酯类中毒与解救 📱微课

PPT

一、疾病概要

有机磷酸酯类简称有机磷，大部分用作农业杀虫剂，按其对于大鼠急性经口进入体内的半数致死量

（LD$_{50}$）分为：剧毒类，如甲拌磷、内吸磷、毒鼠磷、对硫磷等；高毒类，如甲基对硫磷、甲胺磷、氧乐果、敌敌畏、磷胺、稻瘟净、保棉丰等；中毒类，如乐果、敌百虫、除草磷、杀螟松、稻丰散等；低毒类，如马拉硫磷、氯硫磷等。还有一部分用作神经毒气，如沙林、塔崩、梭曼等。有机磷多易挥发、脂溶性大，可通过呼吸道、消化道和完整皮肤进入人体内，在保管不善、使用不慎、防护不严时易引起中毒。

（一）中毒机制

有机磷进入体内，具有亲电性的磷原子与胆碱酯酶亲电活性中心以共价键结合，形成难以水解的磷酰化胆碱酯酶，使胆碱酯酶失去水解乙酰胆碱的能力，结果造成乙酰胆碱大量堆积，引起一系列中毒症状。若不及时抢救，失活的胆碱脂酶在几分钟或几小时内发生老化，生成更稳定的单烷氧基磷酰化胆碱酯酶或单烷基磷酰化胆碱酯酶，此时即使再用胆碱酯酶复活药，也不能使胆碱酯酶复活。因此为避免酶老化，一旦发生有机磷中毒应尽早使用胆碱酯酶复活药。

（二）中毒分类及中毒表现

有机磷中毒主要包括慢性中毒和急性中毒。慢性中毒多发生于长期接触有机磷农药的人员，主要是血液中胆碱脂酶活性明显持久地下降，临床表现为头痛、乏力、失眠等神经衰弱症候群和腹胀、多汗等，偶见肌束颤动及瞳孔缩小。急性中毒的发病时间与毒物种类、剂量、侵入途径和机体状态密切相关。口服10分钟至2小时内发病，吸入约30分钟发病，皮肤吸收后2~6小时发病。中毒后，可出现急性胆碱能危象，表现多样，见表19-2。

表 19-2　有机磷药物作用及中毒表现

作用类别	作用	中毒症状
M样作用	睫状肌、虹膜括约肌收缩	瞳孔缩小、视物模糊、眼痛
	腺体分泌增加	流涎、流泪、多汗、呼吸道腺体分泌增加
	呼吸道平滑肌收缩	支气管痉挛、呼吸困难，严重者肺水肿
	胃肠道平滑肌收缩	恶心、呕吐、腹痛、腹泻、大便失禁
	膀胱逼尿肌收缩，括约肌松弛	小便失禁
	心脏抑制	心动过缓
	血管扩张	血压下降
N样作用	兴奋N$_1$受体	心动过速、血压升高
	兴奋N$_2$受体	肌肉震颤、抽搐，严重者肌无力甚至麻痹
中枢神经系统	先兴奋后抑制	不安、失眠、震颤、谵妄、昏迷、循环衰竭、呼吸抑制甚至麻痹而死亡

（三）中毒程度分级

有机磷酸酯类中毒的程度可分为轻、中、重三级。

1. 轻度中毒　仅有M样症状，AChE活力为50%~70%。

2. 中度中毒　M样症状加重，出现N样症状，AChE活力为30%~50%。

3. 重度中毒　除有M、N样症状外，尚有中枢症状，AChE活力在30%以下。

二、治疗原则

1. 迅速清除毒物　同概述部分中毒解救原则。敌百虫中毒忌用碳酸氢钠溶液洗胃，对硫磷中毒忌用高锰酸钾溶液洗胃，否则中毒程度会加重。

2. 紧急复苏　有机磷中毒常死于肺水肿、呼吸肌麻痹、呼吸中枢衰竭，故有症状者应紧急复苏：清除呼吸道分泌物，保持呼吸道通畅，给氧，依据病情应用机械通气。肺水肿应用阿托品，不能应用氨茶碱和吗啡。心脏停搏时，行体外心脏按压复苏等。

3. 解毒药　应选择特异性解救药物治疗。

三、治疗药物

（一）M 胆碱受体阻断药

M 受体阻断药通过阻断 M 受体，迅速对抗体内 ACh 的 M 样作用，缓解有机磷中毒的 M 样作用。常见药物有阿托品、山莨菪碱、东莨菪碱等。

阿托品阻断 M 受体，能够迅速对抗 M 样症状，也可对抗部分中枢中毒症状。

很大剂量的阿托品虽也能阻断自主神经节的 N 受体，但仍不能阻断横纹肌的 N_2 受体，故对 N 样症状的疗效差。阿托品的使用量不受《中国药典》规定极量的限制，$1 \sim 2mg$ 肌内注射或静脉注射。严重中毒时可加大 $5 \sim 10$ 倍，每 $15 \sim 20$ 分钟重复给药一次，直到病情稳定。

（二）胆碱酯酶复活剂

胆碱酯酶复活剂包括氯解磷定、碘解磷定等，它们都属于肟类化合物，能与磷酰化胆碱酯酶作用，恢复被抑制的胆碱酯酶活力，同时肟类化合物也能与血中的有机磷酸酯类直接结合成为无毒物质由尿排除。但是胆碱酯酶复活剂对 M 样症状的疗效不如阿托品；对敌敌畏、敌百虫、马拉硫磷、乐果中毒的疗效差。

1. 氯解磷定（氯磷定）　毒性较小，排泄快，静脉或肌内注射均可，趋于首选。轻度中毒首次肌注 $0.5g$，必要时 $2 \sim 4$ 小时后重复 1 次；中度中毒首次肌注 $0.75 \sim 1.0g$，$2 \sim 4$ 小时后重复肌注 $0.5g$，或首次肌注后，改为 $0.25g/min$ 静注。

2. 碘解磷定　仅能静脉注射，轻度中毒时 $0.4g$ 加入葡萄糖液中静注，必要时重复 1 次；中度或重度中毒时首剂 $0.8 \sim 1.0g$ 静注，以后每 $2 \sim 4$ 小时再给予 $0.4 \sim 0.8g$，24 小时剂量不应超过 $8g$。

四、解毒药的应用原则

1. 联合用药　阿托品能迅速缓解 M 样中毒症状。胆碱酯酶复活剂不仅能恢复 AChE 的活性，还能直接与有机磷酸酯类结合，迅速改善 N 样中毒症状，对中枢中毒症状也有一定改善作用，故两者合用能取得较好疗效。

2. 尽早用药　阿托品应尽量早期使用。磷酰化胆碱酯酶易"老化"，故 AChE 复活药也应及早使用。

3. 足量用药　给药足量以保证快速和高效。阿托品足量的指标是：M 样中毒症状迅速消失或出现"阿托品化"，即瞳孔散大、口干、皮肤干燥、颜面潮红、肺部啰音显著减少或消失、心率加快等。但需注意避免阿托品中毒。AChE 复活药足量的指标是：N 样中毒症状全部消失，全血或红细胞中 AChE 活性分别恢复到 $50\% \sim 60\%$ 或 30% 以上。

4. 重复用药　中、重度中毒或毒物不能从吸收部位彻底清除时，应重复给药，以巩固疗效。

5. 对症治疗

（1）维持患者气道通畅，包括支气管内吸引术、人工呼吸、给氧。

（2）用地西泮（$5 \sim 10mg$，静脉注射）控制持续惊厥。

（3）抗休克。

6. 慢性中毒的解救　对于有机磷酸酯类慢性中毒，目前尚缺乏有效治疗方法，使用阿托品和 AChE 复活药疗效均不佳。如生产有机磷的工人或长期接触者，发现 AChE 活性下降至 50% 以下时，不待症状出现，即应彻底脱离现场，以免中毒加深。

> **即学即练 19 -1**
>
> "阿托品化"的表现不包括（　　　）。
> A. 皮肤潮红　　　　　　　B. 瞳孔散大　　　　　　　C. 口干
> D. 发汗　　　　　　　　　E. 瞳孔缩小
>
> 答案解析

五、药物的不良反应

1. 阿托品　阿托品对组织器官的选择性不高，副作用较多。常见不良反应有口干、视物模糊、心率加快、瞳孔扩大及皮肤潮红等。随着剂量增大，不良反应逐渐加重，甚至出现明显的中枢中毒症状。在解救过程中，如出现阿托品中毒症状，应积极与阿托品用量不足的有机磷中毒症状加以区别。具体见表 19 -3。

表 19 -3　阿托品中毒与有机磷中毒的临床症状鉴别

中毒类别	阿托品中毒	有机磷中毒
神志	躁狂、幻觉、谵妄、昏迷	淡漠或昏迷
瞳孔	扩大	缩小，濒死时扩大
皮肤	潮红、干燥	苍白、多汗
肠道	肠鸣音减少、腹胀	肠鸣音亢进
小便	潴留	失禁
抽搐特点	四肢肌肉痉挛、强直性惊厥	肌束震颤

2. 氯解磷定　治疗剂量的氯解磷定毒性较小，肌内注射局部有轻微疼痛。静脉注射过快（>50mg/min）可出现头痛、眩晕、乏力、视物模糊、恶心及心动过速。剂量过大（>8g/24h）时，其本身也可以抑制 AChE，使神经肌肉传导阻滞，严重者呈癫痫样发作、抽搐、呼吸抑制。

3. 碘解磷定　局部刺激性较强，仅限于静脉注射，注射时应注意药物勿漏至皮下，以避免引起局部疼痛及周围皮肤发麻。如出现口苦、咽痛及腮腺肿大等碘过敏症状，应换用氯解磷定，碘过敏者禁用。

六、药物相互作用

药物相互作用见表 19 -4。

表 19 -4　治疗有机磷农药中毒药物互相作用一览表

合用药物	相互作用结果
阿托品与奎尼丁合用	抗胆碱作用增强
阿托品与地高辛、维生素 B_2 合用	后者吸收增强
胆碱酯酶复活药与碱性溶液合用	生成氰化物，毒性增加

任务三　镇静催眠药中毒与解救

一、疾病概况

镇静催眠药通常分为三类：苯二氮䓬类（地西泮、硝西泮、艾司唑仑、阿普唑仑等）、巴比妥类（巴比妥、苯巴比妥、异戊巴比妥、司可巴比妥钠、硫喷妥钠等）、其他类（水合氯醛、唑吡坦）。因其用途广泛，作用确切，是常用的药物之一，其毒性作用可有以下几种表现：①巴比妥类过量可麻醉全身，包括延髓中枢。②长期滥用可引起耐受性和依赖性而导致慢性中毒。③突然停药或减量可引起戒断综合征。④一次服用剂量过大可引起急性中毒。本节重点介绍苯二氮䓬类和巴比妥类镇静催眠药的急性中毒。

（一）中毒机制

1. 苯二氮䓬类　苯二氮䓬类与其受体结合后可加强 γ‐氨基丁酸（GABA）与受体结合的亲和力，使氯离子通道开放而增强 GABA 对突触后的抑制功能，主要起镇静、催眠、抗焦虑、抗惊厥及中枢性肌肉松弛作用。大剂量可使中枢神经及心血管系统受到抑制，导致中毒。

2. 巴比妥类　巴比妥类对中枢神经系统有与苯二氮䓬类相似的作用。中毒时主要抑制网状上行激活系统，抑制大脑皮质功能而引起意识障碍。大剂量抑制延髓呼吸中枢和血管运动中枢麻痹，导致中毒。

（二）中毒表现

镇静催眠药的急性中毒症状因药物的种类、剂量、作用时间的长短、是否空腹以及个体体质差异而轻重各异，主要表现如下：

1. 神经系统症状　表现为嗜睡、神志恍惚，甚至昏迷、言语不清、瞳孔缩小、共济失调、腱反射减弱或消失。

2. 呼吸与循环系统　表现为呼吸减慢或不规则，严重时呼吸浅慢甚至停止；皮肤湿冷、脉搏细速、发绀、尿少、血压下降、休克。

3. 其他　表现为恶心、呕吐、便秘、肝功异常、白细胞和血小板计数减少，部分发生溶血或全血细胞减少等。

二、治疗原则

1. 维持生命功能　对镇静催眠药中毒患者应维持有效的气体交换和血容量，保持呼吸道通畅，吸氧，必要时气管插管，进行机械通气；补充血容量，维持血压，对难以纠正的低血压者，可应用多巴胺或去甲肾上腺素等升压药，维持血压；纠正心律失常。

2. 清除毒物　常用催吐、洗胃、加速排泄与人工肾透析四种方式。

3. 运用针对性药物　进行解救治疗。

三、治疗药物

分为毒物吸附药物、加速排泄药物、针对性治疗药物三类。

1. 毒物吸附剂　活性炭对此类药物有较好的吸附性，应尽早使用。将活性炭调成 15% 的悬浮液，活性炭用量：成人为 50~100g，1~15 岁为 20~50g，1 岁以下按 1g/kg 使用。活性炭在服毒物后 1 个小时内使用效果较好，必要时可间隔 2~4 小时重复使用 1 次，用量减半。

2. 加速排泄的药物

（1）呋塞米　40~80mg 静脉注射，在充分补液的基础上，患者尿量应保持在 300~400ml/h。对巴比妥类药物中毒有效，对苯二氮䓬类中毒无效。

（2）20% 甘露醇　500~1000ml 静脉滴注，必要时 4~6 小时重复使用，对巴比妥类药物中毒有效，对苯二氮䓬类中毒无效。

（3）碳酸氢钠　应用 5% 碳酸氢钠溶液 80ml 静脉滴注，以后再以 0.5% 的碳酸氢钠溶液维持，其滴速以能维持尿液 pH 8.0 为好，可使长效巴比妥类排泄速率加快 3~5 倍。

3. 针对性治疗药物

（1）贝美格　针对巴比妥类中毒。贝美格为中枢兴奋药，毒性较低，有一定促醒作用。对于非巴比妥类安眠药如地西泮中毒也有效，但需要更大的剂量。与纳洛酮合用则效果更佳。使用方法：250mg 加入 5% 葡萄糖 250ml 中静滴。惊厥者可用地西泮静脉注射。

（2）氟马西尼　针对苯二氮䓬类中毒。氟马西尼是苯二氮䓬类药物受体特异性拮抗剂，结构与苯二氮䓬类相似，能与苯二氮䓬类药物竞争受体结合部位，从而逆转或减轻苯二氮䓬类药物的中枢抑制、呼吸抑制及心脏抑制作用，急救初剂量 0.2~0.3mg 静注，为防止再度倦睡可每小时 0.1~0.4mg 静滴，根据病情调节用量，直至患者完全清醒或总量达 2mg。

（3）尼可刹米　针对中枢神经抑制解救。中毒的患者存在下列情况的可酌情使用尼可刹米：患者深度昏迷，处于完全无反应状态；有呼吸衰竭；积极抢救 48 小时后仍不清醒。肌内或静脉注射，每次 0.25~0.5g，必要时 1~2 小时重复给药一次，直到呼吸抑制缓解。

即学即练 19-2

苯二氮䓬类药物中毒可用下面哪种药物进行拮抗（　　）。

A. 氟马西尼　　　　　B. 阿托品　　　　　C. 氯解磷定

D. 毛果芸香碱　　　　E. 地西泮

答案解析

四、治疗药物的应用原则

1. 排出毒物　一般救治为主，及时进行洗胃、导泻和补液等，以加速毒物的排出。可选用 1∶5000~1∶2000 的高锰酸钾溶液或 0.9% 氯化钠注射液洗胃。

2. 对症治疗　对中毒昏迷患者可选用中枢兴奋剂尼可刹米对抗治疗，但反复大量使用会出现惊厥，并增加机体耗能与耗氧，加重呼吸衰竭。

五、药物的不良反应

1. 呋塞米和甘露醇　主要是水和电解质紊乱，可引起低血钾、低血钠、低血钙等。长期大量使用可导致高尿酸血症、高血糖、直立性低血压、听力障碍和视物模糊等。

2. 贝美格　静滴时过快可致惊厥；注射剂量过大、速度过快可引起恶心、呕吐、反射增强、肌肉震颤及惊厥等。

3. 氟马西尼 少数患者会出现恶心、呕吐，快速注射后会有焦虑、心悸、恐惧等不适感，一过性血压增高及心率增加，癫痫患者可出现抽搐发作。

4. 尼可刹米 不良反应少，但大剂量可引起血压升高、心悸、出汗、呕吐、震颤及肌僵直等，或出现惊厥。一旦出现惊厥，应及时停药，并静脉注射苯二氮䓬类或小剂量硫喷妥钠。

六、药物相互作用

药物相互作用见表 19 – 5。

表 19 – 5　苯二氮䓬类中毒解救药物相互作用一览表

合用药物	相互作用结果
尼可刹米与其他兴奋药如咖啡因合用	易致惊厥
呋塞米与强心苷合用	导致后者发生中毒
呋塞米与两性霉素、头孢菌素、氨基糖苷类合用	肾毒性和耳毒性增加

任务四　金属和类金属中毒与解救

PPT

一、疾病概况

金属和类金属在工业上应用广泛，尤其在建筑业、汽车、航空航天、电子、油漆、涂料和催化剂生产上都大量使用。与此同时，这些物质也常污染工作场所，给工人健康造成潜在的危害。因此，了解金属和类金属的毒性、可能引起的中毒及相关临床治疗，显得特殊重要。本节将重点介绍一些具有代表性的金属和类金属中毒与解救。

（一）中毒机制

常见的金属与类金属中毒包括铅、汞、镉、砷、铬、铜、铁等中毒。其可与机体内某些功能酶、辅酶和细胞膜上的功能基团结合，干扰和破坏酶的活性与生理功能，导致机体某些功能丧失或变化，从而出现毒性反应。

（二）中毒表现

重金属与类金属中毒时主要表现为神经系统、呼吸系统、消化系统、血液系统、肾脏、心血管及皮肤等组织的损害，严重者可导致死亡。

1. 铅中毒 多见于无机铅中毒，可引起溶血及血管痉挛，主要表现为腹痛、腹泻、黑便、贫血、中毒性肾炎或肝炎、抽搐、谵妄等。

2. 汞中毒 急性中毒多出现急性支气管炎、肺炎、口腔炎、肠炎、发热、意识混乱、呼吸困难等。慢性中毒主要表现为头晕、头痛、健忘、多梦、心悸，长期损害表现为肢体震颤、智力减退等。

3. 镉中毒 主要是吸入镉烟尘或镉化合物粉尘引起。急性中毒可引起急性肺炎和肺水肿；慢性中毒引起肺纤维化和肾脏病变。

4. 砷中毒 中毒表现为恶心、呕吐、腹痛、腹泻、头晕、头痛、全身麻木酸痛等；严重者可出现休克、肾衰竭、昏迷、谵妄等，以及出现多器官系统衰竭而死亡。

5. 铬中毒 主要侵害皮肤和呼吸道，出现皮肤黏膜的刺激和腐蚀作用，如皮炎、溃疡、鼻炎、鼻中隔穿孔、咽炎等。

6. 铜中毒 急性中毒表现为急性的胃肠道炎症，流涎、恶心、呕吐或者有上腹的疼痛、腹泻，呕吐物呈蓝绿色；慢性中毒表现为记忆力减退、注意力不集中、容易激动、食欲缺乏、黄疸等症状。

7. 铁中毒 典型症状有呕吐、腹痛、腹泻、低血压、休克和昏迷，呕吐物为褐色或血样。

二、治疗原则

1. 一般处理原则 去除毒物、固定毒物、对症治疗和支持治疗。如用洗胃剂洗胃、硫酸镁导泻，用药用炭吸附毒物，或给氧、人工呼吸，给予中枢兴奋剂等。

2. 应用特效解毒药原则 根据毒物的不同，有针对性选择特效解毒药，如砷、汞中毒选用二巯基丙醇；铜中毒选用青霉胺；铁中毒选用去铁胺。

三、治疗药物

1. 二巯基丙醇 二巯基丙醇是竞争性解毒剂，结构中的巯基（－SH）可与多种金属离子螯合成无毒的金属化合物从尿排出，还能夺取已与组织中酶结合的金属或类金属，使酶恢复活性。二巯基丙醇必须及早并足量使用，大量重金属中毒或解救过迟时疗效不佳，主要用于治疗砷、汞、金、铋及酒石酸锑钾中毒，需多次给药才能达到预期的解毒效果。不宜用于铁中毒。肌内注射，$0.1 \sim 0.2g$，极量 $0.2g$，最初 2 日注射 4 次/天，以后可减少次数，全疗程 $7 \sim 14$ 天。

2. 二巯丁二钠 二巯丁二钠对铅、汞、砷有明显的解毒与促进排泄的作用。对铜、钴、镍中毒也有疗效。肌内注射，$0.5g/d$，2 次/天。

3. 二巯丙磺钠 二巯丙磺钠用于驱除汞中毒，对铋、锑中毒也有一定疗效。急性中毒时可静脉注射，每次 $5mg/kg$，每 $4 \sim 5$ 小时 1 次，第 2 日，$2 \sim 3$ 次/天，以后 $1 \sim 2$ 次/天，7 日为一疗程。用于慢性中毒以小剂量间歇用药为原则。

4. 青霉胺 青霉胺为青霉素的降解产物，是含巯基的氨基酸，能与铜、汞、铅等金属离子络合，形成可溶性的络合物从尿液排出。对铜中毒效果最好，是治疗肝豆状核变性的首选药物，可使尿铜排出增加 $5 \sim 20$ 倍。治疗肝豆状核变性，每日服用量为 $20 \sim 50mg/kg$，或每日服用 $1.0 \sim 1.5g$，长期服用，症状改善后可间歇用药。

5. 去铁胺 去铁胺是铁中毒的特效解毒药，对三价铁离子的亲和力极强，可与体内三价铁离子络合，生成无毒、稳定、可溶解的络合物，随尿液和粪便排出。治疗急性铁中毒，肌内注射，首次 $0.5 \sim 1.0g$，隔 4 小时再用 $0.5g$，共 2 次。以后根据病情 $4 \sim 12$ 小时用药 1 次。24 小时总量不超过 $6g$。静脉注射，一次 $0.5g$，加入到 5% 或 10% 葡萄糖注射液 $50 \sim 500ml$ 中滴注，$2 \sim 4$ 小时总量不超过 $90ml/kg$。

> **即学即练 19 - 3**
>
> 答案解析
>
> A. 青霉胺　　　　B. 二巯基丙醇　　　　C. 去铁胺
> D. 阿托品　　　　E. 氯解磷定
> 1. 根据特殊解毒药使用原则，砷、汞中毒可选用（　　）。
> 2. 铜中毒选用（　　）。
> 3. 铁中毒选用（　　）。

四、药物的不良反应

1. 二巯基丙醇 常见的有恶心、呕吐、头痛、流涎、腹痛、口咽部烧灼感、视物模糊、心动过速、惊厥、昏迷等。药液触及皮肤可引起皮肤反应，禁用于镉、铁、硒中毒及严重高血压、心力衰竭、肾衰竭患者。

2. 二巯丁二钠 有头痛、恶心、四肢酸痛等症状，数小时后可自行消失。

3. 二巯丙磺钠 静脉注射速度过快时有恶心、心动过速、头晕、口唇发麻等，一般 10 ~ 15 分钟即自行消退。偶尔有过敏反应，一旦发生立即停药，并对症治疗。

4. 青霉胺 不良反应发生率高，常见有厌食、恶心、呕吐等消化道反应。本药与青霉素有交叉过敏反应，用药前应做皮试过敏试验。长期服药需同服维生素 B_6，以免导致其缺乏。

5. 去铁胺 肌内注射局部可出现疼痛；静脉滴注过快可发生皮肤潮红、心动过速、低血压，甚至休克；长期用药可发生视力减退、视野缩小、辨色和夜视困难、视网膜色素异常等，个别可出现白内障。

五、药物相互作用

药物相互作用见表 19 - 6。

表 19 - 6 治疗金属与类金属中毒药物相互作用一览表

合用药物	相互作用结果
阿托品与奎尼丁合用	抗胆碱作用增强
青霉胺与保泰松、金制剂合用	增强血液系统与肾脏的不良反应
去铁胺与维生素 C 合用	易导致心脏失去代偿功能

目标检测

答案解析

一、选择题

（一）最佳选择题

1. 中毒的一般处理方法不包括（　　）。

    A. 清除未吸收的毒物   B. 加速药物排泄，减少药物吸收

    C. 对昏迷状态的患者催吐   D. 使用特殊解毒剂

    E. 支持对症治疗

2. 处理由皮肤和黏膜吸收的中毒方法不正确的是（　　）。

    A. 除去污染衣物，清洗被污染的皮肤黏膜

    B. 皮肤接触腐蚀性毒物者，立即冲洗，5 分钟后用适当中和液冲洗

    C. 由伤口进入局部的药物中毒，要用止血带结扎，必要时局部引流

    D. 眼内污染毒物，必须立即用清水冲洗至少 5 分钟

    E. 可让患者饮水 500 ~ 600ml 催吐

3. 有机磷酸酯类抗胆碱酯酶药的作用机制是（　　）。

    A. 裂解胆碱酯酶的多肽链   B. 使胆碱酯酶的阴离子部位磷酰化

    C. 使胆碱酯酶的酯解部位磷酸化   D. 使胆碱酯酶的阴离子部位乙酰化

E. 使胆碱酯酶的酯解部位乙酰化

4. 敌百虫口服中毒时不能用何种溶液洗胃（　　）。

    A. 高锰酸钾溶液　　　　　　B. 碳酸氢钠溶液　　　　　　C. 醋酸溶液

    D. 生理盐水　　　　　　　　E. 温水

5. 以下哪个药物不是金属解毒剂（　　）。

    A. 二巯基丙醇　　　　　　　B. 硫代硫酸钠　　　　　　　C. 依地酸钙钠

    D. 碘解磷定　　　　　　　　E. 青霉胺

6. 救治误服毒物不久、神志尚清醒的中毒患者的首要措施是（　　）。

    A. 吸入氧气　　　　　　　　B. 静脉补液　　　　　　　　C. 导泻与洗肠

    D. 催吐、洗胃　　　　　　　E. 清除皮肤、黏膜上的毒物

（二）配伍选择题

（7～8题共用备选答案）

    A. 碘解磷定　　　　　　　　B. 二巯丁二钠　　　　　　　C. 阿托品

    D. 去铁胺　　　　　　　　　E. 戊四氮

7. 可用于驱铅的络合剂是（　　）。

8. 有机磷酸酯类中毒用于复活胆碱酯酶的药物是（　　）。

（三）多项选择题

9. 有机磷酸酯类中毒的症状分为（　　）。

    A. 消化系统症状　　　　　　B. 中枢神经系统症状　　　　C. 皮肤症状

    D. 烟碱样症状　　　　　　　E. 毒蕈碱样症状

10. 机磷酸酯类中毒的解救过程应注意（　　）。

    A. 轻度中毒者可单用阿托品，中度中毒者需与胆碱酯酶复活剂合用

    B. 有机磷酸酯类中毒后使用阿托品是因为阿托品能破坏有机酸酯类物质

    C. 阿托品能消除患者的骨骼肌震颤

    D. 阿托品与胆碱酯酶复活剂合用时，阿托品应减量

    E. 阿托品的应用原则是病情缓解或达到"阿托品化"后改为维持剂量

11. 下列药物中可用于解救铅中毒的特殊解毒剂有（　　）。

    A. 青霉胺　　　　　　　　　B. 二巯丁二钠　　　　　　　C. 二巯丙醇

    D. 二巯丙磺钠　　　　　　　E. 依地酸钙钠

二、简答题

1. 急性中毒的救治步骤有哪些？

2. 有机磷酸酯类中毒的症状有哪些？

书网融合……

    知识回顾　　　　　微课　　　　　习题

（刘　秀）

模块二

实训篇

任务一　处方调剂

【实训目的】

1. 能力目标　掌握处方审核、调配、复核、包装标识、发药等处方调剂的能力。熟悉医院处方审核主要内容及典型错误类型。

2. 素养目标　养成严谨求实的工作态度，为将来从事药学服务岗位奠定良好的基础。

【实训内容】

实训材料：多媒体教室、实训处方、模拟药房、药品标签、模拟药品等。

进入实训室，首先由教师讲解实训要求和安排，将学生按 2 人一组进行实训分组，分别模拟担任药师和患者。

1. 结合所学的处方知识，熟悉处方调剂的流程和注意事项。

2. 通过小组模拟表演能正确完成处方调剂的完整过程。

【实训步骤】

1. 接收处方　由教师事先准备隐含错误处方及正确处方若干，小组随机抽签得到一张处方，抽签后处方交到模拟患者手上。

接收处方时要求学生具有基本礼仪。

2. 审核处方　学生接到处方后，应分别检查并对处方的合法性、处方规范性及处方适宜性进行审核。

若判断处方合理，需要在纸质处方上"审核药师"处进行手写签名，处方经签名后方可进入调配环节。若处方经审核判定为不合理，由学生负责报告教师，由教师更换处方，并再次进入处方审核流程，不得擅自更改或配发代用药品处方。

3. 调配处方　审核合理的处方，由学生携带发药框进行处方调配，调配时注意至上而下，按药品信息逐条进行调配，不得遗漏药品。

调配过程中学生需要对照处方，拿取和处方药品信息一致的药品，并对包括药品名称、剂型、规格、数量等信息进行初步核对。

需要分零的药品，学生需用药匙准确数取药品或称取药品进行分装，严禁用手直接取药或不经称量估计取药。

4. 核对检查　发药前，学生严格按照"四查十对"要求进行核对检查，检查无误后在处方上"审核药师"处签名确认，学生要求根据处方记载的用法用量，正确书写药袋或粘贴标签。

5. 发药　首先确认患者身份，药师要求呼唤患者姓名，待取药者身份确认后再进行发药。

发药时，由学生对照处方，逐一交代每种药品的名称、数量、使用方法和注意事项，对于特殊的药品保存方法、用法用量等重要信息，学生应详细说明，直至取药者完全理解。

6. 用药咨询　发药结束后，如患者有疑问，应尽量解答患者问题。

【实训考核】

从处方库中随机选取一个处方，通过训练进行处方调剂，按照以下考核表完成实训技能的考核。

考核项目	考核内容		分值	得分
实训准备 (15 分)	着装： 学生着工作服（1 分）。 统一整洁，仪容仪表符合药师职业要求（1 分）。		2	
	报告班级、姓名、操作项目（1 分）		1	
	举止得体，语言清晰（2 分）		2	
	理论知识： 处方调剂的流程（5 分） "四查十对"的内容（5 分）		10	
实训操作	沟通能力 (10 分)	与患者沟通技巧： 参考人际沟通知识，考生回答沟通技巧的内容（5 分）	5	
		与患者沟通礼仪： 面对考官时，见面问候（2 分），沟通中姿势端正大方，目光关注平和，态度和蔼可亲（2 分），离开道别（1 分）	5	
	专业能力 (65 分)	审核处方： 审核结果正确（5 分） 理由陈述正确（5 分）	10	
		调配处方： 药品名称、剂型正确（5 分） 药品规格正确（5 分） 药品数量正确（5 分） 无遗漏药品（5 分）	20	
		核对检查： 是否进行"四查十对"（5 分） 核对后签名（5 分） 正确书写并粘贴标签（5 分）	15	
		发药： 呼唤患者姓名（2 分） 介绍药品名称及种类（5 分） 介绍用法用量（3 分） 介绍不良反应（5 分） 介绍用药注意事项，并提出用药指导策略（含患者用药教育）（5 分）	20	
实训报告	实训结果记录字迹工整，项目齐全，并能针对思考讨论题目认真进行分析讨论（10 分）。		10	
合计			100	

【实训思考】

1. 处方调剂过程中，我们与患者的沟通方式，对于患者用药的依从性有何影响？

2. 发药时，为何应向患者详细地介绍药物的不良反应？

（苏湲淇）

任务二 处方点评

【实训目的】

1. 能力目标 掌握运用相关法规规范、点评处方、提出改进措施的能力。熟悉医院处方点评主要内容及典型错误类型。

2. 素养目标 养成严谨求实的工作态度，为将来从事药学服务岗位奠定良好的基础。

【实训内容】

处方点评是根据相关法规、技术规范，对处方书写的规范性及药物临床使用的适宜性进行评价，发现存在或潜在的问题，制订并实施干预和改进措施，促进临床药物合理应用的过程。

处方点评主要参照《医院处方点评管理规范》《药品管理法》《处方管理办法》《抗菌药物临床应用指导原则》以及药品说明书等为依据对门急诊处方、住院用药医嘱的合理用药进行点评分析。

处方点评结果分为合理处方和不合理处方。不合理处方包括不规范处方、用药不适宜处方及超常处方。

1. 不规范处方

（1）处方的前记、正文、后记内容缺项，书写不规范或者字迹难以辨认的。

（2）医师签名、签章不规范或者与签名、签章的留样不一致的。

（3）药师未对处方进行适宜性审核的（处方后记的审核、调配、核对、发药栏目无审核调配药师及核对发药药师签名，或者单人值班调剂未执行双签名规定）。

（4）新生儿、婴幼儿处方未写明日、月龄的。

（5）西药、中成药与中药饮片未分别开具处方的。

（6）未使用药品规范名称开具处方的。

（7）药品的剂量、规格、数量、单位等书写不规范或不清楚的。

（8）用法、用量使用"遵医嘱""自用"等含糊不清字句的。

（9）处方修改未签名并注明修改日期，或药品超剂量使用未注明原因和再次签名的。

（10）开具处方未写临床诊断或临床诊断书写不全的。

（11）单张门急诊处方超过五种药品的。

（12）无特殊情况下，门诊处方超过 7 日用量，急诊处方超过 3 日用量，慢性病、老年病或特殊情况下需要适当延长处方用量未注明理由的。

（13）开具麻醉药品、精神药品、医疗用毒性药品、放射性药品等特殊管理药品处方未执行国家有关规定的。

（14）医师未按照抗菌药物临床应用管理规定开具抗菌药物处方的。

（15）中药饮片处方药物未按照"君、臣、佐、使"的顺序排列，或未按要求标注药物调剂、煎煮等特殊要求的。

2. 用药不适宜处方

（1）适应证不适宜的。

（2）遴选的药品不适宜的。

（3）药品剂型或给药途径不适宜的。

（4）无正当理由不首选国家基本药物的。

（5）用法、用量不适宜的。

（6）联合用药不适宜的。

（7）重复给药的。

（8）有配伍禁忌或者不良相互作用的。

（9）其他用药不适宜情况的。

3. 超常处方

（1）无适应证用药。

（2）无正当理由开具高价药的。

（3）无正当理由超说明书用药的。

（4）无正当理由为同一患者同时开具 2 种以上药理作用相同药物的。

实训材料：多媒体教室、实训处方、模拟药房。

进入实训室，首先由教师讲解实训要求和安排，将学生按 4 人一组进行实训分组。

1. 结合所学的处方知识，熟悉处方点评的流程和注意事项。

2. 通过小组模拟能正确完成处方点评的完整过程。

【实训步骤】

1. 模拟医院药师工作，根据处方分析与讨论结果及其他必要信息填写医院处方点评工作表。

2. 每组根据自己的处方点评结果制作 PPT 并推荐一名学生代表进行现场汇报。

3. 每组汇报结束后教师根据汇报具体情况进行点评。

【实训考核】

按照以下考核表完成上述实训技能的考核。

考核项目		考核内容	分值	得分
实训准备 （15 分）		着装： 学生着工作服（1 分）。 统一整洁，仪容仪表符合药师职业要求（1 分）。	2	
		报告班级、姓名、操作项目（1 分）	1	
		举止得体，语言清晰（2 分）	2	
		理论知识： 不合理处方的分类（5 分） 相关法规（5 分）	10	
实训操作	沟通能力 （10 分）	与医生沟通技巧： 参考人际沟通知识，考生回答沟通技巧的内容（5 分）	5	
		与医生沟通礼仪： 面对考官时，见面问候（2 分），离开道别（3 分）	5	
	专业能力 （65 分）	点评： 点评结果正确（5 分） 不合格处方归类（10 分）	15	
		陈述理由： 所陈述理由的正确性。说出一个正确理由 10 分，总分不超 20 分	20	
		对不合理处方的修改和处理措施 说出一个正确的处理措施得 10 分，总分不超 30 分	30	

续表

考核项目	考核内容	分值	得分
实训报告	实训结果记录字迹工整，项目齐全，并能针对思考讨论题目认真进行分析讨论（10分）。	10	
	合计	100	

【实训思考】

1. 处方点评作为事后用药评价方式，与处方审核有何区别？对促进临床合理用药有何作用？
2. 不合理处方有哪些类型？

（袁　超）

任务三　失眠的药物治疗方案制订

【实训目的】

1. 能力目标　能够制订并评价失眠的药物治疗方案；能够指导患者合理应用镇静催眠药，并认识心理治疗的重要性。

2. 素质目标　培养医患之间的沟通能力，培养学生具备关爱患者的药学服务职业道德。

【实训内容】

病例：患者，男，56 岁，公司高管，半年来工作压力增大，经常加班熬夜，很晚才能入睡，每晚22：30 上床后凌晨两三点才能入睡，早晨五六点就醒。入睡期间稍有轻微响动就惊醒，醒后无法入睡，睡眠质量差，近 1 个月以来尤甚，每日精神萎靡，反应迟钝，工作效率低，一想到夜晚降临，就开始担心无法入睡，影响工作和生活。请结合以上病例，完成以下几方面的实训：

1. 向患者详细询问病情，并给出最可能的诊断。
2. 根据病情制订药物治疗方案。
3. 对患者进行合理用药指导。

【实训步骤】

1. 问病　进入实训室，首先由教师讲解实训要求和安排，将学生按 2 人一组进行实训分组，分别模拟担任药师和典型的失眠患者。每组分别进行问病演示。

问病内容　①主要症状：失眠开始的时间、持续时间、发生频率，睡眠质量、入睡时间，每日总睡眠时间，失眠发生发展的过程。②诱因：引起失眠的主要诱因及缓解因素，有无相关慢性疾病。③伴随症状：是否伴有入睡困难、多梦、早醒、易醒，睡眠中断的原因及是否能再次入睡，失眠次日有无疲倦乏力、头痛；是否伴有疼痛、心悸、胸闷、出汗等症状。④诊疗过程：发病后是否进行过心理治疗，是否用药，药物剂型、剂量、用法及疗效如何。⑤一般情况：工作及生活习惯及环境，饮食、睡眠、大小便、体重的变化及病情是否影响工作。⑥家族史、既往病史：家中有无相同症状的患者，是否有过敏史、感染病史、外伤史、手术史、用药史等。

2. 讨论　分组讨论，指出各组问病过程中的优、缺点，每组推出 1 名学生进行总结，各组对问病环节进行优化，带教老师挑选 1 ~ 2 组再次问病演示。

3. 制订药物治疗方案

（1）分组对案例进行讨论，给出诊断结果及依据，并制订药物治疗方案。

（2）各组代表发言。

（3）老师对各组的药物治疗方案进行点评、总结。

4. 用药指导　教师扮演失眠患者，每位同学就治疗方案中的药物进行介绍，并就用法用量、不良反应及用药注意事项等方面进行药物指导。

【实训考核】

从案例库中随机抽取 1 个失眠病例，由教师扮演患者，学生扮演药师，根据病情制订药物治疗方案并进行用药指导。

考核项目	考核内容		分值	得分
实训准备 （15 分）	着装： 学生着工作服，仪表规范得体（1 分） 女生不得披头发，男女生不得穿拖鞋（1 分）		2	
	报告班级、姓名、操作项目		1	
	举止得体，语言清晰		2	
	理论知识： 药物治疗原则（4 分） 治疗药物的药理作用和用途（3 分） 治疗药物的不良反应（3 分）		10	
实训操作 （75 分）	沟通能力 （10 分）	与患者沟通技巧： 参考人际沟通知识，考生回答沟通技巧的内容（5 分）	5	
		与患者沟通礼仪： 面对考官时，见面问候（2 分），离开道别（3 分）	5	
	专业能力 （65 分）	临床诊断： 诊断正确（2 分） 诊断依据陈述正确（3 分）	5	
		药物选择： 药品名称、剂型正确（5 分） 药品规格正确（5 分） 药品剂量正确（5 分） 无遗漏药品（5 分）	20	
		药物介绍： 介绍药品名称及数量（5 分） 介绍用法用量（5 分） 介绍不良反应（5 分）	15	
		用药指导： 是否符合用药原则（5 分） 用药注意事项（15 分） 给出用药指导策略（5 分）	25	
实训报告 （10 分）	实训结果记录字迹工整，项目齐全，并能针对思考讨论题目认真进行分析讨论（10 分）		10	
合计			100	

【实训思考】

1. 药师应从哪些方面指导失眠患者合理使用镇静催眠药?
2. 对长期失眠的患者进行用药指导时,应强调什么?为什么?

(邹艳萍)

任务四 高血压的药物治疗方案制订

【实训目的】

1. 能力目标 学会制订和评价高血压的药物治疗方案的方法;掌握高血压的诊断标准和常用抗高血压药物的作用特点。

2. 素养目标 养成指导高血压患者合理选药、安全准确用药的职业素养。

【实训内容】

病例:患者,女,65 岁。经常耳鸣、头晕、面红;血压为 150/100mmHg。请结合以上病例,完成以下几个方面的实训。

1. 分析案例中的高血压药物治疗方案是否合理。
2. 分析抗高血压药物的用药依据。

【实训步骤】

1. 问病 进入实训室,首先由教师讲解实训要求和安排,将学生按 2 人一组进行分组实训,分别模拟担任药师和典型的高血压患者。每组分别进行问病演示。

问病内容 ①主要症状:头痛及头晕程度、性质、是否有定位性头痛,是否为血管搏动性疼痛;休息后能否缓解。②诱因:发病前有无发热症状,是否有精神刺激或服用某些药物。③伴随症状:是否伴有胸闷、气短、气促、呕吐、肢体活动障碍等症状。④诊疗过程:询问发病后有无做过检查,检查项目,有无确诊。发病后是否用药,药物剂型、剂量、用法及疗效如何。⑤一般情况:工作及生活习惯及环境,饮食、睡眠、大小便、体重的变化及病情是否影响工作。⑥询问家族史(家中有无相同症状的患者)和既往病史。

2. 讨论 分组讨论,指出各组问病过程中的优、缺点,每组推出 1 名学生进行总结,各组对问病环节进行优化,带教老师挑选 1~2 组再次问病演示。

3. 制订药物治疗方案

(1)分组对案例进行讨论,给出诊断结果及依据,并制订药物治疗方案。

(2)各组代表发言。

(3)老师对各组的药物治疗方案进行点评、总结。

4. 用药指导 教师扮演高血压患者,每位同学就治疗方案中的药物进行介绍,并就用法用量、不良反应及用药注意事项等方面进行用药指导。

【实训考核】

从案例库中随机抽取 1 个高血压病例,由老师扮演患者,学生扮演药师,根据病情制订药物治疗方案并进行用药指导。

测试项目	技能要求		分值	得分
实训准备 （15分）	着装： 学生着工作服（1分）。 统一整洁，仪容仪表符合药师职业要求（1分）。		2	
	报告班级、姓名、操作项目		1	
	举止得体，语言清晰		2	
	理论知识： 高血压的药物治疗原则（4分） 治疗药物的药理作用和用途（6分）		10	
实训操作 （75分）	沟通能力 （10分）	与患者沟通技巧： 参考人际沟通知识，考生回答沟通技巧的内容（5分）	5	
		与患者沟通礼仪： 面对考官时，见面问候（2分），离开道别（3分）	5	
	专业能力 （65分）	临床诊断： 诊断正确（2分） 诊断依据陈述正确（3分）	5	
		药物选择： 药品名称、剂型正确（5分） 药品规格正确（5分） 药品剂量正确（5分） 无遗漏药品（5分）	20	
		药物介绍： 介绍药品名称及数量（5分） 介绍用法用量（5分） 介绍不良反应（5分）	15	
		用药指导： 是否符合高血压的用药原则（5分） 用药注意事项（15分） 给出用药指导策略（5分）	25	
实训报告 （10分）	实训结果记录字迹工整，项目齐全，并能针对思考讨论题目认真进行分析讨论（10分）		10	
合计			100	

【实训思考】

病例1：患者，女，65岁。经常耳鸣、头晕，血压为150/100mmHg。诊断：原发性高血压。治疗方案：一直口服卡托普利25mg，每日2次；吲达帕胺2.5mg，1天1次。能平稳控制血压。入院后因感冒咳嗽，医嘱口服康泰克1粒/次，1天2次；克咳胶囊3粒，1天3次，用药后次日出现头晕、头痛，血压160/105mmHg。

病例2：患者，女，55岁。因腹泻1天就诊，血压为144/86mmHg，既往有原发性高血压病史7年。诊断：原发性高血压；急性肠炎。治疗方案：口服呋喃唑酮片0.1g，1天3次；口服复方利血平、氨苯蝶啶片1片/次（北京降压0号），1天。

1. 分析以上两个案例中的高血压药物治疗方案是否合理。

2. 分析抗高血压药物的用药依据。

（张　蕾）

任务五　上呼吸道感染的药物治疗方案制订

【实训目的】

1. 能力目标　学会制订并评价上呼吸道感染药物治疗方案、特殊人群及患有其他疾病等上呼吸道感染患者的用药特点、普通感冒与流感的区别。

2. 素养目标　养成严谨求实的工作态度、团队协作的工作习惯，正确认识"过度医疗"。

【实训内容】

病例：患者，男，40 岁，公交车司机。1 天前因受凉出现鼻塞、流清鼻涕，怕冷，喉咙干、痒，有咳嗽但无痰。在家测体温 37.6℃。请结合以上病例，完成以下几个方面的实训。

1. 向患者详细询问病情，并给出最可能的诊断。

2. 根据病情制订药物治疗方案。

3. 对患者进行合理用药指导。

【实训步骤】

1. 问病

（1）分组，小组成员轮流担任药师和患者，进行问病练习。

（2）问病内容包括：疾病诱因、主要症状、伴随症状、既往病史、诊疗经过、检查情况、用药情况和治疗效果等。

（3）条件允许时，以小组为单位，可到学校附近药店进行上呼吸道感染用药情况调研。

2. 讨论　分组讨论，指出各组问病过程中的优、缺点，每组推出 1 名学生进行总结，各组对问病环节进行优化，带教老师挑选 1~2 组再次问病演示。

3. 制订药物治疗方案

（1）分组对案例进行讨论，给出诊断结果及依据，并制订药物治疗方案。

（2）各组代表发言。

（3）老师对各组的药物治疗方案进行点评、总结。

4. 用药指导　教师扮演上呼吸道感染患者，每位同学就治疗方案中的药物进行介绍，并就用法用量、不良反应及用药注意事项等方面进行用药指导。

【实训考核】

从案例库中随机抽取 1 个上呼吸道感染病例，由老师扮演患者，学生扮演药师，根据病情制订药物治疗方案并进行用药指导。

考核项目	考核内容	分值	得分
实训准备 （15 分）	着装： 学生着工作服（1分）。 统一整洁，仪容仪表符合药师职业要求（1分）。	2	
	报告班级、姓名、操作项目	1	
	举止得体，语言清晰	2	
	理论知识： 上呼吸道感染的药物治疗原则（4分） 治疗药物的药理作用和用途（3分） 上呼吸道感染药物的不良反应（3分）	10	

续表

考核项目		考核内容	分值	得分
实训操作 （75分）	沟通能力 （10分）	与患者沟通技巧： 参考人际沟通知识，考生回答沟通技巧的内容（5分）	5	
		与患者沟通礼仪： 面对考官时，见面问候（2分），态度和蔼可亲（2分），离开道别 （1分）	5	
	专业能力 （65分）	临床诊断： 诊断正确（2分） 诊断依据陈述正确（3分）	5	
		药物选择： 药品名称、剂型正确（5分） 药品规格正确（5分） 药品剂量正确（5分） 无遗漏药品（5分）	20	
		药物介绍： 介绍药品名称及数量（5分） 介绍用法用量（5分） 介绍不良反应（5分）	15	
		用药指导： 是否符合上呼吸道感染的用药原则（5分） 用药注意事项（15分） 给出用药指导策略（5分）	25	
实训报告 （10分）	实训结果记录字迹工整，项目齐全，并能针对思考讨论题目认真进行分析讨论（10 分）		10	
合计			100	

【实训思考】

1. 普通感冒和流感在临床表现和治疗方法上有何区别？

2. 如何正确选用复方感冒药？

（苏湲淇）

任务六　支气管哮喘的药物治疗方案制订

【实训目的】

1. 能力目标　能够制订并评价支气管哮喘的药物治疗方案；能够指导患者合理应用平喘药物 β_2 受体激动药、茶碱类、抗胆碱药以及糖皮质激素、肥大细胞膜稳定剂、白三烯受体阻断药。熟悉治疗支气管哮喘的常用药物及其用法用量。

2. 素质目标　提高药学服务能力，发挥"工匠"精神，促进支气管哮喘患者的合理用药；加强锻炼，提高身体素质的大健康理念。

【实训内容】

病例：患者，男，15岁，反复发作性胸闷、气喘5年余，复发伴呼吸困难10天。

1. 向患者详细询问病情，并给出最可能的诊断。
2. 根据病情制订药物治疗方案。
3. 介绍治疗方案中的药物。
4. 对患者进行合理用药指导。

【实训步骤】

1. 问病 进入实训室，首先由教师讲解实训要求和安排，将学生按 2 人一组进行实训分组，分别模拟担任药师和典型的支气管哮喘患者。每组分别进行问病演示。

（1）方法 2 位同学一组，其中一人充当典型的支气管哮喘患者，另一人充当问病者，抽签决定问病者和患者，进行问病练习，其余同学注意观看（每位同学课前须认真预习）。

（2）问病内容

1）问主要症状 发作前有无诱因和先兆；发作时是否连续打喷嚏或干咳、流涕伴有哮鸣音的呼气性呼吸困难；是否自行缓解；发作持续时间多长。

2）问诱因 发病前是否接触过敏物质等；或是否有气管炎病史。

3）问伴随症状 发作时有无胸闷、气喘、发绀等。

4）问诊疗经过 发病后做过什么检查、结果如何、有无确诊；用过什么药治疗，药物的剂型、剂量、用法是什么，疗效如何。

5）问一般情况 饮食、睡眠、大小便、体重有无改变，工作是否受影响。

6）问既往史及家族史 详细询问患者的职业及家族史、过敏史。

2. 讨论 分组讨论，指出各组问病过程中的优、缺点，每组推出 1 名学生进行总结，各组对问病环节进行优化，带教老师挑选 1 ~ 2 组再次问病演示。

3. 制订药物治疗方案

（1）分组对案例进行讨论，给出诊断结果及依据，并制订药物治疗方案。

（2）各组代表发言。

（3）老师对各组的药物治疗方案进行点评、总结。

4. 用药指导 老师扮演支气管哮喘患者，每位同学就治疗方案中的药物进行介绍，并就用法用量、不良反应及用药注意事项等方面进行药物指导。

【实训考核】

从案例库中随机抽取 1 个支气管哮喘病例，由教师扮演患者，学生扮演药师，根据病情制订药物治疗方案并进行用药指导。

考核项目	考核内容	分值	得分
实训准备 （15 分）	着装： 学生着工作服，仪表规范得体（1 分） 女生不得披头发，男女生不得穿拖鞋（1 分）	2	
	报告班级、姓名、操作项目	1	
	举止得体，语言清晰	2	
	理论知识： 支气管哮喘的药物治疗原则（4 分） 治疗药物的药理作用和用途（3 分） 主要平喘药物的不良反应（3 分）	10	

续表

考核项目		考核内容	分值	得分
实训操作 (75分)	沟通能力 (10分)	与患者沟通技巧: 参考人际沟通知识,考生回答沟通技巧的内容(5分)	5	
		与患者沟通礼仪: 面对考官时,见面问候(2分),离开道别(3分)	5	
	专业能力 (65分)	临床诊断: 诊断正确(2分) 诊断依据陈述正确(3分)	5	
		药物选择: 药品名称、剂型正确(5分) 药品规格正确(5分) 药品剂量正确(5分) 无遗漏药品(5分)	20	
		药物介绍: 介绍药品名称及数量(5分) 介绍用法用量(5分) 介绍不良反应(5分)	15	
		用药指导: 是否符合支气管哮喘的用药原则(5分) 用药注意事项(15分) 给出用药指导策略(5分)	25	
实训报告 (10分)		实训结果记录字迹工整,项目齐全,并能针对思考讨论题目认真进行分析讨论(10分)	10	
合计			100	

【实训思考】

患儿男,8岁,因"反复喘息一年余,再发3天"入院。患儿一年余前开始出现咳嗽,为阵发性连声咳,夜间咳嗽明显,伴喘息,无气急及呼吸困难,常在感染后咳喘发作,每年发作3~4次,喘息发作时,予补液、雾化吸入治疗,可缓解。缓解期间断服用"孟鲁司特"治疗,未规律用药。患儿3天前因受凉后出现咳嗽、喘息发作。自行用药治疗,喘息无明显缓解。患儿平素体质一般,平素喜挖鼻,有过敏性鼻炎史,否认异物吸入史。无特殊家族史。辅助检查:支气管舒张试验阳性;粉尘螨过敏原检测:阳性。诊断为支气管哮喘。

1. 治疗支气管哮喘的药物有哪些?
2. 糖皮质激素类药物治疗支气管哮喘的机制是什么?
3. 支气管扩张药主要分为哪几类?药理作用分别是什么?

(熊晶晶)

任务七　消化性溃疡的药物治疗方案制订

【实训目的】

1. 能力目标　能够制订并评价消化性溃疡的药物治疗方案;能够指导患者合理应用抗消化性溃疡药。熟悉治疗消化性溃疡的常用药物及其用法用量。

2. 素质目标　培养指导消化性溃疡患者合理选药、用药的能力;培养"以患者为中心"的服务意识。

【实训内容】

病例：患者，男，27岁，外企白领。因间断上腹部疼痛3年，加重10天来院就诊。患者3年前开始上腹部胀痛，空腹明显，进餐后缓解，有时夜间痛醒，有嗳气、反酸，冬春季节发病频率增高。

1. 向患者详细询问病情，并给出最可能的诊断。

2. 根据病情制订合理的药物治疗方案。

3. 对患者进行合理用药指导。

【实训步骤】

1. 问病　进入实训室，首先由教师讲解实训要求和安排，将学生按2人一组进行实训分组，分别模拟担任药师和典型的消化性溃疡患者。每组分别进行问病演示。

问病内容　①主要症状：上腹部疼痛部位，居中或偏左偏右，隐痛还是胀痛，餐前痛还是餐后痛，进食对疼痛有无影响及如何影响，疼痛有无放射，好发季节。②诱因：发病前是否饮食不规律、压力大、服用某些药物等明显的诱因及缓解因素。③伴随症状：有无反酸、嗳气、上腹胀、厌食，有无黑便。④诊疗过程：发病后是否用药，药物剂型、剂量、用法及效果如何。是否做过相关检查，有无确诊。⑤一般情况：工作、生活习惯，饮食、睡眠、大小便、体重的变化及病情是否影响工作。⑥家族史、既往病史：家中有无相同症状的患者，是否有过敏史、手术史、用药史等。

2. 讨论　分组讨论，指出各组问病过程中的优、缺点，每组推出1名学生进行总结，各组对问病环节进行优化，教师挑选1~2组进行再次问病演示。

3. 制订药物治疗方案

（1）分组对案例进行讨论，给出诊断结果及依据，并制订药物治疗方案。

（2）各组代表发言。

（3）老师对各组的药物治疗方案进行点评、总结。

4. 用药指导　教师扮演消化性溃疡患者，每位同学就治疗方案中的药物进行介绍，并就用法用量、不良反应及用药注意事项等方面进行药物指导。

【实训考核】

从案例库中随机抽取1个消化性溃疡病例，由教师扮演患者，学生扮演药师，根据病情制订药物治疗方案并进行用药指导。

考核项目	考核内容	分值	得分
实训准备 （15分）	着装： 学生着工作服，仪表规范得体（1分） 女生不得披头发，男、女生不得穿拖鞋（1分）	2	
	报告班级、姓名、操作项目	1	
	举止得体，语言清晰	2	
	理论知识： 消化性溃疡的药物治疗原则（4分） 治疗药物的药理作用和用途（3分） 治疗药物的用药注意事项（3分）	10	

续表

考核项目		考核内容	分值	得分
实训操作 （75分）	沟通能力 （10分）	与患者沟通技巧： 参考人际沟通知识，考生回答沟通技巧的内容（5分）	5	
		与患者沟通礼仪： 面对考官时，见面问候（2分），沟通中姿势恰当，态度和蔼可亲（2分），离开道别（1分）	5	
	专业能力 （65分）	临床诊断： 诊断正确（2分） 诊断依据陈述正确（3分）	5	
		药物选择： 药品名称、剂型正确（5分） 药品规格正确（5分） 药品剂量正确（5分） 无遗漏药品（5分）	20	
		药物介绍： 介绍药品名称及数量（5分） 介绍用法用量（5分） 介绍不良反应（5分）	15	
		用药指导： 是否符合消化性溃疡的用药原则（5分） 用药注意事项（15分） 给出用药指导策略（5分）	25	
实训报告 （10分）		实训结果记录字迹工整，项目齐全，并能针对思考讨论题目认真进行分析讨论（10分）	10	
合计			100	

【实训思考】

1. 消化性溃疡的发病与哪些因素有关?

2. 对消化性溃疡的治疗应该如何选取药物合理搭配?

（王建美）

任务八　缺铁性贫血的药物治疗方案制订

【实训目的】

1. 能力目标　能够制订并评价缺铁性贫血的药物治疗方案；能够指导患者合理应用铁剂。熟悉治疗缺铁性贫血的常用药物及其用法用量。

2. 素质目标　培养"合理用药"的安全意识，形成无私奉献的工匠精神。

【实训内容】

病例：患者，女，30岁，面色苍白、头晕、乏力2年，近日因症状加重并伴有心悸前来就诊。

1. 仔细询问患者病情，并给出最可能的诊断。

2. 制订个体化药物治疗方案。

3. 对患者进行合理用药指导。

【实训步骤】

1. 问病

（1）问病方法　首先由教师讲解实训要求和安排，将学生按 2 人一组进行实训分组，分别充当药师和典型的缺铁性贫血患者，然后每组分别进行问病演示。

（2）问病内容　①主要症状：面色苍白、乏力等出现的时间、持续的时间。②诱因：有无明显的诱因；是否有出血的情况存在。③伴随症状：是否伴有眼花、耳鸣、胸闷、心悸、注意力不集中、记忆力下降等。④诊疗过程：是否做过血常规、心电图等相关检查，有无确诊。发病后是否用过药，用的什么药，药物剂型、剂量、用法及疗效如何。⑤一般情况：工作及生活习惯及环境，饮食、睡眠、大小便、体重的变化及病情是否影响工作。⑥既往病史、家族史：家中有无相同症状的患者，是否有心血管病、神经系统相关病史等。

2. 讨论　分组讨论，指出各组问病过程中的优、缺点，每组请 1 名学生进行总结，各组对问病环节进行优化，带教老师挑选有代表性的 1～2 组再次问病演示。

3. 制订个体化药物治疗方案

（1）分组对案例进行讨论，给出诊断结果及依据，并制订药物治疗方案。

（2）各组同学分别推 1 位同学发言。

（3）老师总结，并对各组的药物治疗方案进行点评。

4. 用药指导　教师扮演缺铁性贫血患者，每组同学就治疗方案中的药物进行介绍，并就用法用量、不良反应及用药注意事项等方面进行指导。

【实训考核】

从案例库中随机抽取 1 个缺铁性贫血病例，由教师扮演患者，学生扮演药师，根据病情制订药物治疗方案并进行用药指导。

考核项目	考核内容	分值	得分
实训准备 （15 分）	着装： 学生着白大褂，仪表规范得体（1 分） 女生不得披头发，男女生不得穿拖鞋（1 分）	2	
	报告班级、姓名、操作项目	1	
	举止得体，语言清晰	2	
	理论知识： 缺铁性贫血的药物治疗原则（3 分） 治疗药物的药理作用和用途（3 分） 影响铁剂吸收的因素（2 分） 铁剂的不良反应（2 分）	10	

续表

考核项目		考核内容	分值	得分
实训操作 （75分）	沟通能力 （10分）	与患者沟通技巧： 参考人际沟通知识，考学生回答沟通技巧的内容（5分）	5	
		与患者沟通礼仪： 面对考官时，见面问候（2分），离开道别（3分）	5	
	专业能力 （65分）	临床诊断： 诊断正确（2分） 诊断依据陈述正确（3分）	5	
		药物选择： 药品名称、剂型正确（5分） 药品规格正确（5分） 药品剂量正确（5分） 无遗漏药品（5分）	20	
		药物介绍： 介绍药品名称及数量（5分） 介绍用法用量（5分） 介绍不良反应（5分）	15	
		用药指导： 是否符合缺铁性贫血的用药原则（5分） 用药注意事项（15分） 给出用药指导策略（5分）	25	
实训报告 （10分）		实训结果记录字迹工整，项目齐全，并能认真针对思考讨论题目进行分析讨论（10分）	10	
		合计	100	

【实训思考】

患者，女，40岁，近2年来经常活动后心悸，伴面色苍白、神疲、乏力、头晕、眼花、多梦、食欲缺乏，腹泻等症状。为明确诊断，前来就诊。既往有月经过多史。查体：T 36.5℃，P 80次/分，R 18次/分，BP 110/80mmHg。心肺检查（-），肝脾肋下未触及，腹平软，无压痛，肠鸣音4次/分，周身皮肤无出血点，生理反射未见异常，病理反射未引出。实验室检查：红细胞计数 3.1×10^{12}/L，红细胞平均体积（MCV）60fl，血红蛋白（Hb）80g/L，红细胞平均血红蛋白浓度（MCHC）20%，网织红细胞计数1.2%，血小板计数 218×10^9/L。血清铁蛋白 10μg/L，血清铁 7.74μmol/L，总铁结合力 80μmol/L。肝脾超声波（-）。心电图：正常。

1. 请分析患者患了何种疾病？

2. 可以给患者使用哪种药物治疗？

3. 在指导患者用药的过程中，应提醒患者注意哪些问题（如服药时间、哪些药物或食物会抑制铁剂的吸收因而不能同服、及时复查）？

（刘红霞）

任务九　荨麻疹的药物治疗方案制订

【实训目的】

1. 能力目标　能够制订并评价荨麻疹的药物治疗方案；能够指导患者合理应用抗组胺药及糖皮质激素。熟悉治疗荨麻疹的常用药物及其用法用量。

2. 素质目标　培养"以患者为中心"的服务意识，学会换位思考。

【实训内容】

病例：患者，男，17岁，全身散在红色风团伴瘙痒4天，风团大小不等，部分融合成片，人工划痕症阳性，反复发生，近期出现病毒性上呼吸道感染。

1. 向患者详细询问病情，并给出最可能的诊断。

2. 根据病情制订药物治疗方案。

3. 对患者进行合理用药指导。

【实训步骤】

1. 问病　进入实训室，首先由教师讲解实训要求和安排，将学生按2人一组进行实训分组，分别模拟担任药师和典型的荨麻疹患者。每组分别进行问病演示。

问病内容　①主要症状：风团发作频率、皮损持续时间、昼夜发作规律，风团大小、数量、形状和分布。②诱因：有无明显的诱因及缓解因素。③伴随症状：是否伴有瘙痒或疼痛，消退后是否有色素沉着。④诊疗过程：是否做过血常规、变异原检测等相关检查，有无确诊。发病后是否用药，药物剂型、剂量、用法及疗效如何。⑤一般情况：工作及生活习惯及环境，饮食、睡眠、大小便、体重的变化及病情是否影响工作。⑥家族史、既往病史：家中有无相同症状的患者，是否有过敏史、感染病史、外伤史、手术史、用药史等。

2. 讨论　分组讨论，指出各组问病过程中的优、缺点，每组推出1名学生进行总结，各组对问病环节进行优化，带教老师挑选1~2组再次问病演示。

3. 制订药物治疗方案

（1）分组对案例进行讨论，给出诊断结果及依据，并制订药物治疗方案。

（2）各组代表发言。

（3）老师对各组的药物治疗方案进行点评、总结。

4. 用药指导　教师扮演荨麻疹患者，每位同学就治疗方案中的药物进行介绍，并就用法用量、不良反应及用药注意事项等方面进行药物指导。

【实训考核】

从案例库中随机抽取1个荨麻疹病例，由教师扮演患者，学生扮演药师，根据病情制订药物治疗方案并进行用药指导。

考核项目	考核内容	分值	得分
实训准备 （15分）	着装： 学生着工作服（1分） 统一整洁，仪容仪表符合药师职业要求（1分）	2	
	报告班级、姓名、操作项目	1	
	举止得体，语言清晰	2	
	理论知识： 荨麻疹的药物治疗原则（4分） 治疗药物的药理作用和用途（3分） 抗组胺药/糖皮质激素的不良反应（3分）	10	
实训操作 （75分）	沟通能力 （10分） 与患者沟通技巧： 参考人际沟通知识，考生回答沟通技巧的内容（5分）	5	
	与患者沟通礼仪： 面对考官时，见面问候（2分），态度和蔼可亲（2分），离开道别（1分）	5	
	专业能力 （65分） 临床诊断： 诊断正确（2分） 诊断依据陈述正确（3分）	5	
	药物选择： 药品名称、剂型正确（5分） 药品规格正确（5分） 药品剂量正确（5分） 无遗漏药品（5分）	20	
	药物介绍： 介绍药品名称及数量（5分） 介绍用法用量（5分） 介绍不良反应（5分）	15	
	用药指导： 是否符合荨麻疹的用药原则（5分） 用药注意事项（15分） 给出用药指导策略（5分）	25	
实训报告 （10分）	实训结果记录字迹工整，项目齐全，并能针对思考讨论题目认真进行分析讨论（10分）	10	
合计		100	

【实训思考】

1. 荨麻疹的治疗原则有哪些？
2. 荨麻疹的常见诱发因素有哪些？

（苏嫒淇）

任务十　糖尿病的药物治疗方案制订

【实训目的】

1. 能力目标　能够制订并评价糖尿病的药物治疗方案；能够指导患者合理应用胰岛素及口服降糖药。熟悉治疗糖尿病的常用药物及其用法用量。

2. 素质目标　培养"慢病预防"的健康意识，提高对糖尿病患者的用药服务水平。

【实训内容】

病例：患者，女，60岁，2型糖尿病6年，近日因头晕就诊。体征和实验室检查：空腹血糖7.8mmol/L，餐后2小时血糖11.2mmol/L，糖化血糖蛋白8.85%，血压160/95mmHg，蛋白尿1g/24h。

1. 向患者详细询问病情，并给出最可能的诊断。
2. 根据病情制订药物治疗方案。
3. 对患者进行健康教育及合理用药指导。

【实训步骤】

1. 问病　进入实训室，首先由教师讲解实训要求和安排，将学生按2人一组进行实训分组，分别模拟药师和各型糖尿病患者。每组分别进行问病演示。

问病内容　①主要症状：是否有"三多一少"、乏力等症状。②并发症状：是否伴有肾功能、视力、心血管系统及糖尿病足的症状。③诊疗过程：是否做过血常规、血糖、糖化血红蛋白、糖尿病相关抗体检测等相关检查，有无确诊。发病后是否用药，药物剂型、剂量、用法及疗效如何。④生活方式：询问饮食、运动习惯。⑤家族史、既往病史：家中有无相同症状的患者，是否有过敏史、用药史等。

2. 讨论　分组讨论，指出各组问病过程中的优、缺点，每组推荐1名学生进行总结，各组对问病环节进行优化，带教老师挑选1~2组再次问病演示。

3. 制订药物治疗方案

（1）分组对案例进行讨论，给出诊断结果及依据，并制订药物治疗方案。

（2）各组代表发言。

（3）老师对各组的药物治疗方案进行点评、总结。

4. 用药指导　教师分别扮演各类型糖尿病患者，每位同学就治疗方案中的药物进行介绍，并就用法用量、不良反应及用药注意事项等方面进行药物指导。

【实训考核】

从案例库中随机抽取1个糖尿病病例，由教师扮演患者，学生扮演药师，根据病情制订药物治疗方案并进行用药指导。

考核项目	考核内容	分值	得分
实训准备 （15分）	着装： 学生着工作服，仪表规范得体（1分） 女生不得披头发，男女生不得穿拖鞋（1分）	2	
	报告班级、姓名、操作项目	1	
	举止得体，语言清晰	2	
	理论知识： 糖尿病的药物治疗原则（4分） 治疗药物的药理作用和用途（3分） 胰岛素及各类口服降糖药的不良反应（3分）	10	

续表

考核项目		考核内容	分值	得分
实训操作 (75分)	沟通能力 (10分)	与患者沟通技巧： 参考人际沟通知识，考生回答沟通技巧的内容（5分）	5	
		与患者沟通礼仪： 面对考官时，见面问候（2分），离开道别（3分）	5	
	专业能力 (65分)	临床诊断： 诊断正确（2分） 诊断依据陈述正确（3分）	5	
		药物选择： 药品名称、剂型正确（5分） 药品规格正确（5分） 药品剂量正确（5分） 无遗漏药品（5分）	20	
		药物介绍： 介绍药品名称及数量（5分） 介绍用法用量（5分） 介绍不良反应（5分）	15	
		用药指导： 是否符合糖尿病的用药原则（5分） 用药注意事项（15分） 给出健康教育及用药指导策略（5分）	25	
实训报告 (10分)		实训结果记录字迹工整，项目齐全，并能针对思考讨论题目认真进行分析讨论（10分）	10	
合计			100	

【实训思考】

1. 如何预防 2 型糖尿病？

2. 总结 8 大类口服降糖药的优缺点。

（甄会贤）

任务十一　抗菌药物的合理应用

【实训目的】

1. 能力目标　学会全面、辩证地评价抗菌药物，能够正确地开展抗菌药物合理用药指导；熟悉治疗用药、预防用药和联合用药的意义及注意事项；熟悉常用抗菌药物体内过程、给药方法、抗菌范围、不良反应和适应证；掌握抗菌药物临床应用实行分级管理的基本原则；了解抗菌药物在特殊病理、生理状况患者中的用药原则。

2. 素质目标　具备团队协作的精神，养成关爱患者的职业素养。

【实训内容】

1. 进行抗菌药物使用情况调查。

2. 正确评价抗菌药物的处方与医嘱是否合理。

3. 学会对特殊病理、生理状况患者正确应用抗菌药物。

【实训步骤】

1. 用药调查

（1）方法：分组到医院进行抗菌药物使用情况调查。

（2）门诊抗菌药物处方点评，每月点评不少于 25% 的医生开具的处方，每名医生不少于 50 份处方，不足 50 份处方的全部点评，填写门诊抗菌药物处方点评工作表（实训表 11-1）。

（3）汇总调查结果。

2. 分组讨论　根据调查数据，重点分析抗菌药物用药情况，分析抗菌药物应用是否合理。

3. 汇报答辩　在总结讨论结果基础上进行小组汇报答辩，并形成实训报告。

实训表 11-1　抗菌药物处方点评工作表（　　年　月）

点评人：　　　　　　　　　　　　　　　　　　　　　　　填表时间：　年　月　日

序号	处方日期（月日）	姓名	年龄（岁）	主要诊断	药品名称	用法用量（途径、频次）	联合用药（1/0）	限制级别（1/0）	处方医师	核对发药药师	是否合理（1/0）	主要存在问题
合计												
总计					A=	B=	C=	D=	E=			

注：
1. 有 =1　无 =0；结果保留小数点后一位。
2. 是否合理：0 表示不合理，1 表示合理。
A：联合用药人总数；　　　　　　　B：使用限制级和特殊级别抗菌药物人数；
C：使用抗菌合理处方数；　　　　　D：抗菌联合药使用百分率（%）＝A/使用抗菌药物处方总数；
E：抗菌药物使用合理人数占抗菌药物使用总人数的百分率（%）＝C/使用抗菌药物的处方总数；

【实训考核】

从案例库中随机抽取 1 张门诊处方，由学生扮演药师，填写处方中抗菌药物用药情况，分析抗菌药物应用是否合理，并进行用药指导。

实训表 11 –2　抗菌药物的合理应用实训考核表

考核项目	考核内容		分值	得分
实训准备 (35分)	着装： 学生着工作服，仪表规范得体（2分） 女生不得披头发，男女生不得穿拖鞋（1分）		3	
	举止得体，语言清晰		2	
	理论知识： 抗菌药物预防性应用的基本原则（10分） 抗菌药物治疗性应用的基本原则（10分） 抗菌药物联合应用的基本原则（10分）		30	
实训操作 (55分)	沟通能力 (15分)	与患者沟通技巧： 参考人际沟通知识，考生回答沟通技巧的内容（10分）	10	
		与患者沟通礼仪： 面对考官时，见面问候（1分），沟通中姿势端庄大方，目光关注平和，态度和蔼可亲（3分），离开道别（1分）	5	
	专业能力 (40分)	门诊处方： 正确填写门诊抗菌药物处方点评工作表（10分） 正确判断门诊抗菌药物处方是否合理（10分） 情景演练时正确进行门诊抗菌药物用药指导（20分）	40	
实训报告 (10分)	实训结果记录字迹工整，项目齐全，并能针对思考讨论题目认真进行分析讨论（10分）		10	
合计			100	

【实训思考】

1. 老人与儿童如何应用抗菌药物？
2. 肝功能减退患者如何应用抗菌药物？

（曹光秀）

任务十二　用药咨询和用药指导

【实训目的】

1. 能力目标　能够掌握用药咨询和用药指导的基本程序和注意事项，学会运用相应的方法和技巧，能独立解决用药咨询和用药指导中的一般问题。

2. 素质目标　培养"以患者为中心"的服务意识，养成严谨求实的工作态度。

【实训内容】

实训场地：模拟药房、药学门诊等。

实训材料：药品标签、模拟药品、宣传单、题板等。

进入实训场地后，首先由教师讲解实训要求和安排，将学生按2人一组进行实训分组，分别模拟担任药师和患者，开展用药咨询、用药指导模拟演练。

1. 正确运用沟通技巧获取患者的需求。
2. 根据患者的病情给出合理的用药建议。

3. 对患者进行合理用药指导。

【实训步骤】

1. 实训场地布置 教师提前选择5~8个典型代表病例，进行任务分配，学生利用课余时间制作相应的用药宣传单，每组学生可以根据所分配的任务选择模拟药房、药学门诊或者自行布置咨询台。

2. 用药咨询模拟

（1）教师将病情告知扮演患者的学生，同组的另外一位同学扮演药师，模拟用药咨询。

（2）药师根据沟通的技巧和专业知识获知患者的病情及需求，给予正确的用药推荐，针对患者提出的药品名称、适应证、使用方法、用法用量、起效时间、预后效果、不良反应、药物相互作用、是否属于医疗保险范围、价格等问题进行耐心细致地回答。

（3）各组代表发言。

（4）教师对各组的用药咨询模拟进行点评、总结。

3. 用药指导模拟

（1）教师指定特定的药物，可以是一个药物，也可以是联合用药。

（2）同组学生进行角色扮演，扮演患者的学生进行特定药物的用药咨询，扮演药师的学生从药物的用法用量、不良反应及用药注意事项等方面，有针对性地提出用药指导策略，展示用药指导方案，并对患者进行用药指导和健康教育。

（3）各组代表发言。

（4）教师对各组的用药指导模拟进行点评、总结。

【实训考核】

从案例库中随机抽取1个考题，由教师扮演患者，学生扮演药师，按照以下考核表完成实训技能的考核。

考核项目	考核内容		分值	得分
实训准备 （15分）	着装： 学生着工作服，衣帽整洁，仪表规范、得体（1分） 女生不得披头发，男、女生不得穿拖鞋（1分）		2	
	报告班级、组号、姓名、操作项目		1	
	举止得体，语言清晰		2	
	准备操作： 用药咨询和用药指导的资料，如宣传单、患者用药记录本等美观、合理（5分） 咨询场景布置专业、舒适（5分）		10	
实训操作 （75分）	沟通能力 （10分）	沟通技巧： 面对不同年龄、不同文化程度的咨询者，应用合理的沟通和咨询方式，沟通过程中有礼貌，语速、音量适中，不引起咨询者反感（5分）	5	
		沟通礼仪： 面对咨询者时，见面问候（2分），沟通过程中态度和蔼可亲（2分），离开道别（1分）	5	

续表

考核项目		考核内容	分值	得分
实训操作 （75分）	专业能力 （65分）	获知咨询者所咨询疾病的特点和常用治疗药物（5分）	5	
		药物选择： 药品名称、剂型正确（5分） 药品规格正确（5分） 药品剂量正确（5分）	15	
		药物介绍： 介绍药品名称及数量（5分） 介绍用法用量（5分） 介绍不良反应（5分） 介绍药品的储存（5分）	20	
		用药指导： 用药注意事项（10分） 用药指导策略（5分） 健康教育（10分）	25	
实训报告 （10分）	实训结果记录字迹工整，项目齐全，并能针对思考讨论题目认真进行分析讨论（10分）		10	
合计			100	

【实训思考】

1. 为何要开展用药咨询、用药指导服务？
2. 开展用药咨询服务药师应具备哪些素质及技巧？

（林　鑫）

参考文献

[1] 蒋元英，文爱东. 临床药物治疗［M］. 第4版. 北京：人民卫生出版社，2016.

[2] 曹红. 临床药物治疗学［M］. 第2版. 北京：人民卫生出版社，2014.

[3] 曹霞，陈美娟. 临床药物治疗学［M］. 北京：中国医药科技出版社，2016.

[4] 苏湲淇，熊存全，邹艳萍. 临床药物治疗学［M］. 北京：高等教育出版社，2020.

[5] 汪复. 实用抗感染治疗学［M］. 第3版. 北京：人民卫生出版社，2020.

[6] 《抗菌药物临床应用指导原则》修订工作组. 抗菌药物临床应用指导原则［M］. 2015版. 北京：人民卫生出版社，2015.

[7] 方士英，赵文. 临床药物治疗学［M］. 北京：中国医药科技出版社，2017.

[8] 姜远英，文爱东. 临床药物治疗学［M］. 4版. 北京：人民卫生出版社，2018.

[9] 梅丹、邢小平. 实用临床药物治疗学内分泌系统疾病. 北京：人民卫生出版社，2020

[10] 国家药品监督管理局执业药师资格认证中心. 药学专业知识（二）. 北京：中国医药科技出版社，2020.

[11] 国家药品监督管理局执业药师资格认证中心. 药学综合知识与技能. 北京：中国医药科技出版社，2020.

[12] 陈新谦，金有豫，汤光. 新编药物学［M］. 第18版. 北京：人民卫生出版社，2018.

[13] 蔡桦，涂兴明，张志海. 骨质疏松理论研究概论［M］. 广州：广东科学技术出版社，2018.

[14] 陈仁国. 临床内科药物治疗学［M］. 长春：吉林科学技术出版社，2020.